本书获得国家社科基金和首都经济贸易大学教育基金会项目资助

首都经济贸易大学
财/税/法/治/文/丛

增值税抵扣权要论

褚睿刚 著

The Research on the Core of Value Added Tax Deduction Rights

中国政法大学出版社
2023·北京

图书在版编目（CIP）数据

增值税抵扣权要论/褚睿刚著. —北京:中国政法大学出版社,2023.7
ISBN 978-7-5764-0965-9

Ⅰ.①增…　Ⅱ.①褚…　Ⅲ.①增值税—税收管理—研究—中国
Ⅳ.①F812.424

中国国家版本馆CIP数据核字(2023)第124564号

出 版 者　中国政法大学出版社
地　　址　北京市海淀区西土城路25号
邮寄地址　北京100088信箱8034分箱　邮编100088
网　　址　http://www.cuplpress.com (网络实名：中国政法大学出版社)
电　　话　010-58908441(编辑室) 58908334(邮购部)
承　　印　北京九州迅驰传媒文化有限公司
开　　本　880mm×1230mm　1/32
印　　张　13.25
字　　数　330千字
版　　次　2023年7月第1版
印　　次　2023年7月第1次印刷
定　　价　60.00元

总 序

欣闻首都经济贸易大学法学院计划推出大型税法研究项目“首都经济贸易大学财税法治文丛”，并邀我为系列丛书作序，我欣然应允。长期以来，首经贸法学院一直支持中国财税法学的发展，得益于前任院长喻中教授和现任院长张世君教授的有力领导，财税法学科已经成为学院重点发展的优势学科，招揽了一批毕业于北京大学、中国人民大学、中国政法大学等高校的学术骨干。多年来，首经贸法学院不仅在教学中重视改革财税法学课程体系，还积极探索设立财税法学硕士点。此外，学院与中国法学会财税法学研究会之间也保持着良好的合作关系，自2016年起，学院已经连续5年承办了由研究会主办的“税务司法论坛”研讨会，吸引了全国各地的众多理论与实务界人士前来参会，成功将该论坛打造成了研究会的品牌会议。可以说，首经贸法学院为我国财税法学界举办个性化和规模化的财税法学术活动提供了宝贵经验。

此次，首经贸法学院计划推出新的系列丛书研究项目，是他们在推进财税法学科建设中所迈出的新步伐，不仅为财税法学研究的新成果提供了又一个展示平台，还能进一步扩大财税法学科在社会上的影响，助益财税法知识的推广与传播。习近平总书记在中南海主持召开经济社会领域专家座谈会时指出，新时代改革开放和社会主义现代化建设的丰富实践是理论和政策研究的“富矿”，希望广大理论工作者从国情出发，从中国实践中来、到中国实践中去，把论文写在祖国大地上，让理论和政策创新符合中国实际、具有中国特色。我十分期待这个新的丛书研究项目能让更多的人关注财税法视野下的中国问题，不仅要做有思想、有深度的研究，而且要努力使相关研究接地气、有实用。

近年来，我国财税法学的教育和研究在祖国各地多点开花，不仅为国家培养了一批批青年才俊，也产出了诸多颇具影响力的学术成果。随着青年学者们的不断成长，我国财税法学界已基本形成了“老”“中”“青”共同努力的立体化研究梯队，同时，依据研究者们的学术背景与研究旨趣，我国的财税法学研究正呈现出多元化、多角度、多领域的研究格局。这些研究中，有的专注深挖财税法基础理论，有的着力探讨财税制度设计，有的重点比较国内外财税法治的异同，他们的成果使中国财税法学已经基本形成了立足本土、放眼世界的财税法学研究架构，有力促进了我国财税法制度体系的革新和财税法学教育事业的进步。

显然，中国财税法学的发展能取得今天的成果离不开几代财税法学人的苦心经营与筚路蓝缕，不积跬步无以至千里，那些为推动中国财税法学发展所做出的点滴努力，回过头看，都显得格外珍贵，衷心希望“首都经济贸易大学财税法治文丛”办出风采，办出特色，成为我国财税法学研究文库中的一面旗帜！也祝愿祖国的财税法学事业更加繁荣、美好！

是为序。

刘剑文

2021 年于燕园科研楼

序　一

本书的作者褚睿刚是我和刘磊教授在厦门大学财税法学专业下合作指导的2016级博士研究生。在攻读博士学位研究生期间，他不仅能够认真地完成导师布置的经典著作文献的研读任务，在历次的读书报告研讨交流中阐述个人的见解，而且广泛涉猎了财税法领域热点问题的大量研究文献，不断丰富积累自身的法学基本理论素养和财税法专业知识基础。在校学习期间他非常勤奋努力，除了参加导师和财税法教研室教师主持的多项科研课题的研究工作外，还积极撰写论文参与国内学界财税法重点和热点问题的研究交流活动，在国内专业学术刊物上先后发表了多篇论文，并多次获得了中国法学会财税法学研究会的青年学术论文竞赛的奖励。天道酬勤，由于他的勤奋努力、辛勤积累和勇于探索，在学期间他获得了国家奖学金，也为他后来成功地完成博士学位论文奠定了扎实的基础。

本书是褚睿刚博士在他的博士学位论文《增值税抵扣权研究》的基础上，经过进一步修改补充后推出的一本专著。增值税是我国的第一大税种，但我国现行的增值税制相较于欧洲发达国家的增值税制而言，仍有许多待健全完善之处，尤其是增值税抵扣权的理论认识和相应的配套制度的建设完善。因此，当初在与我商讨博士论文研究的选题时，我就积极地鼓励他选择探究这个涉及我国增值税制改革完善的核心环节课题，而且我也相信凭借他在学期间的研究积累和刻苦努力，能够胜任完成这一博士论文课题的研究任务。他的博士学位论文依循“抵扣权的提出—抵扣权的证立—抵扣权的内容—抵扣权的运行—抵扣权的保障”的逻辑研究思路，旁征博引，从多元角度充分论证了增值税抵扣权的权利属性，深入分析探究了抵扣权构成要件的运行逻辑和内在要素，并结合晚近增值税立法的契机，提出了抵扣权入法的最优路径和进一步改革完善相关配套衔接制度的具体建议。他的博士论文，各位评审专家均给予了90分以上的高分评价，并于2021年获评为福建省优秀博士学位论文。这本《增值税抵扣权要论》是他在博士论文基础上进一步优化充实的产物，我相信这部专著能够为增值税抵扣权基础理论研究提供很好的学术参考价值，对我国增值税制的立法完善也有较好的借鉴意义。

褚睿刚博士毕业后，被首都经贸大学法学院作为优秀青年师资人才引进，与我一直保持联系。我感到欣慰的是，他继续保持在厦大攻读博士研究生时期的那股勤奋努力的拼搏劲头，因此也不断给我传来喜讯佳音。近年来他先后获得了国家社科基金后期项目1项、司法部与中国法学会等省部级课题2项，校内教改与思政项目2项；并有7篇C刊论文研究成果发表，在所在单位的聘任考核中获得优秀评价。我衷心地祝愿他在未来教学科研的道路上不断产出新成果，取得更大的成绩。在他的博士论文付梓之际，承他盛情要约，我匆匆缀上数言以为序，也是对他的大作问世表示热烈祝贺。

廖益新

2023年4月28日于厦门大学法学院

序　二

税收在国家治理中具有基础性、支柱性和保障性作用，税收制度的现代化是国家治理现代化的题中之义。增值税作为我国第一大税种，其制度的改革与完善无疑在税收现代化进程中具有举足轻重的地位。无论是1993年之前围绕记账式扣税法和扣额法建构税制体系，还是1994年分税制改革建立发票抵扣进项税额机制，抑或此后生产型增值税向消费型增值税转型，再到营业税全面改征增值税，其核心要义都是建立全行业全链条抵扣制度，全面消除重复征税，推动建立全国统一大市场，建设现代化市场经济制度体系。近年来，我国持续推动减税降费政策措施落地生根，税收服务国家治理效能实现整体性提升，更好地以税收现代化服务中国式现代化。在此大背景下，学术界给予增值税改革高度关注，一批学者从不同学科、不同视角，对此问题进行了理论探索并积极建言献策，产出了相当体量的智识供给。

褚睿刚博士撰写的专著《增值税抵扣权要论》一书，敏锐地捕捉到这一历史性话题，从法学视角提出抵扣权这一增值税法核心范畴，并展开了系统、深入的论述。抵扣权是增值税纳税人享有的基本权利，但基于征管效率、预防和打击逃避税、基本生存权保障等目的，国家可以给予纳税人抵扣权以适度的限制措施。立基于此，本书遵循“抵扣权的提出—抵扣权的证成—抵扣权的内容—抵扣权的运行—抵扣权的保障”的叙事逻辑，由本体论到运行论，由理论供给到实践运用，由宏观方向指引到微观规则优化，逐层推进研究进程，多角度、系统化建构了增值税抵扣权的理论大厦，对于完善增值税立法、推进税收法治体系建设具有重要的理论镜鉴意义和实践指导价值。

在理论层面，本书具有三大特点：其一，学科独到性。以抵扣权引导增值税抵扣相关规则的系统优化，彰显法学视角和方法在增值税改革中的理论自足与逻辑自洽。其二，理论拓展性。将税收之债与构成要件理论移植运用于抵扣权，拓展了公法之债的理论外沿与深度。其三，论题延展性。搭建抵扣权理论体系大厦的基本架构，引发学界对抵扣权议题的持续关注，寻求学界合力共同延展抵扣权研究的深度和广度。在实践层面，本书亦有相当的指导价值：一是助力增值税立法，为减少争议、科学立法提供理论支撑和指引；二是服务税法实践，为解决抵扣规则运行中法律规范不明确的问题提供学理支撑；三是推动权利法定进程，提升税务机关服务意识，切实保护纳税人合法权益。

褚睿刚是我在厦门大学指导的博士研究生，也是全国法学院校中首届毕业的财税法学博士。在攻读博士研究生期间，他勤勉好学，综合能力较强，不仅积极参与各类国家级、省部级课题研究，在各类期刊发表学术论文 20 余篇，多次荣获国家奖学金、校级奖学金，还担任厦门大学法学院博士生会主席、博士班班长等职务，积极服务同学，协助学校、学院工作。2018 年至 2019 年，他还被国家留学基金委选派至日本早稻田大学联合培养。由于他出色的在校表现，被选为唯一学生代表在厦门大学 2020 年毕业生典礼上发言。更令我倍感欣慰的是，褚睿刚在走出学校、走进工作岗位后仍然不懈努力、笔耕不辍，以较好的状态适应了高校教师的新角色，在承担繁重的教学工作之余持续产出学术成果，获批了国家级社科基金项目 1 项、省部级社科基金项目 2 项，已在 CSSCI 核心期刊上发表了学术论文近 10 篇。

本书是褚睿刚博士阶段性研究成果的结晶，我作为他的博士研究生指导老师感到十分欣慰，也十分乐于推荐本书，并期待他有更加优秀的学术成果问世，愿他不仅个人的人生事业之路能够拾级而上，还能够继续保有家国情怀的大视野，深耕财税法学研究，为我国税收现代化建设贡献自己的力量。

是为序。

刘　磊

2023 年 4 月 24 日于海南

目 录

导 论

众所周知，依照课税的税基不同，租税体系可以分为所得课税（企业所得税和个人所得税）、消费课税（增值税、特别消费税等）、资产课税（继承税、赠与税、固定资产税等）三大类。消费课税又可进一步细分为直接消费税和间接消费税。直接消费税是以最终的消费行为为课税对象的税种，比如日本的高尔夫球场利用税、温泉利用税等。间接消费税发生在最终消费行为之前，以最终消费行为前一环节的产品或服务为课税对象，将税收负担融入产品或服务的价格（cost）之中并最终转嫁给消费者。[1]间接消费税又可分为一般消费税和诸如关税、酒税、烟税等个别间接消费税。增值税（Value Added Tax，VAT）即属一般消费税序列。一般消费税是个大家族，有其复杂细致的分类。具体而言，一般消费税可以仅在制造、流通、零售等某一特定阶段课征税款，如美国的销售税，也可以在上述多个阶段课税，累积营业税和增值税即为典型。

增值税按照税基计算方式不同，衍生出所得型、消费型等诸多增值税种类，目前为世界各国普遍接受的现代增值税正是消费型增值税。现代增值税主要分为三类：第一类是在欧盟广泛施行的欧盟型增值税，它的主要特点是允许进项税额的抵扣

〔1〕 参见［日］金子宏：《租税法》（第22版），弘文堂2017年版，第722页。

和采用发票的征管方式；第二类是通行于新西兰、加拿大、澳大利亚等国家的货劳税（全称为“货物与劳务税”，Goods and Services Tax，GST），特征是抵扣、普遍征收和极少的免税；第三类是日本征收的一般消费税，采用进项扣除的方式和账簿征管方式。由于各国国情和立法实践迥异，不同国家对于增值税的称呼以及纳税主体、征税范围、税率、税收优惠等具体税制设计有着不小的差异。无论增值税或者同类型税种之间存在何种外在差异，抵扣机制都是它们的核心所在。抵扣机制是经济学家、税收学者的表达方式，法学家更倾向于从权利义务关系角度观察抵扣机制。抵扣权是抵扣机制运行中的核心权利，堪称“增值税之魂”，增值税法推行中产生的诸多实践难题无一不与抵扣权密切相关。

一、选题背景与意义

增值税1954年在法国诞生，经历了长时间的发展和税制演变，到了20世纪60年代后期初步成型为现代增值税。增值税被誉为20世纪最重大的“财政发明”，也被挖苦为具有税收累退性的“财政摇钱树”（Money Machine），不过增值税的财政价值是许多国家无法抗拒的，这使得其在全世界范围迅速扩张。截至2016年，全球超过160个国家开征了增值税，它已成为政府筹集财政收入的核心税种之一。[1]在经济合作与发展组织（Organization for Economic Co-operation and Development，OECD）的38个加盟国中，有37个国家征收了增值税，唯一没有引入增值税的国家是美国，以销售税作为增值税的替身。当今全球经济形势急速变化，各国都将不同程度地面对增值税征管带来的问

[1] See OECD, “Consumption Tax Trends 2016”, Paris, 2016, p. 19.

题和挑战。中国增值税税制也尚不成熟，所要面临的困境较为严峻。

（一）选题的背景

1. 全球增值税税制处于不断动荡和修正之中

相比于所得税、财产税，增值税是一种极为“年轻”的税种，由此人们对增值税的基本税理把握不够深入，也未累积足够的增值税法实践经验，导致税制建构理论与税法规则实践存在巨大的偏离。现行的增值税税收制度并不成熟，各国都在努力探索、修正并建立科学、有效的增值税制度和征管模式，试图寻求财政筹措目的同其他政策目标之间的协调与平衡。从理论上讲，增值税整体税制建立在税收中性原则之上，它要求增值税应对所有商品和服务征税，尽可能减少税率档次并保障抵扣机制的通畅运行。但实践中，人们又认为理想的增值税会导致税收累退性〔1〕，不利于收入再分配，诱发税负相对不公。为此，许多国家通过免税、低税率、零税率以及多档差别税率的方式来降低增值税累退性。时至今日，人们对于增值税又有了全新的认识，即不应将增值税作为一种收入再分配和促进财富公平的政策工具，累退性是其固有的税制缺陷，可通过所得税的累进性和其他公共政策进行调和，应尽可能确保增值税税制的中性、高效和简单。〔2〕全球正刮起一场简化增值税税制的改革之风，增值税税率档次逐渐减少。以欧盟为例，欧盟 27 个成员国全部取消了高税率档，并呈现出整体趋同态势。欧盟在

---

〔1〕 所谓增值税累退性，是指收入越高的消费者缴纳的增值税占其所拥有财富的比例越低，收入越低的消费者缴纳的增值税占其所拥有财富的比例越高。增值税累退性使增值税变相成为一种“恶税”，致使收入越少的人相对税负越重，有违公平性。

〔2〕 参见解学智、张志勇主编：《世界税制现状与趋势（2014）》，中国税务出版社 2014 年版，第 196 页。

2018年提出的增值税改革议案中设立了成员国最低15%的标准税率，要求成员国在5%与标准税率之间最多设置2档税率。这项改革议案获得了绝大多数成员国的赞同，实际上，很多成员国已经普遍实行1档低税率。[1]我国增值税税率减档也是跟随此种改革趋势。此外，各国正在积极减少免税优惠的适用范围，扩大增值税税基。出于征管成本考虑和公益的目的，增值税通常会给予特定行业免税待遇，如欧盟指令中的免税名录包括公益活动、保险、政府性活动、金融业、特定建筑及不动产行业等24项。此免税名录正在逐渐缩减，并且不断有专家研讨对政府活动、金融行业征收增值税的可能性。

2. 增值税逃避税问题愈发严峻，各国加大打击欺诈力度

税法学界对避税的讨论似乎多局限于所得税等直接税法领域，而在增值税等间接税法领域却鲜有关注，例如，我国企业所得税法中的一般反避税条款和2018年个人所得税改革将一般反避税条款引入，而增值税法、消费税法之中却未有提及即为明证。究其原因，学者们通常认为增值税具有转嫁性，作为增值税纳税义务人的营业人并非税负的真正承担者，税负可以通过转嫁机制流动至最终消费者，换言之，营业人实际承担税负为零，那么他们也就没有理由和动力去实施逃避税。然而，增值税与其他税一样都无法免除其内在的法律制度风险，即纳税人利用法律条文所留下的制度空白或漏洞，尽可能在形式上符合法律条文规定，而实际上却违背法律条款所追求的目标和宗旨。[2]其实，增值税逃避税现象一直存在，尤其是近几年纳税人采用的

---

〔1〕 参见［日］鎌倉治子：《諸外国の付加価値ぜ》，国立国会図書館2018年版，第32页。

〔2〕 See Violeta R. Almendral, “Tax Avoidance and the European Court of Justice: What is at Stake for European General Anti-Avoidance Rules?”, *Intertax*, Vol. 33, 12 (2005), p. 581.

逃避税方式和手段不断翻新且愈演愈烈，如采购欺诈、“旋转木马”欺诈、对冲交易、利用发票骗取进项税额抵扣等，无论是国内增值税欺诈，还是利用跨境交易骗取增值税退税，都给各国造成了巨大的税收损失，引发了各国的高度关注。早在2011年增值税欺诈就导致欧盟成员国税款流失1930亿欧元，占GDP（国内生产总值）的1.5%，而今增值税欺诈带来的税收损失更为巨大。〔1〕

3. 全球数字经济急速发展为增值税法规则带来挑战

世界经济全球化和数字化不仅催生了虚拟货币、数字产品和服务、网上支付等新的交易模式，而且广泛的电子商务将一些传统交易搬到了互联网上。这些新交易模式具有的隐蔽性、远程性、规模性正给不成熟且缺乏灵活性的增值税制度带来挑战，产生逃避税风险和征管难题。例如，在B2B模式下，增值税导致的税基侵蚀与利润转移主要存在为免税企业提供远程数字产品和为有多个经营场所的企业提供远程数字产品两种情况。在B2C模式下，销售企业在消费国无需有任何实体即可远程交付服务和无形资产，这导致消费国无法征收到相应的税款。在此背景下，各国不得不重新审视现有的增值税规则。对税收管辖权规则的主要冲击体现在，一个企业在另一个国家拥有显著的数字业务，但是现行国际税收规则缺乏有关规定而无需在该国承担纳税义务，以及如何对跨境商品和服务贸易有效征收增值税。在增值税的征管层面，B2B交易通常伴随着反向征收机制，将供应商的纳税义务转移给了收货人，但在跨境B2C交易中这种做法不一定奏效，因为该机制实际上将跨境B2C供应商的增值税纳税义务转移给了最终消费者，但消费者又不像B2B

〔1〕 参见解学智、张志勇主编：《世界税制现状与趋势（2014）》，中国税务出版社2014年版，第204页。

中收货人那般便于管理。

4. 国内增值税税制“千疮百孔”，亟待系统性梳理和优化

自增值税被引入我国，增值税改革始终处于一种不稳定和不确定的进行时态。增值税改革先后经历了1979—1983年部分地区试点，1984年正式确立和全国推广、分税制营业税和增值税的分离，1994—2008年生产型增值税时代，2009年开始进入消费型增值税时代，2012—2016年“营改增”试点，最后是2016年至今的“营改增”全面铺开。[1]可以说，增值税税制一直不成熟，始终处于不断摸索和调适之中。也正因税制处于不稳定和不确定的状态，国务院制定的《中华人民共和国增值税暂行条例》（以下简称《增值税暂行条例》），财政部、国家税务总局制定的《中华人民共和国增值税暂行条例实施细则》（以下简称《增值税暂行条例实施细则》）行使税法解释权的灵活立法模式似乎变得理所应当。无独有偶，国家税务总局以自己或联合名义不断通过“国务院发布”“财政部发布”“财政部与国家税务总局联合发布”“国家税务总局令”“国家税务总局公告”“税总发”“税总函”等形式发布增值税政策规范性文件，对法律条文作进一步的税法解释。

伴随经济全球化和多元化，国际经济大环境和国内经济小环境都处在极速发展和变化之中，增值税税制作出相应调整乃是顺天应时。增值税立法改革是一次大的税制手术，呈现出频次高、改动大、范围广的改革特征。正因如此，立法过程应确立并坚持统一的改革思路，使税制改革能够有条不紊地进行。虽然全面“营改增”后税收制度整体趋于稳定，但增值税法体系总体呈现税收立法层级低、“打补丁”税法调适方式缺乏系统

[1] 参见刘剑文主编：《改革开放40年与中国财税法发展》，法律出版社2018年版，第378—391页。

性、税法规则极具不确定性、规则之间时有冲突的“千疮百孔”之态，留抵税款问题、“三流一致”、严苛的发票管理制度等实践难题仍然存续。可喜的是，继烟叶税、船舶吨税、车辆购置税、资源税相继立法后，增值税法也已提上立法日程。2019 年 11 月 27 日，财政部、国家税务总局发布《中华人民共和国增值税法（征求意见稿）》（以下简称《增值税法征求意见稿》），向全社会征集立法建议。无论从章节设置还是条文表述抑或具体税制上，《增值税法征求意见稿》都有巨大的进步，但总体税制设计依然缺乏系统性，为社会各界所诟病。在此关键点，亟须找寻增值税改革乱象“脉门”，确立改革“主旋律”，建立统一的改革工具和标尺，将增值税税制拨乱反正。

（二）选题的意义

本书聚焦抵扣权这一增值税“题眼”式议题，兼具理论意义与实践价值。

1. 理论意义

（1）重申税制研究转向法理研究的必要性。从学科背景来看，财税法学实际上是一门税收学、财政学与法学深度交叉结合的学科，研究方法和切入视角具有综合性和多样性的特征。然而，财税法学本质上属于法律学科范畴，理应遵循法学的一般研究方法，以法理为基本出发点和最终落脚点，而非单纯停留在“就税制论税制”的制度性研究上。笔者无意否认以税制比较、制度构建、税制优化等制度研究方法之于税法学以及税收立法的理论意义和指导价值，而是为了重申在集中关注税制建构和运行理论（税理）的同时以法学基本理论（法理）为内在支撑和外在约束。为了尽可能遵循税收中性原则，同时兼顾征管效率，税制设计者在增值税中揉入了诸多技术性设计，如以营业人代替最终消费者成为纳税义务人、增值额为课税对象、进项税与销项税的冲抵、发票的认证与识别等。增值税是一个技术性极强的税种，增值税立法是一门技艺精巧且复杂的立法艺术。正因如此，无论是立法者还是专家学者更为关注增值税税制的具体构建、各种技术创造能否奏效以及在复杂的税制下如何完成税收征管问题，而对税收法定原则和量能课税原则背后蕴含的法治内涵和精神多有忽视，进而导致国家课税权缺乏必要约束、税务机关解释权和执法权时有脱轨，增值税法律规范体系内部复杂多变且规则之间难以自洽，侵损纳税人税收利益。再次强调，增值税法是法律规范，不是简单的制度合集，更不能沦为政府的征税工具。本书即以增值税抵扣权为支点，尝试撬动现阶段极为盛行的增值税制度性研究方式，重申法学思维和法学理论之于税法研究的基础性和重要性。

（2）为增值税基础法理研究提供系统性指引。增值税税制建构的核心是抵扣机制，抵扣权是确保抵扣机制运行的关键性权利。一个形象的比喻是，抵扣机制如同增值税运行之核心骨架，抵扣权则是增值税之灵魂所在。当前增值税理论研究欠缺法律要素，增值税立法缺乏系统的法理和税理指引，致使增值税立法改革呈现一片乱象之状，征管实践中争议不断。汇总增值税立法改革理论和实践难题，无论是一般纳税人和小规模纳税人的调整，抑或对简化税率、免税范围的讨论、应税行为的认定，还是增值税专用发票的管理和“金税工程”的推广，深入概括上述税制的法理内核，可以发现它们都是围绕增值税抵扣权的运行进行建构的，关涉抵扣权的成立、行使和保障等一系列问题。当然，“抵扣权”并非一个全新词汇，它早已出现在法国、西班牙、欧盟等国家和地区的增值税法令之中，也时常出现在税务官员、税法学者、税务律师等专家学者和纳税人的语词表达中，但未有深层次、系统性的研究出现。权利从来都不是一个简单的名词称谓，对国家而言，权利往往意味着权力制约和保障责任，对纳税人而言，权利代表着某种切实的利益或自由。抵扣权作为一种新兴权利出现，不单单是一种舆论呼吁或只言片语的简单提及，背后还应仰赖系统和细致的理论研究作为支撑。因此，本书系统研究增值税抵扣权运行中的基础法理，包括抵扣权的证成与成立、价值与要件、运行与限制等，一方面研究本身极具理论创造性，另一方面以抵扣权为主线，将增值税中各税制的理论研究串联起来，实现增值税基础法理的系统化。

2. 实践价值

（1）为纳税人维护自身合法权益提供有力工具。增值税为我国政府带来了相当可观的财政收入，但增值税设计还尚不完善。我国政府不断尝试改进增值税制度，使其在诸多方面能够更贴近国际趋势，如营业税和增值税的合并、税率简并、税率降低等，但同时又保留了本国独有的税制特色，如金税工程、留抵退税的特殊处理等。也正是在中国增值税改革“摸着石头过河”之中，增值税立法层级低、增值税法律规则体系冗杂且混乱、税务主管机关“运动员兼职裁判员”行使税法解释权甚至部分立法权等问题层出不穷且长时间未有好转。此种税情下，税务机关和纳税人长期处于“一强一弱”的非均衡地位，抵扣权作为增值税的核心权利得到法律确认，不仅可以发挥法律形式上的宣誓作用，极大提升纳税人维护自身合法权益的信心和决心，而且也给予了纳税人维权的坚实武器，为纳税人积极行使权利、获得权利保护和寻求权利救济提供强有力的法治保障。

（2）为增值税立法完善提供一定的指引和参照。2015 年《中华人民共和国立法法》（以下简称《立法法》）的修改推动了税收法定原则的落实，诸多税种先后经历了民主立法程序上升为法律。增值税立法也迫在眉睫。考虑到当前国内增值税法制乱象，增值税立法不能简单地遵照前几部税法仅仅是将暂行条例中的税制规则平移至法律之中，应系统梳理并厘清暂行条例、暂行条例实施细则以及众多规范性文件中税制规则的运行轨迹和逻辑关系，在税收法定原则、量能课税原则等税法基本原则的统摄之下，提升税法规则的确定性、可预期性和税制正当性。抵扣权是一个发散性议题，增值税中多数税收制度都与抵扣权有着千丝万缕的联系甚至是为抵扣权服务的。因此，本书虽然偏重理论研究，但对税收立法实践同样具有极高的价值，宏观上为增值税税制构建提供方向性的法理和税理指引，微观上为免税制度、小规模纳税人制度、发票管理制度、留抵税款制度等具体税制的完善提供针对性的建议和参照。

二、国内外文献综述

增值税被比拟为“一种无与伦比的税收现象”，自诞生之初便吸引了各界学者的关注。我国也看到了增值税的重要性，于1979年在部分地区进行增值税试点。自此，增值税（包括增值税前身营业税）议题就成了国内学界关注的热点，相关文献浩如烟海。抵扣权之于增值税法的重要作用毋庸置喙，几乎所有与增值税相关的学术探讨和实践难题都与抵扣权相关联，但多数文献都只是与抵扣权存在间接关联，学者们要么只是在论述时顺带提及“抵扣权”，要么意在论述抵扣及相关制度，对抵扣中的权利义务不甚关心。这与研究者的学科差异和研究视角不同有一定关系。例如，经济学家善于利用数据公式和模型建构测算增值税税负高低，关注税率、征税范围等具体税制问题；财政学者基于财政宏观视角更加关注增值税改革对中央和地方财政关系的影响；会计和税务的专家、学者对增值税的关注点相对微观，因为即便是某一微小的制度规则调整都会对增值税的会计或税务的处理产生影响并反映到会计或税务报表之中；法学家对于权利义务极高的敏感度决定了他们相比于其他学科的研究者更加关注抵扣权。

应当注意，增值税抵扣权是一个极具综合性和复杂性的问题，文献综述范围自然不能局限于“抵扣权”议题或“增值税”语境。本书不仅建立在权利一般理论的基础之上，而且与时下新兴或新型权利的学术热点密切相关。本书既从宪法、法律等一般法层面关注一般权利谱系，又从税法这一特别法层面重新审视纳税人权利体系的重构；既重视构成要件的基础理论研究，又对税收构成要件理论有足够的关注度和拓展思维。

（一）关于抵扣权的直接文献

1. 中国文献综述

我国学界在税法研究方面法律思维相对不足，这一弊端在增值税法研究中尤为凸显。与抵扣权相关的直接文献较为匮乏即为明证。在中国知网中以“抵扣权”为检索关键词，仅可检索到为数不多的几篇学术论文和税务报道与抵扣权直接相关，其中的3篇学术论文的作者为同一人。以增值税为主题的学术专著不乏其数，但明确提及抵扣权或者从法学的权利义务视角切入增值税问题的专著寥若星辰。我国学者对抵扣权缺乏关注度也从侧面印证了该议题的研究价值。与税法学者不同，实务专家更加贴近增值税实践，能够真切接触并深入了解增值税的税制运行轨迹，发现税制问题，因此也更容易意识到抵扣权的重要性。尽管他们对抵扣权的讨论可能只是方向性的或是只言片语，但对抵扣权的系统研究具有极大的启发意义。彭思胜、邹森元关注到抵扣是纳税人享有的一种权利，应当允许企业购进固定资产抵扣进项税额，纳税人当然也有权放弃抵扣，前提是企业向主管税务机关提出书面的声明。〔1〕王志认为，企业享有主动放弃抵扣权的自由，但在增值税征管中应当谨防纳税人利用这种行为进行偷税，并且这种行为的风险性愈发严峻。〔2〕

杨小强是最早主张将增值税与权利、义务、正义等法学理念和价值相结合的税法学者之一，他提出从税收正义视角观测中国增值税改革，增值税立法者必须与哲学家、经济学家持有截然不同的正义观，从自己的立法行动中察觉并贯彻自己的税收正义理念，在增值税立法中将税收正义与经济效率、政治目标、社会影响等因素相互调和，不仅要在增值税法中的税收法定原则、量能课税原则等纲领性原则中寻求税收正义，还要从纳税单位、税基选择、时期选择等具体的税制要素去落实，对增值税义务归属的一般规则、免税问题、服务纳入征税范围等税制进行探讨。〔3〕汗青父在其《从增值税到税收法典》一书中首次使用了"抵扣权"概念并作出了概括性论述和方向性指引，相对系统地提出了抵扣权的概念、抵扣权的行使条件、权利义务体系、抵扣权带来的税收法律意识觉醒等。他认为增值税是围绕"以税抵税"的模式去建构整个税制体系的，因此抵扣是纳税人最自然的行为，抵扣权应当是纳税人最理所应当享有的权利，侵害了抵扣权，增值税的整个税制就会产生扭曲。同时，他主张中国增值税立法应引入法国式的法典制，并提出了立法思路、体例设计、税收各要素等立法通论。值得一提的是，该专著对增值税抵扣权进行了一些相对深入的理论探讨，以法国

〔1〕 参见彭思胜、邹森元："放弃进项税抵扣权的特定情况"，载《中国税务报》2007年6月18日，第6版。

〔2〕 参见王志："警惕企业主动放弃抵扣权成为新的偷税方式"，载《中国改革报》2004年12月24日，第2版。

〔3〕 参见杨小强：《中国增值税法：改革与正义》，中国税务出版社2008年版。

为范例探讨了抵扣权的概念、抵扣条件、权利义务体系等问题。[1]

更为系统、深入研究抵扣权的产生与行使的是翁武耀。翁武耀在《论增值税抵扣权的产生》一文中肯定了抵扣权之于增值税的重要作用，认为需要通过立法将其纳入增值税法条文之中，主张在增值税法中详细规定抵扣权的产生，以填补规则上的漏洞。[2]翁武耀在《论增值税抵扣权的范围》一文中集中探讨了符合什么条件的进项税才可以进行抵扣这一基础性问题。他认为，为了确保增值税中性原则，维持作为一种仅对私人消费征收的税的属性以及维护纳税人的权益，需要避免对与经济活动相关的进项税额抵扣权进行任何限制。增值税抵扣权的行使应具有立即性、完整性和全面性的特征。当纳税人同时从事征税、免税或不征税交易时，需要根据（预）比例抵扣制度来行使相关的抵扣权。[3]翁武耀在《论增值税抵扣权的行使——基于中欧增值税法的比较研究》一文中认为，出于加强增值税立法服务思维和纳税人权利保护的需要，我国抵扣权行使方面的立法和实践需要遵循如下要求：以拥有发票为形式条件的抵扣，合法性取决于实质条件的满足，但认可纳税人善意取得虚开发票下的抵扣权；以交易在民法上已经存在作为前提而开具发票不构成虚开发票；纳税人在特定条件下可以凭借错开的增值税发票行使抵扣权。[4]

---

〔1〕 参见汗青父：《从增值税到税收法典》，中国税务出版社 2009 年版。

〔2〕 参见翁武耀："论增值税抵扣权的产生"，载《税务研究》2014 年第 12 期。

〔3〕 参见翁武耀："论增值税抵扣权的范围"，载《北京工商大学学报（社会科学版）》2015 年第 3 期。

〔4〕 参见翁武耀："论增值税抵扣权的行使——基于中欧增值税法的比较研究"，载《国际商务（对外经济贸易大学学报）》2015 年第 5 期。

近年来不少其他学者逐渐开始关注抵扣权。叶姗认为，在增值税中采用轻税、免税的课税方式虽然可以减轻税负，但并不必然带来其他经济利益，甚至可能导致综合经济利益的折损，因此有必要通过法律的形式确保纳税人真正地享有抵扣权。确立抵扣权的意义在于，使纳税人可以选择行使这一项权利，也可以为了享受轻税、免税待遇而放弃抵扣权。〔1〕王宗涛认为抵扣权是增值税法中蕴含的一项基本权利，是增值税立法改革中制度设计和完善的核心，同时应借鉴欧盟及其成员国的司法判例，主张“以票控税”在价值上要低于抵扣权保障，不能以发票这一外在形式去限制抵扣权以及它所体现的法治价值，在征管中应尽力遵从增值税抵扣的实质重于形式原则。〔2〕任宛立更为关注增值税抵扣权的保障问题，现代增值税是一种抵扣型增值税，增值税抵扣就成了增值税的一项基本要求，与纳税人的财产利益直接相关，增值税抵扣因满足利益正当性和社会共识性可以被上升为一种权利，并具有实体性权利和工具性权利的双重属性。任宛立主张，我国应把握此次落实税收法定原则带来的税收立法契机，赋予增值税抵扣权以法定地位，并针对当前抵扣权主体受限、抵扣范围被限缩、征管过程中过于强调形式重于实质等侵损纳税人抵扣权的制度症结，有针对性地进行税制修正，进一步完善增值税的抵扣机制，切实保障纳税人的抵扣权利。〔3〕

我国台湾学者黄源浩对抵扣权的研究颇深，他认为，增值

〔1〕 参见叶姗：“增值税法的设计：基于税收负担的公平分配”，载《环球法律评论》2017 年第 5 期。

〔2〕 参见王宗涛：“增值税抵扣权与发票制度：形式课税原则之改进”，载《税务研究》2019 年第 7 期。

〔3〕 参见任宛立：“增值税纳税人抵扣权之保障”，载《暨南学报（哲学社会科学版）》2019 年第 5 期。

税在制度上的重要特征之一就是仅对货物交易流通过程中的增值课税，负担缴纳义务的营业人就其进项的商品服务已经缴纳的税额，透过进项发票的取得同时取得抵扣销项税额的权利，此种权利即为纳税义务人享有的抵扣权。他认为，抵扣机制的有效运行是建立在发票机制之上的，因此销售商品或服务的营业人在开立增值税发票的同时，取得该发票的购买方营业人的抵扣权随之当然发生。〔1〕此外，他还认为增值税最突出的税制特质在于，通过销售发票中记载的进项税额使营业人取得进项税额抵销销项税额的权利。进项税额抵扣权作为“税法上权利之一部分”不仅是为了满足“仅对增值课税，由最终消费者作为实质纳税义务人”的制度要求，还是维系企业整体税制的中立性的关键所在，并结合法国、欧洲以及我国的司法裁判探究了抵扣权的成立与行使问题。概括而言，核心观点有三：其一，税收中性是税法中的普适性价值，在增值税法中应当格外重视。在增值税法实施中，国家之于市场所要承担的主要职责是维持公平竞争以及商业自由流通。因此，增值税抵扣权行使中对于发票之形式要件的恪守应当考虑现实经济情况，不得过度严苛导致抵扣权在实际上等同于完全无法行使，变相增加营业人不必要的负担，影响市场公平竞争。其二，进项税额抵扣权的行使除了要考虑其他形式主义的要求，仍然有必要考虑国库目的，也就是说有无减损国家财政。其三，实质课税原则与形式课税原则在税法领域时常处于对立面，而在增值税抵扣权的研究中，这种对立更加鲜明，应当予以格外关注。〔2〕

〔1〕 参见黄源浩：“欧洲加值税之形成及发展——以欧洲法院裁判为中心”，载《月旦法学杂志》2005年第3期。

〔2〕 参见黄源浩：“论进项税额扣抵权之成立及行使”，载《月旦法学杂志》2007年第1期。

陈清秀在其专著《税法各论》“营业税法”专章中明确提出了抵扣权，基于立即抵扣原则，抵扣进项税额的权利在纳税义务人给付收入的时点即成立，并提出进项税额抵扣权的行使必须满足五项要件：①必须有进货事实或受领劳务之事实，或有进口货物；②销售者必须为营业人；③买受人（即进项税额抵扣权人）必须为营业人，其货物或劳务提供必须为了买受人的营业目的而实施；④具有税法规定的凭证存在；⑤销售营业人因课税对象之销售行为而负担税捐债务（法定税收之债）。〔1〕此外，多数学者从税收之债角度解读了增值税抵扣权的法律性质。葛克昌、蔡孟彦认为，在税收法律关系中，通常国家或地方政府是作为纳税人的债权人，但有时也会出现倒置的情况，纳税人会成为国家或地方政府的债权人，此时纳税人享有税款返还请求权，增值税抵扣权即在此列。柯格钟将税法中各种法定给付请求权分为税款给付请求权、附带给付请求权、责任债务给付请求权、具有法律原因的退还税款请求权、无法律原因的退还税款请求权五类。其中，抵扣权在性质上就是一种典型的具有法律原因的退还税款请求权，即纳税义务人向税务主管机关请求依照法律明文规定退还税款的权利。〔2〕

2. 国外文献综述

增值税自创设至今已过 60 余载，对于抵扣权的研究，或许在我国尚不多见，但在增值税发源地的欧洲，“抵扣权”已是立法例和学术研究的常客。在立法层面，以欧盟为典型，不少国家在本国的增值税法中明确引入了增值税抵扣权的概念，通过法律形式将其上升为纳税人的法定权利。例如，作为欧洲增值税的基本法规范本，《欧盟 2006 年 112 号指令》（以下简称《欧

〔1〕 参见陈清秀：《税法各论》，法律出版社 2016 年版，第 440—445 页。

〔2〕 参见柯格钟：“公法债务与私法债务”，载《月旦法学杂志》2014 年第 12 期。

盟2006年指令》)[1]就在“Title X”部分使用了“抵扣权”的表述;西班牙在其《1992年第37号法案》抵扣一节使用了“抵扣权”的概念;法国在其《税法典》增值税部分中抵扣一节也引入了“抵扣权”的概念;意大利《增值税法》也有类似表述。

受此影响,增值税抵扣权的相关学术文献较多,在国际税收专业数据库IBFD(荷兰国际财政文献局)中与抵扣权相关的文献不乏其数[2],但研究重点多侧重于如何保证抵扣权的行使,而非税权本身。例如,有的学者关注欧盟增值税法律中涉及应税、免税和不征税交易中的进项税额抵扣权的行使问题;[3]乔普·斯温克尔斯重点回顾了欧盟进口增值税抵扣权排除条款的演进历史,即规定企业的哪些支出不允许扣除增值税进项税额;[4]多米尼克·维勒莫关注集团公司中母公司与子公司、子公司与子公司之间交易中抵扣权如何行使的问题;[5]也有学者以西班牙为例,探究补贴政策对于纳税人行使增值税抵扣权的影响;[6]保罗·拉索克关注免税机构如何行使抵扣权的

---

[1] Council Directive 2006/112/EC.

[2] IBFD,是跨境税务专业知识的国际领先提供商,作为在跨境税务和立法领域享有盛誉的著名专业机构,IBFD提供的课程、在线产品、期刊、书籍以及图书馆数据资料支持,涵盖了国际税收领域的各个方面。另外也包括政府咨询以及客户委托研究等深层次服务。

[3] Ad van Doesum and G. J. van Norden, “The Right to Deduct Under EU VAT”, *International Vat Monitor*, Vol. 22, 5 (2011), pp. 323-329.

[4] Joep P. S., “Transitional Restrictions on the Right to Deduct EU VAT”, *International Vat Monitor*, (2009), pp. 111-119.

[5] Dominique Villemot, “Holding Companies and the Right to Deduct Input VAT”, *Derivatives & Financial Instruments*, Vol. 10, 2 (2008), pp. 31-38.

[6] Ignacio Arias and Antonio Barba, “The Impact of Subsidies on the Right to Deduct Input VAT: The Spanish Experience”, *International VAT Monitor*, Vol. 15, 1 (2004), pp. 13-18.

问题，解决的关键点在于可抵扣进项税额的计算方法；[1]等等。

日本增值税立法改革可追溯至1965年左右，先后经历了日本欧洲税制调查团远赴欧洲学习增值税税制、零售税法议案的立废，最终于1988年12月30日颁布了现行的增值税法。[2]图子善信认为，无论是居民还是非居民、本国法人或境外法人、经营者等都可以依照税法规定成为纳税义务人，但他们在成为税收实体法中租税债务人的同时也可以依照实体法的规定获得税款返还请求权。其中，进项税额抵扣就是一种典型的税款返还请求权。[3]图子善信提出，税额扣除制度本质上是一种抵销，是在税额扣除要件满足时从已经成立的租税债权中减除一定的租税金额，因此，为了抵销相应的债权必须确认与需要扣除的税额相当的“逆反债权”，即抵扣权。同时，为了行使该权利，原则上必须提供必要的依据来证明此种逆反债权所对应的金额，此即欧盟发票抵扣机制和日本账簿保存机制的产生原因。[4]北野弘久认为，尽管日本采用的账簿计税方式与欧洲发票抵扣方式在本质上是相同的，仅仅在记录交易内容的形式以及运行规则上存在细微差别，但在抵扣制度之下，为了排除增值税中的重复征税问题，纳税人理应享有进项税额扣除请求权，即“进项税额扣减权”。[5]

---

〔1〕 Paul Lasok, “The Right To Deduct for Partially Exempt Bodies”, *International VAT Monitor*, Vol. 22, 5 (2011), pp. 337-339.

〔2〕 参见［日］森信茂樹：《日本の消费税：導入・改正の経緯と重要資料》，納税協会連合会2000年版，第43页。

〔3〕 参见［日］図子善信：《租税法律関系論：税法の構造》，成文堂2004年版，第104页。

〔4〕 参见［日］図子善信：《新税法理論》，成文堂2018年版，第413页。

〔5〕 参见［日］北野弘久编：《現代税法講義》，法律文化社2010年版，第255页。

3. 小结

为适应经济发展全球化和经济形式多样化，现代增值税无论是在国内还是跨境，相应各税制都在不断调整和发展，与此相伴的是各种实践问题和争议。增值税抵扣权是应对增值税实践难题的“题眼”已成为域内外学者的普遍共识。

欧洲作为增值税的发源地最早出现并关注抵扣权，《欧盟2006年指令》甚至成为各国增值税立法的重要参照和学者们的研究蓝本，但囿于研究范式的差异性，欧洲学者们更多关注抵扣权的具体制度构建。相比之下，日本、中国基本遵照大陆法系的研究范式，更多从法理视角出发，关注增值税抵扣权的法律概念、权利内容、权利的构成要件等基础理论。其中，日本较早关注增值税抵扣权，多将其归类于一种在税收法律关系中产生的纳税人享有的返还请求权，但由于增值税在日本本土并非如所得税、法人税、遗产税那般重要，相关研究多对抵扣权一笔带过并未具体展开，最终落脚于“待后续深入研究”，实际上并无太多日本学者继续跟进以进一步对该议题进行法理展开。可喜的是，日本的先行研究给了我国的学者们极大的启发，这一点从我国学者们的专著和论文中的文字表述、注释中可以察觉到。我国学者将返还请求权进行了进一步的细化，并开始初步探索抵扣权的构成要件问题。在时间上，我国学者们关注增值税抵扣权的起步时间较晚，在研究时间上呈现出了一定的集中性和周期性，2008—2009年、2014—2015年、2019年前后这三个时间段是关注抵扣权的集中期。由此概括抵扣权文献内容的特点有：其一，总体而言，抵扣权的集中性和周期性不仅暴露出相关研究数量稀少以及研究不深入的问题，还折射出了该议题的研究价值，不断有学者发现抵扣权的学术价值，只是缺乏足够的专注度而未能引起学界重视；其二，从研究视角出发，由于税收之债理论研究的停滞不前，尚无从公法之债角度切入抵扣权的研究出现；其三，就研究内容而言，尚未出现深刻反思和讨论抵扣权基础理论的研究，如抵扣权如何被证成为一项权利，抵扣权主体、内容、客体、归属等具体展开，解构和重构抵扣权的构成要件，抵扣权的成立、行使、限制与保障等。

增值税抵扣权是一座学术富矿，只是极少有学者意识到，即便意识到了它的学术价值也尚未下决心开采它。

（二）与抵扣权相关的其他文献综述

1. 新兴（型）权利文献综述

新兴权利是学界的热点议题，抵扣权属于税法领域一项新兴起的权利类型。当前，对于新兴权利的证成等问题尚未形成统一标准和共识，众说纷纭。例如，王方玉主张从权利的内在伦理角度确定一些权利法律化的标准。权利内在伦理是对权利的全面思考，既包括对权利本身正当性的基本考量，又包括权利的主体、正当诉求如何法定、权利的可行性、权利对应的义务等方面。权利内在伦理具体包括权利应为人服务、对权利主体具有善的价值、对社会公共利益有益或无害、在无害基础上形成社会共识、权利的内容具有现实普遍可行性。[1]雷磊主张新兴权利应同时具备合理性、合法性和现实性。首先，权利的证成应具有被保护合理性，即权利的概念标准，一方面权利应当体现的是正当的利益，另一方面应当说明对个人选择保护的重要性。其次，新兴权利应当可以融入既有的法律体系，即通过权利推定的方式，从法律明文规定的基本权利中推演出来。最后，在考虑当前的社会成本、政治现实等诸方面，它具有现

〔1〕 参见王方玉："权利的内在伦理解析——基于新兴权利引发权利泛化现象的反思"，载《法商研究》2018 年第 4 期。

实实现的可能性。[1]周赟主张新兴权利证成的起点在于其逻辑条件，首先，按照被社会广泛接受之价值判断，既有法律中关于权利的分配或安排出现不公的局面，此时的某种利益主张有利于打破并调整这种不公。其次，某种利益主张随着可掌控资源拓展，既不会导致显失公平的权利分配格局，又不致其他权利主体不能接受的权利克减。当某种利益主张具备上述条件之一，那么这种利益主张就可以从逻辑上被称为“权利”。[2]张先贵认为，新兴权利的证成应当归结为两个层面，即在法理层面契合理论的内在逻辑，在实践层面回应实践的内在诉求。前者是权利生成的理论基础，后者是权利生成的现实动因。[3]刘小平认为权利证成的根本在于区分内在理由和外在理由，只有一项请求是基于内在理由提出的，才能被称为一项权利，如果仅仅是因为外在理由，则不足以作为一项权利加以保护，尽管这一请求有被保护的价值。[4]不难发觉，权利家族过于庞大致使其极难找到一种可以完全契合所有权利类型的标准，成为权利证成的“万能钥匙”。因此，抵扣权的证成既要遵从新兴权利的普适性法理，又要发掘自身的权利特性，兼顾纳税人税权的独特税理。

2. 纳税人权利文献综述

增值税抵扣权的权利主体是纳税人而非国家，乃纳税人在征管中享有的一项具体的权利，在探讨其属于何种纳税人权利

〔1〕 参见雷磊：“新兴（新型）权利的证成标准”，载《法学论坛》2019年第3期。

〔2〕 参见周赟：“新兴权利的逻辑基础”，载《江汉论坛》2017年第5期。

〔3〕 参见张先贵：“中国法语境下土地开发权是如何生成的——基于‘新权利’生成一般原理之展开”，载《求是学刊》2015年第6期。

〔4〕 参见刘小平：“新兴权利的证成及其基础——以‘安宁死亡权’为个例的分析”，载《学习与探索》2015年第4期。

以及把握其在纳税人权利谱系中的位置等问题时，应对纳税人权利以及体系构成有充分的了解。丛中笑、翟中玉从税权平衡角度切入，认为国家财政收入与国民财政收入是收入制度的两面，两者之间此消彼长，而它们之间的连接点即在于税收。如果从权利角度出发，这两种收入制度对应的是国家税权（课税权）和国民税权（纳税人权利），财税法应保持足够的人文关怀和以人为本的税权平衡理念，通过税权入宪、预算监督等制度维持二者的平衡。[1]朱为群、许建标主张纳税人权利的范围不应局限于税款的征纳阶段，应当同时拓展到税收立法阶段和财政支出阶段，以进一步实现国家税权监督和纳税人的权利保护，并明确提出了知情权、参与权、监督权、同意权四项纳税人具体权利。[2]黎江虹主张从国家与人民关系出发，国家应以促进纳税人基本权利为常态，限制纳税人基本权为特殊。伴随中国纳税人权利意识的提高和税收法治化的推进，"权力税法"向"权利税法"转化是必要的，并主张纳税人权利是评价税法正当性的重要标准，也是一种新型、有效的国家监督模式，将纳税人权利体系分为实体性权利和程序性权利两大类。[3]王建平提出，纳税人权利是制约政府征税权、保障国家与纳税人法律关系动态平衡的关键所在，在国家与纳税人关系中应当将纳税人的定位由"纳税义务人"转向"纳税权利人"，以此推动政府与纳税人的关系从"管理控制型"向"保护服务型"转变，并将纳税人权利划分为抽象纳税人权利和具体纳税人权利，前者是一种宏观层面的视角，与纳税人生存权、财产权与发展权的

---

〔1〕 参见丛中笑、翟中玉："税权平衡论纲"，载《河北法学》2014年第2期。

〔2〕 参见朱为群、许建标："论纳税人权利扩展及其在我国的实现"，载《现代财经（天津财经大学学报）》2009年第11期。

〔3〕 参见黎江虹：《中国纳税人权利研究》，中国检察出版社2010年版。

保障密切关联，体现在税款征收和使用的全过程之中，后者则具有直接性、敏感性特征，对行政保护有着强烈需求。〔1〕高军从宪法角度关注纳税人权利，提炼出纳税人基本权概念，认为纳税人基本权源于社会契约理论，是纳税人从宪法维度要求国家按照合宪性要求课征税款和支出税款的基本权利，是法治精神在税法中的集中体现，并分别从自由权和社会权两个角度进行了解读。他认为，控权危机是当前我国纳税人基本权利保护的问题所在，主张通过强化人民代表大会制度、完善社会保障法律体系、完善公共财政体系等方面进行纳税人基本权保障。〔2〕梁发祥、梁发芾从英国、法国、美国的纳税人权利史出发论证了纳税人权利保护的重要性，并将纳税人权利分为基本权利和一般权利两个层次，前者是宪法公民权在税法中的具体体现，后者则是我们通常所说的纳税人在税法中享有的权利，同时将纳税人基本权利进一步划分为积极要求权和消极防御权。〔3〕辛国仁认为纳税人权利研究对于增强纳税人权利意识、转变政府职能、建立公共财政制度、确立征纳双方平等地位具有重要意义，归纳出纳税人权利的规定模式为列举式和“列举+概括式”，明确提出纳税人基本权利包括税收参与权、基本生活维持权、平等对待权和民主监督权，税法中的权利包括信息权、隐私权、诉讼权、税收预测和筹划权、按照法律规定缴纳税款权利等。〔4〕

总体来说，既有文献对纳税人权利体系的构建尚局限于二维权利体系，即宪法维度和税法维度，不能准确界定增值税抵扣权的权利地位，需要在二维权利体系基础之上继续拓展，从

---

〔1〕 参见王建平：《纳税人权利及其保障研究》，中国税务出版社 2010 年版。

〔2〕 参见高军：《纳税人基本权研究》，中国社会科学出版社 2011 年版。

〔3〕 参见梁发祥、梁发芾：《纳税人权利纵论》，甘肃民族出版社 2010 年版。

〔4〕 参见辛国仁：《纳税人权利及其保护研究》，吉林大学出版社 2008 年版。

税收制度层面建构出第三维度的纳税人权利，即税制性权利。

3. 税收之债文献综述

税收债务关系理论得以确立得益于德国1919年在《租税基本法》中将“债”引入税法之中。这一大胆的立法例引发了日本等国家的强烈反响。日本学界多对税收债务关系说持肯定态度。例如，金子宏认为，债务关系说照亮了法律学一贯忽视的“公法之债”领域，以租税债务为中心推动课税要件理论的研究和体系化改变了租税法的学科定位。在租税权力关系说之下，租税法并非一个独立的学科，而是作为一种特别行政法，而债务关系说的出现使得租税法成为独立于行政法的一门独立学科。〔1〕北野弘久也持此种观点，并提出债务关系说的实践意义在于明确税收之债的成立与税务机关的行政行为没有必然关系，只要满足税收构成要件即告成立，纳税申报程序、课税处分的行政行为都只不过是一种具体确认已成立的税收之债的制度或行为。不过他也点明了税收债务关系说在何时何地以何种形式出现才是以后亟待深入研究的话题，包括租税立法、税法解释和适用基本方法等方面。〔2〕但北野弘久进一步反思，不能一味地否认税收权力关系说，单纯坚持债务关系一元论会导致税法内在的虚构性从而脱离实践，必须从现实存在论角度肯认租税法律关系在现实中仍需以权力关系论为理论支撑。他主张，租税债务关系如果从法实践论角度出发债务关系说占据主位，若从法认识论角度来看权力关系说占据主位。〔3〕此种论调已愈发引起日本学界的重视，水野忠恒持有类似观点，认为租税权力关系说和

〔1〕 参见［日］金子宏：《租税法》（第22版），弘文堂2017年版，第26页。

〔2〕 参见［日］北野弘久：《税法学原论》（第四版），陈刚等译，中国检察出版社2001年版，第162页。

〔3〕 参见［日］北野弘久编：《現代税法講義》，法律文化社2010年版，第19页。

债务关系说都有存在的必要，特别是基于税收立法技术的考虑，有必要以之区分纳税义务的成立和确定。〔1〕

相比之下，我国对于税收法律关系的关注时间较晚，持续时间较短，多数学者支持税收债务关系说。例如，丛中笑明确提出税收乃无对价之公法之债的本质属性，国家中的全体公民是一种债务人的身份，在缴纳税款之后获得请求国家提供各种公共物品和满足需求的权利，国家则是对应的债权人，在征纳税款之后必须向作为债务人的纳税人提供公共物品和满足其各种社会需求。〔2〕施正文指出税收之债具有公法和私法的双重属性，两者之间存在极大共同性，同时存在本质区别，公法属性要求我们必须坚持税收法定主义，在税法中移植债法制度时必须有法律明文规定，同时要兼顾税收之债的重复性、大量性，考虑征管和税收遵从成本。他采用债法的分析框架详细解析了税收之债的构成要件、效力等基本原理，税收之债的发生、变更、消灭、溯及变更和消灭等债之变动，保全、担保等税收之债的保障。〔3〕陈治认为税收债务关系说逐渐引导学者和立法者将债法的精神、概念和制度引入税法之中而导致“税法私法化”，有利于税法的理论拓展和征管实践，但同时应当给予私法渗透税法以必要限制，以税收法定主义、实质课税原则、公法之债的特殊性和税收优先权引导和矫正税法的私法化进程。〔4〕

在此基础之上，不少学者开始关注税法私法化后的具体制度问题。例如，闫海肯认了公法之债理论对于我国的税法理论提升和征管实践的重大意义，有利于保障纳税人权利实现和国

〔1〕 参见［日］水野忠恒：《大系租税法》，中央経済社 2015 年版，第 20—21 页。

〔2〕 参见丛中笑：“税的本质探析”，载《法制与社会发展》2006 年第 6 期。

〔3〕 参见施正文：《税收债法论》，中国政法大学出版社 2008 年版。

〔4〕 参见陈治：“税法的私法化及其限度”，载《税务研究》2008 年第 3 期。

家税权实现，并指出可以借鉴民事债法的基本制度，如代位权、撤销权、担保、预约定价等。[1]杨楠探讨了税收优先权的法理基础问题[2]。张翼聚焦税收撤销权的法律性质[3]。李桂英关注税收代位权，认为税收代位权是对民法代位权的税法移植，它是一种广义的形成诉权，是以区别于程序与实体权而独立存在的第三种权利形态[4]。郑丽清、卢圣震关注纳税担保的法律性质，认为它兼具公法和私法属性，是一种以公法为核心、兼顾私法的特殊税收制度。[5]叶金育肯定了税收债务关系的正当性，并提出税收之债本质上属于一种公法之债并类似于公法的格式合同，并将债务关系说应用于税法解释之中，推导出税法在遇到规定不明确或课税事实认定不清的情况时应秉持“不利解释规则”的纳税人主义。[6]

概括来说，我国学者对税收之债的研究具有以下几个明显特征：其一，从研究时间和成果质量来说，2008 年前后是我国确立税收债务关系地位、探讨和拓展税收债法理论的黄金时期，虽然其后仍有部分学者零星关注该议题，但总体来说数量较少且深入度较为欠缺；[7]其二，在研究视角上，学者们对待债法理论能否植入税法、如何植入税法议题，无论是持赞成态度还

[1] 参见闫海：“公法之债的理论发展与实践意义”，载《辽宁省社会主义学院学报》2014 年第 3 期。

[2] 参见杨楠：“税收优先权法理基础初探”，载《南京广播电视大学学报》2009 年第 3 期。

[3] 参见张翼：“税收撤销权的性质”，载《合作经济与科技》2010 年第 12 期。

[4] 参见李桂英：“试论税收代位权的性质”，载《宝鸡文理学院学报（社会科学版）》2010 年第 6 期。

[5] 参见郑丽清、卢圣震：“纳税担保的法律性质辨析”，载《福建政法管理干部学院学报》2006 年第 2 期。

[6] 参见叶金育：“税法解释中纳税人主义的证立——一个债法的分析框架”，载《江西财经大学学报》2017 年第 4 期。

[7] 这一点不难发现。从税收之债相关论文发表的期刊质量上即可看出端倪。

是持谨慎的赞成态度，都是偏重宏观视角，重点分析税收法律关系的本质、公法之债与私法之债的异同、税收之债的特质等问题；其三，在税收之债理论的具体运用上，既有文献更偏重税收程序法中的制度研究，鲜有进入税收实体法的各个税种之中，探求具体的权利义务关系。

税收之债是用于解答税收法律关系本质的理论学说，如果仅停留在宏观层面泛泛而谈抑或在程序法中简单地制度移植，而不深入各个具体税种之中探讨具体税收之债的权利义务关系，那么此种学说的理论价值和实践意义必将大打折扣。抵扣权是增值税法中的独特权利，我们在研究抵扣权时有必要将税收之债理论灵活运用到增值税之中，解构增值税债权债务关系和抵扣权的债权债务关系，探求权利本质。此种研究思路和方法不仅拓展了税收之债的理论深度，还是抵扣权理论研究和实践运用的前提和基础。

三、论证思路和方法

（一）论证的思路

本研究从增值税法实践出发，提炼出抵扣规则技术化是造成当前实践困境的关键所在，抵扣权是解决此种困境的“法治钥匙”的核心观点，并遵循“抵扣权的提出—抵扣权的证立—抵扣权的内容—抵扣权的运行—抵扣权的保障”的逻辑思路，抽丝剥茧，逐层剖析抵扣权的运行脉络，因实践困境体现理论价值，再落地于税法实践，兼顾理论提炼和实践运用。具体研究思路如图 1 所示。

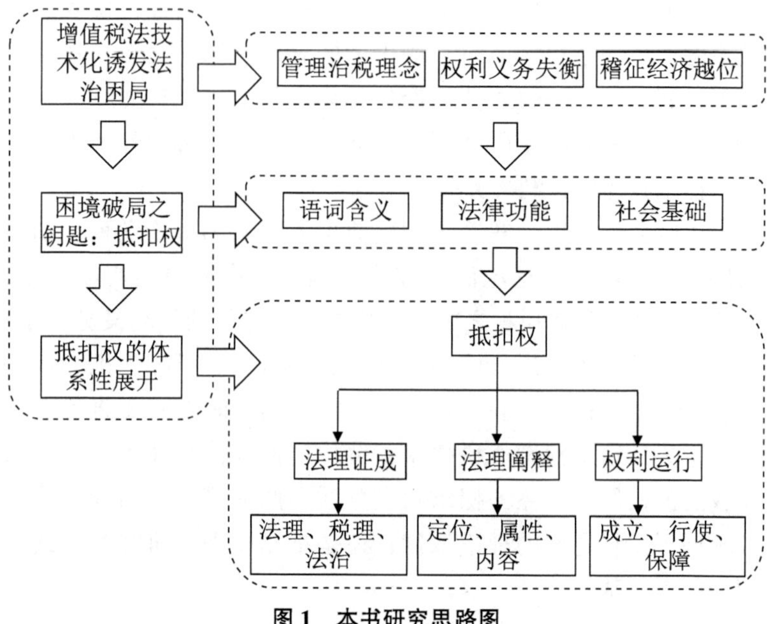

图 1　本书研究思路图

本书除导论和余论之外，主要分五章展开论述。

第一章"抵扣困局与增值税抵扣权"，重点突出"问题意识"，提出抵扣权是解决增值税法实践困境的"法治钥匙"的核心观点。本章开篇重申增值税法抵扣规则是法律规则而非技术工具这一前置性论点，提炼出抵扣规则丧失法律性逐渐技术化是诱发增值税法治困局的主要原因，而抵扣权是提升抵扣规则法律性、弱化技术性、扭转困局的法治工具，并详细解明抵扣权的语词含义，论证抵扣权法定的必要性和可行性。

第二章"增值税抵扣权的多元证成"，旨在从不同法理维度解决抵扣权"能不能成为一项权利"的问题。本章首先概括出权利证成的一般标准，并结合增值税法乃至整个税法的特殊性，融合提炼出抵扣权的证成标准，即一般权利证成、税制机理证成和法治价值证成三个维度，三者之间既是并列关系，分别展示抵扣权的法学之理、法律之理和法治之理，也是证成视角的递进关系，由微观的一般权利视角转换到中观的税制运行视角，最后升华至宏观的税收法治理念。

第三章“增值税抵扣权的体系构造”，遵循权利的基础法理，解构抵扣权的权利本体。首先，本章从宪法维度和税法维度分别探究抵扣权在纳税人权利谱系中的定位，概括提炼出抵扣权的内在属性和权利特质。其次，结合公法之债和私法之债理论，探究抵扣权内部的核心组成要素，包括权利的主体、客体、内容和权利变动。最后，厘清抵扣权与延伸权利以及其他相关权利之间的边界。

第四章“增值税抵扣权的要件构造”，主要解决抵扣权成立和行使的问题。本章以构成要件理论为基点，逐层推导出抵扣权构成要件的含义、机能，厘清与税收构成要件之间的关系，探究抵扣权构成要件内的各构成要素。同时，探讨抵扣权限制的必要性、限制的方式以及“限制的限制”即合理性边界问题。

第五章“增值税抵扣权的法律路径”，意在将本书的理论研究应用于增值税立法完善，以保障抵扣权的通畅运行。本章概括提炼出抵扣权法定的不同途径，并结合当前的增值税立法公开征求意见的契机，提出抵扣权在税法条文中的法律表达和体系设计，并针对免税制度、小规模纳税人制度、留抵退税制度、“三流一致”、格式瑕疵发票抵扣制度等税制提出具体完善建议。

（二）主要研究方法

1. 规范分析方法

规范分析方法是法学研究的基本方法，其研究内容定位为法律规范本身，关注法律规范的建构和立法的完善，注重对法律规范内部的逻辑演绎和规范价值。研究增值税抵扣权时，需要对国内外现有增值税相关制度进行规范分析，诠释相关制度的内涵，重点反思国内增值税法律制度存在的不足之处，进而提出完善的建议。

2. 比较分析方法

增值税起源于法国，经历近百年发展，已为全球 170 多个国家所采用。欧盟、新西兰、日本等地区和国家的增值税制度都具有各自的税制特色，美国虽然没有增值税制度，但其销售税在本质上与增值税相近。因此，本研究在详尽地比较各国增值税税收制度的基础之上，深入剖析不同制度设计之间的优缺点，进而提出有益的立法改革建议。

3. 跨学科研究方法

随着社会经济体制改革的不断深化，财税法学关注的领域愈发宽广，研究的视野更加开阔，既关注宏观的财政宪法、财政民主和法治，强调发挥财税法的政治功能、经济功能和社会功能的宏观综合运用，又深入聚焦财政预算执行和税收征管，涉及民生、资源、环境等各种微观税费关系。财税法学已成长为一门以问题为导向的交叉性的“领域法学”。更何况，增值税本身就具有浓重的经济学色彩。鉴于此，本书虽以法学、权利视角切入，但政治学、法律经济学、税收学、管理学等相关学科的研究方法和成果同样值得借鉴。

4. 案例分析方法

众所周知，多数国家的增值税制度主要借鉴欧盟，美国销售税的征管模式则独具一格。在上述国家和地区中，判例构成了重要的增值税法渊源，相关典型案例值得重点关注。同时，我国也存在不少增值税案例。本书在深入理论研究的同时，挑选部分经典案例融入观点论证中。

四、选题拟创新之处

（一）本选题的思路创新

不同于其他学科的增值税理论研究，本选题以法学视角、抵扣权为破局之钥匙，探讨增值税运行中的法理与税理，聚焦问题本质，提出完善建议。首次从多角度系统解读抵扣权，包括抵扣权的内涵与价值，权利证成与内容，权利成立、行使和保障。

财税法研究尚处于基础理论研究较为不充分的时期，现有研究往往过多关注税理、税制而缺乏法理。其实，早期学者们发掘出很多值得深入研究的理论和问题，如公法之债理论、纳税人权利体系理论、税收构成要件理论等，但缺乏后续的跟进。本书重提上述理论，并将它们具体运用到某一具体税权之中，具有一定的理论深度和理论拓展性。

（二）本选题的内容创新

（1）本研究提出的权利证成标准不仅适用于抵扣权，还可作为新兴权利证成的一般性标准，具有普适性。法理层面的内部证成是权利论证中最有说服力的部分，现实诱因或实现条件等外部佐证只是辅助论证手段，本质是权利需要被证成的原因而非论据。基于此，权利的证成分别从法学之理、法律之理、法治之理三个维度进行推进。从权利本身出发，被证成的权利应包含一般性权利的基本内核要素、诉求正当性和内在必要性；从权利产生的法域出发，权利应与它所要进入的法律之间存在某种内在关联，可能是体现某种重大的法律价值指引，或是契合具体法律制度的核心机理；从社会法治出发，权利是法治建构的基本形式和核心内容，权利的创设应当顺应法治运行规律，具有一定的法治功能。

（2）本研究突破传统的二维纳税人权利体系，提出三维纳税人权利体系，抵扣权正是作为第三维度的纳税人权利而存在。在宪法维度，增值税抵扣权可被归入宪法财产权，具有经营功能，这种探讨的价值在于对抵扣权的限制极可能涉及合宪性审查；在税法维度，区分程序性权利的税制工具性和救济工具性，抵扣权是一种兼具实体属性和税制程序属性的综合权利类型，并且以实体属性占主位；税制维度位居宪法与税法维度之下，税制性权利是以具体税收制度为基础、体现税制特色的制度性、技术性、工具性权利，也是纳税人在税收法律关系之中的基础性权利，兼顾实体性和程序性双重属性。

（3）本研究以债法理论切入增值税法律关系，提出抵扣权本质上是一种公法之上的"逆向"债权，以债之框架拆解抵扣权的主体、客体、内容和变动等。增值税法律关系中存在税收之债和抵扣之债两种债权债务关系。税收之债是主债务关系，国家是债权人，纳税人为债务人，国家享有要求纳税人缴纳增值税款的给付请求权，这种给付请求权是建立在销项税额给付请求权和进项税额返还请求权之上的。抵扣之债是从债务关系，国家变成债务人，纳税人成为债权人，纳税人享有进项税额返还请求权。抵扣之债具有法定债务性、公共性和脆弱性等特性。

（4）本研究遵循"构成要件—税收构成要件—抵扣权构成要件理论"的研究脉络，重构税收构成要件理论，系统提出抵扣权构成要件的含义、机能和各构成要件要素。构成要件运用到法律之中形成特有的"行为—构成要件—法律结果"的法律模型。税收债务关系说将构成要件理论引入税法之中，形成了税收构成要件理论。当前的税收构成要件理论空有构成要件理论"外表"，只是在形式上解决税收之债的内部构成问题，未能发掘构成要件理论的实质精髓。本书将传统的税收构成要件拆分为法律构成要件和定量构成要件，前者才是解决税收之债成立的定性问题，后者只是量化税收之债的内容。抵扣权构成要件同样由法律构成要件和定量构成要件组成，分别承担定性工作和定量工作，在判定纳税人在多大范围内享有抵扣权时，遵循“定性—定量”的工作思路。

（5）本研究不仅旗帜鲜明地提出了抵扣权法定观点，而且系统提出了抵扣权入法的条文表达和体系设计。所谓的抵扣权法定不是简单地在增值税法中添加“抵扣权”“抵扣的权利”之类的文字表述，而是应兼顾抵扣规则法律条文的体系自洽，不仅要考虑当前增值税抵扣规则各条文的法律表达，还要重视和预见《增值税法征求意见稿》所要传达的改革趋势。本书系统梳理当前抵扣规则体系，厘清现行增值税法和《增值税法征求意见稿》中与抵扣相关各条款之间的逻辑关系，明晰各条款所要展现的抵扣权运行中的何种规则要求，创新地提出增值税法中抵扣相关的章节设计、条款布局和条文内容。

第一章

抵扣困局与增值税抵扣权

税收政策与税法规范的关系极易混淆。税收政策以税收为调整对象，处理的是物（客体）之间的关系，即金钱的分配。税收政策通常被视为一种技术工具，解决政府如何通过制度设计征税、用税的技术问题。税法规范以税收法律关系为调整对象，处理的是人（主体）之间的关系，即法律主体之间的权利义务分配。税法规范脱胎于税收政策，是政策经历严格立法程序后的进化产物，它解决课税公平、正义的法律问题。中国税法正处于一种法与政策不易区分的阶段，伴随财税经济体制改革的加速推进，政府不断出台税收政策予以适配，致使长久以来税收领域呈现“政策繁多而法律稀缺”的格局。〔1〕

税收政策不断增生且政策目标之间时有冲突会极大破坏税法严肃性和体系性，长此以往，税法将不再是法，而逐渐退化为税收政策，最终沦为丧失法律品格的征税工具。一旦如此，政府可随意通过税收政策调整税法运行规则，将过度关注税制的技术构建，忽视税法规则的正当性审视，催生国家课税权的滥用，侵害纳税人合法权益。此类问题在增值税法中尤为突出。“当税法被视为技术性规则，随之诞生一头巨兽，既没有灵魂，

---

〔1〕 参见叶金育、褚睿刚：“环境税立法目的：从形式诉求到实质要义”，载《法律科学（西北政法大学学报）》2017 年第 1 期。

更将失控地吞噬掉法治国家的根本基础。”〔1〕抵扣是增值税税制的核心架构，增值税法律规则与增值税政策多与抵扣相关联〔2〕，抵扣规则（规范）法律性式微呈现技术化趋势，致使中国增值税法实践乱象频生，诱发税收法治困局。“研究中国增值税就应当研究抵扣权，因为对抵扣权的态度影响着增值税法的方向。”〔3〕抵扣权是纳税人在抵扣规则运行中享有的核心权利，破解抵扣规则沦为技术工具之法锁离不开抵扣权这一法治钥匙。

第一节　抵扣规则技术化及其困局

一、抵扣：法律规则而非技术工具

（一）抵扣：增值税的技术核心

税收与其他公共政策不同，是一种技术性极强的复杂政策，受到政治文化、公共舆论、政党与意识形态、集团政治、政策理由、国际动态、民间力量等多方影响。〔4〕可以断言，即便一部简单的税法也需要进行烦琐、精细的税制设计，不仅要遵循和贯彻最优经济理论模型，还应与法律的基本法理、商业实践和行政制度进行妥善衔接，以顺应社会需要和政治现实。税法的技术特性可见一斑。例如，环境保护货币化处理、环境监测等难以克服的技术难题使得环保税的开征面临种种政治阻碍，

〔1〕　黄世洲：“加值型营业税的基本法理与凭证行为罚（下）”，载《月旦法学教室》2010 年第 90 期。

〔2〕　Ben Terra and Julie Kajus., *A Guide to the European VAT Directive*, IBFD, 2015, p. 1181.

〔3〕　汗青父：《从增值税到税收法典》，中国税务出版社 2009 年版，第 5 页。

〔4〕　参见［美］B. 盖伊·彼得斯：《税收政治学：一种比较的视角》，郭为桂、黄宁莺译，江苏人民出版社 2008 年版，第 4—19 页。

即便环保税法顺利推行，复杂的技术设计也为税务机关征收和纳税人遵从带来不小的挑战；[1]房地产税改革与立法受到估值技术的挑战，如果无法确定科学的估值标准，税额定量这一基础性工作也就无法落实。[2]乃至为人熟知的所得税，所得的认定也不像民众想象得那般简单。税法的技术性不仅在实体法中展露无遗，还体现在程序法中。技术表征是现代化税收征管模式的重要特征，为落实税收征管现代化建设，需要治理技术的辅助和配合，通过引进各种新兴科技手段，不断拓展制度设计的弹性空间，应对税收征管中的各类制度难题，进而提高征管效率和纳税遵从度。[3]

财税法本身是一类“综合法律部门”[4]，近年正逐渐突破以调整对象和调整方法为基本标准划分的“部门法”的传统分类，逐步走向世界、以“问题”和“领域”为定位的“领域法”。[5]作为领域法的税法，其强技术性不仅深深烙印在本部门法之中，而且在潜移默化间影响着其他部门立法、司法和执法。特别是在与其他学科的交叉领域，如若忽视税法的技术性将产生不小的负面效应。例如，逃税位于刑法与税法的交叉领域，绝大多数税法学者对逃税罪的兴趣度不高，而刑法学者因为缺乏税法理论基础，极易忽视税收征管制度中的税理基础和技术

---

〔1〕 技术因素导致的政治阻碍往往是环保税立法和实施过程中的最大阻碍因素。参见王慧：“为什么差强人意：环境税理论与实践背离的解释”，载《现代经济探讨》2010年第7期。

〔2〕 参见杨小强：“房地产税征管的法律制约与协调”，载《广东社会科学》2015年第5期。

〔3〕 参见王秀芝：“税收能力提升的必由之路：税收征管现代化建设”，载《中国人民大学学报》2015年第6期。

〔4〕 参见廖益新、李刚、周刚志：《现代财税法学要论》，科学出版社2007年版，第2页。

〔5〕 参见刘剑文等：《财税法总论》，北京大学出版社2016年版，第67页。

性规范，外加税收执法人员对法律基础的相对陌生和税收司法人员税法理论的匮乏，致使实践中逃税罪与逃税之间的界限模糊，税收执法与司法偏离立法初衷，甚至倒逼税收立法，影响立法趋向。[1]

众多税法中，增值税法将税法的强技术性展现得淋漓尽致，自诞生伊始便表现出远胜其他税种立法的技术特性。时至今日，仰赖于增值税支持者的政治宣传和明显的财政功效，增值税已经跻身成为世界性的主流税种。不同国家国情迥异，各国立法者依循各自的税收目标、税改方向和法制逻辑运用不同的技术设计建造出各色的增值税制度，但归根结底，现代增值税仍需遵照同一的计征原理构造——抵扣。[2]抵扣也可称为进项税额抵扣，是现代抵扣型或发票型增值税计算应纳税额的方法，若以纳税人的某一应税销售行为为对象，纳税义务是纳税人因该销售行为收取的税额（销项税额）与应税采购已经缴纳的税额（进项税额）之间的差额。对每一个纳税期间的纳税义务而言，是该期间内应税销售缴纳的销项税总额与应税采购中已经缴纳的进项税总额之间的差额。增值税是一种普遍征收的消费税，进项税额抵扣并非简单地单次运行，而是发生于最终消费前的各个环节，每个抵扣环节层层相连共同组成一条贯穿生产始端至消费终端的抵扣链。此即通说的抵扣机制。此种通说是一种狭义的抵扣机制，它允许所有中间企业扣除在上一交易环节作为购买者时已经承担的增值税税负，并通过抵扣链条将税负最终传递到终端消费者身上。[3]

---

〔1〕 参见郭昌盛："逃税罪的解构与重构——基于税收制度的整体考量和技术性规范"，载《政治与法律》2018年第8期。

〔2〕 参见叶姗："增值税法的设计：基于税收负担的公平分配"，载《环球法律评论》2017年第5期。

〔3〕 参见翁武耀："论增值税抵扣权的产生"，载《税务研究》2014年第12期。

抵扣是增值税独有的技术创造和技术核心，也为增值税带来了无可比拟的税制优势——至少绝大多数的增值税支持者都如此坚称。增值税的前身是以营业额为课税对象的营业税，“欧洲各国施行的营业税最大的弊端在于重复征税。为了建立中立、公平的消费税制，欧洲进行了长久的探索和讨论，最终确立了以进项税额抵扣机制为核心的增值税。这也就意味着，进项税额抵扣机制在根本上修复了累积营业税的税制缺陷，使其成功进化为增值税。”〔1〕当然，进项税额抵扣机制不仅在一国内部维护了增值税的税收中性，还为确保跨境增值税的中立性提供了制度保障，建立和维持了国际税收竞争秩序。因为无论是单一环节还是多环节，营业税都存在重复征税问题，无法准确计算商品在跨境交易环节实际承担的税负金额，进项税额抵扣法排除了税负累积导致的重复征税问题，能够准确计算出包含在进项税额中的税负金额。在出口跨境交易中，各国可以准确地进行跨境税调整——出口退税，退还出口商品在出口国（母国）缴纳的增值税，实现输出商品零税负，从而让该商品能够与输入国（东道国）的同类商品进行公平竞争。“在这个国际化时代下，保持国际竞争的中性，是进行税额抵扣型增值税最大的价值所在。”〔2〕

诚然，抵扣是增值税制度构建中的核心架构，但仅仅依赖抵扣机制增值税是无法运转的。设计者为了确保抵扣机制能够通畅运行，为其配套了其他技术创造。例如，为了解释进项税额抵扣如何将税负层层传递到最终消费者，经济学家创造了“增值”概念代替“消费”成为增值税课税对象；为了降低抵扣机制的运行成本，创设了起征点制度、小规模纳税人制度和

〔1〕［日］金子宏：《租税法》（第22版），弘文堂2017年版，第727页。
〔2〕［日］金子宏：《租税法》（第22版），弘文堂2017年版，第727页。

免税制度；为了保证抵扣中应纳税额计算的精确度，不少国家在申请进项税额抵扣所依赖的凭证上颇费功夫。凭证是纳税信息的载体，如发票、账簿，以求能够准确记录并客观呈现计税所需的数据。〔1〕这就在增值税中形成了一个广义的抵扣机制，它不仅包括狭义的抵扣机制，以各抵扣环节串联而成的抵扣链条为机制核心，而且吸纳起征点制度、小规模纳税人制度、发票管理制度、出口退税制度、留抵退税制度等其他辅助机制，狭义抵扣机制与其他辅助机制协同配合，共同构建形成增值税运行的制度生态圈。

（二）抵扣规则本质：法律规则

增值税税收政策是一种增值税的运行技术，它由税制设计、专家创设，专家们的关注点具有单向性，即自己的技术设计能否有效运行。税收政策从理论上肯定地回答增值税如何才能符合基本税理、实现税收中性并能够更好地为国家筹措财政收入。增值税法则截然不同，它首先是一部法律，是立法者通过立法技术对增值税税制进行选择、修改、提炼后形成的、具有普遍约束力的社会规范。“税收是通过法律工具才成型的，因此，应当充分考虑到它们与法律规范的关系。”〔2〕“税收政策—税法规范”的转变过程极为复杂，需要先后经历政策目的、政策手段、立法目的、立法原则、法律规则的转化过程。首先，立法决策者为了达成某种政策目的将立法参与者们集结起来，他们分别来自不同的社会阶层，代表不同的社会利益，会基于不同的思维角度和知识储备提出不同的税收政策建议（政策手段）。任何

〔1〕用于增值税抵扣的发票并非普通的发票，发票上需要载明的信息极为复杂。同时，各国为了防止增值税逃避税，会在增值税专用发票上运用防伪技术。我国的增值税专用发票即为明证。

〔2〕［美］B. 盖伊·彼得斯：《税收政治学：一种比较的视角》，郭为桂、黄宁莺译，江苏人民出版社 2008 年版，第 21 页。

一位税法专家都不可能做到立法建议面面俱到，他们往往擅长某一或某几个方面，并且各种建议之间时常冲突不断。因此，立法决策者必须充分地听取并妥善地吸纳各个领域的专家意见和专业知识。例如，经济学家更关注税收政策背后潜在的经济效应和消极影响，并通过复杂的模型和公式推算进行制度设计，以消除消极影响、提升政策效应；税法专家拥有不同国家税法规范的知识储备，比较、推敲具体税制的优劣；经验丰富的税务律师善于斟酌立法语言与制度建构的严密性，降低政策漏洞带来的偷漏税风险；会计师更多关注税收规定与会计规定之间的兼容性；基层税务官员则关注征管中的可操作性问题。〔1〕

立法参与者提出诸多税收政策目的和政策手段后，立法决策者需要从中筛选并确定所立税法的立法目的和建制原则。政策目的和政策手段具有多重性，内含多种政策效果和技术工具，通过政治、经济或社会术语进行表述。立法目的的范围则要窄得多，是政策目的和政策手段经历立法筛选的结果，通过立法目的条款解释，选择借助何种政策手段去实现何种政策目的。税收立法目的是税收政策法律化的关节点，是税法解释的最终边界，税收立法目的一经确认，税法规范便开始从税收政策中脱胎、分离。〔2〕税法原则是立法目的的具体化，进一步明确了政策筛选的行动方向和规则。在立法目的和税法原则的指引和统摄之下，税收政策逐渐实现法律化，落地成为一项项法律条文并最终汇聚成一部完整的税法规范。

增值税法脱胎于但高于增值税政策，是经历立法筛选、调

---

〔1〕 参见［美］V. 图若尼主编：《税法的起草与设计》（第一卷），国际货币基金组织、国家税务总局政策法规司译，中国税务出版社 2004 年版，第 5 页。

〔2〕 参见杨小强：《中国增值税法：改革与正义》，中国税务出版社 2008 年版，第 196 页。

适升级后的产物，具有法律的规范性、普遍性、系统性和国家强制性。税收由政策工具转换为税法规范的过程是法律性逐渐增强、技术性逐步限缩的过程，税法规范在激烈的立法争论漩涡中必须坚守法律应有之品格，遵循立法目的和税收法定、量能课税等税法原则的指引和约束，恪守公平正义之法律至高价值。基于此，无论是狭义的抵扣机制还是广义的抵扣机制，在增值税立法之前都属于税收政策范畴，是理想状态下增值税运行中的制度工具，本质上仍处于一种技术设想。但学界和实务界在谈论所谓的抵扣机制时都普遍自带一种情境假设，即增值税法中的抵扣机制，此时的抵扣机制或抵扣制度就不单单是一种尚未经历立法程序的税收政策和技术工具，而是意指税法中的法律规则。

法律规则与法律原则相对应，都是法律规范的必要组成部分，法律规则又与法律条文相异，法律条文是描述法律规则的载体，法律规则是法律条文中的语词所传递的文字含义。〔1〕法律规则是立法者将自然事实或社会现象（包括技术）通过法言法语符号赋予特定的法律含义，明确主体之间的权利义务关系、引导权利义务行为的法律性规定。〔2〕本书以“抵扣规则”描述增值税法中的抵扣机制，以凸显抵扣规则的法律属性。易言之，抵扣规则是增值税法规范之中规定抵扣及辅助制度的税法条文集合所描述的，用以明确抵扣运行中税务机关与纳税人之间的权利义务关系、引导权利义务行为的一般性规定。当然，抵扣技术升格为抵扣规则的过程绝不意味着税法对自身技术特性的轻视和抹杀。无论是自然技术还是抵扣这类社会技术都与法律具有同质性和价值互补性，一方面伴随着技术对法律的渗透，

〔1〕参见雷磊：“法律规则的逻辑结构”，载《法学研究》2013年第1期。

〔2〕参见谢晖：“论法律规则”，载《广东社会科学》2005年第2期。

技术规范成为法律规范的组成部分，另一方面法律又对技术规范起到规制和促进作用，取其精华，去其糟粕。〔1〕

抵扣规则内生于增值税法规范之中，增值税极强的技术特性通过立法技术渗透至抵扣规则每一条法律条款之中，并呈现出技术性不断强化的发展趋势，具有极强的税理特质。与此同时，抵扣规则是抵扣机制或抵扣制度法律化后形成的社会规范，经历“税收政策—税法规范”的立法过程变为法律俱乐部的会员，无论规则本身的技术性如何凸显，它始终是一种法律规则而非技术工具，整个法律规则体系建构以及具体条文的设置都要遵循基础法理，自身的可计算性和可预测性不断提升的背后必然有着某种或某几种正义价值追求的支撑和约束。〔2〕唯此，税法在不断强化自身技术性的同时依然能够保持“良法善治”的形态，既不会变成冰冷的技术工具或规律，也不会沦为当政者恣意创设的“权力的游戏”。

二、抵扣规则演化趋势及内在诱因

（一）抵扣规则法律性式微

增值税在中国无疑是一件“年轻”的舶来品，自引入至今，增值税法始终处于立法改革的进行时态。中国增值税基本顺应了国际潮流，围绕抵扣机制建构税制运行框架，并通过立法改革持续调整、优化，形成了极具中国特色的抵扣规则。中国早在1979年就开始在全国部分地区推行增值税试点，并分别于1982年和1984年发布了《增值税暂行办法》和《中华人民共

〔1〕 参见戴雅娜、胥留德：“论技术与法律的互动关系”，载《河北工程大学学报（社会科学版）》2008年第4期。

〔2〕 参见郭忠：“论法律秩序和道德秩序的相互转化——从道德的法律化到法律的道德化”，西南政法大学2010年博士学位论文。

和国增值税条例（草案）》，不断尝试借鉴域外经验推进增值税的法律移植。1993 年之前的增值税法围绕记账式的扣税法和扣额法建构税制体系，扣税法和扣额法即为抵扣规则的前身。1993 年《增值税暂行条例》《增值税暂行条例实施细则》发布，转而采用发票型抵扣的计税方式，并围绕此种计税方式建立了一般纳税人的认定、专用发票的领购、税款抵扣的控制、进销项税的申报（金税工程）等一系列配套制度。1993 年分税制建立了以增值税为核心、其他流转税相互协调的税制体系[1]，也正式建立了现行的抵扣规则体系。其后，一系列“营改增”改革的核心举措也是为了完善抵扣规则，全面打通商品和服务之间的抵扣链条。可以说，增值税立法过程本质上就是抵扣规则不断调适、优化的过程，增值税法改革导向决定了抵扣规则的发展趋势。

增值税最初采用记账式的抵扣机制诱发了极为严重的逃避税现象，因为纳税人可以随意修改账簿信息，无法真实反映交易实质。为此，立法者模仿法国增值税引入发票抵扣方式，初衷在于便利征管和防止逃避税。然而，发票抵扣方式远比记账式复杂，具有极强的技术性，需要匹配相应的征管技术手段和成熟的征管实践经验方能确保行政效率和纳税遵从。以法国为

---

〔1〕 具体而言，对市场中流通的商品普遍征收增值税；对特定的消费品额外征收消费税；对特定产业征收营业税，主要包括交通运输业、建筑安装业、金融保险业、文化体育业、娱乐业、服务业以及无形资产和不动产的转让等，同时扩大资源税的征税范围。原有的产品税、增值税、营业税、资源税、特别消费税、盐税、工商统一税等税制被废止。此次税制改革奠定了增值税在流转税领域中的核心地位，并进一步简并了税制，使 1993 年之前杂乱的税制体系特别是流转税体系得以系统性优化。就具体税制而言，此次增值税改革简化了税款的计算征收，简并了增值税税率和凭发票注明税款予以扣除，使得从事货物生产经营的纳税人明确了应纳多少税，统一了税负水平，体现了“统一税法、公平税负、促进竞争”的税改目标。参见刘剑文主编：《改革开放 40 年与中国财税法发展》，法律出版社 2018 年版，第 380—385 页。

代表的欧洲发达国家有着先进的征管技术、丰富的征管经验和较高的纳税遵从等比较优势，发票抵扣机制可以在本土有效运转，但与我国当时的国情不相匹配。原本用来防止纳税人逃避税的发票抵扣机制导致了更为猖獗的逃避税现象，严重侵蚀国家税基，同时也打击了立法者的信心。发票抵扣和多环节抵扣是增值税法抵扣规则的技术特质，也是逃避税者进行税收安排的关键区域。立法者为了遏制增值税逃避税“灾难”，采用了严苛的刑事处罚和行政管理两种方式。“税收对于国家如此重要，国家是税款的使用者，也是税款的征收者，更是法律的制定者，从公共选择理论的视角来看，国家为了自身的利益也有自身利益最大化的追求”〔1〕，这也就可以解释政府为何采取重刑化和重行政化的应对立场。一方面，增值税的实施很大程度上依赖抵扣凭证，即增值税专用发票，几乎所有关于增值税的犯罪都与增值税专用发票相关，因此1995年我国对虚开增值税专用发票骗取国家税款，数额特别巨大、情节特别严重、给国家利益造成特别重大损失的，以及伪造并出售伪造的增值税专用发票，数量特别巨大、情节特别严重、严重破坏经济秩序的违法行为配置了最严厉的刑罚——无期徒刑或者死刑。另一方面，1993年《增值税暂行条例》和《增值税暂行条例实施细则》的内容相对粗略，外加增值税征管实践的多变性与增值税法修订的滞后性之间存有矛盾，作为行政机关的国家税务总局不断以规范性文件的形式对增值税法进行解释和补充。

刑法与税法均奉行严格的法定主义，国家通过正式的修法程序提升增值税法的重刑化，贯彻罪刑法定主义，而以行政化的方式变相修改税法则背离了税收法定主义。税收法定主义是

〔1〕 杨小强：《中国增值税法：改革与正义》，中国税务出版社2008年版，第221页。

近代法治主义在税收课征权、税收征管面向的镜像。近代租税法虽然源发于行政公法，多数依循行政法的基本规则，但也有比一般行政原理更为严格的法律性格。例如，行政法尊重行政的自由裁量，但租税法排除绝大多数的自由裁量。这种严苛的性格如同将刑法的罪刑法定主义移植到行政法原理之中，形成了税法中的税收法定主义，包括课税要件法定主义、课税要件明确主义（自由裁量的排除）、合法性原则和禁止立法溯及既往原则。〔1〕税收法定主义强调的是以仅次于宪法的法律的形式对课税权加以必要的限制，确保国家课税权与纳税人纳税义务的适度平衡。〔2〕正因如此，只有在满足税收法定之税法基本原则的程序要件，作为纯技术工具的税收政策接受必要的法律性约束时，税收方能从政策工具升格为税法规范。

从《立法法》的角度，国家税务总局发布的规范性文件是否属于正式法律比较含糊，学界和实务界普遍认同的说法是，规范性文件是国家税务总局行使税法解释权的主要形式。以此种观点看待规范性文件就会产生一个问题，作为征纳关系一方主体的国家税务总局“集运动员与裁判员身份于一身”，不仅是税法的执行者行使行政权，还是税法的解释者垄断税法解释权，甚至时有越过行政解释边界进行漏洞补充成为立法者行使实际立法权的现象。征管实践中常常出现面对某一类原有增值税法规范并未规定或尚未明确的征管问题时，国家税务总局以规范性文件的方式作出有利于“国库主义”的解释，导致纳税人合法权益受到侵害。例如，2003年《国家税务总局关于外商投资

〔1〕 参见［日］水野忠恒：《大系租税法》，中央経済社2015年版，第8—11页。

〔2〕 参见［日］田中治：《租税法律主義の現代的意義》，载《税法学》2010年第566期，转引自［日］金子宏：《租税法》（第22版），弘文堂2017年版，第75页。

企业和外国企业通过虚开增值税专用发票购进的货物所得税处理问题的批复》中需要解释是否允许企业被查补的增值税税款作为成本费用进行扣除时，国家税务总局即批复不允许扣除，明显有利于地方税务机关征税。[1]

糟糕的是，增值税法重行政化已经逐渐成为一种法律传统，并在后来的增值税法改革中愈演愈烈。自 2012 年开始试点实行至今的营业税改征增值税（即“营改增”）堪称中国增值税史上最大的一次税制变革，即将增值税征税范围的扩围实现商品和服务的“全覆盖”，消除原增值税和营业税分离导致的重复征税现象，促进第三产业的发展。[2]营改增遵循了重行政化的改革传统，以国家税务总局的规范性文件为主要形式，采用首先在局部地区试点测试国家的财政能力和不同行业的适应程度，逐步推广至其他地区和行业的办法，最后完成全面的“此消（营业税）彼涨（增值税）”。尽管 2015 年修正的《立法法》将“税种的设立、税率的确定和税收征收管理等税收基本制度”

〔1〕 在此批复中，原厦门市国家税务局向国家税务总局发出《关于取得虚开增值税专用发票的货物所得税问题的请示》，主要询问关于外商投资企业和外国企业（简称“企业”）通过虚开增值税专用发票购进货物，税务机关对其依法查处后，上述通过虚开增值税专用发票所购进的货物以及被查补的增值税税款，在计算企业应纳税所得额时是否扣除的问题。国家税务总局作出的批复是：根据 1991 年《中华人民共和国外商投资企业和外国企业所得税法》第 17 条的规定，企业各项会计记录必须完善准备，有合法凭证作为记账凭证。因此，如果企业不能依照规定取得合法购货发票，无法确定其支付货款的真实性和准确性，其购进货物所支付的货款在计算企业应纳税所得额时，不得作为成本费用扣除。根据财政部《关于增值税会计处理的规定》，企业缴纳的增值税（包括因取得虚开增值税专用发票而被查补的增值税）在计算企业应纳税所得额时，也不得作为成本费用扣除。虽然该批复仅是行政机关之间的指导性文件，但已切实影响到了纳税企业的财产利益，具有明显的外部性效果，且作出的解释明显有利于税款的征收。

〔2〕 参见蔡昌、李梦娟：“增值税在中国：改革历程与展望”，载《中国财政》2016 年第 18 期。

纳入只能由法律进行规定的法律保留范围，被学界视为在宪法层面确立了税收法定原则的重大地位，但国家税务总局“运动员兼职裁判员”的现象并没有因为《立法法》的修改得到抑制，反而变本加厉。据不完全统计，从2016年3月23日财政部、国家税务总局联合发布《关于全面推开营业税改征增值税试点的通知》（财税〔2016〕36号）开始，到2018年12月31日为止，以国务院发布、财政部发布、财政部与国家税务总局联合发布、国家税务总局令、国家税务总局公告、税总发、税总函的形式发布营改增相关的政策规范性文件多达153份，其中也包括了调整增值税税率结构的文件。[1]

税法之所以是法律规范而非政策工具，关键在于坚守税收法定原则的程序正义，进而才能实现量能课税之实质正义。税收法治的根本精神要求税捐公平与正义[2]，最基本的形式标准是税收法定原则的落实程度，简言之，就是政府征税必须有相应的法律依据，否则，纳税人不需要承担纳税义务。[3]实质标准是量能课税的落实程度，要求纳税人依照自己的税负能力承担纳税义务。高频率、高数量的规范性文件的出现是税法突破税收法定之形式约束并逐渐常态化的重要特征。一旦如此，税法也将轻易突破量能课税之实质约束，因为税务机关主要扮演税法规则执行者的角色，税款征收是本职工作也是政治任务，如果其同时兼任税法规则解释者和立法者角色，便可轻易通过改变增值税法规则的方式，使原本不需要缴纳税款的非应税行为变成应税行为，原本税负承担能力较强的纳税人反而少缴纳

〔1〕其中《财政部、国家税务总局关于简并增值税税率有关政策的通知》（财税〔2017〕37号）取消了13%的增值税税率。

〔2〕参见黄茂荣：《法学方法与现代税法》，北京大学出版社2011年版，第61页。

〔3〕参见刘剑文：“落实税收法定原则的意义与路径”，载《中国人大》2017年第19期。

税款，税负承担能力较弱的纳税人多缴纳税款，原本税负承担能力相同的纳税人缴纳不同的税款。长此以往，增值税法的法律属性将变得愈发微弱甚至被彻底摧毁，增值税法将不再是法，抵扣规则也不再是法律规则，转而倒退成为国家用于征税的技术工具。

（二）抵扣规则法律性式微的内在诱因

1. 奉行管理治税理念

现代税法学者一再强调，税法不仅是国家征税之法，还是纳税人权利保护之法，应尝试缩小税务机关与纳税人在税收征管中的地位差距，营造征纳双方之间具有平等法律地位的税治氛围。然而，这一切均是学者在理论上的“假想与期盼”，税收法律关系本质上是一种行政法律关系而非民事法律关系，无论从实体法构造上还是行政实践中，行政法律关系中行政主体与行政相对人具有实然上的不对等性。[1]这种不对等性在税务机关和纳税人之间甚为明显，税务机关作为国家代言人行使课税权，纳税人个体作为被课税一方即使不情愿也要依照税法规定缴纳税款，否则将承担行政责任甚至刑事处罚。易言之，税务机关作为管理者相比于作为被管理者的纳税人处在先天优势地位，这种地位差距可以缩小但难以消除。自税收产生之初，就一定要设立征税机关而不是让纳税人自觉纳税主要是出于自身利益、知识结构、纳税意识等诸多方面考虑，多数纳税人不会自发地按期、足额缴纳税款，而为了确保国家财政收入，国家必须专门设立税务主管机关承担税收征管使命，敦促纳税人履行纳税义务。

增值税法颁布之初，国家会面临严峻的财政压力，增值税

〔1〕 参见毕洪海：“行政法律关系性质的反思——基于公私法关系区分的考察”，载《北京社会科学》2017 年第 6 期。

的财政筹措能力使国家对增值税抱有极高的税收期待，税务机关的使命就是完成税收任务、组织收入。[1]当国家的财政期待面对严重的增值税逃避税问题时，税务机关将承受巨大的任务压力，因此要在增值税行政征管中奉行管理治税理念。管理治税是依赖传统的公共行政模式进行行政管理，强调“强国家、弱社会”的理论逻辑，这意味着国家（政府）作为提供公共服务的唯一主体，通过官僚化、行政化的管理体制处理公共事务。[2]增值税管理治税体现在以下三个方面：①在价值取向上，增值税征管表现出了极强的国家利益本位，通过管理手段确保国家财政收入而不甚在意纳税人的遵从成本，例如，增值税征管通常实行自我核定机制，因为增值税的申报要比其他税种都频繁，我国增值税法中规定了发票和税控设备的领购、进项税申报（金税工程）、进项税留抵等制度，极大地增加了纳税人的遵从成本；②在双方关系上，强调国家父权主义，减少纳税人在增值税征管中的参与、协商与对话，例如，在日常征管中，纳税人仅需按照税务机关要求配合征管工作，当出现税务争议时设置税务诉讼复议前置，税收行政复议期间不停止执行；③在实施方式上，依靠税务机关的行政强制命令，通过规范性文件的方式事无巨细地释明增值税法的运行规则，致使税法臃肿。

2. 权利义务配置失衡

现代社会追求的法治，既不是权利之治也不是义务之治，应当是一种权利义务平衡之治，既是政府的行为规则，也是公

〔1〕参见马国强：“当代中国治税思想：理论研究与实践总结——庆祝中华人民共和国成立70周年”，载《税务研究》2019年第10期。

〔2〕参见李鑫诚：“传统管理理论的治理转向及其方法论困境”，载《重庆社会科学》2017年第7期。

民的行为规则。[1]权利与义务的平衡不强调权利数量与义务数量的绝对相等和内容的绝对对等，更在于权利义务关系的共生、法律制度中的并重以及法律精神上的同扬。[2]这就要求一方面，在税收法律关系中纳税人承担的纳税义务与享受的税收权利相伴而生，不存在先履行纳税义务方能享受税收权利，也不存在先主张权利后履行纳税义务。另一方面，税法应兼顾纳税人权利与纳税义务。税制或许会在特殊的历史时期偏重纳税义务，但绝不意味着纳税人权利可以在数量上缺失或在内容上缺位，权利的长期匮乏必然导致义务最终不能得到充分履行。最后，税法应当同时以同等力度宣扬纳税义务和纳税人权利，向执法者、司法者以及社会其他人士宣扬权利与义务的平衡关系，在潜移默化之中形成全社会的法律气候。

就整个法律体系而言，中国有着极为浓重的“重纳税义务、轻纳税人权利”的传统。《中华人民共和国宪法》（以下简称《宪法》）中明确规定了中国公民有依法纳税的义务，却没有对等地提及纳税人的权利，各税法之中也鲜有提及纳税人权利的表述，绝大多数法律条文都在描述公民的纳税义务。基于特殊的历史原因和国情需要，增值税法奉行管理治税理念，采用行政主导的管理治税模式。诚然，这种理念和模式对反逃避税确实有效，却导致了纳税人权利义务体系的长久失衡。管理模式下，税务机关不断出台规范性文件，实际上是逐渐明确和细化纳税人缴纳税款的行为准则的过程，还原到权利义务关系，就是不断增加纳税人遵从义务的过程。规范性文件的数量与纳税人的义务负担呈正相关。管理治税模式体现的是国家与纳税人

〔1〕 参见贺电、孙洪波：“法治：权利义务平衡之治”，载《广东社会科学》2014 年第 6 期。

〔2〕 参见贺电、李娜：“略论法的平衡”，载《法制与社会发展》2014 年第 6 期。

地位不对等的管制思维，侧重点不在于对税收法定主义的恪守和课税权的限制，而在于基于“国库主义”之立场确保税制的通畅运转及税款能够顺利征收、入库。这种管理思维侵入到增值税法之中并延续至今，从防止逃税和反避税的结果来看，客观上保护了国家税基，但对纳税人权利义务体系造成了巨大冲击，使得本就极为失衡的权利义务关系变得更加畸形，形成了增值税法义务本位格局。

3. 稽征经济原则越位

权衡公平与效率之间的关系是政府通过公共政策调控经济的基本问题〔1〕，财税作为一种极为重要的收入分配政策亦是如此。中国的收入分配政策已经逐渐由“提高效率、体现公平”〔2〕转向“效率与公平并重”〔3〕并向“重公平、兼顾效率”〔4〕转变的阶段。作为公共政策的税收，无论是广义的国家政策工具还是狭义的税制设计，公平与效率两者哪个为先或许在不同的时期有着不同的答案，但在税法之中，公平与效率之间的关系早有定论，并体现在税法基本原则体系之中。早期税法学界认为税收法定主义和税收公平主义是税法的两大基本原则。〔5〕后来的税法学者结合理论和税收实践，又从税收公平主义之中拆

---

〔1〕 参见孙豪、毛中根：“效率公平权衡：理论框架与中国实践”，载《浙江社会科学》2019 年第 11 期。

〔2〕 党的十三大报告提出：“合理拉开收入差距，又要防止贫富悬殊，坚持共同富裕的方向，在促进效率提高的前提下体现社会公平。”

〔3〕 党的十四大报告提出：“兼顾效率与公平。运用包括市场在内的各种调节手段，既鼓励先进，促进效率，合理拉开收入差距，又防止两极分化，逐步实现共同富裕。”

〔4〕 参见孙豪、毛中根：“效率公平权衡：理论框架与中国实践”，载《浙江社会科学》2019 年第 11 期。

〔5〕 持此种观点的以日本学者为代表，如金子宏、水野忠恒等。参见［日］金子宏：《租税法》（第 22 版），弘文堂 2017 年版，第 73—83 页；参见［日］水野忠恒：《大系租税法》，中央経済社 2015 年版，第 7—11 页。

分出量能课税原则与稽征经济原则，量能课税原则更多被看作公平原则在税法中的体现，稽征经济原则被视为效率原则在税法中的体现，效率在某种程度上也是一种公平。〔1〕自此，稽征经济原则正式出场并与量能课税原则、税收法定原则并称为税法三大建制原则。与量能课税原则在课税上的实质公平、税负公平不同，稽征经济原则强调课税中的程序公平、效率公平。税务行政资源与大量的纳税人和每时每刻都在发生的纳税事实相比显然是有限的，行政资源的有限性与行政事务的无限性之间存在矛盾，由此体现出税收征管的经济性之于税务行政的重要地位。稽征经济原则强调税收稽征的经济性，意在简化达到税捐稽征之经济性形式手段，具体目标有三个：简化税法、降低征纳成本和平等课税。同时，稽征经济原则在实践中有其宪法界限，即应符合税收法定主义和量能课税原则的要求。〔2〕以此观之，稽征经济在原则位阶上次于税收法定与量能课税，这种位阶表征原则之间的应然地位关系不是绝对的、不可更改的，在个案中也存在为了提高征管效率，高位阶的两原则为稽征经济原则退让的实然情形，但必须建立在经过审慎思考保持必要界限的前提之下，必要时应利用选择权或个案平衡予以缓和。

增值税法的复杂性和技术性对经济性需求尤甚，虽存在税收法定原则与量能课税原则退让于稽征经济原则的情形，但实践中已经超出必要界限，致使稽征经济原则越位的现象大量存在。税收法定原则让位于稽征经济原则表现在实务中的法规命令及行政规则突破法律界限，这种突破绝不能成为常态，应充

〔1〕 我国学者在日本学者基础之上对税法原则二分法进行了演绎、拆分，形成税法原则三分法。参见黄茂荣：《法学方法与现代税法》，北京大学出版社 2011 年版，第 63 页；陈清秀：《税法总论》，元照出版有限公司 2012 年版，第 27 页。

〔2〕 参见黄茂荣：《法学方法与现代税法》，北京大学出版社 2011 年版，第 83 页。

实法院审查能力，改善立法机关能力，以降低对行政机关的依赖。我国增值税法就极度依赖行政机关的法规命令和规范性文件，甚至有代行立法职能之虞。增值税作为法定间接税，依靠抵扣规则“使依量能课税原则本非税捐客体所归属之人，依法应以代征义务人或纳税义务人的地位，负缴纳税捐的义务”，此时，“配套地在形式上将其税捐客体由‘消费’改为‘销售’，但必须注意，因为这只是基于稽征技术所做之变更，所以应为其法定纳税义务人保留将营业税款转嫁给购买人的机会。纵使不因此规定以收款时为营业税税捐客体之发生时，至少如有因倒账而不能收现的情形，应准许营业人，申请退还已缴之销项税额。”〔1〕由于税务机关行政权的扩大，逾越行政权的本有界限调整抵扣规则成为常态，禁止抵扣、少抵扣现象频发，稽征经济原则也就丧失了越位于税收法定原则与量能课税原则的正当性。

三、抵扣规则技术化诱发法治困局

增值税法在颁行之初处于立法技术尚未完备、征管技术不匹配的时代，国家不得不通过行政管理手段维持增值税法的运行，潜藏了国家税权暗中扩张和纳税人权益受损害的极大隐患。事实证明，这种隐患持续至今，并成为增值税立法改革的常态。随后的十几年间，增值税法始终奉行管理治税模式，税务机关在行使征管行政权的同时享有税法解释权，时有越权进行税法的漏洞补充，过度重视征管效率而忽视税法公平，纳税人权利义务配置失衡，致使抵扣规则呈现法律性式微趋势。特别是在全面营改增期间，这种情况达到最盛。由此导致抵扣规则的法律属性在其强大的技术性面前显得极为微弱、渺小，抵扣规则

---

〔1〕参见黄茂荣：《法学方法与现代税法》，北京大学出版社2011年版，第291—292页。

丧失了法律品格，几乎退化为立法前的技术工具，进而诱发了增值税法实践乱象，侵蚀了税收法治根基。

法律秩序源发于道德秩序并日益繁盛，“现代社会的首要特征就是法律数量的激增……在许多领域，运用法律似乎成为了一种‘流行病’。”〔1〕相比之下，法律秩序除比道德秩序具有更强的强制性之外，同时还表现出极强的技术性，其通过立法技术构建明确、可寻迹的具体规则，确保社会行为的确定性和可预测性。毋庸讳言，法律秩序的强技术性是通过立法过程人为赋予的，并非从道德秩序之中承继而来，即立法者为实现特定的立法目的借助特定的立法技术提升法律的理性化和技术化。因此，伴随社会经济不断发展和法治水平日益提升，立法者需不断提升并优化法律的技术性，以强化法律作为秩序本身的约束力以及对于民众的引导作用。技术性使得法律秩序与道德秩序逐渐分离且愈发泾渭分明，这种区隔更多体现在法律形式、法律条文等外在形式上。在内在方面，法律与道德保有着共同的正当性内核，即对于社会某种“正义”价值的追求。“法律与道德都是法规，基本上包容了整个人类生活并且归根结底都是来源于人类的良心。”〔2〕任何法律必然同时涉足科学的世界和人文的世界，前者关涉外在事实的确认，后者始终脱离不开内在价值判断这一根本性视角。“法学是关于神和人的事物的知识，是关于正义和非正义的科学”，而正义“是给予每个人他应得的部分的这种坚定而恒久的愿望。”〔3〕“正义”一词由拉丁语中的

〔1〕［美］弗里德曼：《选择的共和国：法律、权威与文化》，高鸿钧等译，清华大学出版社 2005 年版，第 12 页。

〔2〕［俄］C. 谢·弗兰克：《社会的精神基础》，王永译，生活·读书·新知三联书店 2003 年版，第 99 页。

〔3〕［古罗马］查士丁尼：《法学总论：法学阶梯》，张企泰译，商务印书馆 1989 年版，第 5 页。

“jus”演化而来，有权利、公平、正当、法、公正等多重含义，正是法律独具的法律性的高度概括，乃法之所以为法的法律性格或品格。法律属性是作为法律区分于政治、宗教、风俗、技术等其他秩序规则的根本特征，是其他秩序转化为法律时经由法律的文字修辞所展现的法之“正义”，是一种植根于人类生活的优良本性，是法律之真，是法律之善，是法律之美。

法律兼具法律性与技术性，两者之间是目的与手段、内在与外在、实质与形式的关系。法律性乃是法律的主属性，背后支撑的是人们对于公平、正义、平等、纳税人权利保护等强烈的“正义”需求。技术性居于次位属性，为法律“正义”的显露和传递提供必要的技术支持。在法律规则的构建中，“正义”之法律内核能否成功表露，一方面仰赖于理性地立法技术处理，通过法律文本的结构设计、法律规范的逻辑建构、法律条文的文字表述、标点符号的使用等形式方面的具体规则，最终为民众所知晓。〔1〕另一方面，出于法律制度运行的本身需求，需要一定制度上的技术设计，此种立法技术则关涉法律实质内容，既包括具有一定普适性意义的制度设计，例如，对某一权利的主体、客体、内容等基础性的制度规定，也包括某一类特殊的技术设计，例如，金融法中股票的熔断机制、本书所探讨的抵

〔1〕立法技术是在制定、修改和废止法律法规中所依照的方法。依照不同的标准，立法技术可以分为广义的立法技术、狭义的立法技术、宏观的立法技术、微观的立法技术、立法准备阶段的技术、立法形成阶段的技术、立法完善阶段的技术等。本书所指的立法技术是一种广义的立法技术，是立法过程中为形成最后的法律规范而运用的各种设计手段，既包括如法律法规的结构、形式、文体、修改和废止等方面的规则，还包括具体条款的设计、制度的搭建等。参见田林：“关于确立根本性立法技术规范的建议”，载《中国法律评论》2018 年第 1 期；魏治勋、汪潇：“论地方立法技术的内涵、功能及科学化路径——基于当前地方立法现状的分析”，载《云南大学学报（社会科学版）》2019 年第 1 期；李高协：“浅议地方立法技术及其规范”，载《人大研究》2015 年第 3 期。

扣机制。

聚焦于某一法律规范中的具体条文，根据法律条文所展现的法律性和技术性的强弱，可以将其划分为法律性规则和技术性规则。法律性规则通常处理的是人与人（法律主体）之间的关系，具有丰富的人文意义和价值取向，可表现为权利的保护、义务的恪守、权力的必要限制等诸多形式。例如，《中华人民共和国刑法》第 6 条："对任何人犯罪，在适用法律上一律平等。不允许任何人有超越法律的特权。"《中华人民共和国税收征收管理法》（以下简称《税收征收管理法》）第 8 条："……纳税人依法享有申请减税、免税、退税的权利。纳税人、扣缴义务人对税务机关所作出的决定，享有陈述权、申辩权；依法享有申请行政复议、提起行政诉讼、请求国家赔偿等权利……"相较之下，技术性规则与人的内心情感和价值判断无关，而是单纯地阐释外部世界的运作规律，处理的多是人与物甚至物与物之间（主体与客体、客体与客体之间）的关系。例如，法律生效时间条款、概念解释条款等就是典型的技术性规则。当然，法律性与技术性并非与法律性规则与技术性规则一一对应，因为法律性与技术性是讨论法律自身这一宏观问题，而法律性规则与技术性规则是针对某一具体条款做出的微观分类，并不是所有法律条款都能展现法律性，但所有的法律条款都一定运用了立法技术手段。因此，我们对于法律性规则和技术性规则的分类并非泾渭分明，某一条款可能同时属于这两种规则类型，二者相辅相成，共同搭建起法律之大厦。

大至某一部门法，具体至某一部法律，法律性规则与技术性规则交错其中，不同部门法律之间法律性与技术性上的差别强弱是通过法律性规则和技术性规则的多寡展现的，并最终形成法律整体风格上的偏重。例如，刑法、民法、行政法等部门法与税法、会计法相比，后者技术性条款比重明显更甚于前者，致使后者表现出更强的技术性。法律通过不断强化技术性使其与道德秩序相互区隔，不同部门法因规制不同，法律关系适用不同的调整方法，所需要的法律技术或者说被赋予的技术性强弱存在差异自是无可厚非。不过，应当谨记的是法律内生的法律属性始终优位于外在的技术属性，技术性规则始终以服务法律性规则为目标，这与规则条款的数量和比重无关。即便是在某些技术性较强的部门法之中，技术性规则在条款数量和篇幅上远超法律性规则，也并不意味着技术属性能够撼动甚至取代法律属性之于法律的根本地位。任何法律都应在“正义”价值的引导下进行有序构建，否则，法律将最终沦为当权者的统治工具。〔1〕从这一层面来讲，法律本有的法律属性构成了对技术特性的必要限制，展现了权力制约理念。

财税法的复杂性和技术性尤甚且极具个体特色，“租税与国民经济生活的方方面面都息息相关，为此，租税法必须伴随经济生活的变化而变化，伴随着经济生活的复杂化而复杂化。”〔2〕税法身披极强的外在技术性外衣，作为内核的法律性更不容被忽略。日本学者岛恭彦将税法的法律性抽象为“租税法的思

〔1〕 以会计法领域为例，自2007年1月1日起实施的《中国注册会计师鉴证业务基本准则》等22项会计准则到2012年1月1日起实施的《中国注册会计师审计准则第1101号——注册会计师的总体目标和审计工作的基本要求》等38项准则，是作为注册会计师的内部技术规范，内容极具技术性。即便如此，社会各界仍呼吁增强上述规则的法律性，按照一般法律条文要求，对相关准则的用语、结构等进行修订，明确权利义务关系。“技术性规范涌入立法中成为正式的法律渊源是当代法律发展的重要特征之一，审计准则的技术性使其区别于一般的法律性规范，有可能诱发内在的矛盾。解决独立审计准则技术性与法律的冲突，可以为注册会计师行业的进步提供契机。”参见马永保：“独立审计准则技术性与法律性之间冲突及其解决对策”，载《政法学刊》2013年第5期。

〔2〕［日］金子宏：《租税法》（第22版），弘文堂2017年版，第31页。

想”。租税法也并非简单的租税法规的集合，它有其内在的社会价值，即租税思想。租税思想伴随着租税制度产生，思考应当采用何种方式解决特定的租税问题，但是租税思想有其独立的“性格”，租税制度和租税问题并不影响租税思想本身。如果租税失去了对社会的感受能力，而将租税法看作是单纯的法律法规的集合，租税的发展就变成了单纯的租税法的字面修改，租税制度也就成了法律技术专家狭隘的技术游戏。与之相反，租税的存在具有社会性和历史性，不能从简单的技术层面而应从更宽广的视域观测租税法，现实的税制发展会产生新的租税思想，积极促进税制的进一步优化。〔1〕我国《宪法》第 56 条，“中华人民共和国公民有依照法律纳税的义务”以及我国《立法法》第 11 条第 6 项的根本精神即在于强调税法法律性的核心地位，表现为贯彻税收法定的法治国家原则，以此形式合理控制和约束国家课税高权。

相比于其他税种，增值税的特点是覆盖面更为广泛，几乎覆盖了经济生活中所有的商品、服务，牵涉各行各业，同时表现出极强的技术性，不仅体现在纳税人、课税对象、征管制度、发票制度等一般税制中，还表现在对特定行业及相关产品和服务的特殊税收待遇上，比如特定产品的税收优惠，金融行业的免税，不动产、保险行业的特殊处理。增值税的上述特质最终都汇聚在一点——抵扣规则之上。正因增值税的如上特征，增值税立法改革易过于专注抵扣规则运行的技术性构建，忽视作为法律最为本质的“租税法的思想”，突破税收法定、量能课税的税收法治原则。当纳税人与税务机关之间发生纳税争议时，税务机关可以便捷地通过核定课征、漏税处罚、行政救济不停

〔1〕［日］島恭彦：《近世租税思想史》（第 2 版），有斐閣 1948 年版，第 2—3 页。

止执行、行政救济后重新核定税款等方式单方确定争议解决方式，纳税人根本毫无对等发言权，更无力与税务机关抗争，迫使纳税人只能诉诸行政救济和司法救济。

抵扣规则沦为技术工具非一朝一夕，而是国家行政权长期缺乏有效监督和制约的结果。宏观上表现为抵扣规则体系整体运行不畅，纳税人税负和遵从成本过高。微观上表现为各个具体税制弊病广为纳税人所诟病，主要表现为抵扣链条断裂、进项税留抵不退、严苛的发票管理制度等。

就税制原理而言，增值税是产品从生产到零售的各个环节分段计算税负的，对于生产者的实物投入和非实物投入都应同等对待，即将商品和服务全部纳入增值税的征税范围，方能形成一个完整的抵扣链条，确保整个生产过程中不存在重复征税问题。[1]换言之，增值税抵扣链条应尽可能完整、不中断。全面营改增之后，增值税法在名义上实现了征税范围的全面覆盖，使得进项税额不能抵扣的问题得到部分解决，但增值税税制本身切断抵扣链条的问题仍然较为严重，主要表现为限制抵扣主体、缩小抵扣范围以及大量的免税项目。抵扣链条断裂意味着企业预缴的进项税不能抵扣或不能完全抵扣，导致本应实际承担零税负的企业却负担了额外的税负，产生重复征税的连锁效应，扭曲经济中性，背离量能课税原则。

进项税额留抵虽然在结果上与抵扣链条断裂类似，都会限制进项税额抵扣，但这是两个完全不同的税制问题。增值税抵扣的原理是，销项税额与进项税额之间的差额为增值税应纳税额。企业以营利为目的，多数情况下销项税额大于进项税额，进项税额可以完全抵扣，但也有销项税额小于进项税额的情形，

〔1〕 参见梁强、贾康："1994 年税制改革回顾与思考：从产业政策、结构优化调整角度看'营改增'的必要性"，载《财政研究》2013 年第 9 期。

此时的进项税额不能完全抵扣。我国自增值税开征以来并未实行增值税留抵税额直接退税制度，而是选择向下期结转继续抵扣。[1]即便在减费降税改革趋势下逐渐改变了此种做法，也仅对新增的留抵税额部分退税，存量留抵税额依然不退。我国“留抵税额不退、向后结转”做法的正当性在于，待未来产生更多的销项税额时可以相互抵销弥补。[2]但是，对于企业而言，这种延迟退款并且不支付纳税人利息的做法本质上属于国家对纳税企业的“无息贷款”，实际上占用了纳税人“时间价值”方面的成本金钱[3]，变相成为企业额外的税收负担，压缩企业资金流，对利润紧缩的企业尤为不利。甚至在企业实际运营中，产业结构和行业特点导致诸多企业在绝大多数纳税期限内都会产生进项税额大于销项税额的情形，企业的留抵税额会无限向后结转。据研究人员测算，每年我国增值税留抵税额约占当年增值税税收收入的25%，由此推算，2016年留抵税额规模高达1.2亿元。[4]

增值税发票是提供商品和服务的纳税人开具的单据、备用目录打印或者包括电子记录在内的其他文件，用以记录该销售行为以及该销售已经支付的增值税。在以发票为基础的增值税系统里，以法定形式开具发票是增值税征收和实施的基础。对于纳税人而言，增值税进项税额的抵扣通常以当期开具的增值税发票的存在为条件，税务部门的征管同样依赖增值税发票。

〔1〕 我国《增值税暂行条例》第4条第2款：“当期销项税额小于进项税额不足抵扣时，其不足部分可以结转下期继续抵扣。”

〔2〕 参见梁发芾：“留抵税额退税制度使增值税更为完善”，载《中国经营报》2019年4月1日，第E03版。

〔3〕 参见李旭红：“留抵退税如何实现减税”，载《第一财经日报》2019年5月21日，第A11版。

〔4〕 参见刘怡、耿纯：“增值税留抵规模、分布及成本估算”，载《税务研究》2018年第3期。

增值税法中通常会明确要求商品或服务提供方向购买方提供满足一定形式要求的增值税发票，并以一定的程序和处罚措施作为保障措施。〔1〕我国增值税法即为范例。像多数发展中国家一样，我国增值税管理所面临的挑战，既有低效率的稽查能力，又有居高不下的增值税欺诈风险，为此，我们建立了一套增值税专用发票管理制度体系，借此弥补增值税稽征能力的欠缺，并打击增值税欺诈。但是，我国增值税专用发票管理制度设定了较为严苛的管理要求，对抵扣的限制超出了一定限度，增加了纳税人的纳税遵从义务，从而被许多学者和实务专家诟病。

第二节　抵扣权：破解困局的法治钥匙

税法学界的普遍观点是，税法学已经从行政法学分离出来成为一门独立的法律学科，但从法实践论角度，税收法律关系仍然属于行政法律关系。现代行政法本质上属于平衡法，即行政法律关系中权利义务的总体平衡，既包括行政机关与行政相对人之间权利义务的各自平衡，也包括行政机关与行政相对人各自权利义务的自我平衡。〔2〕此行政法平衡理论也为税法所吸收，现代税法不仅是为国家提供课税依据的“征税之法”，还是“纳税人的权利立法”〔3〕，前者强调国家权力与纳税人纳税义务，后者展现国家义务与纳税人权利。但在各国税法实践中，国家总是乐于为纳税人添附义务，而对纳税人权利“消极怠

〔1〕参见［美］V. 图若尼主编：《税法的起草与设计》（第一卷），国际货币基金组织、国家税务总局政策法规司译，中国税务出版社2004年版，第240页。

〔2〕参见罗豪才、袁曙宏、李文栋：“现代行政法的理论基础——论行政机关与相对一方的权利义务平衡”，载《中国法学》1993年第1期。

〔3〕参见［日］北野弘久：《税法学原论》（第四版），陈刚等译，中国检察出版社2001年版，第10页。

工”，增值税法即为典型。抵扣规则技术化肇因于行政权主导的管理治税模式。从权利义务角度，管理措施意味着纳税人需要承担相应义务，管理模式意味着税法强调权力本位和义务本位，以国家行政权力而非立法权引导增值税改革，致使国家权力多义务少，纳税人权利少义务多，极易滋生课税权滥用，侵害纳税人合法利益。行政法律关系可抽象为“权力—权利”关系，公民权利是平衡制约行政权力、由管理走向法治的关键。[1]因此，作为增值税灵魂的抵扣权自然成为破解增值税法困局的法治钥匙，为纳税人赋予权利、让纳税人认知并享有抵扣权、为纳税人提供权利保障。

一、抵扣权：语词意旨与概念区隔

（一）抵扣权的语词解构与释义

文字词义是具有结构的，“语义的结构化要求释义也要体现出结构化的特点，这种结构化的特点体现在成分及其关系中。”[2]同时，文字的艺术性还在于即便是相同的文字，在不同的语境下，词性、词义也是千差万别。对于抵扣权的理论研究也应该在特定的语境下，以其词义本身的结构及其结构化释义为起点。从语词的结构来看，“抵扣权”由“抵”“扣”“权”三个语词要素构成，进一步组合来看，可形成“抵扣”“权”的语词结构。“权”的意旨明确，为“权利”之意，“抵扣”“权”即可简单理解为享有“抵扣”的权利。“抵”为“抵销”的简称，抵销一词语义为由于作用相反而相互消除，来源于《霞外攟

〔1〕 参见沈岿：“‘为了权利与权力的平衡’及超越——评罗豪才教授的法律思想”，载《行政法学研究》2018 年第 4 期。

〔2〕 施春宏：“词义结构的认知基础及释义原则”，载《中国语文》2012 年第 2 期。

屑·时事·史恩涛》："孙诒经罚俸一年，不准抵销。""扣"为"扣除"之简称，从总额中减去之意。探究抵扣权深刻含义的关键点在于厘清"抵"与"扣"的关系。

税法之中，"扣"相比于"抵"更为常见，被广泛应用于各个税种应纳税所得额的计算之中。例如，《中华人民共和国个人所得税法》（以下简称《个人所得税法》）第 6 条关于应纳税所得额的计算中即存在大量的扣除规定。居民个人综合所得的计算是以每一纳税年度收入额扣除费用 6 万元以及专项扣除、专项附加扣除和其他扣除后的余额，经营所得、财产租赁所得等其他所得也各有自己的扣除规定。《中华人民共和国企业所得税法》（以下简称《企业所得税法》）第 5 条规定了计算企业应纳税所得额时要减除不征税收入、免税收入、各项扣除以及允许弥补的以前年度亏损的金额，第 8 条规定应纳税所得额可以扣除与取得收入相关的合理支出，包括成本、费用、税金、损失等。不难发现，以个人所得税、企业所得税为代表的多数税种以税基为扣除对象，都是基于生存权保障将特定的扣除项排除在税基之外，只不过个人所得税主要扣除的是个人生活成本，保障个人生存权，企业所得税主要扣除企业生产成本，保障企业生存权。增值税抵扣权中的扣除与之完全不同，它被用于计算应纳税额而非应纳税所得额，扣除的对象是税额而非税基，从当期销项税额中扣除当期的进项税额即为应纳税额。

增值税当期应纳税额＝当期销项税额－当期进项税额

公式 1：增值税当期应纳税额计算公式

"抵"则更为少见一些，无论是理论研究还是实践操作中，通常都是在增值税法语境下展开的。以产品生产过程中的"材料商—制造商—零售商”环节为例，制造商在向材料商购买生产材料时，在支付货款的同时还需要向材料商（前一环节）预先支付相应的税款，即进项税。当制造商将材料加工成产品并销售给零售商时，在收取货款的同时也需要预先向零售商（后一环节）收取相应的税款，即销项税。制造商作为增值税的纳税义务人应当把收取的税款即销项税上缴给国家，但因为在向材料商购买材料时已经预先缴纳了一部分进项税，所以制造商可以用已经预缴的那部分进项税抵销销项税中的等额税款。此即增值税抵扣权中“抵”之税理所在。

概言之，“抵”与“扣”看似是一对近义表示，实则暗含因果关系。“抵”是抵扣发生内在之因，暗含增值税独特的运行原理，即企业从下一环节获得的销项税额（收入为正）与上一环节预缴的进项税额（支出为负）等值的税额相互冲抵。“扣”乃抵扣外在表露之结果，表现为从销项税额中扣除进项税额。其中，“抵”正是抵扣权与所得税中的扣除权相区分的关键所在，但由于这层含义在概念概括时不太容易表述，部分学者在表述抵扣权概念时侧重于突出扣除之意，即抵扣权是增值税纳税人享有的从其缴纳的因提供商品或服务（下一环节）而产生的增值税（销项税）中扣除其在购买商品或服务时（上一环节）所承担的增值税（进项税）的权利。[1]也有学者为表述全面，将抵扣权表述为进项税额抵扣权。[2]

深层挖掘增值税抵扣权与所得税中的扣除权运作机理可以发现，两项权利其实并无本质差别。从抵扣权角度分析，公示1所示之增值税当期应纳税额计算公式是一种经过推导的二级公

〔1〕 参见翁武耀：“论增值税抵扣权的产生”，载《税务研究》2014年第12期。

〔2〕 参见黄源浩：“论进项税额扣抵权之成立及行使”，载《月旦法学杂志》2007年第1期。

式，根据增值税基本原理，一级公式是根据增值额和税率计算增值税应纳税额的，推导的过程如公式 2 所示。序号①所列公式即为增值税应纳税额计算的一级公式，本质上是通过序号②在下一环节销售时取得的销售额扣除上一环节购进时支付的进货额，以此计算出本环节增值额。增值额即增值税的税基。换言之，增值税抵扣权与所得税的扣除权在本质上都是扣除的税基，抵扣权所表现出扣除税额的特性只不过是税基扣除的推导演化而已。从扣除权角度来看，所得税中的扣除同样包括抵销和扣除两个行为。无论是个人还是企业，在创造价值的同时必须满足生存需要，为了满足生存需要会预先耗费一定的生存成本，包括衣食住行、教育、医疗、赡养等作为自然人的生活成本以及日常支出、员工工资、税费、损失等生产成本。为了计算个人和企业所创造的净价值，理应允许抵销他们所预先承担的那部分成本并在创造的价值中扣除等值的部分，这本质上与增值税中的增值并无二致。当然，两种权利背后蕴含的功能价值存在差异。抵扣权基于增值税税制的税收中性，而扣除权体现所得税中的基本生存权保障。

①增值税应纳税额＝　　增值额　　　×税率
②　　　　　　　　＝（销项额－进项额）×税率
③　　　　　　　　＝销项额×税率－进项额×税率
④　　　　　　　　＝当期销项税额－当期进项税额

公式 2：增值税当期应纳税额推导公式

概言之，扣除权是另一种角度的广义的抵扣权，抵扣权是一种特殊的扣除权。只不过在我国学界和实务中，“抵扣”特指税额抵扣，税基抵扣则称为“扣除”。消费税法中出现的“抵扣”即为明证。除增值税法之外，运用到“抵扣”一词的仅有消费税法这一特例。《中华人民共和国消费税暂行条例》第 4 条第 2 款规定："委托加工的应税消费品，除受托方为个人外，由受托方在向委托方交货时代收代缴税款。委托加工的应税消费品，委托方用于连续生产应税消费品的，所纳税款准予按规定抵扣。"本书聚焦的抵扣权是一种狭义的抵扣权，仅指增值税法中的进项税额抵扣权。

（二）与近似概念的语义比较

1. 不同法系中的抵扣权

抵扣权最早出现在以英美法系为主的欧洲国家的增值税法之中，后来逐渐在日本、中国等国家中显露。不同法律体系的历史演进脉络各异，导致英美法系和大陆法系在法律的表现形式、法律的结构和分类、法律的实施方面存在极大的不同，进而导致法律渊源、法律意识、立法理论、研究范式等方面存在霄壤之别。[1]如此截然不同的法律土壤培养出的，对于权利的理解与权利的研究范式自然迥异。[2]不同法系中抵扣权的称谓和语义皆有不同。在称谓上，英美法系由于语种众多，各语系对抵扣权的表述各有不同，但多以欧盟增值税指令中的英文表述为通行说法，或从此英文表述翻译而来，即"right of deduction"。大陆法系各国家对抵扣权的表述也较为相似，日本的表述较为笼统，通说为"前阶段税额扣除的权利"，中国表述为"进项税额扣抵权""进项税额抵扣权"或简称为"抵扣权"。

相较于称谓上的差异，两大法系在抵扣权语义上的差异更甚。详言之，按照"调整对象—法律载体—适用方法—核心出

〔1〕 参见饶艾："罗马法与日耳曼法——西方两大法系特点之比较研究"，载《法商研究（中南政法学院学报）》1995 年第 5 期。

〔2〕 参见李中原："Ius 和 right 的词义变迁 谈两大法系权利概念的历史演进"，载《中外法学》2008 年第 4 期。

发点”的脉络线，大陆法系遵循“权利类型—抽象规范—法典（统一条文）—请求权基础”的系统环境，以权利的概念为核心表达工具，通过权利类型化抽象、演绎、推理出一般性法律规则，最终编纂形成法典秩序。此种法律土壤下，法学家尤为重视权利的法理分析，对抵扣权概念、抵扣权能否称得上一种权利、权利的类型、属性与位阶等基础理论问题颇为关注。与之对应，英美法系更为关注对象事实本身而非以权利类型为中心，主张针对具体的对象事实适用不同的裁判规则，形成判例法的法律载体，即“具体对象—裁判规则—法官（正义直觉）—关系类推”。[1]作为英美法系的发源地，欧洲各国在增值税立法中虽然引入了“抵扣权”，但关注点并非抵扣权本身，而在于抵扣权的运行。例如，《欧盟 2006 年指令》“Title X”为抵扣部分，下设五章，分别规定了抵扣权的发生时间和范围、比例扣除、抵扣权的限制、抵扣权的行使规则和抵扣的调整等具体运行规则，并未对抵扣权的权利本身作过多描述。受此影响，域外学者也更加关注抵扣权的运行规则。

与其说英美法系国家最早提出了抵扣权，毋宁说它们最早应用了抵扣权，它们从裁判规则的具体运用角度出发，视抵扣权为抵扣规则运行中产生并确保规则运行的客观存在的实然权利。大陆法系中的抵扣权不仅是为了区别于正义和法律，它还应当被更深刻地加以理解，即权利在本质上属于主观意识范畴，它是作为思维以内的因素而存在的[2]，是一种主观性抽象出来的应然权利。比较而言，前者意在抵扣权的具体分析和实践运

〔1〕 参见冉昊：“两大法系法律实施系统比较——财产法律的视角”，载《中国社会科学》2006 年第 1 期。

〔2〕 参见李中原：“Ius 和 right 的词义变迁 谈两大法系权利概念的历史演进”，载《中外法学》2008 年第 4 期。

用，遵循“实践—实践”的类推适用，后者则追求抵扣权的抽象提炼和理论提升，按照“实践——般理论—实践”的逻辑脉络。笔者认为，抵扣权是扭转抵扣规则技术化的法治工具，它不仅是纳税人的一种权利主张，还是纳税人在抵扣运行中理应享有的一种实实在在的权利，更应当上升为一种法定权利，涉及抵扣权应然与实然的多重转换。

2. 抵扣权与抵扣、抵扣机制

抵扣机制有狭义和广义之分。狭义的抵扣机制是指增值税运行中从销项税额中抵销、扣除前一环节预缴的进项税额的计税方式，使增值税以每个环节的增值为课税对象，每个环节的企业纳税人实际承担的税负为零，多个单一环节的抵扣串联而成的抵扣链条使得产品从生产到销售之间所有中间环节的税负最终流向消费者。广义的抵扣机制包括狭义抵扣与其他辅助制度，制度相互之间协同配合，共同形成增值税运行的制度生态圈。如果单从语词结构来看，抵扣权与抵扣机制的差别之处似乎仅仅在于“抵扣”的后缀，或者说看待“抵扣”的角度和采用的表述。前者是从法理角度看待抵扣的运行，采用权利的表达方式，后者是从税理的角度看待抵扣，采用机制、制度的表达方式。抵扣权与抵扣机制的差别真的只是同一个“抵扣”套上了两件不同的外衣吗？或者说抵扣机制之外简单套上一件权利外衣即可与抵扣权等同吗？答案是否定的。

抵扣机制，无论是何种理解方式，都只是增值税的一种运行技术。理想的增值税要求每个环节的进项税都能够在销项税中抵扣，确保抵扣链条的完整性和运行的通畅性。国家可以出于不同的政策考虑，选择不采用理想的增值税税制，以不同的政策方式在不同的中间环节限制进项税额抵扣，而不深知增值税原理的纳税人可能认为上述税制变化只是国家的政策调整，并不知道这可能会损害以及多大程度上损害自己的税收利益，更不会主动对税制调整提出异议，主张保护自身合法权益。长此以往，国家可以通过缓慢的政策手段暗中侵蚀纳税人合法权益，彼时增值税将成为“恶税”，增值税法也将沦为“恶法”。但将抵扣的发生与否上升为一种权利时，抵扣权就具有了权利天然的宣示作用。这种宣示主要作用于两方主体：一方面向纳税人宣告，告知纳税人抵扣是他们享有的实施从销项税额中抵扣进项税额的自由或利益，当纳税人不能自由抵扣且无足够说服力的情况下，即知晓自己的自由或利益受到侵害，可以要求停止侵害、寻求权利保护和救济。同时也是向国家和税务机关宣示，国家在立法中不可随意限制纳税人抵扣权，税务机关在执法中不可随意侵害纳税人抵扣权，还应为纳税人提供必要的权利保护和救济途径。

抵扣权与广义的抵扣机制差别更甚。在《现代汉语词典》中，“机制”指的是有机体的构造、功能及相互关系，具体到一个工作系统，是该系统内的各组织或部分之间相互作用的过程和方式。对于“机制”的理解至少可涵盖以下几层意思：其一，整体的机制是由各个不同的部分组成的；其二，各个不同的部分承载着不同的功能，整体机制的运行要建立在各个部分之间的协调一致之上；其三，正确处理各个部分的关系需要遵循具体的运作方式；其四，机制需要确立一个主线将各个部分统一起来，确保整体的有效运作。[1]抵扣机制是一套同时关涉国家与最终消费者、国家与中间企业、中间企业之间以及中间企业与最终消费者多方主体之间税制关系的有机体，包括货物交付、收付款、发票的开具、税额申报抵扣等多个单元，机制整体的

〔1〕参见王琦：“‘一带一路’争端解决机制的阐释与构建”，载《法学杂志》2018年第8期。

运行需要激发不同单元的本有功能并注重单元之间的相互衔接，最终形成体系合力，维护机制整体的运行通畅，确保税负通过进销项抵扣层层转移，实现税收中性。抵扣机制中包含多个抵扣权要素，抵扣权是抵扣机制“藤蔓”上开出的权利“花簇”。此外，由于抵扣机制中主体的多样性，不同主体之间权利义务关系复杂，除最基本也是最核心的抵扣权之外，同时产生了与之相关的其他权利，如留抵税额退税权、出口退税权、发票的领购和使用权、上游发票索取权等。

二、必要性：抵扣权内置法律功能

（一）推动应然权利向实然权利的转换

权力始终与权利纠缠不清，“不是统治者利用权力作恶损害权利，就是人民群众依据权利进行革命，消除权力……人类社会在进化过程中，不断地寻求权力与权利的平衡，力求权力与权利保持较为和谐的关系，分权理论、民主理论都是这种努力的产物。”[1]面对抵扣规则运行的法治困局，包括学者、实务专家、纳税人在内的社会多方主体通过多种途径发声，意欲诉诸某种纳税人权利工具达成国家课税权制约和纳税人利益保障的目的。这种权利工具即为抵扣权。从既有文献来看，虽然国内文献未见抵扣权的专论，但抵扣权似乎已然成为学者、众多实务人员和纳税人时常挂在嘴边的、为纳税人所享有的既有权利，并主张在具体制度中予以运用。例如，赵国庆认为纳税人的抵扣权是增值税制度中的重要权利，理应被依法保护，并运用到善意接受虚开增值税发票规则中[2]；叶姗则将抵扣权运用到增

---

〔1〕 朱兴文：《权利冲突论》，中国法制出版社 2004 年版，第 87 页。

〔2〕 参见赵国庆：“增值税抵扣权的保护与善意接受虚开票规则的协调”，载 http：//www.shui5.cn/article/9c/72852.html，最后访问日期：2023 年 4 月 23 日。

值税免税项目之中，认为免税规则限制了纳税人抵扣权，导致实际税负要高于一般购进的应税项目，因此对于免税应当赋予纳税人选择权；〔1〕汤洁茵探讨了抵扣权在资管产品中的运行，认为资管产品虽然不具有民事主体资格，仅仅具有财产属性，但由于该财产集合的独立性、经营的反复性和活动的盈利性，应当将其作为增值税纳税人〔2〕。凡此示例不胜枚举。

如此说来，既然国内已有诸多学者和实务人员对抵扣权多有关注，并主张运用到增值税具体制度之中，本书要是再次提出将抵扣权作为扭转抵扣规则技术化的核心手段的主张似乎并无必要了。然则，权利作为一种社会现象，按照其运行过程会在不同的阶段呈现出不同的权利状态，虽然它们都被人们赋予了同一种权利名称，但权利内容、权利的效力、权利的保障机制等均有不同，对权力的制衡力和权益的保障力自是霄壤之别。详言之，抵扣权按照运行过程分为三个阶段，呈现三种不同状态，即潜存阶段的应有抵扣权、表露阶段的法定抵扣权和现实阶段的现实抵扣权。

抵扣权的第一个阶段是潜存阶段，权利尚且处于一种隐藏、未通过法律向大众宣告的状态，与此阶段相匹配的权利是应有权利。这种潜存状态虽未经公权确认，但并不意味着大众没有意识到权利的存在，相反，具有某种共性的社会主体已经意识到自己拥有或者理应拥有这种权利。应有权利反映了这部分社会主体共同的利益诉求。此外，其他社会主体虽非可以主张应有权利的主体，但因为特定的社会职能、责任心或者与权利主

〔1〕 参见叶姗："增值税法的设计：基于税收负担的公平分配"，载《环球法律评论》2017 年第 5 期。

〔2〕 参见汤洁茵："资管产品增值税的纳税人之辨——兼论增值税的形式主义"，载《法学》2018 年第 4 期。

体的相关性，也已经意识到应有权利的存在，并支持这种权利主张，如学者、律师、税务师、官员等。比如，在环境权法定之前，被环境污染侵害的公民理所当然地就会主张他们享有环境权，要求污染者停止污染行为、消除污染影响、赔偿侵权损失，而环境法学者、环境公益律师等相关人士也会撰文发声，提倡公民享有环境权。〔1〕当然，这类权利诉求只是以大众的思想观念为载体，往往深藏于社会生活之中，通过影视、报纸、刊物等大众传播媒介进行表露。同时，应有权利不是任何一个群体或阶级主观任性地刻意创造，而是反映权利诉求的主张者的某种正当价值，契合于经济发展、社会进步的内在要求。虽然应有权利并没有经过法律确认和保障，但其内在的正当性使之获得了某些社会力量或者说“民间法”不同程度的认可和保护，如社会的习俗、传统，各种形式的乡约，包括政党在内的各种社会组织的纲领或章程。

表露阶段是抵扣权运行的第二个阶段，此阶段对应的权利叫作法定权利。法定权利也被学者称为法律权利，它是通过特定的国家意志形式即立法的方式对应有权利进行选择和整理，把人们认为重要的、必要的应有权利经由正式的立法程序纳入成文法之中，并向全体社会大众公布。〔2〕与应有权利相比，法定权利以法律为载体，具有明确性、公开性、一致性等特点，有着强大的公信力、公示力和保障力，远非潜存阶段的应有权利可以比拟。国家以国家强制力为权利的运行保驾护航，往往为权利的行使配套强大的行政保障机制，当发生权利冲突或受

〔1〕 参见李涛：“第四届‘新兴（新型）权利与法治中国’学术研讨会综述”，载《社会科学动态》2018年第1期。

〔2〕 参见林孝文：“论法定权利的实现——以法社会学为视角”，载《湘潭大学学报（哲学社会科学版）》2008年第5期。

到侵害时可获得国家行政、司法救济。[1]

抵扣权成为法定权利不是权利的终点，仍有待在社会生活中具体落实，此即权利运行的现实阶段。现实阶段是权利运行的第三个阶段，也是最后阶段，相对应的权利形态即为现实权利。法定权利虽然经由法律确认，但仍然只是存在于法律条文之中的文字表述，需要将这种抽象的权利概念演绎成权利主体可以行使的具体权利，也即在社会实践中检验已经达成的共识。[2]“以规范与观念形态存在权利只有转化为主体实际享有与行使的权利，才具有现实作用”[3]，社会主体所拥有的权利才能达到最终的完整和真实。

潜存阶段的应有权利是权利的原始形态，反映了经济发展和社会进步的某种内在需求，与表露阶段的法定权利构成一对应然和实然范畴。法定权利经过法律确认后，同样需要转化为现实权利才能为权利人所真正享有，两者也形成了一对应然与实然的关系。[4]权利经历两次从应然向实然的转换被称为权利的“两次飞跃”[5]，只有经过第一次从应然向实然的转换，权利才不再是少部分人的“自说自话”，而是经过法律的宣誓和表达成为社会共识，第二次转换将权利口号变成权利主体“看得见、摸得着”的权利。此后，相对人必须切实地履行某种作为

[1] 参见刘雪斌：“法定权利的伦理学分析”，载《法制与社会发展》2005年第2期。

[2] 参见林孝文：“论法定权利的实现——以法社会学为视角”，载《湘潭大学学报（哲学社会科学版）》2008年第5期。

[3] 张姝：“从应然权利到现实权利：社会保障权实现机制”，载《人文杂志》2013年第6期。

[4] 参见杨春福：《权利法哲学研究导论》，南京大学出版社2000年版，第104—106页。

[5] 参见林孝文：“论法定权利的实现——以法社会学为视角”，载《湘潭大学学报（哲学社会科学版）》2008年第5期。

或不作为义务，国家也应当出台对应举措确保权利能够付诸实际、权利不得遭受非法干涉和侵害、权利被侵害时能够寻求必要保护和救济。

抵扣权完成从应然到实然的转换不仅仅是权利阶段的理论转换，还意味着权利主体与义务主体之间权利义务关系的法律确认和权利在实践运行中获得了法律保障。放眼全球，抵扣权已经被不少国家确认为法定权利并为纳税人所实际享有。相较而言，我国抵扣权仍是停留在潜存阶段的一种应有权利，即便在社会各方的呼吁下已经引起了社会各界的广泛关注，并产生了一定程度的影响效应，例如，国家税务总局在解释抵扣规则时更加慎重，基层税务机关在增值税法规定模糊无法判断是否允许纳税人抵扣时倾向于向上级机关请示而非擅作主张，部分法官在判决书中用了“抵扣权”的表述。然而，这种影响效应是通过潜移默化的“软约束”方式实现的，不具有法律上的“硬约束”。在行政权主导的增值税法语境下，增值税抵扣权如果只是理论上的学术修辞抑或实践中的话语主张，对于课税权的制约微乎其微，无力调和权力与权利在增值税法域中的失衡，它必须经过系统的法治建构，被法律权利家族接纳，进而获得全社会的认可、必要的救济和强有力的保障。〔1〕因此，本书提出的以“抵扣权”作为破解增值税实践困境的法治工具，是与学界通说的抵扣权截然不同的权利表述，不仅意指法定的抵扣权、现实的抵扣权的静态含义，还指经由法律确认并成为纳税人现实享有的权利的动态过程。完成从应然到实然的转换不仅是抵扣权权利阶段的发展过程，还是抵扣权法律功效的发挥过程。“要认真对待权利，就应关心应有权利，注重法定权利，着眼

〔1〕 参见王庆廷：“新兴权利渐进入法的路径探析”，载《法商研究》2018 年第 1 期。

于现实权利，使权利内化为实现人的价值与尊严的普遍性力量。”〔1〕

（二）实现管理治税向法治治税的转换

抵扣规则逐渐技术化丧失法律公平正义之法治基础，根本原因在于我国增值税由来已久的管理治税模式。管理治税模式奉行管理理念推行行政征管，导致纳税人与国家之间的权利义务以及纳税人自身的权利义务失衡和稽征经济原则越位。“行政法上行政权力与公民权利的配置应当是平衡的，运用制约、激励与协调机制充分发挥行政主体与相对方的能动性，维护法律制度、社会价值的结构均衡，促进社会整体利益的最大化。”〔2〕增值税法运行中理应遵循“权力—权利”的平衡结构，但管理治税模式之下，行政权扩张导致国家公权（财政权）与纳税人私权（私有财产权）失衡，行政权缺乏必要的监督和约束必然导致“权力—权利”结构关系的失衡，产生行政权滥用和侵害纳税人权益的恶果。抵扣权是纳税人在税收征管行政法律关系中享有的权利，增加纳税人一方的权利砝码、减少国家和税务机关一方的权力重量，这种控权限权的法律功能在恢复抵扣规则乃至增值税法中“权力—权利”结构的平衡中具有至关重要的作用，引领管理治税模式转向法治治税模式。

法治治税模式与管理治税模式不同，顾名思义，是国家依靠法治手段应对增值税征管，解决逃避税问题，而不是过度依赖行政管理措施。何谓“法治手段”？法治治税模式最根本的是遵循税收法定原则，简单地说就是政府征税必须有相应的法律

〔1〕 程燎原、王人博：《赢得神圣——权利及其救济通论》，山东人民出版社1998年版，第314页。

〔2〕 罗豪才等：《行政法平衡理论讲演录》，北京大学出版社2011年版，第6页。

依据，否则纳税人无需承担纳税义务。[1]因此，法治中的“法”乃是地位仅次于宪法的、由全国人大及其常委会制定的法律，而非广义上的法律。在法治治税模式之下，增值税法虽仍需依靠税务机关的行政力量才可完成从纳税人私人财产到国家财政的转换，税务机关的行政并非管理治税模式那般肆意妄为，而是严格依照税法的规定进行税收征管。唯有落实税收法定原则之形式正义，增值税法方能落实量能课税原则之实质正义，实现税收公平。

税法如同财富之天平，国家与纳税人分属天平两端，税收实际上就是国家财政与纳税人私人财产之间的博弈政策手段。增值税法如何由管理治税模式转向法治治税模式，关键在于行政控权。税务行政中的控权需要从天平两端各自着手，双管齐下。一方面是税务机关的自我约束和其他公权机关的监督，税务机关自身层面应当严格遵循税收法定原则，依法行政，克制自由裁量权和滥用权力的冲动。税务机关内部层面，上级税务机关对下级税务机关的征管工作应当发挥监督制约职能，当产生行政复议时依据税法作出较为公正的裁决，避免作出明显有利于“国库主义”的裁定。司法机关应当发挥司法权的“守门人”角色，在税务机关与纳税人之间产生争议并诉诸司法途径寻求救济时，作出公正判决，以实现司法权对行政权的监督和制约。另一方面是纳税人对于税务机关的监督和制约，纳税人可凭借自身权利形成对行政权的倒逼。根据行政法平衡论，权力与权利本就分别意味着行政管理关系和监督行政关系，权利是监督、制约权力的重要手段。[2]增值税法运行中，只有纳税

---

〔1〕 参见刘剑文：“落实税收法定原则的意义与路径”，载《中国人大》2017年第19期。

〔2〕 参见沈岿：“‘为了权利与权力的平衡’及超越——评罗豪才教授的法律思想”，载《行政法学研究》2018年第4期。

人切实地享有并积极地主张权利，当权利受到权力侵害时积极寻求行政复议、行政诉讼等救济途径，倒逼税务机关遏制公权滥用的冲动，回归依法行政的轨道。在当前行政权扩张、司法权约束力薄弱的情形下，借助税务机关自我约束和司法权约束这种直接的约束方式，以权力扭转权力滥用显然收效甚微。既然如此，诉诸另一种间接约束方式就成为行政控权的主要方式，即通过纳税人积极行使权利倒逼行政权的自我约束和其他公权的权力约束。

抵扣权逐渐实现应然到实然的两次飞跃，暗含的公示公信功能、保障功能和权力制约功能在潜移默化之中催动着增值税治税模式的变革：在价值取向上，扭转国家利益本位到社会公共利益本位，以社会利益为根本，逐步调和国家权力与纳税人权利的失衡；在双方关系上，扭转国家父权主义转向国家与纳税人相对平等主义，税务机关与纳税人既是管理者与被管理者的关系，也是合作关系，更是纳税服务提供者与享受者的关系，当抵扣权受到侵害时，纳税人能够以权利受到侵害为由要求参与到增值税征管的协商与对话之中，还可要求税务机关停止侵害行为，还可诉诸权利救济；在具体征管方式上，税务机关不可过度依赖规范性文件的方式，并且不得通过此种方式过度限制纳税人抵扣权，否则即违背税收法定原则和量能课税原则，在纳税人提出诉讼救济时可一并提出文件审查要求。纳税人只有在征管实践中不断地主张、使用权利并寻求权利救济，权利才得以彰显，“重义务、轻权利”的增值税传统才能逐渐淡化，逐步扭转权利义务配置失衡格局。同时，抵扣权是扭转稽征经济原则越位的关键所在。因为增值税作为一种间接税，通过简化法律的执行方法贯彻稽征经济原则，即将本来分散于大量或多数税收主体中的税收客体（最终消费者的纳税义务）集中到相对集中、少量的税捐主体（中间企业）上，以降低征纳成本。倘若不保障间接纳税人的转嫁机会或不退还未销售货物已缴纳之进项税额，则会引发稽征经济原则越位现象，侵害量能课税原则。只有纳税人享有并行使抵扣权，遏制抵扣链条断裂问题并加以修复，量能课税原则与稽征经济原则之间的位序方能逐渐复位。

三、可行性：抵扣权具备社会基础

根据美国芝加哥大学社会学教授科尔曼提出的社会权利理论，规范和权利都是社会事实，但规范不是权利的基础，相反规范是权利存在的结果。〔1〕这种经验社会科学思维契合了权利形态的发展过程。“当代的人民已经认识到权利是法学的一个基本范畴，但这一法学范畴并不是法学家任意创造的，而是法学家从无数有关法律的实践中逐步抽象出来的。”〔2〕具体到提出某种权利，它不是法学家凭空生描硬刻出来的空洞概念，而是必须基于某种事实，此种事实的发生或者是由某个拥有权力的人（当局或有权力的人）授予，或者是源于某种情势条件或需求。〔3〕对于前者，一般认为是权利的法律基础，即由法律赋予特定主体以某种权利；对于后者，则是提出权利的社会基础，即除法律之外，整个社会层面营造出来的诞生某种权利的外在条件，如政治倾向、经济需要、公众舆论、学者呼吁等。理解新型权利必须坚持内外视角的相互统一：一是法律规范的内部

---

〔1〕 参见［德］M. 鲍尔曼：“作为社会事实的权利与规范——评科尔曼的社会理论基础”，载《分析与批判》1993 年第 1 期。

〔2〕 杨春福：“权利·资格·正当性——读米尔恩教授《人的权利与人的多样性》有感”，载《南京大学法律评论》1997 年第 1 期。

〔3〕 参见杨春福：《权利法哲学研究导论》，南京大学出版社 2000 年版，第 86 页。

视角——教义学基础，二是法律规范之外的视角——社会学基础。[1]权利往往先具备一定的社会基础，当社会基础积攒到相当程度，它所形成的外在力量推动权利进入法律，内在的法律基础就顺理成章地形成了。法律基础同时反作用于社会基础，巩固、强化权利的社会基础，使得权利更为普遍化、实践化和社会化。概言之，充足的社会基础是权利法定的前置条件，法律基础使得权利能够更普遍地应用于社会生活。毋庸置疑，历史上曾诞生过繁多的应有权利，但由于缺乏必要的社会基础，并非所有权利都可以上升为法定权利，继而落实为现实权利。

如此说来，抵扣权若要完成角色转换必须具备相当的社会基础。社会基础是一个广泛而抽象的概念，在不同的语境会有不同的理解。我们在讨论抵扣权法律化议题时，倾向于将社会基础理解为一种社会中的习惯基础。这是因为，法律产生于人们日常交往之中，是对于习惯状态下的日常交往的规范和理性表达。[2]换言之，法律产生于习惯，作为法律一部分的法定权利同样源于习惯。正如有学者坦言，法律的产生过程其实就是由风俗进化成法俗，再由法俗进化成法律的过程。[3]可以说，国家有关权利的立法是对社会习惯及需要的立法反映，一方面权利立法理应顺应人们的习惯和需求，而不是根据法学家形而上的凭空想象和主观臆断。另一方面，法律不应对人们的习惯和需求置若罔闻，当某种习惯已经成为习惯共识并且有将这种习惯上升为法律权利的强烈需求和意愿时，权利的立法便成为再自然不过的事了。权利是权利主体的个体意志的自由表达，

---

〔1〕参见谢晖："论新型权利的基础理念"，载《法学论坛》2019年第3期。

〔2〕参见谢晖："论新型权利生成的习惯基础"，载《法商研究》2015年第1期。

〔3〕参见杜文忠：《法律与法俗——对法的民俗学解释》，人民出版社2013年版，第3页。

个体的意志自由及其表达只有在某种关系体系中讨论方有意义。[1]因此，判定权利入法是否具有充足的习惯基础，要从个体与其他关联主体的关系中着眼，考量关联主体对于个体意志自由及其表达的认可度。

个体与其他关联主体的关系体系总体来说具有三个层次。第一层是“天人关系”。人生存于天地之间，人的意志自由自然受到“天”即自然的客观约束和影响。现代哲学观下，“天”不仅指自然之天，在对传统之天解魅之后，天人关系中自然之天的主导已经逐渐为人所取代，人支配世界、主宰自然的观念催生对社会整体的创造，人们更看重自然之天经过改造后创造出的社会整体与人的关系。[2]此处“天人关系”即指习惯或权利与社会整体的关系。“社会的物质生产力发展到一定阶段，便同它们一直在其中活动的现存生产关系或财产关系发生矛盾。于是这些关系便由生产力的发展形式变成生产力的桎梏。那时社会革命时代就到来了。随着经济基础的变更，全部庞大的上层建筑也或慢或快地发生变革。”[3]这是马克思唯物主义观对社会关系的解读。可以说，如果习惯本身能够与经济生产关系相适应，或者说习惯能够促进社会经济发展，那么它就会在社会中获得极大的认可。毋庸讳言，税收作为国家重要的政策工具，其内置行为诱导、社会公平和经济发展等性能。[4]作为世界主

---

〔1〕 参见谢晖：“论新型权利生成的习惯基础”，载《法商研究》2015 年第 1 期。

〔2〕 参见耿传明：“天人关系与中国文学的现代转变”，载《中国社会科学》2013 年第 11 期。

〔3〕 中共中央马克思恩格斯列宁斯大林著作编译局编：《马克思恩格斯选集》（第 2 卷），人民出版社 2012 年版，第 82—83 页。

〔4〕 参见褚睿刚：“环境创新税收政策解构与重构：由单一工具转向组合工具”，载《科技进步与对策》2018 年第 10 期。

流税种之一的增值税，其税制的科学、有效运行是引导经济行为、促进经济稳步发展进而维护社会公平正义的重要保障。当前我国正处于经济下行时期，进一步激发市场活力，在税制改革中贯彻普惠性和结构性减税降费，是应对经济下行的重要支撑，也是改革的重要取向。[1]在全面营改增背景下，纳税人真正享有并行使抵扣权是确保增值税税制通畅运作的根本保障，打通增值税抵扣链条，消除原有营业税、增值税“分家”导致的重复征税现象，真正实现企业实际增值税税负为零的税制初衷，是顺应经济下行时期减税降费的大势所趋。

第二层是“群己关系”。群己关系是社会关系中最直接也是最重要的关系，包括个人与集体的关系、个人与他人之间的关系等。群己关系本质上属于一种利益关系[2]，对于权利群己关系的讨论就是讨论权利主体与利益相关主体之间的关系，观测利益相关主体对于权利主体的个体意志自由及其表达的认可度。在增值税抵扣权语境下，主要涉及企业纳税人与税务机关、企业纳税人之间以及企业纳税人与普通民众之间的三种关系。

国家与纳税人位于征税天平的两端，纳税人缴税多寡必然关涉国库财政之盈缺。税务机关作为国家征税之代表，为抵扣权的相对义务人，是抵扣权群己关系中最直接的利益关系人。这种关系的奇妙之处在于，抵扣权被寄希望于扭转增值税管理治税模式，制衡国家课税权，是制约税务机关的重要工具，但在当前权利本位的立法改革趋向下，税务机关对于抵扣权的态度，无论是从应有权利向法定权利转化还是法定权利的具体落

---

〔1〕 参见李锋：“李克强：实施好普惠性和结构性减税降费”，载 https://finance.sina.com.cn/roll/2019-01-17/doc-ihqhqcis6839390.shtml，最后访问日期：2019年1月17日。

〔2〕 参见陈雷：“文化视域中的美、日、中企业伦理比较——以处理群己关系的价值观为中心”，载《兰州学刊》2008年第7期。

实，对“群己关系”的判断至关重要。国家税务总局2009年发布的1号文《国家税务总局关于纳税人权利与义务的公告》公布了纳税人在征纳过程中享有的权利，包括知情权、保密权、税收监督权、纳税申报方式选择权、申请延期申报权、申请延期缴纳税款权、申请退还多缴税款权、依法享受税收优惠权、委托税务代理权、陈述与申辩权、对未出示税务检查证和税务检查通知书的拒绝检查权、税收法律救济权、依法要求听证的权利和索取有关税收凭证的权利共计14项。囿于多方考虑，当前税务机关未曾明确抵扣权，但可以从相关政策文件一窥税务机关对于抵扣权的态度。前述2009年1号文中明确提出，该公告的目的不仅在于帮助纳税人全面了解纳税过程中所享有的权利和义务，还能够确保纳税人及时、准确完成纳税事宜，促进税务机关与纳税人之间的协同合作。换言之，对于能够促进征管进程的纳税人权利，税务机关多持赞成态度。抵扣权正是这样一种权利，因为增值税税制本有的设计初衷就是企业纳税人实际承担零税负，只有允许纳税人行使抵扣进项税额的权利，税制上抵扣链条才能保持完整，消除重复征税现象，纳税人也会积极配合申报纳税，增值税的征管工作自然会更加顺畅。此外，税务机关对与抵扣权有重要关联的索取税收凭证的权利的认可也从侧面反映了对于抵扣权的支持态度。

概括来说，我国增值税法虽然没有引入抵扣权这一概念，但在征管实践中，抵扣权已在某种事实层面获得了税务机关的认可，并正实实在在地运行着。税务机关既需要纳税人行使抵扣权，又不愿用“抵扣权”的称谓，而多称其为“抵扣”“抵扣机制”，这不仅是由于其行政职能所限，还是畏惧“权利”的修辞手法产生的连带影响和后果，比如抵扣权公示效力和宣誓效力，纳税人以抵扣权被侵犯为由大规模提起行政复议或诉讼等。这种支持与畏惧的纠结和矛盾正体现了抵扣权的价值。

处于抵扣链条上的企业纳税人之间以及企业纳税人与消费者之间同样具有极大的利益相关性。对于前者，一方面，链条上的所有企业纳税人本身就属于抵扣权的主体；另一方面，如果上一环节企业纳税人抵扣权受限，不能申请进项税额抵扣，必然会通过提高售价的方式转嫁到下一环节，变相增加本环节企业纳税人的税收负担。可以断言，企业纳税人是抵扣权入法的坚定支持者和获益者。消费者是抵扣权受限的最终受害者，因为抵扣链条断裂导致的重复征税最终会转嫁到消费者身上。当然，作为消费者的社会大众并不一定有多么了解增值税的运作机理，自然也谈不上是否支持抵扣权法定，但至少他们不会成为阻力。“在税收政策上，公众很少有很大的发言权，或者很少发出同一种声音，但一旦这种局面出现了，公众的声音就有机会被听到”，此时，“公众舆论对政策也会有直接的、决定性的影响。”〔1〕相信在学者的解说与呼吁、社会媒体的宣传之下，社会大众将成为抵扣权由应然向实然转换的最庞大的后援力。

第三层是“身心关系”，这一关系大抵属于权利主体的“心理”范畴，是权利主体对于所拥有的权利的自我认同感。对于权利规范而言，这种身心关系并不能产生权利义务关系，却是权利“天人关系”和“群己关系”产生的基础和推动力。如果抵扣权主体自身都没有意识到他们理应享有抵扣权，并形成积极表达这种自由意志的习惯和自觉，那么所有其他的习惯都将难以成形，更不用谈抵扣权法定并在实践中运用。“营造主体自觉自愿的用法意识和守法意识，并在此基础上推进权利义务的

〔1〕［美］B. 盖伊·彼得斯：《税收政治学：一种比较的视角》，郭为桂、黄宁莺译，江苏人民出版社 2008 年版，第 8—9 页。

直接实现，是现代法律贯穿落实的最高境界……诚然，强制是法律价值实现的有力手段，但它只适用于法律的义务、责任、权力等规范，而不适用于权利规范。权利的属性只能由主体自觉来行使……现代法律则是以主体自觉自愿法律意识确保并以国家强制力为后盾通过义务的履行以实现权利的社会规范。"〔1〕近几年，随着国内纳税人的权利意识觉醒逐渐养成了这种习惯和自觉。

纳税人的权利意识觉醒的重大表现在于，越来越多的公民凭借公民权利参与到公共事务之中，对政府行为进行批评和监督，并且这种"挑刺"的行为得到越来越多的舆论关注和支持。〔2〕当前越来越多的公益诉讼和申请行政公开案例即为明证。具体到税法领域，纳税人愈发重视权利维护，勇于拿起权利武器与税务机关"对簿公堂"。在 2013 年以前，税务行政诉讼案件数量极少，但到了 2014 年，税务行政诉讼案件数量增幅达 279%。2015—2018 年案件数量持续增加，2016 年增幅达 119. 3%，随后三年增幅稳定在 27%，远远高于全国行政诉讼文书数量增幅的 8. 5%。其中，纳税人在增值税领域的权利维护意识提高最为明显。2018 年税务行政诉讼案件涉及的税种中，增值税以 34. 74%位居所有税种之首，超过税务诉讼案件总量的 1/3。〔3〕究其原因，企业是逐利的，增值税涉及金额较大催生了企业纳

〔1〕 谢晖：《价值重建与规范选择 中国法制现代化沉思》，山东人民出版社 1998 年版，第 38—39 页。

〔2〕 参见本刊特别评论员："制度建设要追上纳税人权利意识觉醒的步伐"，载《财政监督》2011 年第 34 期。

〔3〕 上述数据来源于中国裁判文书网的检索统计，虽然已经公布的判决书不能完全代表当年全部的案件数量，但也足以反映出纳税人权利意识觉醒的现实。参见易明："2018 年中国税务行政诉讼大数据报告"，载 https://mp. weixin. qq. com/s/bQKNKLBesnGAVouFLAXgxA，最后访问日期：2019 年 5 月 13 日。

税人对自身利益的保护，同时，当前增值税法乱象导致税务机关对企业偷税、虚开增值税专用发票等认定缺乏说服力。

佐证抵扣权法定的论据从来都不乏其数，包括一个不甚周沿而极具说服力的论据，没有一方主体包括政府、税务机关、社会人士或纳税人站出来提出企业不应当享有抵扣权的论断，也几乎不存在反对将抵扣权上升为法定权利并予以落实的论调。这个论据在公众面前难以被反驳，也从侧面说明了抵扣权法定具有相当的社会基础。至于抵扣权能否完成从应然到实然的两次飞跃以及何时完成，不存在必要性和可行性不足的问题，而在于立法者的主观意愿和行动力。当然，抵扣权由应有权利转变为法定权利不仅是简单地将其写入法律条文之中，使其具有独特的法律功能，而且应将法定权利落地到现实，这需要走过漫长的荆棘之路，必然要解决诸多前置性问题，诸如抵扣权的证成，抵扣权的属性、位阶和内容，抵扣权的构成要件，抵扣权的行使与保障，等等。

本章小结

增值税以抵扣机制为运行框架，为确保税制运行通畅，理所应当遵循增值税制度构建中的基本经济理论，但增值税法本质仍属法律范畴，无论技术性如何强化，始终应以税收正义、公平等展现法律性的税法价值为核心，恪守税收法理约束。否则，一旦增值税法沦为技术性规范，如何征税、征多少税就成为税务机关的“一言堂”，税务机关与纳税人之间毫无平衡性可言，最后将退化成为冰冷的国家征税工具。抵扣规则是抵扣运行机制经由立法程序升格而成的法律规范，它已经完成由单纯技术工具到法律规则的蜕变，理应受到立法目的和税收法定原则、量能课税原则等基本原则的约束，应坚守法律内核，兼顾技术特质。然而，长久以来我国增值税法奉行管理治税模式，国家与纳税人之间权利义务配置失衡，“重效率、轻公平”理念下稽征经济原则越位，致使行政权力过度扩张，抵扣规则在形式上突破了税收法定的约束，行政机关为了财政筹措和征管便利的目的解释、修改甚至创设税法规则，进而违背了量能课税之税收公平正义的实质标准。结果是，抵扣规则法律性式微，逐渐退化为国家征税的技术工具，增值税税制偏离立法初衷，严重侵损了纳税人的合法权益，诱发法治困局。当前中国增值税法实践乱象具体表现为抵扣链条断裂、巨额的留抵问题、过于严苛的发票管理制度等。

抵扣权是纳税人在抵扣规则运行中乃至增值税法运行中享有的核心权利，是扭转增值税实践困局的法治钥匙。抵扣权不是为抵扣机制换上一个简单的权利称呼，两者差异巨大，抵扣权具有独特的权利内容和权利功能。在内容上，抵扣权是纳税人享有的抵扣进项税额的权利，是抵扣机制“藤蔓”上开出的权利“花簇”，多个抵扣权合力组成权利链，整个抵扣机制方能通畅运行，同时围绕抵扣权还产生了留抵税额退税权、出口退税权、发票相关权利等其他权利。在功能上，抵扣权对纳税人和税务机关具有权利天然的宣示作用，暗含纳税人权利保护和国家权力制约。本书提出的抵扣权不是潜藏阶段的应有权利，而是一种表露阶段的法定权利，并落实为纳税人真正享有的现实权利。抵扣权法定具有相当的理论必要性和实践可行性——它能够推动权利由应然权利向实然权利转换，使其成为纳税人维护自身合法权益、“实现人的价值与尊严的普遍性力量”〔1〕，

〔1〕 程燎原、王人博：《赢得神圣——权利及其救济通论》，山东人民出版社1998年版，第314页。

同时限制国家行政权，调整纳税人权利与义务配置，逐渐实现管理治税模式转向法治治税模式。纳税人权利意识的觉醒、社会公共舆论的推动和减税降费的经济发展趋势，为抵扣权法定夯实了坚实的社会基础，使其具有相当的可行性。

第二章

增值税抵扣权的多元证成

自20世纪90年代开始，为满足市场经济的发展需求，“权利本位”这一学术主张逐渐兴起。在彼时的法制环境之下，建立以权利为本位的法律体系困难重重，甚至仅被看作一种“理论的探讨”和“学术理想”，但作为市场经济发展的必然需求，权利的时代终究会到来。[1]事实是，历经30余年的飞速发展，权利概念渗透到社会生活的各个角度，中国进入了“权利爆炸的时代”。当前社会主义市场经济呈现出复杂多变的形态，公权力的“触角”又过多深入市场活动和个人生活。人们对权利的青睐源于双重期待：限制和控制权力的期待，以及敦促和激励权力有所作为的期待。[2]诚然，抵扣权无论从立法论上还是从解释论上，都有其独特的意义和价值，但权利只是保护主体诉求的工具之一，并非所有的诉求都可以运用权利工具予以保护，过度依赖权利条款则会造成“权利泛化”问题。[3]“权利泛化”的危害在于，创制权利的目的本应是降低社会的冲突，如果任一口号都可

---

〔1〕 参见林喆：“权利本位——市场经济发展的必然要求”，载《法学研究》1992年第6期。

〔2〕 参见张曦：“‘权利泛化’与权利辩护”，载《华东政法大学学报》2016年第3期。

〔3〕 参见方新军：“一项权利如何成为可能？——以隐私权的演进为中心”，载《法学评论》2017年第6期。

以披上权利的外衣，那么权利的创制就会加剧权利体系的内部冲突，导致权利创设的目标和实效的背道而驰，即“权利的乌龙效应”。〔1〕“没有一些关于权利的基本法理会严重扰乱人们对权利的理解……导致权利的概念越来越模糊。”〔2〕不可否认，增值税实践乱象让我们自然而然地产生了对抵扣权的期待，对“权利泛化”的担忧又让我们不得不回应抵扣权的证成这一核心议题。

第一节　抵扣权证成标准的逻辑提炼

一、新兴权利证成的一般性标准

出于多数人朴素的情感，拥有权利通常被当作一件好事，权利泛化不应是针对权利的指责，而应被视作权利这种正当性的普遍表达形式。〔3〕学者善于也乐于研究各式各样的新兴权利，从不同角度论证它们符合权利的证明标准。举例而言，钱继磊认为当前基因编辑等伦理科技给人类生物信息资源和环境带来了风险，代际权利有必要作为新兴权利加以关注。代际权利是对后代人拥有的权利的认可，以人类命运共同体下的代际正义为法理基础，旨在为当代人与后代人之间的权利关系寻求协调和平衡，体现人类对未来未知风险的控制思维。〔4〕张建文从司法裁判角度梳理和分析了司法机关对新兴权利正当性的论证方法和依据，认为性权利不是单纯的社会性、风俗性秩序，而是

〔1〕参见陈林林：“反思中国法治进程中的权利泛化”，载《法学研究》2014年第1期。

〔2〕王方玉：“权利的内在伦理解析——基于新兴权利引发权利泛化现象的反思”，载《法商研究》2018年第4期。

〔3〕参见陈景辉：“回应‘权利泛化’的挑战”，载《法商研究》2019年第3期。

〔4〕参见钱继磊：“论作为新兴权利的代际权利——从人类基因编辑事件切入”，载《政治与法律》2019年第5期。

个人拥有的性自主权。〔1〕李广德认为健康权是我国行政法律体系中一项不可或缺的公法权利，将理性主义与经验主义相结合，从历史溯源、规范内涵和价值诉求三方面论证了健康应作为一种权利形态进行法理构建，既回应了健康权法治实践的现实，又对健康权内涵进行了理论澄清。〔2〕郑志峰认为在网络全球化和数字化技术飞速发展的当今社会，被遗忘权已成为一个全球难题，其内在的隐私与自由的利益冲突并非不可调和，被遗忘权在我国具有直接的法律基础，应当尽快通过立法确立。〔3〕邓佑文认为公众参与是实现行政正当性和合法性的必要条件，但我国行政参与尚受到传统管制思维模式的制约，缺乏行政参与的具体法制引导，其根本原因在于行政参与并未完全权利化，因此主张将行政参与确定为法律权利，以此明确行政机关的对应义务，使得行政参与走向规范化、常态化和实效化。〔4〕此外，还有关于环境权、个人信息权等诸多新兴权利的探讨和论证。

学者们采用的新兴权利之证明标准虽有所不同，但总体来看呈现出了几个明显的共性特征：其一，目前学界尚未形成权利证成的固定模式，学者们基于不同的研究立场和规范语境创造出了各自的权利证明逻辑；其二，任何一项新兴权利的证成逻辑都是不完备的，因此学者们更愿意选择多个论证线路“多管齐下”，如政治、经济、文化、习惯等，提升自己论证逻辑的说服力；其三，权利论证“百家争鸣”的局面之下，又呈现出

---

〔1〕 参见张建文：“新兴权利保护中利益正当性的论证基准——以约为婚姻诱使他人与自己发生性关系的裁判立场为基础”，载《河北法学》2018 年第 7 期。

〔2〕 参见李广德：“健康作为权利的法理展开”，载《法制与社会发展》2019 年第 3 期。

〔3〕 参见郑志峰：“网络社会的被遗忘权研究”，载《法商研究》2015 年第 6 期。

〔4〕 参见邓佑文：“行政参与的权利化：内涵、困境及其突破”，载《政治与法律》2014 年第 11 期。

了相似的逻辑层次，即将权利证成分为内部证成和外部佐证。权利的内部证成是权利证成的核心，意在告知我们权利的本质为何，或者说某一主张具有正当性和重要性。权利作为实现某个正当要求的手段，最为重要的是获得大众认同，这种认同通常是大众情感上的赞同。所以权利的正当性是一种合乎道德的正当性，即权利需要获得伦理上的证明。[1]当然，这种内部证成只是权利应被保护的初始条件，另一个更为重要的条件是被保护的内在必要性。[2]这种必要性不是经济、社会、政治等外部必要性，而是权利之于权利主体本身具有足够的重要意义。以生命权为例，生命权的内在必要性是生命之于作为权利主体的人是极其重要的，人若丧失生命，其他的所谓财产、自由自然无从谈起，此种重要性是生命权被保护的内在必要性。而国家出于国家职责、社会安定、经济发展等保护生命权同样具有重要性，这种重要性则是外部必要性。与这种理论层面的直接证成方式不同，外部佐证是一种基于实证经验提供间接论据的辅助证明方式，它既包括法律规范部分，即可以被既有法律体系所容纳，也包括政治、经济、文化等现实基础部分。

内部证成是权利论证中最具说服力的部分，外部佐证只是起到辅助证明作用。甚至可以说，外部佐证不是严格意义上权利的证明方式，外在的政治导向、社会需求、经济发展、文化底蕴等仅仅是权利法定的现实诱因或实现条件，不能成为权利正当性评价的根本依据。诚然，外部佐证在权利证成中仍然有一定的说服力，并且可以降低证成本身的难度，但过度依赖这

---

〔1〕 参见钱大军、尹奎杰、朱振：“权利应当如何证明：权利的证明方式”，载《法制与社会发展》2007年第1期。

〔2〕 参见雷磊：“新兴（新型）权利的证成标准”，载《法学论坛》2019年第3期。

种外在的佐证方式反而会侵损权利的道德性和伦理性，因为人之所以为人，他的尊严和独立是不可能通过经济、政治或其他标准去评价的。[1]正因如此，笔者在第一章中将增值税税制乱象作为增值税抵扣权提出的现实原因，而本章抵扣权的证成则聚焦于法理层面的内部证成。

二、抵扣权证成逻辑与特殊考量

应当注意，学者们在权利的内部证成中暴露出一个较为隐蔽的倾向或者说短板，即在论证中不自觉地将权利的主体假设为自然人，或者说对作为法律上拟制“人”的重视度不足。权利的内部证成的起点在于权利本质的探索，既然谈及“本质”，自然要回到权利产生的最初形态。从古罗马法中权利概念的雏形“公民或非公民在法律秩序中的地位与人格”，再到格劳秀斯将权利看作是理性动物与生俱来的“资格”或“道德品质”，以及 17 世纪、18 世纪资产阶级在封建统治斗争中发明的自然权利“天赋人权”，即权利是上帝赋予人的资格等[2]，这种倾向不是论证者的刻意忽略，而是一种方法论本身造成的弊端。在当前权利体系中，法律拟制之人已成为多数权利主体，并且这种拟制的范围还在扩大，例如，有人主张将资管产品项目拟制为增值税纳税人[3]，而在权利创设之初，先哲们并未预料到拟制之人与自然人在权利主体地位上的趋同化和普遍化，尽管我们可以通过解释学方法将权利解释为利益、自由、选择权等普

---

〔1〕 参见钱大军、尹奎杰、朱振：“权利应当如何证明：权利的证明方式”，载《法制与社会发展》2007 年第 1 期。

〔2〕 参见张文显：《法哲学范畴研究》（修订版），中国政法大学出版社 2001 年版，第 283—284 页。

〔3〕 参见汤洁茵：“资管产品增值税的纳税人之辨——兼论增值税的形式主义”，载《法学》2018 年第 4 期。

适性的词汇，或者将某些权利主体的“人”解释为自然人和法人，但这建立在严密的推理和细致的类型化分析的前提之下。遗憾的是，这种推理和类型化分析仅得到了较少人的关注。

此外，这种倾向的产生原因还在于学者们的论题学思维。论题学思维主张从个案出发，是以个别问题为导向的思维，围绕所要解决的具体问题寻求最为合理的解决方案，不在乎结论的客观真实性和普适性。与之相对应的是体系性思维，即按照概念的等级和类型，有步骤、有层次地进行思考。〔1〕不难发现，论题学思维的优点在于突出问题意识，研究更为集中具体，但易出现“一叶障目，不见泰山”的弊端，体系性思维的优点在于研究的系统性和全面性，但缺点在于研究体量繁重且较为复杂。

新兴权利名录汇集了多种新近兴起或更新的社会事实性权利群，每一类型的权利名单又是一个权利丛，每一个权利丛都有其独特的权利属性，不同权利丛之间又有着交叉渗透的复杂关系。〔2〕当前学界对各类新兴权利的名称和大致范围基本形成了共识〔3〕，主要分为如下类别：新型人格权如探望权、同性婚恋权等，新型财产权如人格财产权、网络虚拟财产权、数据财产权、公共地役权等，信息权如被遗忘权、网络隐私权等，社会权如农民社会保障权、环境权，以及如基因权、克隆人相关权利、网络监督权等其他类型的权利。〔4〕不同类型的权利群有

---

〔1〕参见高伟伟：“法律论证之论题学进路”，载《苏州大学学报（法学版）》2017年第4期。

〔2〕参见魏治勋：“新兴权利研究述评——以2012~2013年CSSCI期刊相关论文为分析对象”，载《理论探索》2014年第5期。

〔3〕参见魏治勋：“新兴权利研究述评——以2012~2013年CSSCI期刊相关论文为分析对象”，载《理论探索》2014年第5期。

〔4〕参见李涛：“第四届‘新兴（新型）权利与法治中国’学术研讨会综述”，载《社会科学动态》2018年第1期；李涛：“第五届‘新兴（型）权利与法治中国’学术研讨会综述”，载《社会科学动态》2019年第2期。

着不同的权利性质、内容和运行方式，研究的思路和证成难度自有不同。显然，当前的新兴权利中以自然人享有的权利类型为主，对企业等法律上拟制之“人”的新兴权利探讨较少。在学者们普遍采用“以某权为例”的论题型研究方式“扎堆”关注作为自然人享有的权利时，以之为依据总结出来的内部证成逻辑并不具有普适性。抵扣权的权利主体是法律拟制之“人”而非自然人，若单纯将前述标准套用到抵扣权的法理证成中，将产生证成对象与证成方法的不匹配，最终导致论证逻辑的不严密和说服力的欠缺。

权利的主体问题与权利的内容研究处于同等重要的位置之上，对新兴权利的研究和思考亦概莫能外。人们可以轻易发觉某一具体的权利主张或诉求内容的特殊性，但极易忽略权利主体的特殊性问题。因此，要从现代社会的经济现实出发，特别重视各式社会团体和社会组织成为新兴权利主体的可能性、妥当性和特殊性。〔1〕概言之，抵扣权的法理证成不仅要遵循新兴权利证成的一般性标准，还要兼顾抵扣权自身的权利特性，除内部证成之外，还需要以其他论据作为佐证。相比于多数新兴权利，抵扣权的特殊性有两点：一是抵扣权的权利主体绝大多数为法律拟制“人”，即企业纳税人，其权利的正当性和重要性或与那些自然人享有的权利存在差异〔2〕；二是抵扣权内生于具体的税制之中，其存在本身是为了维护增值税税制的科学性和

〔1〕 参见姚建宗、方芳：“新兴权利研究的几个问题”，载《苏州大学学报（哲学社会科学版）》2015 年第 3 期。

〔2〕 通常，增值税的纳税人和抵扣权人是企业，但欧盟部分国家允许部分自然人、政府机关等非企业主体成为增值税纳税人，当自然人和政府机关具有经营行为时，可以成为增值税纳税人，享有抵扣权。对增值税纳税人和抵扣权人更精准的概括是“营业人”，以体现营业要素，后文会有相关论述。此处用“企业纳税人”以突出与自然人主体之间的对比，突出抵扣权的特性。

独立性，是一种制度性权利。[1]

首先，“是什么（本体）”“为什么（价值）”和“怎么做（运行）”是三个基本的哲学问题，它们对任何事物的探讨都是不可回避的。那么，具体到抵扣权这一制度性权利的法理证成问题，也应当围绕着抵扣权的本体论证、抵扣权的规范论证和抵扣权的价值论证三个层次，因为任何关于法理学研究对象的理论都应当涵盖“法律的事实、规范和价值三个主要论域……包括了法学之理、法律之理、法治之理”。[2]详言之，抵扣权的内部证成是一个前置性问题，即从权利的基本法理出发，探究抵扣权的权利内核，证成抵扣权至少有成为权利的资格，包含某种权利要素，并论证其正当性和重要性。其次，抵扣权既为一种制度性权利，内生于立法技术极为复杂的增值税法律规范之中，理应深度契合增值税最为核心的税制机理，或者说论证抵扣权是确保增值税法律制度运行最为核心的权利，它的存在不会导致增值税权利体系的内部冲突，相反，增值税法权利体系理应围绕抵扣权构建并服务于抵扣权。最后，权利是法治建构的基本形式和核心内容，抵扣权的创设理应符合税收法治的运行规律，具有一定的税收法治价值。

第二节　抵扣权吻合权利的内在要义

一、抵扣权的权利内核考证

权利之于法律文化的重要性无需过多描述，权利应当是法律

〔1〕也有学者将抵扣权称为一种工具性权利。参见任宛立：“增值税纳税人抵扣权之保障”，载《暨南学报（哲学社会科学版）》2019 年第 5 期。

〔2〕参见瞿郑龙：“如何理解‘法理’？——法学理论角度的一个分析”，载《法制与社会发展》2018 年第 6 期。

的起点和基础，是法律的核心要素并构筑了具体的制度文化。〔1〕即便权利的地位如此之重要，也没有一位法学家敢自称真正明白权利的本质，若以“权利是什么”的问题追问法学家，就如同追问逻辑学家“什么是真理”一样使他感到语塞。〔2〕但在新兴权利这个问题上，学者们又不得不回应这个问题，因为如果他们不回应“权利是什么”，他们又怎么能断言自己主张的所谓的“权利”是权利呢？由此，学者们将权利概括为便于解释和论证的某种名词，并以自己心中的理想状态和“真”“善”观念出发列明什么是正当的价值准则。有学者认为这种传统的价值方式具有强烈的主观和特殊化色彩，新兴权利的研究应多一些实证主义方法、逻辑学方法、经济学方法、心理学方法等科学的思维方法，关注新兴权利人的心态变化、政府对于新兴权利的配置、新兴权利的逻辑结构等问题。〔3〕这种质疑颇有道理，也正因这种反思，近几年法学研究范式也逐渐向外拓展，跨学科的研究方法的盛行就是最好的体现。但传统研究方法正是法学研究的特点所在，法学论证本身就是研究者的情感表达，同样的论据在不同的语言表达中说服力天壤之别。因此，我们在抵扣权的证成过程中依然坚持这种传统的研究方法，探究抵扣权的权利内核。因为只有在足够多的传统研究样本基础之上，才能准确把握传统权利理论的更新和发展方向，借此提炼出新兴权利的认知和甄别标准。〔4〕

---

〔1〕 参见何志鹏：《权利基本理论：反思与构建》，北京大学出版社2012年版，第3页。

〔2〕 参见［德］康德：《法的形而上学原理——权利的科学》，沈叔平译，商务印书馆1991年版，第39页。

〔3〕 参见侯学宾、郑智航：“新兴权利研究的理论提升与未来关注”，载《求是学刊》2018年第3期。

〔4〕 参见侯学宾、郑智航：“新兴权利研究的理论提升与未来关注”，载《求是学刊》2018年第3期。

自权利产生之初，对于权利本质的探究就不曾停止，时至今日，这种探究形成了两种路径，即原始定义路径和要素解释路径。原始定义法是权利界定最初的方法，通过概括的方法和肯定的陈述形式揭示权利的本质，主要可以概括为资格、主张、法力、自由、可能、利益、规范、选择八种学说。〔1〕然而，事物往往不具有单一属性，权利亦是如此，原始定义法会带来对权利的把握不够全面而导致论断疏漏的问题。要素解释法则是现代学者对前述八种学说的借鉴和发扬，以列举的方式找出权利相关的属性或要素。〔2〕例如，权利的“个体主体地位”“自由”“利益”“权力”四要素论〔3〕，“行为”“意志”“利益”的三要素论〔4〕，“行为”“利益”“国家法律认可与保障”的三要素论〔5〕，等等。学者们基于各自预设的法学场景和解释方法将权利拆分为不同的要素，几乎都不约而同地包括利益要素或自由要素，逐渐形成了权利利益说与权利意志（自由）说两大主流学说。长久以来，自由说与利益说之间争辩不断，但这种争辩归根结底都是学者们基于不同的解释立场对权利作出的主观解释，并会罗列出各自的理由支撑既定的观点。一般解释学作为现代哲学——社会科学的重要研究方法是一门“理解的艺术”〔6〕，但这种带有主观色彩的方法具有明显的先入之见，“任何解释工

---

〔1〕 参见张文显：《法哲学范畴研究》（修订版），中国政法大学出版社 2001 年版，第 300 页。

〔2〕 参见年国余：“论自由作为权利的本质”，中国政法大学 2018 年硕士学位论文。

〔3〕 参见葛洪义：“论法律权利的概念”，载《法律科学（西北政法学院学报）》1989 年第 1 期。

〔4〕 参见程燎原、王人博：《权利论》，广西师范大学出版社 2014 年版，第 23 页。

〔5〕 参见舒国滢：“权利的法哲学思考”，载《政法论坛》1995 年第 3 期。

〔6〕 参见吴晓明：“论解释学的主旨与思想任务”，载《社会科学战线》2019 年第 6 期。

作中都存在着这样一种先入之见。”〔1〕正是带着这种先入之见，持有不同解释立场的学说难以互相说服。

笔者无意否认上述对权利本质的学术努力和理论探索的价值，正是这种争辩使得权利理论得以不断发展和进步，但无论是自由说还是利益说甚或其他学说等，都的确地反映了权利的某种要素或属性，但这仅仅代表着权利的某一个面向或领域，每一种要素或属性都无法涵盖所有的权利内容。〔2〕每一项权利都有其核心，权利核心在权利结构中处于最中心的位置，保障了权利主体的“优越地位”，这种优越地位的内容因权利而异，可能表现为自由、主张、权力等不同要素，“核心的存在标志着该法律权利的存在。”〔3〕本部分无意加入抵扣权的权利本质到底是一种自由还是利益的论辩之中，即“权利是什么”，讨论重点在于如果抵扣权可以被解释为自由要素或利益要素，抑或解释为自由要素和利益要素，那么这种诉求就可以被纳入权利体系的名录之中，即“什么是权利”。况且，主体拥有一项权利本身就意味着“主体要利用这种优势去实现一定的利益，这就要使主体具有选择自由和支配义务人的能力，这是每个权利都不可缺少的。”〔4〕以此观之，自由说和利益说本不矛盾，而是权利在不同权利话语体系中的一体两面。

（一）抵扣权的自由要素

自由作为权利的要素之一起源于权利意志论或权利自由论。

---

〔1〕［德］马丁·海德格尔：《存在与时间》（修订译本），陈嘉映、王庆节译，生活·读书·新知三联书店2006年版，第176页。

〔2〕参见范进学：“权利概念论”，载《中国法学》2003年第2期。

〔3〕参见林志敏：“论法律权利结构”，载《吉林大学社会科学学报》1990年第4期。

〔4〕参见林志敏：“论法律权利结构”，载《吉林大学社会科学学报》1990年第4期。

权利的本质在于权利主体意志的自由行使，并具体表现为个人意思的支配或个人意思的自由。〔1〕历史上诸多先哲主张“自由”界定和表征权利。康德认为，权利就是意志的自由行使，任何人有意识的行为，按照一条普遍的自由法则，能够与其他人有意识的行为相统一。〔2〕在霍布斯、洛克那里，从自由角度出发，“我对表的持有、使用和控制，应该不受外来的干涉，这是由人的本性所决定的自由，这种自由就是权利。”〔3〕到了现代，自由俨然成了权利的代名词。《新华词典》对“自由”一词的第一个解释就是，政治上指公民依法享有的某些行为不受干涉的权利，如言论、出版、集会、结社、游行的自由，通信自由，人生自由等，公民在行使这些权利的同时不得损害国家、社会、集体的利益和其他公民的合法自由和权利，自由与纪律不可分，缺一不可。总而言之，“权利是自由的法律表达，义务则是由于尊重他人的自由而产生的一种行为的必要性或自我强制性和自我约束性。”〔4〕

那么，作为权利要素的自由到底是什么？在现代法律体系中又应当如何解释？“自由”一词拆分而言，“自”解释为“自己、自我”,“由”可作名词解释为“原因、理由”，也有动词“顺从、听从”之意，在此采动词之意。换言之，自由意为“顺从自己”。人类思想史是一部追求自由的历史，法律科学也可以

〔1〕 参见丁南：“权利意志论之于民法学的意义”，载《当代法学》2013年第4期。

〔2〕 参见［德］康德：《法的形而上学原理——权利的科学》，沈叔平译，商务印书馆1991年版，第40页。

〔3〕 参见夏勇：《人权概念起源——权利的历史哲学》，中国政法大学出版社2001年版，第45页。

〔4〕 参见张文显：《法哲学范畴研究》（修订版），中国政法大学出版社2001年版，第302页。

说是一部探索自由的历史。从古希腊以自由的存在方式开启了人类自由的征程，到卢梭将“自由”提升到一个形而上的层次，康德以主观形式将自由确立和限制在道德和信仰领域，黑格尔在上述基础之上，通过区分伦理和道德，把国家作为自由的实现工具，以客观形式确立了自由，这种客观确立不仅是概念上的，还是精神上的。〔1〕经历了哲学思维的生存自由到理性原则之意识自由再到社会性的意志自由一系列形而上的发展，关于自由的精神探索也就到达了终点，转而进入了马克思主义的实践自由观，因为自由的实现不能只寄托于精神而要付诸实践。在这种实践自由观下，自由不仅是奠基于人的现实生命的客观存在之上，而且要将这种客观性物化、对象化，也就是主体通过行为将意识物化（外化）到他的对象之上而实现自己的过程，即是自由。〔2〕现代心理学也认为，意志自由表现在一定条件下，人可以遵照自己的意志自主确定目标，选择达成目标的方式，发动或者制止某种行为。〔3〕简言之，自由是有目的的选择，是主体遵照自己意愿选择为或不为的外在行为活动。

从语词结构而言，抵扣权是建立在“抵扣”上的权利。如前所述，“抵扣”是一个动词词组，为抵销和扣除的动作组合。在增值税语境下，抵扣权权利主体，即本环节的企业纳税人在取得增值税发票后，可以在一定的时间内在履行一定的协力义务后向税务机关申请，以发票上的进项税额冲抵销项税额中等值的税款额度。企业纳税人在取得增值税发票后并非一定要向

〔1〕 参见侯小丰：“形而上学自由概念的生成与终结”，载《学术研究》2015年第9期。

〔2〕 参见黄振地、靳书君：“‘自由’概念史演变的哲学反思”，载《中共福建省委党校学报》2017年第10期。

〔3〕 参见李秀、刘新民主编：《普通心理学》，中国科学技术大学出版社2017年版，第204页。

税务机关申报抵扣进项税额，无论是由于主观原因比如企业破产，还是由于客观不能比如发票丢失，甚至是主动放弃抵扣，并承担在一定期限过后将不再允许申请抵扣的法律后果。易言之，对于是否进行“抵扣”这一行为，企业纳税人可以凭借自己的意愿进行选择抵扣或者不抵扣，具有“抵扣”与否之自由。显然，从权利自由论角度，抵扣权具备权利的自由（意志）要素之内核，有被纳入权力清单之资格。

（二）抵扣权的利益要素

权利的自由论与利益论的缠斗旷日持久并延续至今，但目前来看，利益论似乎占据了优势地位，越来越多的人将自由论看作是利益论的特殊类型，因为利益论在说明效果上明显要比自由论更具普遍效果。[1]在此，笔者依然无意讨论两者的优劣，而只是客观陈述这种理论趋势。这种趋势同样体现在新兴权利的研究之中，例如，雷磊认为权利证成的首要标准是权利应符合利益的正当性[2]；张建文从司法实践角度论述了合法利益说是新兴权利保护的主流[3]；李广德主张健康权体现的是一种个人和集体的利益[4]；郭琛则认为社会经济权利其实就是将社会整体的经济利益的利益诉求转化为权利形态，从而使社会经济利益能够得到直接和积极的保护[5]；杜健勋基于利益法学角

〔1〕参见陈景辉：“权利的规范力：一个对利益论的批判”，载《中外法学》2019 年第 3 期。

〔2〕参见雷磊：“新兴（新型）权利的证成标准”，载《法学论坛》2019 年第 3 期。

〔3〕参见张建文：“新兴权利保护的合法利益说研究”，载《苏州大学学报（哲学社会科学版）》2018 年第 5 期。

〔4〕参见李广德：“健康作为权利的法理展开”，载《法制与社会发展》2019 年第 3 期。

〔5〕参见郭琛：“论社会整体经济利益的权利化”，载《甘肃政法学院学报》2010 年第 3 期。

度，将环境权解释为一种环境利益。〔1〕相较而言，将新兴权利的本质归于自由要素甚或其他要素的文献乏善可陈。究其原因，除了学者们受到利益说的影响，还在于利益要素便于在权利证成中予以解释。从新兴权利的语义构成来看，健康权、基因权、生命伦理权、环境权、网络信息权等多数新兴权利的语词组合都是“名词+权”的结构，极少有如抵扣权这般采用“动词+权”的语词结构，自由说必然涉及选择、行为等动词解释，相比之下利益说的“利益”的名词属性更易运用于上述新兴权利的解释之中。

“利益”一词拆分来看，“利”与“益”为近义词，前者为“好处”之意，与“弊”“害”相对，“益”为“好处、权益”，也有“增加”之意。法学家对于利益的讨论如对自由的讨论那样热衷，甚或更为频繁，在此我们不去重复权利利益论的相关论述，我们应该讨论的是：什么是利益。任何其他社会科学的学科都没有像经济学那样用最为直接的方式去描述利益。经济学认为利益是一种经济自利，在具体的分析过程中，没有任何一种类型的利益比如理念利益、政治利益比经济利益更能得到经济学家认同。〔2〕虽然经济利益对于“利益”的理解更为直观，但利益绝不仅是经济利益这么简单。“利益”本身就自带一种具有转化功能的利益结构，能够将各种外在关系如政治、精神、物质、经济等转化为人们的内在需求，并通过利益的外在结构表现出来。〔3〕所以说，利益是一个复合概念，具有自然属

〔1〕 参见杜健勋：“从权利到利益：一个环境法基本概念的法律框架”，载《上海交通大学学报（哲学社会科学版）》2012 年第 4 期。

〔2〕 参见［瑞典］理查德·斯威德伯格：“作为一个社会科学概念的利益”，周明军译，载《国外理论动态》2013 年第 8 期。

〔3〕 参见高鹏程：“利益概念的语言形式分析”，载《学术交流》2007 年第 1 期。

性和社会属性的二重性。一方面，自然属性是指利益在其直接现象形态中表现出的规定性，直接现象形态是人为存在而对直接物质的需求，因而具有直接性、具体性和无限多样性，例如，吃、穿、用的需求，拟制“人”为了维持存在、运转的需求。另一方面，社会属性是在满足自然需要进行的社会活动中形成的规定性，因为在社会的集合之中，利益的实现必须借助一定的社会交换活动，利益终归要落脚为一种社会的需求，表现为以某种社会关系为媒介的需求。〔1〕

回归抵扣权语境，抵扣权本属一种特定的税收法律关系，税收法律关系的本质为一种利益关系，这是抵扣权具备利益要素的重要基础。在此基础之上，抵扣权表现出最为直观的经济利益，是为了维持企业主体生存的财产需要。

国家无论课征何种税收、如何课税都应建立在税收正当性的前提之上，即国家向人民课税的依据问题。最初较为盛行的观点即是租税关系利益说。利益说为 17 世纪、18 世纪的洛克、卢梭等社会契约论思想家所提倡，主张国民因国家公共活动受益，税收是国民享受公共服务支付的对价。换言之，国民以租税交换从国家获取利益，国家与国民之间的税收法律关系是一种利益关系。直到 20 世纪，利益说也不乏支持者，例如，美国名法官霍姆斯说：“税收是文明的对价”，英美也受到了这种思考方式的深刻影响。〔2〕当然，利益说的弊端在于国民所获得的利益与所支付税款之间不存在比例关系。由于一般公共支出所带来的利益由全体国民享有，实际课税时难以计算个人从一般公共支出中所获取的利益。为解决这一难题，经济学之父亚当·斯密提出应当在维持利益说的前提下导入“能力原则”作为税

〔1〕参见张晓明：“论利益概念”，载《哲学动态》1995 年第 4 期。

〔2〕参见［日］水野忠恒：《大系租税法》，中央経済社 2015 年版，第 5 页。

负分担的依据。[1]尽管利益说在现代税法语境下呈现衰退趋势，建立在利益说基础之上的税收能力说占据上风，但利益说仍有其重大财政监督意义，因为在支付税款的国民们看来，他们会更为关注自己是否享受了对应程度的公共服务，以此激发国民对于政府财政支出的监督，同时也揭示了利益要素已深深烙印在税收权利义务关系之中这一基本论断。[2]

抵扣权利益要素的自然属性展现得更为直接和易于理解。如前文所言，为确保对增值额征税，企业纳税人会以自己的财产代替消费者“预缴”给上一环节纳税人一部分税款，这部分税额即为进项税额。只有确保企业能够行使抵扣权，方能从国家收回这部分“预缴”的财产利益。“抵扣权的内容表现为进项税所蕴含的财产利益”[3]，抵扣权具备利益要素之权利内核，有被纳入权力清单的资格。

二、抵扣权权利正当性阐明

权利对它的享有者而言总是一个极为积极、正面的词汇，人们总是能够找到理由去证明自己的某种主张符合权利的特征或具有权利的某一要素，如自由、利益。但是并非所有的自由或利益都能够被冠以权利之名加以保护。简单地示例，甲因仇怨欲谋杀乙，甲有决定是否谋杀乙的自由，但我们不会赞同甲享有谋杀乙的权利。同样，丙抢劫了丁一大笔钱，事后丙显然可以主张他对这笔钱有利益存在，但我们也不能赞同存在

〔1〕 参见蔡茂寅：“财政法：第三讲——税课收入（上）”，载《月旦法学教室》2010年第91期。

〔2〕 参见［日］水野忠恒：《大系租税法》，中央経済社2015年版，第6页。

〔3〕 任宛立：“增值税纳税人抵扣权之保障”，载《暨南学报（哲学社会科学版）》2019年第5期。

着丙对丁的权利。这就涉及权利之内核如自由要素、利益要素的正当性问题。对正当性的理解通常与合法性相联系，两者存在两种关系：一是并列关系，两者之间辩证互补，此时的正当性被解释为一种合理性；二是包含关系，某一事物的正当性包含合法性和合理性两个方面。〔1〕此处对权利正当性的理解为前者，即权利被保护的合理性问题。无论利益、自由抑或权利的其他要素特征，都是哲学社会科学中的描述性概念，但我们讨论的权利是一个规范概念，因此，首先需要对某种利益或自由正当与否作出规范性判断，只有正当的利益或自由才可以被上升为一项权利。可以说，这种正当性判断是权利概念的首要标准。〔2〕

法律权利正当性的根据是建立在权利的正当分配即法律的正义目的之上的，因为法律权利不可能凭空产生，而是在法治社会中产生的一种出自保障社会基本价值的正义秩序的经验性权利。〔3〕法律权利从来都蕴含着浓烈的价值意味，因为主体的权利主张是其主观思想的表达，带有浓厚的主体价值追求，如果这种价值追求为法律所认可并予以保护，那么这种主张就上升为法律上的权利。法律通过权利的标准告诉我们什么是正当与非正当，权利正当性的判断也就是一种法律的价值判断。〔4〕主体生存于人类社会之中，主体的价值取向自然受到政治、经济、文化、传统等外在环境的影响和左右，法律由人类社会所

〔1〕 参见廖益新、褚睿刚："转让定价文档规则正当性研究——兼议纳税人协力义务"，载《现代法学》2018年第2期。

〔2〕 参见雷磊："新兴（新型）权利的证成标准"，载《法学论坛》2019年第3期。

〔3〕 参见任丑、王一帆："人权是何种权利?"，载《思想战线》2014年第5期。

〔4〕 参见吴宁："权利的价值追问"，载《安徽大学学报（哲学社会科学版）》2008年第1期。

创造，法律的价值判断同样取决于社会的价值判断。[1]换言之，主体的价值取向与社会的价值取向的匹配程度决定了权利的正当性程度。理论上，当两者完全匹配时主体的诉求就具有了正当性。但社会是人的集合，社会的价值取向也是人的集合体的价值取向，不是所有人的价值取向都是相同的，不存在完全统一的社会价值取向，社会价值就分化成了所谓的主流社会价值和特殊社会价值。主流社会价值具有普适性，当主体的价值取向与主流的价值取向相一致时，这种价值取向表现出的主张就具有了正当性。例如，生命、财产、健康、环境等为人类生命存续所必需，对应的生命权、财产权、健康权、环境权等权利体现的价值取向自然成了主流价值取向，这些权利背后所蕴含的自由抑或利益之内核就具有了正当性。

当然，这并不意味着特殊价值取向因与主流价值取向不重合就必然导致正当性的丧失。主流价值取向与特殊价值取向存在两种关系：一是特殊价值取向虽与主流价值取向不同，但两者是平行关系，相互之间不会产生冲突或对立；二是两者之间的冲突或对立关系。例如，杀人的自由、偷盗的自由、污染环境的自由显然与主流价值取向呈对立关系，自然不能得到法律确认。但诸如“基因权”“被遗忘权”等主张呈现的特殊价值取向则会在司法等特殊的环境下获得一定程度的认可，并且不能排除未来成为主流价值取向并升格为法定权利的可能性。[2]

真正的公民美德是不要把自己的快乐建立在他人的痛苦之上，不要把自己的幸福建立在他人的不幸之上，否则病态和腐败将充

〔1〕 参见德全英、赵承寿、白洁：“法律权利的价值取向”，载《新疆大学学报（哲学社会科学版）》1995年第1期。

〔2〕 参见张建文：“新兴权利保护的合法利益说研究”，载《苏州大学学报（哲学社会科学版）》2018年第5期。

斥着他们的灵魂，人性便充满着虚伪、冷酷、欺诈和蛮横。[1]权利的正当性要求主体所主张的内在价值不能与普适性社会价值相冲突甚至对立，在外在表现上就是这一主张不能以牺牲他人的正当利益或自由为代价。首先，它理所当然地不能与法定权利存在明显冲突，而能够为既存的法律权利体系所容纳。其次，它应该与其他的正当利益保持必要距离，比如不能为了自己的健康利益损害他人的健康利益。最后，它不能过度侵害道德权利，例如，不能为了取回自己的财产利益而采用违反公序良俗的手段。当然，这并不是说权利之间不能存在矛盾，基于权利冲突论，一项权利的增长必然意味着另一项权利的损失，例如，法律规范之间的不协调导致权利之间的边界模糊、权利本身的交叉性等原因诱发冲突，如国家公法中的权利矛盾、经济法和民法中的权利竞争、知识产权法中的侵权等。[2]正因如此，更应对权利加以必要的限制和约束，方能在繁杂的权利诉求之间寻得适度平衡。

无论从利益要素还是自由要素来看，抵扣权最终关涉的都是税收征纳关系中企业纳税人的财产权。我们在思考财产权是否具有正当性时总是离不开“个体和资源如何发生联系”“因何发生何种联系”两个基本问题，即个体与外在物的个体要素，个体与他人、社会的社会要素。[3]个体要素和社会要素在税收法律关系之中表现为纳税人私有财产权和纳税义务。受制于历史因素的影响，人们对私有财产的理解颇为局限，改革开放后，逐步形成了社会主义的公共财产神圣不可侵犯、公民的合法私

---

〔1〕 参见彭刚：“论卢梭公民美德的人性基础”，载《政治思想史》2012 年第 2 期。

〔2〕 参见张平华：“权利冲突辨”，载《法律科学（西北政法学院学报）》2006 年第 6 期。

〔3〕 参见陈军：“财产权、正当性及多元主义——现代财产权基本理论探析”，载《中南大学学报（社会科学版）》2013 年第 6 期。

有财产不受侵犯的社会公众价值理念。2004年第十届全国人大第二次会议上通过的《中华人民共和国宪法修正案》第22条中规定了公民的合法的私有财产不受侵犯，由此意味着，将公民财产权上升为宪法层面的权利。宪法上财产权确立之于纳税人财产权的个人要素与社会要素都有重要意义：一方面，将财产权作为基本人权进行宪法保护，确保了个人在财产领域有相当的自主活动空间；另一方面，在承认纳税人私有财产权基础之上，因为课税构成对人民财产权的限制，作为对财产权限制的课税必须有其应有限度。[1]落实到税法之中，表现为国家课税权应受到税收法定原则、量能课税原则的约束。增值税法同样如此。

增值税法依照纳税人的消费能力课税，并采用技术设计以增值为课税对象，以增值额为税基，即从销售额中扣除进项额。如果不允许这种扣减，相较于允许扣减的其他纳税人而言，在相同的纳税条件下会缴纳更多的税款，违背量能课税原则。若在税收法律关系中分析，企业纳税人并非真正纳税人无须承担税收负担，进项税是本环节纳税人代替最终消费者“预缴”给上一环节纳税人的税款，若不允许从销项税额中抵扣这部分进项税额，就构成了对纳税人的重复征税，是对纳税人财产权的侵犯。抵扣权是本环节纳税人为了向国家取回在上一环节代替消费者缴纳税款的那部分财产权。概言之，抵扣权内含的抵扣自由和财产利益都是纳税人私有财产权在增值税法中的客观映象，纳税人在履行相应义务后，它们就具有了被法律保护的正当性。不仅如此，如果国家在欠缺充足理由和未满足法定形式要求的情形下恣意限制纳税人抵扣权的行使，就是对税收法定原则和量能课税原则的背离，侵犯了纳税人的财产权，此时的

〔1〕 参见高军：“试论纳税人税法上的财产权保障”，载《行政论坛》2010年第3期。

公权行使即丧失了正当性。

三、抵扣权内在必要性证成

主体的某种主张契合权利的某种核心要素是它成为权利的前提条件，顺应社会普适性价值使它获得了正当性基础，前述条件是一种内在的可行性条件，权利主张本身对于主体而言还应具备足够的重要性，即重要性条件。例如，甲可以选择穿 A 种类或者 B 种类的衣服，具有自由要素和正当性基础，但这种主张不具有内在必要性，我们不会称这种主张是法律意义上的权利，甚至不构成严格意义上道德上的权利，普遍认为这只是日常生活中的普通行为。再次强调，这种内在的必要性是主体的某种主张对于主体而言具有重要价值，而不是政治、经济、社会、文化等外在环境带来的重要性。本部分意在论证抵扣权之于企业纳税人的内在必要性。

抵扣权是私有财产权在增值税法中的重要体现。通常，财产权利是与人身权利相对应的一种权利，是权利主体在日常生活中享有的、可以用金钱衡量其价值的权利集合体。换言之，财产权产生的基础在于含有财富或财产的物质内容，物质内容本身对人的生存具有某种用处或意义，在财产基础之上建立的财产权也就成为人实现自身目的的一种工具或载体。[1]从现代意义上来讲，财产权之于权利主体的内在重要性发端于英国启蒙运动的私有制理论，以个人自身拥有天赋的“自我所有权”观念为基础，不仅强调私有财产的正当性，还点明了财产权是个人自由权利在市场经济中的拓展。这里的权利主体主要强调的是自然人，而非法律拟制的“人”。在私有制理论下，财产权

---

〔1〕 参见何真、唐清利：《财产权与宪法的演进》，山东人民出版社 2006 年版，第 28—29 页。

是公民对人身“自我所有权”的自然拓展和延伸，是个人自由最为重要的保障。[1]财产权之于人类的重要性不仅限于外在物质层面的实现，而且也在于财产权之于人内心的幸福情感。大卫·休谟指出，财富是产生快乐和骄傲的重要来源，而贫穷则会带来不快和自卑。[2]财产权之于人生的幸福既是一种朴素的人类情感，同时也是财产权理论的基石。概括而言，财产权对于人类情感价值来说包括拥有财产的“拥有之乐”，获取财产的“获得之乐”，利用财产带来的“利用之乐”。拥有财产是为了满足人类作为生物体的生存本能，为实现自我满足而对实物、房屋、土地、武器等外物的需要，占有这些客体之物成了人身体的外在延伸。由此产生的财产权拥有之乐建立起了财产权的边界，敦促财产权体系的建立，确立私人领域，即私人财产的自主性和排他性。正因为确立了私有财产权的合法性，获取财产和利用财产便会产生相应的人类幸福，分别带来了“获取之乐”的人生价值和“利用之乐”的社会意义。[3]

传统上认为，生命权、自由权和财产权是自然人应当享有的三大自然权利。财产权之于自然人的内在重要性可见一斑，但当今社会财产权被认为是低于生命权和自由权位阶的权利，因为伴随社会财富的增长，财产权的重要性已经从生存和自由的基础需求转化为对于平等的价值需求。[4]抵扣权的主体并非

---

〔1〕 参见杨春学：“私有财产权理论的核心命题：一种思想史式的注解和批判”，载《经济学动态》2017年第4期。

〔2〕 参见［英］大卫·休谟：《人性论》，关文运译，商务印书馆1980年版，第351页。

〔3〕 参见易继明：“财产权的三维价值——论财产之于人生的幸福”，载《法学研究》2011年第4期。

〔4〕 参见胡锦光、王锴：“财产权与生命权关系之嬗变”，载《法学家》2004年第4期。

自然人，而是法律拟制之“人”的企业，财产权之于企业的重要性更甚于自然人。对于自然人而言，财产权是自然人生命在市场经济中的延伸和拓展，而对于企业法人，财产权就是企业法人的“生命”本身。

民事主体不仅包括有机体的自然人，还包括法律创设的无机体的“人”，即法人和其他团体（以下统称为“法人”，意为法律拟制之人）。关于法人的本质存在法人拟制说、法人实在说，还有学者提出了新法人拟制说。法人拟制说认为只有自然人可以成为主体，法人不能成为主体，只是法律将其拟制成为人，法人不具有民事行为能力。法人实在说承认法人具有独立人格，这种人格并非法律所拟制，而是一种社会的客观存在。而所谓新法人拟制说是建立在拟制说之上的，认为法人是被拟制为具有完全行为能力的人，法人机构是其法律肉体和器官，法人机构的行为即为法人的行为。〔1〕实际上，上述学说都承认了法人在法律上的主体资格，只不过这种主体资格的真实性程度不同。〔2〕法人成为法律上的主体的目的不在于讨论法律拟制之人的拟制程度，产生这种拟制的决定性理由在于，法律秩序为其规定了独立的法人主体地位，这些独立的权利和义务关系到成员的权利义务，但又不同于成员的权利义务，即将法人的财产与成员的财产区分开来、将法人之间的财产区分开来。〔3〕法人归根结底都是人们为了财产性目的或其他非伦理性目的而创造出来的，它终归与作为有机体的自然人不同，全无任何伦

〔1〕参见郑英龙：“论法人本质说：新拟制说——基于法人本质理论的反思与重构视角”，载《商业经济与管理》2008年第3期。

〔2〕参见刘新民：“企业社会责任之承担主体研究——企业法人理论的殊途同归”，载《法学杂志》2010年第11期。

〔3〕参见江平、龙卫球：“法人本质及其基本构造研究——为拟制说辩护”，载《中国法学》1998年第3期。

理属性。[1]对于法人有没有自己的意志、独立人格等问题的讨论最终都是为了解决财产权的问题。从这一角度来看，如果法律将现实生活中无意识的、仅是财产集合的团体拟制为法人，与自然人一起共同成为法律主体，也就意味着将法人的财产拟制为法人的“生命”。概言之，法人财产权就是其“生命权”，是法人存续与发展之根本和目标。

众所周知，生命权是自然人人格之载体，具有不可评估的消极属性[2]，而法人“生命权”却可通过财富数值得以量化。虽然我们无法准确估量某一企业享有的抵扣权所对应的那部分财产权究竟占据了企业法人“生命”多少份额，但可通过一系列其他信息侧面展现抵扣权之于企业法人的重要程度。我国留抵税款不退的情况普遍存在，纳税人并未真正享有抵扣权，2018 年我国留抵税款金额高达万亿元。特别是对诸如生产性服务业、农机行业等“高进项、低销项”的企业、初创期企业和高科技重资产企业，限制抵扣权对企业运转影响巨大，挤占了大量资金，拖累企业运营能力，挤压其生存空间。例如，广西某家初创期的企业留抵税款金额高达 5 亿元，山东某家以农机销售为主的企业 2016 年末的留抵税款总金额已经达到 7.2 亿元。[3]抵扣权之于企业的内在重要性可见一斑。

---

〔1〕 参见李永军：“民法上的人及其理性基础”，载《法学研究》2005 年第 5 期。

〔2〕 参见张平华：“生命权价值的再探讨”，载《法学杂志》2008 年第 1 期。

〔3〕 参见陈益刊：“增值税改革难点：巨额留抵税款怎退”，载 https://www.yicai.com/news/5402214.html，最后访问日期：2021 年 2 月 26 日。

第三节　抵扣权契合增值税核心机理

一、抵扣权保障抵扣机制运行

作为间接税的消费税，虽然最终税负由商品和服务的最终消费者承担，但税收是由中间的应税商品和服务的提供者预先缴纳的。基于中间征税环节的多少，消费税可以分为零售销售税的单一环节税和增值税的多环节税。增值税将税负分配到各个供应环节中去，用以衡量各个供应环节税负多寡的标准即为增值额。“增值税独有的特性，在于其对与商业活动有关的任何经济体所创造的价值——附加值——的识别和征税的潜在范围。”[1]增值税即是对每一个生产、销售商品和服务的环节中企业所产生增值额课征多环节税的统称。所谓增值（value added），简单来说就是从原材料加工开始到产品的零售结束，中间各个阶段的经营行为对国民经济增加的新的价值。经济学上通过商品价值公式的方式解释增值额。企业生产出的商品价值为 C+V+M。其中，C 乃是商品生产过程中消耗掉的生产资料的转移价值；V 是工资，是劳动者为自己创造的价值；M 是剩余产品的价值或盈利，具体可分解为利息、租金、利润等。增值额是商品价值扣减掉 C 后的那部分余额，即 V+M。简言之，企业劳动者通过劳动所创造出的新增价值，顾名思义即为增值。因此，增值税是一种净资产税，是介于全值商品劳务税（以 C+V+M 全值为征税对象）和所得税（以 M 为征税对象）之间的一种税。而就商品生产全过程而言，一件商品最终实现消费时的最后销

---

〔1〕［美］V. 图若尼主编：《税法的起草与设计》（第一卷），国际货币基金组织、国家税务总局政策法规司译，中国税务出版社 2004 年版，第 180 页。

售额相当于该商品从生产到流通各个环节的增值额之和。[1]

增值额的计算方式从生产国民所得的角度来看，在经营业务的销售总金额中扣除从其他企业购入土地、建筑物、机器设备、原材料、动力等相应的支出后的金额，即扣减法；从分配国民所得角度来看，是租金、地租、利息以及企业利润的合计总额，即加算法。[2]依照这两种计算增值额的方法，增值税分为抵扣型增值税和加算型增值税。在理想的计算条件下，利用抵扣法和加算法计算出的增值额是相等的，但是抵扣型增值税的计算方法可简单换算为销售总金额减去支出金额，在计算增值额上更加简便也更易于纳税人理解。因此，自法国增值税改革开始，世界各国增值税法在增值额的计算上普遍采用扣减法而非加算法。自此，抵扣型增值税逐渐成为现代增值税的主流，抵扣机制顺理成章地成为现代增值税的核心机制。抵扣型增值税又可被细分为税基相减型增值税和税额相减型增值税，前者是先计算出应税销售额与采购支出额的差额再乘以税率，后者是先分别用应税销售额和采购支出额乘以税率，得出销项税额和进项税额，两者的差额即为增值税应纳税额。在单一税率的情况下，两种抵扣型增值税计算出的税额也是相同的，但由于各国普遍实行差别税率和免税政策，税额相减法计算的增值额更与事实相符。税额相减型增值税即世界主流的发票抵扣型增值税。

总之，为了实现企业纳税人在增值税征管中的零税收负担，确保散落在各个环节的税负能汇集到最终消费者，一种特殊的转嫁技术在增值税法中诞生，即抵扣机制。抵扣机制是增值税

---

〔1〕 参见樊勇等：《增值税制度效应的经济学分析》，清华大学出版社 2018 年版，第 32 页。

〔2〕 参见［日］金子宏：《租税法》（第 22 版），弘文堂 2017 年版，第 726 页。

法独有的制度技术创造，是通过允许本环节的企业纳税人用其购进税额抵销销售税额中等值数额税款的方式，来计算本环节代个人消费者预缴的税额的扣除方法，将税负向后一环节的企业纳税人层层转移（转移原理见图2）。

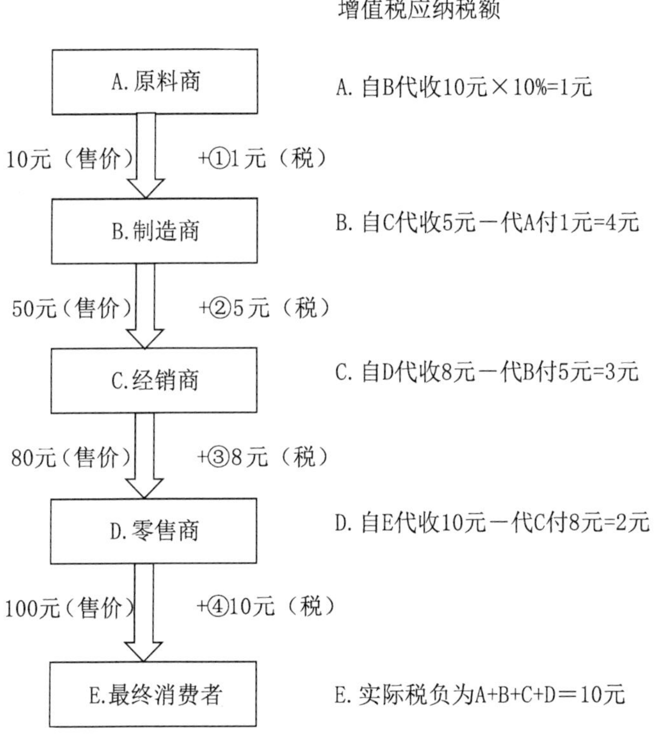

图2　增值税抵扣机制示意图

抵扣机制的精妙之处在于将A、B、C、D所有中间企业缴纳的增值税负通过该机制最终汇总到E最终消费者。假定增值税税率为10%，以A原料商与B制造商为例，原料商将原料以10元销售给制造商时，制造商将货款交于原料商时获得原材料和发票。对于 A 原料商而言，所收取的 10 元为销售额，即销项，而对 B 制造商而言，支付的 10 元为支出额，即进项，B 取得的发票上所载明的进项税额为数字①所示“10 元×10% = 1 元”。由于该 1 元为支出税额，表述为“-1”元。此时，这 1 元的税款已经由 B 负担并且转移到 A 处，由 A 代扣后向国家缴纳增值税。B 制造商虽然在与 A 原料商的交易中承受了这 1 元的税额，但是可以将这部分税款通过销售转嫁给下一环节的 C 经销商。假设 B 制造商以 50 元价格将产品销售给 C 经销商。50 元对于 C 而言是为了购买产品支付给 B 的货款，即进项，对 B 而言是销售产品获得的销售额，即销项，C 的进项税额也是 B 的销项税额为数字②所示“50 元×10% = 5 元”。其中，这 5 元包括 B 转嫁给 C 获得的被转嫁税额 1 元，表述为“+1”元。B 制造商用销项税②减去进项税①计算增值税的过程其实就是“-1”与“+1”相互抵销的过程。B 制造商最终缴纳的增值税 4 元即为“50 元-10 元”计算出的 40 元增值额与税率的乘积。如果将“②-①”计算增值税的过程看作一个抵扣单元，产品由 A 销售到 E 的过程中还会产生“③-②”“④-③”其他单元，这三个单元共同组成一个完整的抵扣链条，最终确保 A、B、C、D 所有中间企业不承担任何税负的情况下由最终消费者 E 承担最后的税负④10 元。但这一切的关键就在于让 B 的“-1”与“+1”能够相互抵销，也就是其后的 C 和 D“-5”与“+5”“-8”与“+8”能够相互抵销。这种抵销即进项税额抵扣销项税额中等量税款的过程，即抵扣权的行使。

假如，不允许 B 制造商享有并行使抵扣权，由 A 代收的 1 元税款就成了 B 的成本，如果 B 不愿意将 1 元税款通过加价的形式转嫁给下一环节，后续的抵扣单元依然可以正常运行，但 B 就需要额外承担 1 元的成本，导致其在市场竞争中处于不利地位。企业以逐利为根本目的，绝大多数 B 都会将 1 元税款转嫁到下一环节，即 B 销售给 C 的价格为 51 元，C 需要缴纳的税款即为“51 元×10% = 5.1 元”，相比于之前的②就会多出 0.1 元的重复征税，并且这种重复征税会持续叠加到后续环节的 D、E，导致抵扣机制运行不畅偏离税制初衷。

回归法言法语的表述，图 2 中抵扣的运算过程就是抵扣权行使过程的数字化展示。抵扣权是抵扣机制运行主线的基本要素，正是因为抵扣权的行使，国家与最终消费者之间实质上的债权债务关系、国家与中间企业之间法律拟制的债权债务关系、中间企业之间的购销关系、中间企业与最终消费者之间的抵扣代缴关系才能够同时存续并各自运行。产品从生产到零售需要经历多个中间环节，导致抵扣机制中包含多个抵扣权要素，抵扣机制的主线由这些要素组成一个权利链条，相互之间环环相扣，最终串联成为一个统一的整体。

抵扣机制是增值税运行的核心机制，是构成增值税的骨架，抵扣权是确保抵扣机制通畅运行的关键所在，是贯穿抵扣机制的最基本的权利，堪称增值税的灵魂所在。抵扣权是抵扣机制“藤蔓”上开出的权利“花簇”，只有确保整个抵扣链条中所有企业真正享有抵扣权，整个抵扣藤蔓方能郁郁葱葱，发挥税制的本有功能。当然，增值税税制运转不能仅依赖抵扣权，为了配合抵扣权的运行，抵扣机制之上同时产生了与之相关的其他权利，共同组成了一个权利群，相互协同配合。例如，由留抵退税制度的存在导致的留抵税额退税权，即增值税纳税义务人就增值税留抵税额向国家税务机关请求返还的权利〔1〕；由出口退税制度产生的出口退税权，各国增值税奉行消费地课税原则，

〔1〕 参见孙博：“从税收优惠到权益普惠——我国增值税期末留抵税额的退税问题研究”，载《法律与伦理》2018 年第 2 期。

增值税应当在产品消费地进行征收，出口国为了确保产品出口时在本国缴纳的增值税为零，赋予纳税义务人就国内生产和流通中已经缴纳的增值税向国家税务机关请求返还的权利〔1〕；发票的领购和使用权、上游发票索取权，各国通常规定抵扣权的行使以发票作为凭证，因此，纳税义务人就当然享有向税务机关领购发票和使用发票的权利，以及为了行使抵扣权向上游企业索要发票的权利。

二、抵扣权契合税收中性原则

毋庸置疑，伴随国民税权意识的觉醒，税制改革的难度不亚于其他任何一种形式的社会改革。从政治学角度来看，法律和税收都是政治的产物，政策变化往往同政治家的政治诉求和利益密切相关。但是，“政客几乎没法利用这个政策领域为自己的竞选活动谋什么好处。在政府机构内部，由于人们对税收政策的理解比较透彻，政客较好地利用这个政策，可能会获得较大的影响力。但是，公民可能并不买那些掌管税法的政治家的账。即使是那些对多数人有益的税收立法。”〔2〕增值税创设于20世纪50年代，相比于所得税、资产税等其他税种产生之初，民众对于自身财产权的保护意识和新税种的抵触程度更加强烈。增值税在法国诞生时甚至取代了当时一项极为重要的间接税种——累积营业税。如此重大的税制变革，仅仅依赖于当政者的政治推动力等外力恐难以顺利完成，既存税制的弊病和新晋税制的优势是累积营业税的“破”和增值税的“立”的内在诱

〔1〕 参见刘剑文主编：《出口退税制度研究》，北京大学出版社2004年版，第10页。

〔2〕 ［美］B. 盖伊·彼得斯：《税收政治学：一种比较的视角》，郭为桂、黄宁莺译，江苏人民出版社2008年版，第4—5页。

因。以一种历史的观测角度审视增值税的诞生史，比较累积营业税和增值税之间的税制差异，将极大帮助我们了解增值税的内在价值和运行机理。

不难理解，综合考虑到政治文化、公共舆论、政党意识形态、政策理由和改革成本等多项因素，完善旧税制的改革方式总是相较于开征新的税种难度更小。"公民或许会反对一切新税种"〔1〕，改革推动者不得不拿出足够的理由说服多数民众。法国自1917年至1954年的近40年间也曾对累积营业税进行了数次税制修正，原因迥异，例如，有的是因为税率过低无法形成可观的财政收入，有的是因为在最后的销售环节课征导致偷税严重。〔2〕诚然，此类税制弊端可以通过调整税率、加强行政管理措施等方式达成税制修正目的，但无论经历多少次改革，营业税本身的税收"累积效应"始终无法消除。通常，营业税是一种对商品转让的每一个环节依照企业的营业额（总收入）征收的流转税。此种税制的弊端在于经营者的进项环节已经缴纳的税款不能退回，只能通过增加销项价格的方式转嫁到下一环节，造成税负一层层累积，重复征税问题极为严重。〔3〕累积营业税也因此而得名。营业税的累积效应在相当程度上鼓励了企业的兼并和一体化，因为一体化企业可以通过减少被课征营业税的环节的方式降低重复征税的次数，以此降低税负，相比之下中小企业处在税收竞争的弱势地位，导致社会制度的不公。

营业税无法解决的重复征税难题，增值税却可以轻松应对。

---

〔1〕［美］B. 盖伊·彼得斯：《税收政治学：一种比较的视角》，郭为桂、黄宁莺译，江苏人民出版社2008年版，第16页。

〔2〕参见汗青父：《从增值税到税收法典》，中国税务出版社2009年版，第13页。

〔3〕参见［美］艾伦·申克、维克多·瑟仁伊、崔威：《增值税比较研究》，熊伟、任宛丽译，商务印书馆2018年版，第2—3页。

增值税遵循消费课税原则，即不以企业的销售收入作为税基，而是以消费者个人的生活消费为税基，透过消费行为展现消费者（最终纳税人）的税收负担能力。为此，在具体税制中，增值税法以企业为纳税义务人，计税依据是各个环节企业所产生的增值额，本环节已经缴纳的税款在满足一定条件时可以退还，从产品生产到最终消费之间无论经历多少环节都不会产生重复征税问题，避免了产生影响企业经营形式、改变消费者的消费模式等经济扭曲的效果。消费课税原则实质上通过转嫁方式由消费者承担税负的机制，一体两面地对应着对营业行为课税的税收中性原则。〔1〕税收中性原则起源于亚当·斯密的“自由竞争和自由放任”思想，通俗的经济学理解是征税过程不应产生除税负之外的负担，不影响市场主体的经营决策，尽可能减少对市场机制的扭曲或干扰。〔2〕

如此说来，税收中性是增值税相较于营业税的最大税制特点和优势，是确保增值税“破旧迎新”最终成功登上历史舞台的立身之本。时至今日，税收中性原则已经作为增值税法的基本原则得到确立和贯彻。欧盟第 1 号指令《关于协调成员国流转税立法》第 2 条第 1 项即明确各成员国在制定增值税法时仅能依照货物与劳务价格的一定比例而非销售额征收，借以维持对营业活动的中立性，尽可能避免将销售税的税基计算基础指向各阶段的纳税义务人（即营业人）销售行为的种类或形式。作为欧盟增值税基础法规的《欧盟 2006 年指令》的前言第 5 条明确规定：“增值税系统应尽可能地覆盖商品从生产到分配所有

〔1〕 参见黄世洲：“加值型营业税的基本法理与凭证行为罚（上）”，载《月旦法学教室》2010 年第 3 期。

〔2〕 参见赵锦：“基于税收中性理论的增值税改革研究”，载《税务研究》2017 年第 6 期。

阶段和服务的提供，最大限度地实现税制的便利性和税收中性。”当然，伴随现代税收理论的发展，税收中性原则已非增值税独有的税制原则，该原则与税收公平与效率原则高度契合，已成为现代租税制度设计过程中应当遵循的基本原则。一方面，税收中性原则保障了税收横向公平，相同的纳税主体需要缴纳的税负一致，同等税基面临的税收待遇一致。另一方面，税收中性原则与税收效率保持一致，税收中性意味着征税尽可能减少对市场资源配置产生额外的负担，提升税收市场效率，同时带来的税收横向公平有助于提升纳税人纳税遵从，保障税收行政效率。〔1〕

“在增值税引进的时候，它普遍被认为是对先前存在的销售税一个明显的代替。”〔2〕“欧洲各国施行的营业税最大的弊端在于重复征税。为了建立中立、公平的消费税制，欧洲进行了长久的探索和讨论，最终确立了以进项税额抵扣机制为核心的增值税。这也就意味着，进项税额抵扣机制在根本上修复了累积营业税的税制缺陷，使其成功进化为增值税。从这一角度来说，增值税实际上是欧洲营业税的发展形态。”〔3〕可以说，税收中性原则是增值税的立身之本，消除重复征税、确保税收的中性是增值税成功击败并取代累积营业税等销售税的根本所在。而多级征收和抵扣退税是增值税征收机制的本质特征和主要优势，是将增值税和其他的销售和流转税区分的关键。〔4〕税收中性的

〔1〕参见周慧、欧阳明：“税收中性原则与新一轮税制改革”，载《税收征纳》2016年第6期。

〔2〕胡怡建、田志伟、宫映华编著：《增值税理论前沿与管理实践》，中国税务出版社2014年版，第64页。

〔3〕［日］金子宏：《租税法》（第22版），弘文堂2017年版，第727页。

〔4〕See Liam P. Ebrill, Michael Keen and Victoria J. Perry, *The Modern VAT*, International Monetary Fund, 2001, p. 2.

实现仰赖于抵扣机制的通畅运行，而抵扣机制的落脚点在于抵扣权，抵扣权高度契合税收中性原则。当然，抵扣权不仅是一国内部维护增值税税收中性的关键，而且也为跨境增值税的中立性提供了保障，建立和维持了国际税收竞争秩序。

三、抵扣权切合量能课税原则

“依照宪法平等原则以及具体展现在税法中的税收正义原则，要求有关纳税人的税收负担，应当按照其经济上之负担能力分配，此即量能课税原则。量能课税原则乃是税收正义的基础原则，并作为税收负担公平之最高的比较标准。”〔1〕量能课税原则如同税捐正义一般，乃是分配正义的体现，其地位已经得到财税法学者、财政学者甚至财税立法者的一致肯认，并且应用于一些国家的司法审判中。德国即为代表，并在法院判例中明确提出量能课税原则由平等原则推导而来，认为其具有宪法上的效力。量能课税原则，拆分而言，“量”最初为“测度”之意，“能”是“能力”的简称。那么，量能课税原则的通俗解释就是通过“测度”“能力”课征税捐，此处的“能力”指的是税收负担能力。“能”的判断是量能课税原则贯彻“公平”的关键所在，通常各国将税负能力看作给付能力。一般学者认为，税收应当以足以表明其给付能力的国民的财产关系加以课征，所得、财产是最能直接反映国民给付能力的标准。但所得和财产只是直接税中测度纳税人税负承担能力的标准，对于增值税这类间接税而言，则需要通过一系列技术处理以财产的使用能力——消费作为测度标准。

在增值税课税对象的选择上，应当以能够衡量“纳税人可

〔1〕 陈清秀：“量能课税与实质课税原则（上）”，载《月旦法学杂志》2010年第183期。

以承担税负的能力”的标准作为课税对象，亦即恰当选择量能课税原则中的“能”。为此，增值税法对课税对象做了三重技术处理。“消费课税领域具有其独有的课税性格，如果将这种课税性格在税法中展开，就是运用‘法技术’把能够作为消费对象的产品和服务全部囊括入‘消费（能力）’之中，最终以‘消费（能力）’作为消费税的课税对象。如此的课税对象才是消费税真正意义的课税对象（real object of taxation）。”[1]简言之，增值税作为一般消费税，对课税对象的第一层技术处理就是以“消费（能力）”作为真正的课税对象。然而，此种技术处理带来的问题是，纳税人的消费能力归根到底是一种购买能力的体现，这种购买能力是纳税人所得和财产的综合体现，难以为税法所准确衡量。因此，需要在增值税法中进行另一道技术处理，即将纳税人的“消费支出”推定为“消费能力”，这种消费支出即我们通说的消费行为。此种税法拟制的立法技术虽然导致增值税法中的课税对象与增值税真正的课税对象乖离，但也为增值税的征管便利所必需。“一般而言，消费者的消费和支出可被视作一回事，尽管对于耐用消费品，比如住宅，消费发生在如此长的时期内以至于我们更愿意当消费发生时才缴税，而不是当初建造时或者出售时就缴税。”[2]

众所周知，包括增值税和消费税等以消费课税的税种属于流转税，是对商品和服务在流通过程中征收的税，涉及材料加工、生产、零售等多个环节。如果直接对消费行为课税就意味着课税环节在最终的零售环节，此即美国大多数州运行的零售

---

〔1〕［日］谷口勢津夫：“课税对象取引——納税義務者の検討も含める”，载《日税研論集》2017年第70期。

〔2〕胡怡建、田志伟、宫映华编著：《增值税理论前沿与管理实践》，中国税务出版社2014年版，第22页。

营业税（Retail Sales Tax，RST）。这种课税方式看似简单，仅需在单一环节课征一道税，却存在重大的缺陷：首先，现实中难以区分批发和零售的差别，因为零售营业税需要卖方确认顾客把产品用于继续交易还是最终消费，卖方缺乏正确区分二者的动机。更为重要的是，如果仅仅在零售环节课税，由于税额相对较大，增大了交易商试图逃税的动机。[1]为了规避零售营业税的税制弊端，增值税法对课税对象进行了第三重技术处理，即从生产到销售各个环节以增值额为课税对象。从买卖关系角度来看，前文所言的消费行为对应的是销售行为，消费者能够消费某种商品或服务必定对应销售者销售该产品或服务，有买必有卖，两者是增值税法中课税对象的一体两面。

为了与技术处理后的课税对象相匹配，增值税法同样对纳税义务人做出了相应处理。增值税法将课税对象进行“消费能力—消费行为—增值额”转换的技术处理后，纳税义务人便完成了从“个人消费者—销售企业”的技术转换。详言之，消费者才是增值税的真正（间接）纳税人，但增值税法通过法律拟制的方式将从生产到零售每个环节的销售企业拟制为纳税义务人（直接纳税人）。这也是增值税被称为间接税的原因。此种征税技术，除出于前述税制优势的特殊考量之外，也是基于征管效率的考虑。消费者具有税源庞大且零散的特点，以众多消费者为纳税人则会带来极大的行政负担。相比之下，企业数量相对少且集中，以企业代替消费者成为纳税人便于增值税的征纳管理，可以降低征管成本。“增值税法对于纳税义务人的征税技术处理带来了极大的征管便宜性，这与增值税的‘性格’相适应……实际

---

〔1〕参见胡怡建、田志伟、宫映华编著：《增值税理论前沿与管理实践》，中国税务出版社 2014 年版，第 39 页。

上，增值税的纳税义务人是作为纳税代行机关存在的。”[1]销售企业只是在形式上缴纳了增值税，实际上只是发挥了一种代扣代缴的职能作用，即从个人消费者手中代收税款并上缴国家。当然，增值税法中企业承担的代扣代缴职能与个人所得税中的代扣代缴具有本质的区别：个人所得税法中的代扣代缴，企业是从纳税人的所得中代为扣缴相应的税款数额；增值税法中企业则是预先从企业自身的营业额中代个人消费者扣缴本环节对应的税款数额，这种征税形式与预提税类似，将增值税税款从生产到零售的每一个环节进行预提。

量能课税原则要求国家应当根据“能”的大小课税，“能”大者多纳税，“能”小者少纳税，“能”相同的情况下缴纳相同的税款。在增值税法中，作为税负实际承担者的最终消费者应当根据消费行为承担税负，相同的消费行为承担相同的税负，不同的消费行为根据消费多寡承担税负的大小。消费者承担的最终税负是每个环节的法定纳税义务人所承担的税负之和。换言之，确保增值税法能够恪守量能课税原则的关键点在于，疏通抵扣机制运行通道，消除每个环节的重复征税，确保每一环节法定纳税义务人能够通过本环节抵扣实现实际承担税负为零。抵扣权是抵扣机制上的核心权利，乃抵扣机制“藤蔓”上开出的“权利之花”，正因抵扣权的存在且有效运行，销项税额才能够完全抵销进项税额中的对应金额，才能通过增值税的多重技术处理，准确地以“消费”展现纳税人的税负承担能力，进而契合于量能课税原则，在税制设计上实现公平公正之法治至高标准。

---

〔1〕［日］谷口勢津夫：“课税対象取引——納税義務者の検討も含める”，载《日税研論集》2017年第70期。

第四节 抵扣权彰显税收法治的功能

一、治理功能：助力权力本位迈向权利本位

权力与权利之间的关系是法学理论中最难以说清的部分，也就成了法学研究者最为关注并产生许多真知灼见的领域。[1]在法律的学术研究和立法实践之中，关于权力—权利的关系问题始终围绕着“本位”展开，即法律应该以何者为本位。所谓“本位”，字面解释为“本身”“自身”，在此处的解释为权力与权利何者应为法律的基础、根源和逻辑起点。[2]权力本位与权利本位是两种完全不同的法律模式，作用于增值税法会产生不同的法律后果。

权力本位是自国家诞生之初便产生的现象或思想，表现出国家权力至高无上的崇高地位，法律与道德、宗教、习俗等其他规则一样，都成了国家权力的运行工具，附属于权力之上。[3]权力本位思想作用于现代法律体系的后果是公权力的扩张和绝对化、法律规范丧失独立的社会价值、法律职能和地位式微。法律卑微引发一系列连锁反应，一方面表现为法律体系中具体规则的畸形发展，法律中个别规则不再围绕原有的立法目的进行构建，相反，它会因某种便利公权力的目的而作出调整，例如，刑法中出现打击政敌的罪名、行政法中相对人寻求救济过程中不停止执行；另一方面将导致诉诸游离于法律规则之外的调整

〔1〕 参见朱兴文：《权利冲突论》，中国法制出版社2004年版，第75页。

〔2〕 参见郑成良：“权利本位论——兼与封日贤同志商榷”，载《中国法学》1991年第1期。

〔3〕 参见陈卯轩：“制度文明：从权力本位到法治”，载《西南民族学院学报（哲学社会科学版）》1999年第2期。

行为的增多。当公民的正当性诉求无法通过法律规则得以实现和保护时，他们不得不诉诸法外之力，其中最有效的就是权力，因为法外之权力高于法律，通过“请托”“求人”的方式求助于权力的代理人不仅便捷而且有效，长此以往，法律的权威荡然无存，对于权力的迷信将促使法治走向人治。

虽然权利本位思想出现较晚，在资本主义时期由资产阶级法学家连同“个人本位”一并提出〔1〕，但权利是先于权力产生的，权力是权利后天派生出来的。自然权利是源发的，与生俱来的，而权力与国家密不可分，因此又可以称其为国家权利。国家由一个个独立的人通过缔约组合而成，对缔约者而言，国家只不过是由他们授权拟制出来的一个人格，为了行使社会组织管理的职能，建立一套机构体系，并以被授予的管理权限管理所覆盖的区域。如此说来，国家权利也就是一个个独立人拥有的权利汇聚而成的，权力只不过是国家根据自己的性质来建立的某种“权利”形态，目的在于确保这套机构体系的顺利运转。〔2〕权利本位暗含权力制约思想，体现公民权利或纳税人权利之保障。

权力本位与权利本位、义务本位的理论争论从未停止〔3〕，即便争论中难言对错且不易说服彼此，事实是权利本位思想愈

〔1〕 参见杜立夫：《中国法学大论战》，当代中国出版社 1998 年版，第 102 页。

〔2〕 参见朱兴文：《权利冲突论》，中国法制出版社 2004 年版，第 77—78 页。

〔3〕 霍布斯是权利本位思想的奠基人。他所主张的“天赋人权”是权利本位的逻辑起点。在霍布斯之后有诸如罗尔斯、诺奇克、德沃金等学者对权利本位理论提出批判和发扬，到了 20 世纪 70 年代，英美学界对权利本位问题展开了激烈的讨论，包括自由主义、后现代主义、功利主义、社群主义、马克思主义等诸多法学学派都加入到了这场权利大讨论之中。虽然各家在权利本位的讨论中坚持的理论观点有所差别，但都是建立在权利先于权力的基础之上，并切实推进了权利本位理论的发展。权利本位在中国的讨论亦是如此。参见黄文艺：“权利本位论新解——以中西比较为视角”，载《法律科学（西北政法大学学报）》2014 年第 5 期。

发强盛，时至今日已经占据了相对优势地位。立法层面，立法者从来都在立法目的中宣称为了保护权利进行立法，极少强调义务、权力。在法哲学以及其他部门法研究中，以权利为论述核心的专著、教材更是不乏其数。这都在一定程度上确证了权利本位思想的主流地位。〔1〕有的学者对此现象的概括言简意赅："权力来源于权利，权力服务于权利，权利是权力的界限，权利制约权力。"〔2〕

无论是权力本位还是权利本位，都是为了协调权力与权利的矛盾对立关系，只不过侧重点不同，而伴随着作为权力和权利负面法律形式和经济内容的义务的加入与转换，各自的侧重更是显露无遗。权力本位和权利本位分别对应各自与义务的关系模式。权力本位对应的是以权力为主导的权力—义务模式，国家与公民之间的互动以权力为主导地位，国家主动行使权力，公民遵从国家管理并被动履行义务以换取对应权力的实现。因此，权力本位体现的是官本位和家长制，实际上是一种管理的治理模式。权利本位对应的是以权利为主导的权利—义务模式，国家与公民之间是被动和主动的关系，具体表现为公民主动行使权利，而国家被动配合行使权力职能。权利本位体现的是依法治国的法治模式。

如此说来，权利本位在漫长的思想斗争中获胜，并在中国土壤发展壮大的原因不仅在于权利在时间上优先于权力，还在于其法治价值的优先。权利本位高度契合法治精神：其一，现代法治的根本精神在于权利保障，权利本位侧重于权利体系的

〔1〕 参见贺电、马楠："当代中国法哲学研究范式的新发展——从权利本位范式到平衡范式"，载《社会科学战线》2014 年第 1 期。

〔2〕 张文显、于宁："当代中国法哲学研究范式的转换——从阶级斗争范式到权利本位范式"，载《中国法学》2001 年第 1 期。

构建和保护，是法治建设的起点；其二，法治区别于人治，在于限制政府公权和保护私权，从而杜绝政府“一言堂”的局面，权利本位内含的限权思想与之高度匹配；其三，法治是保护权利和自由的基本价值，法治应当建立在充分尊重人权、保障人权之上，而权利本位是人权保障的具体体现，表现出的人权思维可以疏导和缓解法治进程中的社会矛盾，助力法治建设。[1]时至今日，权利本位已经成为法治思维和法治方式的一个代名词，由权力本位迈向权利本位是中国法治建设的内在要求和必然趋势。

增值税法作为一种具有极强技术性的法律规范，需要依赖于充足的税制设计经验和征管实践积累。实际上，我国作为发展中国家无论是在税收立法经验还是在税收征管水平上相较于先进法治国家仍处于成长阶段。在此国情之下，税法呈现强化公权力甚至发挥决定性主导作用的现状，主要表现为法律数量较少，多数税种由国务院借助授权立法制定“暂行条例”，配合财税主管部门制定“实施细则”解释“暂行条例”，国家税务总局又以解释性文件方式成为税法解释权的核心主体，催生税收征纳关系中征税权占据优势地位的权力本位格局。增值税法的强技术性与我国立法经验欠缺和征管水平不足的严重不匹配，导致权力本位在增值税法领域大行其道，与增值税相关的解释性文件的出台数量和频率成为所有税种之首。正是这种权力本位的管理模式，使得征税权与公民权利的严重失衡，明显偏向于国家征税权，将国有财政利益放在特别优越的位置，主张个人利益（纳税人主义）服从国家利益（国库主义），具体在增值税法规范中，表现为：政府行政调控灵活，优惠和减免措施较多，背离税收中性；管理措施为主，强制法占主体，任意法

〔1〕 参见卞彬：“运用法治思维、法治方式推进和规范改革”，载《理论探索》2015年第2期。

不发达，为使纳税人明确按照管理思路配合征管，会事无巨细地补充税制规定，导致增值税法过分臃肿，纳税人遵从成本也会增加；强调义务为主，权利为辅，对责任规定得较为笼统，具体规定较少。[1]

抵扣权经由法律确认并不是戴上了“权利的帽子”的形式主义，抵扣权之于增值税乱象治理所具有的规范价值，是权力本位向权利本位转换的极大推动力。权利本位下增值税法“应当以对权利的确认和保护为宗旨去设置和分配义务”[2]，为达成上述目的，首要的便是确立这种本位的权利为何，或者说确立增值税法中的权利核心。抵扣权无疑成了增值税法中纳税人权利体系的核心内容，一方面，它将成为增值税立法改革的标杆，即便国家税务总局掌控税法解释权的局面短期内无法改变，但至少不会如之前那般随意生长，而是围绕着抵扣权的行使和保护目标推进。另一方面，抵扣权的宣誓作用将会激发权利主体在税收征纳关系中的积极性，主动地行使权利和寻求权利保护。另外，既以抵扣权为核心，在税收行政和司法过程中，就要引导税务机关和司法机关摒弃“公权至上”以有利于国库主义的方式行使公权力，例如，税务机关不能为了征管便利损害抵扣权，司法机关不能在税法规定不明确时刻意作出有利于税务机关的判决等。概言之，抵扣权内生的治理功能潜移默化地影响着增值税改革中的立法、行政和司法进程，引导增值税法由管理治税模式走向法治治税模式。

尽管权利本位并非绝对的“刚性”，法律具有自身的局限性

---

〔1〕 参见汗青父：《从增值税到税收法典》，中国税务出版社 2009 年版，第 21—22 页。

〔2〕 王耀海：“评‘权利本位’范式”，载《江淮论坛》2013 年第 2 期。

和适格主体不足，抵扣权同样存在滥用风险[1]，但在增值税法实践中权力本位过于突出的国情之下，对于权利本位的呼吁和由权力本位向权利本位的策动无疑利远大于弊。这不仅体现在增值税法领域，还被广泛运用到环境法[2]、财政学[3]、司法解释[4]等其他部门法和领域之中。在当前法律环境下，学者们对于权利本位的呼吁固然可喜，对于扭转权力—权利关系中权力过于强势的畸形问题大有裨益，但我们不禁反问，如果权利本位真的在社会多数领域占据了上风，学者们还需要撰文呼吁吗？这从反面印证了，即便权利本位思想在我国经历了几十年的发展和呼吁，仍多停留在理论思辨之中，在具体部门法实践中仍然呈现出权力本位的法制态势。这正是当前增值税法的症结所在。抵扣权之于增值税法暗含独特的治理功能是破解此种症结的关键，助力权力本位迈向权利本位，契合税收法治价值。

二、约束功能：限制国家课税权的重要工具

法治理想曾是人类的精神世界中最具生命力的部分，在现代国家中，法治已不单单是一种理想的憧憬，它存乎于人类生活的方方面面，已经从“法制”走向“良法之治”并推进到“制约权力”。[5]权力虽然由权利产生，却不一定服务于权利，因为权力本身具有诱惑性、腐蚀性、扩张性、侵犯性和排他性

[1] 参见钱大军：“再论‘权利本位’”，载《求是学刊》2013年第5期。

[2] 参见张一粟：“环境法的权利本位论”，载《东南学术》2007年第3期。

[3] 参见程洁：“从管理本位到权利本位：‘以公开为常态’的制度选择”，载《中国行政管理》2015年第7期。

[4] 参见刘风景：“权力本位：司法解释权运行状况之分析”，载《中国青年政治学院学报》2005年第1期。

[5] 参见汪太贤：“从‘良法之治’到‘制约权力’——古代西方法治理论的发展轨迹”，载《西南民族学院学报（哲学社会科学版）》2000年第8期。

等负面特征，同时掌权人具有天生的人性弱点，导致权力存在着滥用和腐败的必然惰性。〔1〕权力制约是现代法治的必然要义。众所周知，权力制约存在三种制约模式，即以权力制约权力、以道德制约权力和以权利制约权力。以权力制约权力体现分权理念，是政府不同权力主体之间的相互监督和制约。不可否认，理想状态下的分权理论能够确保公权之间在职能上相互牵制，防止某一权力主体“一家独大”，但此种监督方式并非权力自发的，而是其职能所在，由此导致局限于国家政治生活、监督范围过于狭窄，监督过于“刚性”，过分强调形式监督却忽视内在监督等弊端。何况，以存在先天惰性的公权力去制约同样具有惰性的另一公权力，这本身就容易滋生滥用和腐败。道德制约权力是一种依赖公民社会对权力的制约方式，具体表现为社会大众通过意见表达、听证、要求公开等方式直接参与政府决策，抑或通过舆论监督、大众传媒呼吁和第三职能部门等间接方式监督政府权力。〔2〕以道德制约权力模式的最大特点在于广泛性，其将权力包裹在社会大众的监督之下，但这种“软制约”决定了它不可能成为权力制约的核心手段。

如此说来，权力制约权力是权力内部的“制衡游戏”，道德制约权力以其“软约束”构成权力制约的第三道防线，它们都不能成为限制权力滥用和腐败的主要手段。现代政治文明正日趋走向权利制约权力的主流，权利制约和监督权力是人类政治文明发展的必然趋势。〔3〕

---

〔1〕 参见陈池明、吴玉宗：“权力的制约与平衡”，载《西南民族学院学报（哲学社会科学版）》2000年第3期。

〔2〕 参见周玉琴：“公民社会：制约政府权力的第三道防线”，载《行政论坛》2007年第5期。

〔3〕 参见罗尚义：“加强权利对权力的制约和监督是社会主义民主政治发展的必然趋势”，载《重庆社会科学》2005年第7期。

从权力的本源出发，权利是权力产生的源头和运行的根基，虽然权力经过立法创设了我们通常所说的法律权利，但这份创设的权力来源于权利主体的授权，因此，权力理应服务于权利并在保障公民权利的前提下运行。国家权力未经社会契约的授权或超过社会契约的授权范围或付诸了社会契约所禁止的行为，均丧失正当性依据，任何公民都可以以权利予以反对、制止和反抗。从这个角度来看，以权利制约权力是再正当和合理不过的事情了。再者，权利制约权力并非基于职能或他人的要求或强迫，而是基于权利本质产生的自发力。自我实现是权利的内在属性，更使权利自身产生内在冲动。〔1〕权利总是与自由和利益联结在一起，根源于人的需要，是人最原始的行为动力，原则上权力只要在既定的授权范围内行使便不会侵害到权利主体的自由和利益，一旦国家公权力越过边界恣意妄为，将导致权利主体的需求期待得不到满足，必然激发权利主体维护自身自由和利益的行为动力。这种内在的制约动力相比于职责所在、正义感、道德等外在原因所激发的监督和约束效果都更为明显和有效。

此外，权利制约权力的监督模式兼顾了权力制约权力和道德制约权力的优点。权利具有制约权力的“刚性”，因为权利一旦上升为法定权利，国家公权力必须予以尊重并予以保护，否则将以行政复议、诉讼等形式触发权力制约权力的监督模式。同时，我们处在一个权利盛行的大时代，公民权利存乎于社会生活的各个角落，可以全方位地监督和制约政府公权。

上述理论层面的探讨给予了以权利制约权力模式极高的期待，而在现实政治生活中，这种权力制约模式同样存在明显的

〔1〕 参见王春福：“政治体制改革的核心是实现权利对权力的有效制约”，载《中共浙江省委党校学报》2012 年第 3 期。

缺陷。首先，部分权利与权力之间的距离过于遥远，当权力产生滥用和腐败时，权利主体并不能明显感受到权利受到侵害的痛感。例如，某地市推行污染环境的化工项目，通常只有当地的居民会以健康权、环境权受到侵害为由主动制约和反抗政府公权。其次，现实中诸如健康权、生命权、言论自由权等多数权利过于本源化、基础化和笼统化，这些权利称呼对于公民而言“看得见却摸不着”，在具体案件争议中很难具化成手中的法律武器来对抗和制约国家权力。再其次，权利主体多为全体公民共同享有或为特定多数人享有方不成为特权，带来的弊端是稀释了权利对抗公权力的兴趣和意志，引发“事不关己高高挂起”现象。特别是在行政法领域，行政法总会明确地向大众宣称“谁应当依法行政”，而对“谁有权要求依法行政”讳莫如深。〔1〕例如，当政府就某些行政决策未进行公开，侵害了公民知情权时，极少数人会以此为由申请行政公开。〔2〕幸运的是，在税收法律关系之中，权利与权力之间处于一种极为特殊的“零和博弈”关系，纳税人权利有充分的自觉和意志限制和约束权力。

详言之，在税收法律关系中，国家财政权（公权力）与纳税人财产权（私权利）直接对话，二者是国家利益与社会公共利益在税法中的具体体现，它们尖锐地矗立在法治天平的两端，国家财政的增加必然意味着纳税人财产相应地削减，纳税义务的减轻意味着国家财政收入的减少。税收正义是法治在税法中的直接体现，它要求保持税收法治天平的平衡，在充分尊重和保

〔1〕参见鲁鹏宇、宋国：“论行政法权利的确认与功能——以德国公权理论为核心的考察”，载《行政法学研究》2010年第3期。

〔2〕当然，伴随公民维权意识的加强，公民要求行政公开或公益诉讼的案例逐渐增多。但就整个社会而言，这种现象仍然是极少数。

护个人合法权益的基础之上，通过国家财税收入向度和支出向度的双向公权力的合理配置和行使，最终实现社会公共利益。〔1〕税权平衡关系中，最为重要的就是国家课税权与纳税人权利之间的平衡关系，税权平衡的核心价值在于纳税人财产权的保护，最终价值是实现国家社会中全体公民纳税人的自由、幸福和平等。〔2〕国家课税权与纳税人权利之间，国家课税权明显处于强势地位，为了确保税收法治天平的平衡，理应强化纳税人权利、控制国家税权，由此可见，税权平衡论实质上是西方控权论的演绎和发展。〔3〕纳税人权利与国家征税权之间不如其他“权利—权力”关系那般遥远，国家征税权的滥用和扩张必然会作用于具体纳税人，侵害特定纳税人的合法财产利益，给纳税人带来强烈“税痛”。

从纳税人角度出发，权利从来都不是虚无的意识层面的东西，而是与具体的财产利益挂钩，无论是通过与税务机关沟通协商的“私了”形式还是复议、诉讼的“明了”形式，他们总想利用权利作为与税务机关博弈的筹码，最大限度地争取自身利益。概言之，通过纳税人的权利制约国家权力不仅是一种理论层面的假想，还是实实在在掌握在纳税人手中约束国家课税权的自我保护和抗争的武器。

鉴于国家课税权与纳税人权利之间的强势与弱势关系，一旦忽视了纳税人具体权利的法律确认和法律保护，未能给予纳税人权利以充分关注和尊重，必然导致税收法治天平的失衡。平衡国家课税权与纳税人权利的关键点在于，在符合正义的价

〔1〕 参见杨盛军、曹刚：“论税收正义——公共利益、个人权利与国家权力的关系辨析”，载《西南大学学报（社会科学版）》2011 年第 2 期。

〔2〕 参见翟中玉：“法治中国视阈下税权平衡的概念及其价值”，载《河北法学》2018 年第 6 期。

〔3〕 参见丛中笑、翟中玉：“税权平衡论纲”，载《河北法学》2014 年第 2 期。

值判断之上，通过制定和健全以税收基本法为首的税法体系，健全纳税人权利谱系〔1〕，使得纳税人运用自身合法权利制约国家课税权并受到相应保护能够获得必要的正当性基础。如此说来，面对增值税法之中国家征税权的扩张乱象，首先也是最为有效的方式是建立增值税纳税人的权利体系，抵扣权正是这一权利体系的核心权利。期待人们使用工具的前提是事先为他们创造并优化这一工具。抵扣权上升为法定权利意味着激活了内置于权利本身的约束功能，在纳税人权利的一侧加码，扭转失衡的增值税法天平。当然，增值税抵扣权与增值税课税权之间相互调适、平衡的过程并非一帆风顺，在此基础上以纳税人抵扣权为核心重构增值税抵扣制度，包括实体性内容的抵扣权的成立和程序性内容的抵扣权的行使，借此明确和完善增值税税率的调整、免税措施的优化、纳税申报、发票的管理和使用、税收债权债务的抵销等全方位制度，以之改变单纯的管理思维和国库主义理念，以服务思维和纳税人主义思维取代，达成制限国家课税权和保护纳税人权利的税收法治目标。〔2〕

三、激励功能：纳税人权利意识成长与张扬

无论是增值税立法改革中的行政主导抑或行政、司法过程中的国库主义，都与税收法治意识淡薄密切相关。增值税抵扣权外在的治理功能推动增值税法由权力本位的管理治税模式向权利本位的法治治税模式转换，内置的约束功能限制国家课税权滥用和扩张，但治理功能和约束功能的发挥并非立竿见影、

---

〔1〕 参见陈晴："我国新一轮税制改革的理念变迁与制度回应——以税收正义为视角"，载《法商研究》2015年第3期。

〔2〕 参见翁武耀："论增值税抵扣权的行使——基于中欧增值税法的比较研究"，载《国际商务（对外经济贸易大学学报）》2015年第5期。

“药到病除”，终需仰赖于税收法治意识潜移默化地协同配合。因为真正的法律并不是刻板地固定在法典之中，而是深深植根于民众的心灵之中，散播在法治社会的每一个角落。[1]法治的精神意蕴在于民众对于法律的信仰，法律的信仰首先仰赖于对自身权利的信仰[2]，没有公民权利意识的存在，权利将无法兑现，法律的信仰和法治的实现都将成为虚妄。[3]可以说，税收法治意识是一部效力最高的“税法”，它最为核心的部分在于纳税人的权利意识[4]，国家之所以能够转向权利本位的依法治税、纳税人权利积极发挥监督和制约国家课税权的作用，其动力都源于纳税人的权利意识。

意识是人脑的特殊技能和活动，它与客观的物质相对应，是所特有的对客观世界的主观反映。因此，权利意识就可被解读为公民对于权利这一社会现象的主观反映和认知。不同学者从各自角度出发探究了何为权利意识。周书焕认为，公民的权利意识是培养现代公民的基础和前提，是公民在政治社会生活中对于自身享有的权利和义务的自我意识。[5]曾秀兰主张权利意识是一种心理反应，是权利主体对自身应当享有的权利的理解、认知和态度，以及当权利受到侵害时应当采取何种手段进行

---

〔1〕 参见强世功：“迈向立法者的法理学——法律移植背景下对当代法理学的反思”，载《中国社会科学》2005 年第 1 期。

〔2〕 参见刘月平：“公民权利意识培育与中国民主政治发展”，载《前沿》2008 年第 9 期。

〔3〕 参见周子良、杨力：“论权利意识的培育”，载《山西大学学报（哲学社会科学版）》2002 年第 1 期。

〔4〕 参见叶金育：“税法解释中纳税人主义研究”，武汉大学 2015 年博士学位论文。

〔5〕 参见周书焕：“中国公民权利意识成长历程”，载《河北师范大学学报（哲学社会科学版）》2014 年第 4 期。

保护和补救。[1]尹梅红从自我和他人两个角度看待权利意识，一方面它是社会成员对待自身自由和利益的认知和主张，另一方面是社会成员对其他成员主张的自由和利益的社会评价，公民权利意识是依法治国顺利推进的观念基础。[2]吴斌主张权利意识是社会主体对于社会权利体系的主观把握，是权利系统在人思想上的反映，它是一个包括权利情感、意愿、评价、信仰等多方面的复合结构体[3]。概括而言，权利意识至少具有下述特性：其一，现实性。它建立在一定的社会基础之上，受到社会、经济、传统、文化、法律等现实环境的影响。其二，主观性。它是权利主体的一种主观认知、理解和态度。其三，复杂性。它是权利主体对于权利的生成、行使、保护、救济等全方位的主观判断。

纳税人权利意识是一种特定的权利意识。纳税人权利存在广义解释和狭义解释之分。广义的纳税人权利是相对于广义的国家权力而言的，是作为纳税人的公民在国家享有的各种权利，包括生命权、财产权、健康权等。而狭义的纳税人权利则是相对于国家课税权而言的，是具体到税法征管领域，纳税人在税收法律关系之中享有的税收权利。此处的纳税人权利为狭义解释。换言之，所谓纳税人权利意识，指的是在税收立法、税收行政、税收司法等税法整体语境中纳税人对于自己权利的本体以及权利的生成、行使、保护、救济等各方面的一种主观判断。从这一角度出发，纳税人权利意识包括纳税人对税收权利的认

---

〔1〕 参见曾秀兰："公民权利意识觉醒下社会管理之应变"，载《广东社会科学》2013 年第 2 期。

〔2〕 参见尹梅红："关于公民权利意识的思考"，载《东南大学学报（哲学社会科学版）》2010 年第 S1 期。

〔3〕 参见吴斌："我国公民权利意识现状述评"，载《云南社会科学》2009 年第 3 期。

知意识、权利的生成意识、权利的行使意识、权利的保护意识、权利的救济意识等。

就当前纳税人权利意识所处的状态而言，学者们普遍采用的是“觉醒”的表述，即普遍认为我国纳税人权利意识已经觉醒。[1]纳税人权利意识终归是一种主观思想，判断它是否真正觉醒需要参照一些客观的外在标准。有的学者提出了判断权利意识是否真正觉醒的四项标准：①权利主体对于其应当或实际享有权利的认知水平大幅度提升；②权利实现的意愿越来越强烈，权利救济范围逐渐扩大；③双向权利意识显露，即不只是对自我权利的认知，还是对他人权利认知的提升。[2]按照上述标准，找出我国纳税人权利意识已经处在“觉醒”状态的佐证不难。例如，早在 2006 年，湖南常宁的一名村主任蒋石林就以普通纳税人的身份将常宁市财政局告上了法庭，理由是其超出年预算购买轿车，在这起公益诉讼中“我们分明听到了一个法治社会进程中权利撞击权力的破冰之响”。[3]近几年越来越多的税务行政诉讼也是明证。纳税人权利意识觉醒固然可喜，这是伴随全球化的深入、市场化的不断发展、网络的快速普及、民主法治化进程加速以及公民主体意识提高等因素产生的必然结果，但当前的“觉醒”还存在不足。“觉醒”一词在《新华词典》中的解释为“觉悟、醒悟”。所谓纳税人权利意识觉醒，就

---

[1] 参见但不限于以下参考文献，刘天永：“税收情报交换制度中的纳税人权利保护”，载《国际税收》2013 年第 7 期；王彦明、吕楠楠：“税收法定视域下地方政府会议纪要合法性检讨”，载《法学》2015 年第 7 期；张富强：“论纳税人诚实纳税推定权立法的完善”，载《学术研究》2011 年第 2 期；陈建东等：“影响工薪所得个人所得税费用扣除额的相关因素分析”，载《税务研究》2012 年第 8 期。

[2] 参见曾秀兰：“公民权利意识觉醒下社会管理之应变”，载《广东社会科学》2013 年第 2 期。

[3] 参见王炯林：“为普通纳税人叫板财政局喝彩”，载 http://zqb.cyol.com/content/2006-04/08/content_1353994.htm，最后访问日期：2023 年 4 月 23 日。

是醒悟或认识到了自己享有一定权利的一种状态。这种“觉悟、醒悟”不是一个完成时态，而是一个持续进化的进行时态。概言之，当前社会各界所宣称的“纳税人权利意识的觉醒”实质上是一种部分纳税人对税收权利有一定认知，少数纳税人关注权利的生成、行使和保护的初级权利意识形态，纳税人权利意识需要进一步觉醒。

纳税人权利意识的进一步觉醒就是纳税人权利意识进一步成长的过程。详言之，就是纳税人权利意识由少数觉醒到部分觉醒再到全面觉醒，这一过程既包括人数上的增多，也包括觉醒程度的深化，由认知意识过渡到行使、保护、救济意识。

此外，纳税人权利意识的张扬是觉醒的最终形态。因为如果纳税人权利意识不予张扬、外露于形，那么就永远停留在纯意识的形态，不会对国家的立法、执法和司法活动产生积极影响。[1]纳税人权利意识的张扬过程就是纳税人将意识通过行为表达的过程，包括对税收立法的建议、税收执法的监督、税收权利的行使、寻求权利的救济等。人的自我能动性敦促着自我学习和自我进步，纳税人权利意识的进一步觉醒可以通过自我配置得以成长，但在社会生活中，纳税人权利意识更多受到外界环境的影响。其中，税收法律环境对纳税人权利意识具有最为直接的影响。遗憾的是，上至国家根本大法下至税务机关执法，无不表现出现有税法土壤之于纳税人权利意识成长的不适宜。首先，作为根本大法的宪法强调税收的“先义务”品格，只提及了我国公民有依法纳税义务，而未明确依法享有权利。而在具体税法规范之中，关于纳税人权利的规定，多属于较低层次的立法，例如，较为系统明确纳税人权利的是国家税务总

〔1〕 参见黎江虹：《中国纳税人权利研究》，中国检察出版社 2010 年版，第 215 页。

局以规范性文件发布的《国家税务总局关于纳税人权利与义务的公告》，未能表现出对纳税人权利的足够重视。经由我国《税收征收管理法》和《国家税务总局关于纳税人权利与义务的公告》明确的法定权利之中，多是如减税权、退税权、陈述权、诉讼权、行政复议权等适用于全部税种的普适性权利，且以程序性权利为主，未能在所得税、增值税、消费税、环保税等具体的税种中确立具有各自税制特色的具体税收权利。由此带来的后果是，税法片面强调税收强制性、无偿性的税收理念，采用管理模式的征纳关系，无不暗含着国家与纳税人支配与被支配的地位，导致纳税人产生“不敢最先”的被动纳税心理，直接或间接地抑制了纳税人权利意识的进一步成长。〔1〕如此说来，如何为纳税人权利意识营造适宜的成长和张扬环境是税收法治进程中不得不思考的现实问题。

权利与权利意识之间有着紧密的关系，纳税人权利之于纳税人权利意识有着特殊的激励功能。

在权利的原点，纳税人权利和纳税人权利意识何者先产生，似乎难以辨别。如果我们将纳税人权利限定为应有权利，那么纳税人权利与纳税人权利意识应当是同时产生的。因为应有权利实际上就是一种权利意识，权利主体已经意识到自己拥有或者理应拥有某种权利。〔2〕如果将范围扩大到法定权利、现实权利，那么纳税人权利意识先于法定权利、现实权利产生，并贯穿于权利人的一生。可以说，纳税人权利与纳税人权利意识如一对双生儿，彼此缠绕共生，相互促进，共同交织在税收法治

〔1〕 参见李慈强：“纳税人教育：税收征管法治建设的新议题”，载《江汉论坛》2016 年第 7 期。

〔2〕 参见杨春福：《权利法哲学研究导论》，南京大学出版社 2000 年版，第 104—106 页。

进程中的各个角落。纳税人权利意识是纳税人权利由应有权利走向法定权利的推力。这是因为，社会的思想因素是制约权利法定化的重要因素之一，公民的权利意识切实影响权利法定化进程和法治实现过程，也就是说，某权利法定化的一项重要前提在于对于该权利普遍的公民权利意识，它本身是一种被普遍化的自由或利益诉求、主张，具备一定的社会条件而被社会普遍接受和认同。[1]换言之，纳税人的权利意识推动了权利法定，同时，纳税人权利意识又是纳税人实现自己权利的动力。[2]德国学者耶林主张，时刻准备去实现权利是所有权利实现的前提。[3]只有当纳税人自认为拥有了法定权利，具备了行使权利、保护权利和救济权利的意识，才会去了解、研读税法，懂得行使、保护和救济权利的具体规则，才能将法律文本中的权利真正地运用到社会实践中去。

不仅如此，纳税人权利同时会反作用于纳税人权利意识，激励纳税人权利意识由觉醒到成长再到张扬。此处我们所说的纳税人权利，是指纳税人的法定权利并通过税法的实施成为的纳税人实际享有的现实权利，而不包括应有权利。相应地，纳税人权利意识是对权利成为法定权利以及之后的意识。按照纳税人对法定权利认识的意识层次不同，可以将纳税人的权利意识分为权利的认识意识、权利的主张意识和权利的要求意识。权利的认识意识是权利意识的起点，是纳税人对自己是否享有

---

〔1〕 参见陈红岩、尹奎杰："论权利法定化"，载《东北师大学报（哲学社会科学版）》2014 年第 3 期。

〔2〕 参见黎江虹：《中国纳税人权利研究》，中国检察出版社 2010 年版，第 210 页。

〔3〕 参见［德］鲁道夫·冯·耶林："为权利而斗争"，载梁慧星主编：《为权利而斗争——梁慧星先生主编之现代世界法学名著集》，中国法制出版社 2000 年版，第 2 页。

某种权利、享有权利的范围、享有权利的限度、权利如何行使等内容的了解和认知。[1]

纳税人权利的法定化无疑会强化纳税人权利的认识意识。一方面，纳税人权利法定化的过程带有法律宣传效应，包括国家就权利法定化征求社会意见、法律工作者的呼吁和宣传，以及法定化之后法定权利自身所具有的公示力和公信力，无一不在深化纳税人权利的认识意识。另一方面，权利法定化并非简单地在法律条文中增加“某某权利”字眼，特别是对如增值税抵扣权这类较为具体的权利，还要在法律条文中作出配套规定，尽可能明确权利内容、范围、限度、保护等内容，权利相关条款的明确化、系统化更有利于纳税人了解和认知权利。纳税人权利的主张意识又可称为捍卫意识，是纳税人对其享有权利的主动行使与维护的意识。[2]权利法定化不仅是纳税人行使和维护权利的法律依据，同时还向纳税人释放了心理暗示和鼓动力，催促和鼓励纳税人在了解和认知所享有权利的基础之上，将权利付诸实践，这也是法定权利过渡到现实权利的过程。纳税人权利的要求意识是纳税人权利意识的最高层次，是纳税人根据社会经济的发展和自身的需要向国家提出创设新的法定权利请求的意识。[3]可以预见，当纳税人越来越多的主张被国家接受并实现法定化，从而形成一定的纳税人权利体系，纳税人权利法定成了一件顺理成章且有规律可循的事情之后，与之相伴的纳税人的权利意识亦达到空前的高度，纳税人便有了提出新权利的依据，也更有信心向国家提出创设某种新权利的要求。

---

〔1〕 参见李臣：“权利意识论”，载《中央政法管理干部学院学报》1998年第5期。

〔2〕 参见孙杰：“我国纳税人权利意识研究”，中南大学2014年硕士学位论文。

〔3〕 参见李臣：“权利意识论”，载《中央政法管理干部学院学报》1998年第5期。

如此说来，推动纳税人权利法定化，逐步构建和完善纳税人权利体系是推动纳税人权利意识进一步成长并最终得以张扬的重要激励途径。推动纳税人权利法定化，逐步构建和完善纳税人权利体系存在两种途径，即自上而下、由总到分的最优方式和自下而上、由分到总的缓和方式。自上而下、由总到分的方式是一种理想的方法，例如，在宪法中设置纳税人权利条款，统领纳税人权利体系的构建，确立纳税义务与纳税人权利并重的税收法治。同时，尽快制定税收基本法或颁布纳税人权利法案，对纳税人的权利种类、行使要件、程序以及救济等方面作出全方位的系统规定。然而，理想注定与现实相距甚远，最优方式在当前的税收法制现状下很难遵照理想“一步到位”。相比之下，自下而上、由分到总的缓和方式更具可行性，是通过在增值税法、所得税法等具体税法之中引入抵扣权、扣除权等具体税收权利，逐一实现个别税收权利的法定化、分步完善纳税人权利体系构建，推动纳税人权利意识一步步成型和扩展，待时机成熟时向最优方式过渡。增值税抵扣权与权利的核心标准极为吻合，高度契合增值税税制运行的核心机理，作为首个生根于具体税种、极具税制特性的权利得以法定化，是推动纳税人权利法定、完善纳税人权利体系的坚实一步，助力纳税人权利意识的成长和张扬。

本章小结

“权利泛化”本身是一个中性议题，意在陈述公民权利诉求集中爆发的客观现象，学者们对新兴权利的褒贬充其量只是从不同角度对权利泛化现象或某种新兴权利作出的主观性评价。考量增值税法实践困局和抵扣权的法律功能，抵扣权应当被证成为权利，也可以被证成为权利。抵扣权的证成理应是一种法理层面的内部证成，而实践层面的政治、经济、文化等因素是权利证成的外在原因或外部条件，充其量只是起辅助作用的外部佐证，不能成为权利正当性评价的根本依据。抵扣权的法理证成分为权利一般证成、税制机理证成和法治功能证成三个维度，三者之间既是并列关系，分别展示抵扣权的法学之理、法律之理和法治之理，也是证成视角的递进关系，由微观的一般权利视角转换到中观的税制运行视角，最后升华至宏观的税收法治理念。

首先，抵扣权吻合作为一般性法律权利的核心标准，具备权利的某一个或某几个要素内核，权利诉求存在正当性和内在必要性。抵扣权同时包含权利的自由要素与利益要素，是否抵扣既是纳税人的行为自由，又反映进项税额所蕴含的那部分财产利益，抵扣权因此获得了成为某种权利的资格。同时，抵扣是纳税人取回代替第三人（最终消费者）向国家预缴的那部分财产，是纳税人财产权不受侵犯的正当诉求，具有权利诉求的正当性和内在必要性。其次，抵扣权契合增值税运行的核心机理。抵扣权是确保抵扣机制通畅运行的关键，只有纳税人真正享有并行使抵扣权，才能确保税负无截留地流向最终消费者，同时符合税收中性原则和税法量能课税原则。唯此，增值税法之实质正义方能真正实现。最后，抵扣权符合国家税收法治的价值取向，兼具治理功能、约束功能和激励功能，既能助力增值税法实践由“重义务、轻权利”的权力本位迈向权利义务相对平衡的权利本位，又是限制国家课税权的重要工具，还能够激励纳税人权利意识的成长和张扬。

第三章
增值税抵护权的体系构造

税收是国家财政权与公民私有财产权之间博弈与协调的产物，税收始终处于国家课税权与纳税人财产权的直接对立之中，税法也就成为调整这二者之间关系的法律了。[1]税法在诞生之初被看作行政法的附庸，以国家行政权为主导，税法也就更偏向于国家征税之法的法律属性。其后，随着税收债务关系说成为解读税收法律关系性质的主流学说，税法学逐渐从行政法学脱离出来成为一门独立的学科，具有独立的法学研究价值。[2]与之相应，税法不仅是国家课税的法律依据，还是为纳税人提供基本权利保护、对抗国家课税权的权利之法，税法从国家征税之法主导走向了纳税人权利之法主导。[3]受此种思想影响，纳税人权利逐渐引起社会各界的关注。中国纳税人权利体系成型于20世纪初，遗憾的是，在征管实践“重义务、轻权利”和税法理论忽视权利研究的“双重夹击”下，纳税人权利研究始终停留在宏观的体系构建层面，而未落实到具体的税权。结果是，无论纳税人权利体系的整体构建还是权利属性、权利位

---

〔1〕 参见王宗涛：“反避税法律规制研究”，武汉大学2013年博士学位论文。

〔2〕 参见［日］北野弘久：《税法学の基本問題》，成文堂1972年版，第11—13页。

〔3〕 参见［日］北野弘久：《税法学原论》（第四版），陈刚等译，中国检察出版社2001年版，第10页。

阶、权利内容等基础法理都较为匮乏。作为纳税人权利家族的重要成员，抵扣权应由应有权利上升为法律权利。在完成权利的证成后，即应回归抵扣权的法理阐释问题，在现有权利体系中准确找到抵扣权所处的法律位置，进而明确抵扣权的内在属性和权利内容。此等问题是增值税抵扣权理论研究与立法实践相连接的关键区域，使抵扣权能够落地到实在法之中，进而提升法律实践的实证性，为现有法律权利体系所容纳的前置性考量。

第一节　抵扣权的权利定位与属性

一、纳税人权利谱系与抵扣权

不同学者会从不同角度切入纳税人权利体系构建，主张不同的立法方式保护纳税人权利，但概括而言，都是建立在二维纳税人权利体系之上的。所谓二维纳税人权利体系，是指从宪法和税法两个维度构建纳税人权利体系，分为宪法维度的纳税人基本权利和税法维度的纳税人税法权利。

（一）宪法维度中的抵扣权

宪法乃国家根本大法，是其他一切法律制度的根源与依据，任何对于纳税人权利的研究必须以宪法为逻辑原点。因此，若要准确把握抵扣权在纳税人权利谱系中的位置，首先必须从宪法角度对其作出界定，否则“那些具体的权利就只能停留在法制的水平上，而不是法治状态下的权利。”[1]

纳税人权利与宪法之间总是有着难以割舍的密切联系，近代纳税人追求自身权利的历史，就是制约王权、政府的财政权、

---

〔1〕 高军：《纳税人基本权研究》，中国社会科学出版社 2011 年版，第 33 页。

税收权的历史。[1]英国第一部宪法性文件《自由大宪章》的诞生到《权利法案》重申税收法定原则、纳税人同意原则，奠定了君主立宪制的法律基础；美国《独立宣言》发出“无代表不纳税”的呼喊；法国大革命起因于法国政府的财政危机和课税权的恣意，并在《人权宣言》第13条和第14条集中表达了纳税人的公平税负和民主税收权利的意愿和要求。历史向我们展示的是，税收控制权是政权争斗和人类发展的中心点，也正是在统治者的财政税收权与纳税人权利的此消彼长之中，宪法思想得以萌芽并茁壮成长。可以说，纳税人权利的发展史就是现代法治国家宪法的诞生史。纳税人对权利的不断追寻催生了宪法，反过来宪法又成了纳税人授权或确权之法、保障之法。从现代立宪主义出发，一方面宪法是国家与公民签订的具有最高效力的国家契约，公民凭借自身权利通过契约向国家权力授权，国家权力应当在授权范围内行使，并以服务公民利益与福祉为至高宗旨。另一方面，宪法中的权利主体是人民，国家是义务主体，宪法是规范约束国家权力并确保其正当运行的限权之法，宪法发挥限权的工具正是公民纳税人所享有的权利。正因如此，从宪法角度出发理解纳税人权利是纳税人权利体系构建的应有之义。严格来说，宪法文本对权利主体的称呼为“公民”，而非“纳税人”，宪法层面的纳税人权利实际上就是作为纳税人的公民所享有的各项权利。与之相对应，在纳税人权利体系中，税法学者创设了“纳税人基本权利”的概念。

学界普遍认为“纳税人基本权利”的首创者也是集大成者——日本学者北野弘久。北野弘久认为，日本宪法中关于基本人权方面的规定为财税法纳税人权利研究提供了重要的法原

[1] 参见梁发祥、梁发芾：《纳税人权利纵论》，甘肃民族出版社2010年版，第129页。

则。“从宪法构造着眼，必须首先解剖宪法到底为纳税人提供了怎样的权利保障。这种从纳税人的人权论、权利论展开的基础法理论的构造研究十分必要。”〔1〕在宪法层面，从纳税人（taxpayer）在国家征税收入与财政支出两个维度中享有的固有的权利之中，可以提炼出“纳税人基本权利”（Taxpayer's Fundamental Human Rights）的概念。所谓纳税人基本权利，“一言以蔽之，就是纳税人仅遵照符合日本宪法的法律规范负担纳税义务的权利。换一种说法，是保障纳税人在宪法确立的规范原则下征税和用税的实定宪法的权利。从纳税人角度来看，就是纳税人‘要求遵照宪法规定征税和用税的权利’。纳税人基本权的具体内容，应根据《日本国宪法》中的各项人权条款以及符合《日本国宪法》第30条规定的‘法律’的内容进行确定。它是一项关于纳税人各种自由权、社会权的集合性权利。”〔2〕

北野弘久特别强调从宪法中的征税和用税两个角度来确立纳税人基本权的原因在于，日本自明治宪法制定以来一直将租税的征收和财政支出割裂开来，认为如何使用纳税人缴纳的税款与纳税人毫不相干，导致纳税人在财政收入和支出两方面的权利式微。《日本国宪法》修正了明治宪法在这方面的弊端，采用国民主权原理，追求财政民主主义。财政民主主义意味着日本国民身为国家的真正主权者对财政的收入和支出都可以进行民主性统治。《日本国宪法》第30条规定国民依法负有纳税义务，这不仅是单纯的义务规定，还是通过明确纳税义务的界限进而明确征税权行使的界限，即国家课税权应“依法”，是维护纳税人权利的人权性规范。该条款中所谓的“法律”是包含了

〔1〕［日］北野弘久：《納税者の権利》，岩波書店1981年版，第13页。

〔2〕［日］北野弘久：《税法学原論》（第3版），青林書院1992年版，第70页。

以《日本国宪法》为基础的宪法规范中的特定内容，即它不仅是形式上的规定，还是实体上、实质性的规范。易言之，这种法律内容必须符合《日本国宪法》中的诸条款，才具有合宪性和合理性，国民只依据这样的“法律”才负有纳税义务。〔1〕《日本国宪法》第30条是纳税人的赋权条款，纳税人不仅享有具体税法规范中的权利，还享有宪法规定的人权。如此说来，“纳税人基本权利”与宪法中公民的基本权利等同，只不过是税法学者在宪法高度对纳税人权利的重新提升和提炼。

我国《宪法》中也存在《日本国宪法》第30条的类似规定，因此，我国学者对北野法学派的观点颇为认同。学者们虽然从各自角度概括了纳税人基本权利的内容，但总体来说殊途同归，都是将纳税人基本权利理解为“纳税人在宪法上享有的权利”。有的学者将宪法中的公民权平移、修改后转变成纳税人在宪法上享有的权利〔2〕；有的研究将纳税人宪法权利区分为积极要求权和消极防御权，前者包括税收立法权、言论自由权、公共物品享受权和选择权、税收收入和使用监督权，后者强调纳税人保护的底线，包括生存权、平等权、自由权、财产权等〔3〕；有的学者明确提出，纳税人基本权利就是宪法性法律所确认和规定的权利。〔4〕概言之，纳税人基本权利与公民在宪法上享有的基本权利可以等同已成学界共识。探究抵扣权在纳税人基本

---

〔1〕 参见［日］北野弘久：《纳税者基本权论》，陈刚等译，重庆大学出版社1996年版，第129页；［日］北野弘久：《税法学原論》（第3版），青林書院1992年版，第64—65页。

〔2〕 参见刘剑文、熊伟：《税法基础理论》，北京大学出版社2004年版，第90—93页。

〔3〕 参见陈少英、王琤：“纳税人权利保护探析”，载刘剑文主编：《财税法论丛》（第8卷），法律出版社2006年版。

〔4〕 参见黎江虹：《中国纳税人权利研究》，中国检察出版社2010年版，第161页。

权利中的位置就是抵扣权在宪法中的溯源过程。

想要明确抵扣权隶属于何种纳税人基本权利，首先需要解决的问题是纳税人基本权利的分类。鉴于当前税法学界并无过多相关研究，以及纳税人基本权利与宪法上公民的基本权利等同的关系，我们应首先明确宪法对基本权利的分类。北野学派中提及的自由权与社会权是宪法中传统的基本权利二分法，除此之外还存在宪法权利内容的九分法，以宪法权利地位为标准的绝对性权利和相对性权利的二分法，基于政治、社会、公民个人和特殊人权角度的综合四分法等分类方法。对宪法上基本权利不能为了分类而分类，其目的在于将具有不同属性的基本权利相互区隔、细化，便于后续研究和探讨各基本权利的内容、结构、位阶等，并具体运用到法律实践之中。生命权、人身自由权和财产权是自然人拥有的三大自然权利，虽然自然权利属于道德权利，但几乎所有法律权利都是由这三种权利演化而成的。〔1〕宪法中的基本权利也不例外。

征税本身就是国家对私有财产权一种特殊形式的占有，构成对私有财产权的限制。〔2〕抵扣权作为税收法律关系中纳税人享有的权利，与三大自然权利中的财产权密切相关，那么，就宪法维度中的抵扣权这一议题顺着财产权在宪法中的演进脉络推进就显得顺理成章了。进一步来说，判定一项权利是否属于宪法财产权保护范围需要进行两个步骤：首先，应当判断一项权利是否含有经济利益内容；其次，在满足前者条件后进行第二步审查，如果一项含有经济利益的权利已经被其他基本权利

〔1〕参见胡锦光、王楷："财产权与生命权关系之嬗变"，载《法学家》2004年第4期。

〔2〕参见陈征："国家征税的宪法界限——以公民私有财产权为视角"，载《清华法学》2014年第3期。

纳入保护范围，那么该权利就不属于宪法财产权，反之，可以纳入宪法财产权范围。第一步解决的是权利的本质属性问题，宪法财产权是一种为公民自由提供经济保障的基本权利类型，如果没有经济价值或经济价值并非主位，那么该权利就不具备进入宪法财产权范围的前提。第二步解决的是基本权利竞合的问题，合理界定不同基本权利的保护范围。〔1〕显而易见，增值税抵扣权具有经济利益内容且尚未纳入其他基本权利保护范围，可归属于宪法财产权范畴。

财产与宪法之间的关系是现代宪制发生学的一个主要内容，将拥有财产作为一种权利并在宪法层面加以确认和保护是现代宪制的产物，也是现代宪法的应有之义。〔2〕财产权总是一个熟悉而又陌生的话题，每个人都能说出点什么但又不能精准概括。比如什么是财产权这一基础问题就不易回答，有的学者认为财产权是财产的占有、使用、支配的权利。〔3〕甚至有学者认为给财产权下定义是一个“不可为”之事。〔4〕因此，比起概念研究，通过概括财产权的范围更易理解财产权。现代意义上的财产权不仅包括有体物和无形物，以及对上述财产的占有、使用、收益、处分等各项权能的传统意义的财产权，还包括经营权、商标权、社会保险财产权等个人公法财产权。我们生活中所理解的财产权通常是指私法（民法）中的财产权，但这与宪法中的财产基本权是两个不同的概念，宪法中的财产权与私法中的财产权具有本质的区别。私法中的财产权是以物为中介的人与

---

〔1〕 参见谢立斌：“论宪法财产权的保护范围”，载《中国法学》2014年第4期。

〔2〕 参见高全喜：“财富、财产权与宪法”，载《法制与社会发展》2011年第5期。

〔3〕 参见秦奥蕾：“论财产权的宪法地位与保障结构”，载《郑州大学学报（哲学社会科学版）》2015年第6期。

〔4〕 参见陈泰和：《和谐社会的财产权》，知识产权出版社2007年版，第109页。

人之间关系的物权，主要指的是所有权，包括权利主体对财产占有、使用、收益、处分以及阻止他人侵犯的权利。宪法中的财产权是针对国家而言的，目的在于防止国家公权力对公民私有财产权的侵害，是以人为中心的国家与公民之间关系的人权。[1]

增值税抵扣权作为宪法财产权的特殊性在于，抵扣权的权利主体是非自然人的经营者。我国《宪法》明确提及财产权的第12条、第13条分别是公共财产权和公民私有财产权，并未提及公司、企业和个体工商户的私有财产权，但在第11条第2款中规定了，国家保护非公有制经济的合法权利和利益，以及在第18条第2款规定了，国家保护在中国境内的外国企业和其他外国经济组织以及中外合资经营企业的合法权利和利益，以上都是非自然人的经营者享有宪法财产权的证明。从我国《宪法》第11条第2款以及第18条第2款中解读出非自然人的经营者享有宪法财产权也是对公民私有财产权的必要重申和补充。因为如果不给予公司财产权以独立的宪法地位，当公司成员个人财产与公司财产发生混同时，公司财产权的法律位阶低于个人财产权，将会导致财产权保障体系的内部失衡。当然，还存在一种观点是，我国《宪法》第11条以及第18条并非列于第二章“公民的基本权利和义务”之中，而是一种并列关系，无法推导出法人等组织享有的财产权属于宪法基本权，必须依赖于将“基本权利主体”这一抽象概念去涵盖这些非自然人的经营者。[2]但无论以何种法教义学思路进行推导，都可证成法人和其他组织等非自然人经营者享有宪法基本财产权。《中华人民共和国公司法》第3条关于公司法人财产权的规定也正是对我国《宪法》

---

〔1〕 参见邓志宏：“宪法规范与财产权利的保护与限制”，载《学术交流》2015年第1期。

〔2〕 参见张翔：《基本权利的规范建构》，高等教育出版社2008年版，第102页。

中相关规定的重申和回应。宪法上赋予公司法人财产权其实早在美国联邦最高法院圣可可拉案件中就已确立，俄罗斯联邦宪法法院也不断扩大具有宪法诉权的主体范围，将公司法人列入具有宪法诉权的“公民组织”行列。[1]财产权是一种典型的复合权利，包括自由权层面的财产权和社会权层面的财产权。同时，财产权的首要功能并不在于财产本身，而在于满足人的生存和发展，相对于其他基本权利而言，财产权始终是作为一种工具性权利存在的，因此，财产权又分为生存功能的财产权、发展功能的财产权和经营功能的财产权。企业和个体工商户中的大部分财产既属于经营功能的财产权，又属于自由权层面的财产权。[2]

在宪法层面，论证增值税抵扣权构成宪法财产权的另一个重大意义在于，对抵扣权的限制和合宪性审查的探讨。虽然“私有财产不受侵犯”被写入近代宪法，但人们愈发认识到私有财产权并非“绝对”，同时要受到公法的规制和约束，自1919年德国《魏玛宪法》之后，财产权的社会属性也为现代宪法所肯认。[3]概言之，宪法财产权具有个人权利性和社会义务性双重属性。财产权负有的社会义务不仅指涉财产权的行使应具有正当性，不得随意毁损丢弃，也不得因权利的行使侵害他人，还强调财产权受社会整体利益的制约和普遍福利的实质性制约。[4]

---

〔1〕 参见张力：“私法中的‘人’——法人体系的序列化思考”，载《法律科学（西北政法大学学报）》2008年第3期。

〔2〕 参见汪进元、高新平：“财产权的构成、限制及其合宪性”，载《上海财经大学学报》2011年第5期。

〔3〕 参见聂鑫：“财产权宪法化与近代中国社会本位立法”，载《中国社会科学》2016年第6期。

〔4〕 参见焦洪昌：《公民私人财产权法律保护研究——一个宪法学的视角》，科学出版社2005年版，第24页。

正是因为对财产权社会义务的发现，使得财产权具有了“相对性”，对财产权的保护也就丧失了“绝对性”，所以应对财产权设置必要的限制。

生存、发展和经营三个层面的财产权具有不同的功能，满足人的生存、发展和财富增长的需要，展现出不同的价值意义，法律对其保护和限制的力度和方式迥异。〔1〕相比于生存与发展性财产，抵扣权作为经营性财产更具有社会义务性，承担了更多的社会义务。财产权承载的社会义务性与其受到的约束力度通常呈正相关性。〔2〕例如，增值税抵扣权的行使受到专用发票、申报义务等条件的限制，而这些限制在个人所得税之中很少出现。当然，对社会义务的强调建立在财产权的个人权利属性之上，过分强调社会义务性必然侵蚀财产权之内核。〔3〕课税权是国家限制个人财产权的主要方式，但当课税权完全排除了财产所有人利用财产权的空间，甚至达成生存绞杀效果，就已逾越了社会义务的界限，财产权实质上将不复存在，课税权也就丧失了正当依据。〔4〕概括来说，抵扣权构成宪法基本权利维度的财产权，理应给予其必要的保护，它也同时承担了一定的社会义务，应受到必要限制，而这种限制同时将受到合宪性审查。

（二）税法维度中的抵扣权

在宪法维度抽象探讨抵扣权的功能有两点：其一，主观上

〔1〕 参见汪进元、高新平：“财产权的构成、限制及其合宪性”，载《上海财经大学学报》2011 年第 5 期。

〔2〕 参见［德］康拉德·黑塞：《联邦德国宪法纲要》，李辉译，商务印书馆 2007 年版，第 351 页。

〔3〕 参见王宗涛：“税法一般反避税条款的合宪性审查及改进”，载《中外法学》2018 年第 3 期。

〔4〕 参见陈清秀：《税法总论》，元照出版有限公司 2012 年版，第 67 页。

树立税权保护意识；其二，客观上提升纳税人权利保护的法制高度。在此基础之上，若要使宪法基本权利真正得以实现，必须借助具体的税法权利这一桥梁。[1]纳税人在税法中享有的权利是发生在税收征纳关系之中的具体税收权利，它与纳税义务相对应，是宪法基本权利在税法之中的具体化，为进一步明确抵扣权的权利属性与定位，深究其在纳税人税法权利体系中的位置尤为重要。

基于税收法定原则的形式要求和纳税人对于税法权利的执着追求，不少国家和地区发布了纳税人税法权力清单。1986年2月在北野弘久的推动下，日本社团法人自由人权协会发布《纳税人权利宣言》，这一文件虽然具有非官方性质，但对美国、中国纳税人税法权利的研究与立法具有极大的推动作用。日本《纳税人权利宣言》中既包括纳税人基本权利，也包含了部分税法权利。[2]经济合作与发展组织为成员国制定的《纳税人宣言》范本中归纳了五种纳税人的基本权利。[3]美国制定的《纳税人权利法案》概括了十种纳税人基本权利，包括知情权、获

---

〔1〕 参见单飞跃、王霞："纳税人税权研究"，载《中国法学》2004年第4期。

〔2〕 日本《纳税人权利宣言》中包括的税法权利有：最低生活费等非课税权利、接受"适当程序"的权利、对违法课税处分等有接受救济的权利、通知租税征收方式和用途等权利、工薪阶层纳税者权利、纳税者的个人秘密、要求公开情报、参加财政过程的权利。参见［日］北野弘久：《纳税者基本权论》，陈刚等译，重庆大学出版社1996年版，第250—261页。

〔3〕 这五种权利分别是：信息权，纳税人有权要求税务机关提供税务相关信息，并且税务机关有义务告知纳税人在税收征管中享有的一切权利；纳税人隐私权，纳税人有权要求税务机关保护其获得的与纳税相关的必要信息，有权拒绝税务机关要求提交的与课税不相关信息；只缴纳法定税款的权利，纳税人有权按照税法规定只缴纳应纳税金，拒绝缴纳额外税款；税收预测与税收筹划的权利，纳税人有权预测并筹划自己的经营行为带来的课税结果；诉讼权，纳税人在对税务机关的行为有异议时有权提起诉讼。参见刘剑文、熊伟：《税法基础理论》，北京大学出版社2004年版，第89页。

得优质税收服务的权利、只缴纳法定税款的权利、挑战税务机关立场的权利、诉讼权、时效上的权利、隐私权、保密权、寻求代理人的权利、获得公平公正税收待遇的权利。[1]德国非常重视宪法对于纳税人基本权利的保护，在此推动下，税收基本法《德国租税通则》将税收实体法与程序法严格置于税收法律主义监督之下，并在联邦宪法法院的协助下，积极推动宪法实证化。[2]德国税务行政程序主要包括信息收集程序、税额评定程序、审计程序、征收和强制执行程序、救济程序。《德国租税通则》中规定了纳税人税法权利：一是普适于大多数程序的纳税人权利，包括行政上诉权、陈述权、被告知理由的权利、被告知法律救济和上诉权利的权利、恢复法律地位的权利、税收秘密权、拒绝不公正对待的权利、被代理和被辅佐的权利八种；二是适用于各自程序的权利，囿于篇幅，在此不一一列举。[3]我国纳税人税法权利主要规定在《税收征收管理法》和《国家税务总局关于纳税人权利与义务的公告》之中。公告中明确提及，本公告是根据《税收征收管理法》及其实施细则和相关税收法律、行政法规的规定制定，是对我国纳税人税法权利的一个总体概括。

综观各国家、地区和组织罗列的税法权利名录，可以概括当前纳税人税法权利体系的显著特征有：其一，纳税人税法权利中明显具有税收实体性权利和程序性权利的区隔；其二，无论是税收实体性权利还是程序性权利，实质上都是行政法权利

---

〔1〕“IRS, Say Your Rights as a Taxpayer: The Taxpayer Bill of Right”, avaliable at https://www.irs.gov/pub/irs-pdf/p1.pdf, last visited on 2019-9-1.

〔2〕参见丁一：《纳税人权利研究》，中国社会科学出版社 2013 年版，第 210 页。

〔3〕参见丁一：《纳税人权利研究》，中国社会科学出版社 2013 年版，第 198—209 页。

在税法中的平移；其三，几乎所有的税法权利都具有普适性，普遍适用于所有税种的征纳之中。抵扣权是诞生于增值税抵扣制度中的具体税权，由于当前纳税人税法权利体系毫无税法特色，我们无法给予抵扣权之于纳税人税法权利体系中的精准定位。抵扣权属于何种税法权利、是程序性权利还是实体性权利等问题，仍需进一步讨论。

程序性权利与实体性权利的区分是一个学界难题，各家众说纷纭。黎江虹认为程序性权利与实体性权利的区分标准是根据法律规范的不同，税收程序法规定的就是纳税人程序性权利；税收实体法是税法体系中最基本的法律规范，权衡和分配纳税人与国家之间的财产利益，由税收实体法规定的就是实体性权利，如征税同意权、税收支出监督权、公共物品请求权和选择权、税收信息权。[1]王锡锌认为，税收程序性权利和实体性权利的区分在于动态和静态的权利。程序性权利是作为过程的动态权利，是为了确保实体性权利的行使和实现的权利。实体性权利是作为状态的静态权利，是人们对某种实体利益所具有的受法律保护的资格和权能。程序性权利是手段，实体性权利是目的，前者具有明显的工具主义色彩。[2]王锡锌对于程序性权利与实体性权利的划分标准获得了较多学者的认同，并在他的基础上进行了一定程度的细化和拓展。王建平认为纳税人程序性权利具有明显的控权价值，是为了制约国家征税权，保障纳税人实体性权利的实现而在一定的法律程序中赋予纳税人的权利。程序性权利一般不直接包含具体的实体利益，它是实体性

---

〔1〕 参见黎江虹：《中国纳税人权利研究》，中国检察出版社 2010 年版，第 162—164 页。

〔2〕 参见王锡锌："行政过程中相对人程序性权利研究"，载《中国法学》2001 年第 4 期。

权利在征管程序上的延伸，依附于实体性权利而存在。[1]丁建军认为，实体性权利必定包含实体利益，是主体直接获取利益的一种手段，而程序性权利是基于纠纷或权利侵犯等原因衍生出的权利。[2]

笔者综述诸位学者们观点的目的不在于重新界定税收程序性权利和实体性权利的边界，相反，笔者认为，尽管程序性权利和实体性权利是纳税人税法权利的基本分类，学界对此也作出了诸多细节化区分，但实际上两者之间本身并非泾渭分明的关系。甚或是，传统的程序性和实体性的权利划分标准并不完全适合纳税人税法权利的划分。“税捐似具有一种先义务之性格，与其一般以倾向自然法观念所建构之基本权利体系，并无法完全合致及共融。”[3]税法具有明显的技术性，其通过一定的税制设计，如增值税的抵扣机制、消费税的名义纳税人与最终纳税人的分离，确保税捐先义务得以履行，纳税人只有在遵循了税制运行规律的基础之上，才享有实体性权利。换言之，税收实体性权利是建立在税收程序性权利之上，税收实体性权利的实现总是伴随着税收程序性权利的行使。与其说某一项税法权利究竟属于程序性权利还是实体性权利，不如说它更偏向于程序性权利还是实体性权利，或者说是程序属性占主位还是实体属性占主位。

具体来说，传统观点认为程序性权利的最大特点在于工具性，即为实体性权利的实现提供路径、方式、步骤、手段等，

---

〔1〕 参见王建平:《纳税人权利及其保障研究》，中国税务出版社 2010 年版，第 97 页。

〔2〕 参见丁建军：“公民程序性权利及其价值考量”，载《山东社会科学》2006 年第 9 期。

〔3〕 黄俊杰：“税捐基本权”，载《台大法学论丛》2004 年第 2 期。

以确保实体性权利顺利运行和实现。因此，我们也常称程序性权利为工具性权利。税法之中的程序性权利与实体性权利不易区分的核心原因在于，混淆了税法程序性权利的救济工具性和税法实体性权利的税制工具性。公认的程序属性较为明显的程序性权利有陈述权、申辩权、行政复议权、诉讼权、控告检举权等。这些程序性权利的共同特性是发端于税收纠纷或权利侵犯等原因之中，是纳税人在税收征管过程中或过程之后享有的救济性权利。纳税人在救济程序中享有的程序性权利所具有的这种共性即为救济工具性。与之对应，纳税人的多数实体性权利是建立在某种税收制度之上并为了税制的整体运行服务的，例如，建立在减免税制度上的减税权、免税权，退税制度的退税权，抵扣制度的抵扣权等。从这一角度来看，上述权利属于一种税制性工具权利，纳税人只有通过行使这些权利才可使税法中的某些税收制度通畅运行，并最终获得相应的税收利益，具有明显的工具价值。此即税法实体性权利的税制工具性，也即只有通过行使免税、退税权，免税制度、退税制度方可切实有效地运行，纳税人才能获得税收减免和退税。税法实体性权利所具有的税制工具特性赋予了实体性权利以部分程序性特质。需要重申的是，这种程序性特质与程序性权利所具有的程序属性虽然都可称为“程序性”，但两者具有本质区别，前者建立于特定的税收制度之上，是为实现特定的实体性权利而服务的，即税制工具性，后者则是产生于救济程序之中，普适于几乎所有的实体性权利，即救济工具性。

在厘清税制工具性和救济工具性的基础上，上述问题就变得容易理解了。税法在权利项目上具有重叠性，而且在认识两种不同性质权利上是存在复杂关系的。实体性权利往往具有实体与程序的复合属性，比如发票受领权，它明显区别于陈述申辩权、行政复议权、诉讼权等救济程序性权利，但似乎又不属于实体性权利，直接衡量和分配纳税人与国家之间的利益。发票受领权是建立在税收发票制度之上的，它是一类典型的税制性权利。抵扣权也是如此。抵扣权直接关涉纳税人的财产利益，是一种实体性权利，但同时具有明显的工具属性，需要满足一定的程序要件方能运行。当然，发票受领权与抵扣权同样存在明显的区别，前者更贴近程序性权利，后者的实体属性占据主位优势。

概言之，抵扣权是一种兼具实体属性和税制程序属性的综合权利类型，并且以实体属性占主位。

（三）第三维度中的抵扣权

传统的纳税人权利体系包括纳税人基本权利和纳税人税法权利两个维度，前者建立在宪法基本人权之上，是税法学者对公民宪法基本权利在税法领域的集中概括，反映的是公民与国家之间的关系，用以回答国家的征税与用税行为的正当性和合法性；后者则是税法层面，在传统行政法的程序性权利和实体性权利的基础上进行建构和丰富，展现的是纳税人与征税机关在税收征管中的关系，体现对税务机关公权力的限制和纳税人私权利的救济。税法是一种表现出强技术性的法律规范，纳税人权利保护观念不仅要“高屋建瓴”地矗立于宪法和税法高度，还要“接地气”地渗入具体的税制设计之中。二维纳税人权利体系始终是对宪法与行政法权利体系的借鉴和一定程度的平移，尚未触碰并融入各个税种的具体税制之中，建构出展现税制特色的纳税人权利体系。抵扣权这一新兴权利的出现既是对现有纳税人权利体系的丰富和深化，重新唤起学界对纳税人权利及体系化构建的关注和反思，又是对二维纳税人权利体系的挑战和拓展，敦促纳税人权利理念深入各税种的具体税制之中。

从宪法维度，抵扣权尚可溯源至纳税人基本权利中的财产权；从税法维度，抵扣权既明显区分于陈述权、申辩权、诉讼权、行政复议权等程序性权利，又与税收知情权、税收保密权、税收监督权等税法实体性权利存在显著不同，未能被现有纳税人权利体系容纳。抵扣权兼具实体性与程序性双重权利属性，成为税法实体性权利与程序性权利之外的第三种权利形态。笔者认为，纳税人权利体系应当突破传统的二维权利体系，建构出三维权利谱系，除了宪法维度的纳税人基本权利和税法（行政法）维度的纳税人税法权利，还存在第三维度的纳税人税制性权利。纳税人税制性权利内生并存续在税法的具体税制设计之中，它是具体税制有效运行的前提和基础，在实现国家特定政策目的的同时直接或间接地为纳税人带来红利。抵扣权就是税制性权利的典型代表。

纳税人税制性权利的性质至少可以从以下几个角度进行分析：其一，纳税人税制性权利是以具体税收制度为基础，体现税制特色的制度性、技术性权利。技术性原理与公理性原理是现代税法构造中的两大原理。技术性原理是税法规范的底层原理，体现税法规则和制度的技术特性，要求各税收制度都能通畅运行、相互之间能够协调一致；公理性原理解决税法的正当性问题，以公平、正义的价值理性检视税制设计的正当性。〔1〕纳税人税制性权利是在现代税法技术性与公理性协调平衡之中产生的，是具体税制的权利化产物。例如，抵扣权建立在抵扣机制上，抵扣权又是确保抵扣机制发挥制度功能的核心，同时，抵扣权将抵扣机制由展现技术性的税制高度提升到兼顾公理性的税法高度，将增值税税制置于税收法定、税收公平以及税收

〔1〕 参见许安平："现代税法的构造论"，西南政法大学 2010 年博士学位论文。

效率的税法原则的约束之下。其二，纳税人税制性权利是一种兼顾实体性和程序性的复合性权利。纳税人税制性权利是纳税人具有的受到法律保护的某种实体利益的资格的延伸，在税制上与实体利益具有直接或间接的关系，具有税收实体性权利的属性，同时，其建立于特定的税收制度之上，具有确保税制运行的工具性，兼具税制程序属性。其三，税制性权利是纳税人在税收法律关系之中的基础性权利，多数税法实体性权利和程序性权利都是为税制性权利服务的。

纳税人税制性权利体系十分充实丰富，除增值税法中的抵扣权之外，还包括个人所得税法中的扣除权，以及具有普适性的退税权、免税权、减税权、发票索要权、溢缴税款退税权等权利。当然，其他税制性权利多属于理论层面的应有权利，是否有必要上升为法定权利还需进一步探讨。

二、增值税抵扣权的权利属性

（一）抵扣权乃公法之“逆向”债权

法律立身于法律关系之上，每种法律关系都有其共同的质的规定性和法律特征。[1]抵扣权乃增值税法中的权利类型，对其权利属性的探寻必须回归到增值税法律关系乃至税收法律关系之中。税收法律关系的特性在于一方主体始终是国家或地方团体，税收法律关系与私法上的法律关系不同，并非依据平等当事人之间自由定立的契约而形成，而是由税法规范创设的法律关系，是一种依据作为公法的税法形成的支配关系。换言之，租税是税法的创造物（the creature of tax statute）。若税法规范不存在了，税收法律关系也不会产生。这也是税收法定主义的应

〔1〕参见崔建远：“论法律关系的方法及其意义”，载《甘肃政法学院学报》2019年第3期。

有之义。〔1〕作为一种公法上的法律关系，围绕税收法律关系的性质存在税收权力关系说与税收债务关系说两种完全对立的学说。税收权力关系说是以德国奥托·梅耶（Otto Mayer）为代表的德国传统行政法学说，认为税收法律关系是国家财政权力在税款征收中的侧面体现。也就是说，在税收法律关系中，国家以及地方政府作为权力主体比纳税人享有优越地位，纳税人应当服从国家课税权。长久以来，税收权力关系说占据统治地位，租税法成为行政法的附庸，纳税义务以税务机关的“查定处分”创设。〔2〕直到1919年，德国制定的《帝国租税通则》将“债”引入税法中，第81条规定了租税债务在满足租税法规定的要件时成立，此即税收债务关系说。此学说不同于权力关系说之处在于，税务机关行政权（行政行为）的介入不再是租税债务成立的必要条件，租税在满足公法之债的构成要件时自行成立。〔3〕

税收债务关系说的出现，使税法得以脱离行政法的藩篱成为一门独立的部门法，深为财税法学者所推崇。在税收权力关系说与税收债务关系说漫长的争论中，后者逐渐占据上风，时至今日，绝大多数财税法学者都持税收债务关系说观点。立基于税收债务关系说，税收法律关系被解读为一种债权债务关系。然而，在税收债务关系说之内同样存有争议，对税的给付义务这一公法之债的性质存有三种观点：其一，将税收债务与私法中的债权债务关系完全等同；其二，将国家与纳税人之间的关

〔1〕 参见［日］北野弘久：《税法学の基本問題》，成文堂1972年版，第37页。

〔2〕 参见陈少英、龚伟：“民主与法治：奠定税收债法体系的基础”，载《广西社会科学》2005年第11期。

〔3〕 参见［日］北野弘久：《税法学の基本問題》，成文堂1972年版，第37—38页。

系看作平等关系，但这种平等关系是建立在公法上的非权力关系之上，即税收债务关系是一种非权力关系的公法之债；其三，国家与纳税人之间的债务关系是一种公法之债，债权主体与债务主体之间是非平等的权力关系，这种观点下，税收债务关系说与税收权力关系说就不存在对立的问题。持有第一种观点的学者较少，主要争议发生在第二种与第三种观点之间。

从税的本质来看，税收是被强制课征的金钱给付义务，税收之债与私法上根据债务人“自由的意思表示”，自己决定（故意或过失）形成债务存在明显区别。纳税人被强制负担税收之债意味着，税收之债是基于“优越的意思表示”成立。所谓“优越的意思表示”，是指它的成立不是由作为债务人的纳税人自主发动的，而是由债务的另一方即债权人发动的，债权人相对于债务人具有债务决定权的优势地位。以此观之，税收债务关系实际上依然是一种权力关系。〔1〕其中，发动“优越的意思表示”的主体是拥有统治权的国家，国家相对于纳税人而言具有一定的“优越地位”，而非税务机关。换言之，税收债务的成立与税务机关无关，而是由国家“优越的意思表示”强制形成的。第二种非权力关系建立的基础是税务机关与纳税人存在对等关系，但税务机关与国家是完全不同的主体概念，我们暂且不论税务机关与纳税人之间是否属于对等关系，但国家与纳税人之间显然不存在对等关系。也就是说，税收法律关系是发生在国家与纳税人之间，由国家统治权确保国家意思表示的优越地位的权力关系。但是纳税人所遵从的是“法”，这与作为纳税人的公民遵从一般的法律规范如刑法、民商法、经济法等并无二致。概言之，税收法律关系是建立在一般权力关系之上的债

〔1〕 参见［日］図子善信：《租税法律関係論：税法の構造》，成文堂2004年版，第70页。

权债务关系，税收实质上乃一种公法之债。〔1〕

税收乃公法之债这一论断绝不是税法学者的牵强附会，私法之债只是将债运用至私法之中的一个侧面映象，税收法律关系同样契合债的本质。“债系特定当事人之间得请求为一定给付之法律关系，其得请求为一定给付者，是为债权。”〔2〕通常，债法归于民法债编之规范，用以规范平等主体之间民事法律关系，民法之债又被称为私法之债。然而，债的内涵在于“为一定给付”，债权的本质应属请求权，与所有权之支配权相区别。〔3〕租税是国家、地方政府等拥有课税权的主体要求纳税义务者为一定的金钱给付，从这个角度来看，租税就有了债的性质。〔4〕

私法之债的性质可以从以下几个方面理解：其一，私法之债是一种民事法律关系；其二，私法之债为财产性质的法律关系；其三，私法之债是特定主体之间的法律关系；其四，私法之债为当事人之间的特别结合关系；其五，私法之债为当事人实现特定利益的法律手段。〔5〕税收公法之债可以从以下五方面理解：其一，税收之债是一种公法上的法律关系；其二，税收之债为财产性质的法律关系；其三，税收之债是特定主体国家与纳税人之间的法律关系；其四，税收之债是作为当事人的国家与纳税人之间的特别结合关系；其五，税收之债是国家为实现财政利益或者说公共利益的法律手段。税收之债除依据公法

〔1〕 参见［日］図子善信：《租税法律関系論：税法の構造》，成文堂2004年版，第71—72页。

〔2〕 吴光陆：“谈公法债权有无私法债权之性质”，载《法令月刊》1992年第12期。

〔3〕 参见王泽鉴：《债法原理》（第一册），中国政法大学出版社2001年版，第10—11页。

〔4〕 参见［日］佐藤英明：“「租税債権」論素描”，载［日］金子宏：《租税法の発展》，有斐閣2010年版，第10页。

〔5〕 参见张广兴：《债法总论》，法律出版社1997年版，第17—21页。

产生并由此延伸出当事人之间地位不同之外，与私法之债并无二致。

公法与私法在诸法合一的时代有着共有的法理基础和法制精神，如公序良俗、契约公平等，只是公法、私法分离后，私法较于公法发展速度较快，本应为两者所共有的一般法理基础和精神被误认为由私法特有。[1]而当公法学者准备借鉴所谓民法特有的理论时不得不审慎考究、严密论证，而批判者大多看到了公法之债与私法之债之间少许的不同点，忽视了它们之间绝大多数的共同之处。正如日本学者美浓部达吉所言，债的概念并非民法特权，而为公法、私法所共同享有。[2]

如此说来，税收法律关系实际上是一种公法上的债权债务关系，对抵扣权的探讨应回归增值税法中的债权债务关系中去。在税收之债中，作为税收债权人的国家或地方政府得请求作为税收债务人的纳税人履行缴纳税款的义务。[3]切换至增值税法语境，理论上，国家作为税收债权人，增值税法规定的营业人为税收债务人。这也是公法之债的传统理论。然而，随着此理论的不断发展，国家和地方政府不再是公法之债关系中的唯一主体，公民同样可以成为公法之债的权利主体，国家债券、地方债券即为典型。特别是为了确保税制运行和税收中性，增值税之中存在一系列特殊的技术设计，增值税纳税人“反客为主”成为税收债务关系中的债权主体，国家成为债务人。

详言之，税收之债是一种广义债权债务关系的表述，国家（包括中央政府和地方政府）是税收之债权人，作为公民的纳税

---

〔1〕参见叶金育：“税法解释中纳税人主义的证立——一个债法的分析框架”，载《江西财经大学学报》2017年第4期。

〔2〕参见［日］美浓部达吉：《公法与私法》，黄冯明译，中国政法大学出版社2003年版，第86—88页。

〔3〕参见施正文：《税收债法论》，中国政法大学出版社2008年版，第7页。

人为维持国家机器的运行，享受国家提供的公共物品，应当向国家缴纳税款，成为税收之债务人（如图3）。这一逻辑框架可以直接套用在直接税之中，因为在直接税中，作为税负实际承担者的真正纳税人与税法中规定的法定纳税人是重合的。以个人所得税为例，国家作为个人所得税的债权人，公民纳税人既是真正债务人又是法定债务人（如图4）。间接税之中的债权债务关系就变得相对复杂（如图5），国家为了征管便利等因素采用真正纳税人与法定纳税人分离的方式。增值税是一种间接税，国家是增值税之债权人，消费者作为真正纳税人最终承担了增值税税负，经营者作为法定纳税人在名义上缴纳了税款，但可以通过转嫁方式将税负转嫁给消费者，即消费者是真正债务人，经营者是法定债务人。

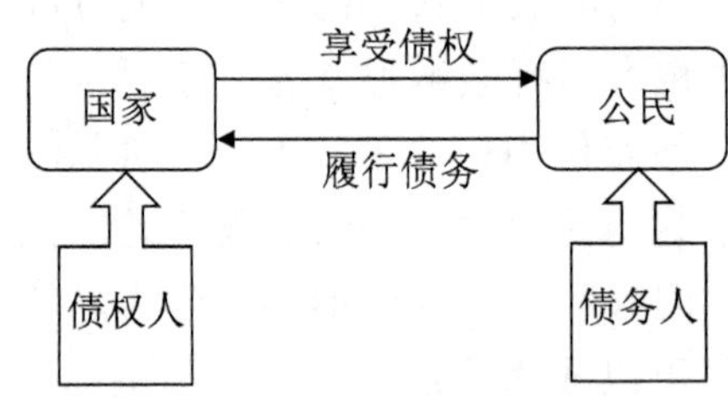

图3　税收债权债务关系图解

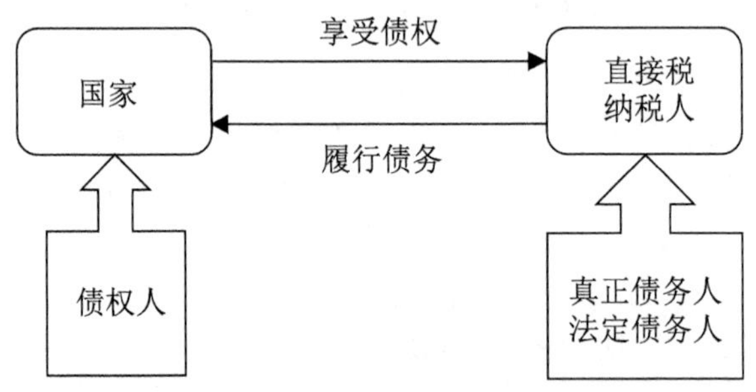

图4　直接税债权债务关系图解

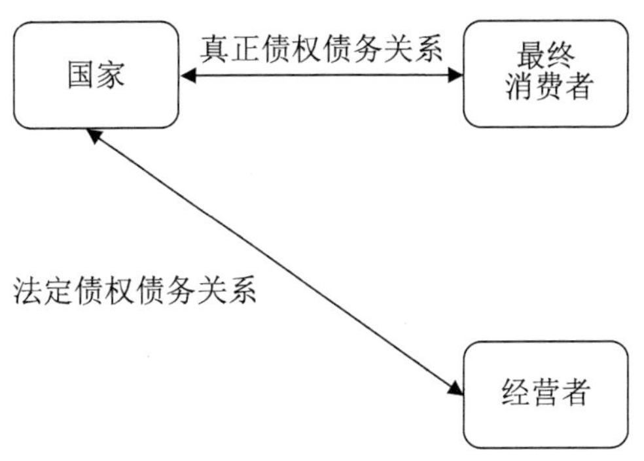

图 5　间接税债权债务关系图解

这种公法上的债务转移实际上建立在预扣预缴制度之上。以产品制造商为例，制造商向位于前一环节的原料商购买原材料时，原料商会从制造商处代收一部分税款（税款数额=本环节售价×税率）并上缴国家，对制造商而言，这部分税款即为购进原材料时预先缴纳的进项税额。在下一环节，制造商将产品销售给经销商时，制造商需要从经销商处代收一部分税款（税款数额=本环节售价×税率），这部分税款构成其销售产品时代扣的销项税额。制造商不能直接将这部分税款上缴国家，因为制造商在前一环节已经通过原料商预缴了一部分进项税额给国家，因此，制造商应当缴纳的增值税额为销项税额减去进项税额后的税额。产品从最初生产到最终零售无论经历多少中间环节，均类推适用上述代扣代缴关系。由于代扣代缴是在上一环节供应商与下一环节供应商之间交易时预先进行扣除和缴纳的，无论产品是否被终端消费者消费，此种抵扣代缴被称为预扣预缴制度。

增值税为法定之债，在增值税债权债务关系中，在国家与营业人两个主体之间存在一对权利义务指向完全相反的权利：一是以国家为债权人、营业人为债务人的权利，作为债权人的国家通过法律拟制的方式将营业人拟制为法定纳税人，营业人承担增值税法定纳税义务；二是以营业人为债权人、国家作为债务人的抵扣权，它是在营业人满足了一定程序要件的基础上，从销项税额中抵销与进项税额等量税款的“逆向”债权。〔1〕当然，除了上述两种指向相反的债权形式，还存在一种隐藏的债权。国家对营业人享有的债权是一种形式上的法定之债，这是一种形式债权，在形式债权的隐藏之下还存在着国家对最终消费者享有的真正（实质）债权，最终消费者作为真正债务人，其债务只是被拆分到各个环节由营业人代收代付罢了。

应当注意，国家、营业人和消费者三方之间的预扣预缴的债权债务关系虽然与私法之债的免责债务转移极为类似，如满足债权人同意、金钱之债具有可转移性等条件，但两者存在根本不同。免责债务转移之中，第三方代替了原债务人成了新债务人最终承担债务，原债务人退出债权债务关系。但是在增值税之中，营业人看似作为第三方经过债权人的同意（国家立法）侵入原债权债务关系之中，但营业人并非代替消费者承担税负，而只是作为代扣代缴人进行预先扣缴，作为真正纳税人的消费者并未被免除债务，而是在产品被最终消费时由零售商代扣并缴纳给国家，若产品最终没有被消费，或者本环节营业人未将产品销售给下一环节的营业人，中间环节营业人预缴纳的税款原则上应予以退还。

（二）抵扣债权的权利特性

展开抵扣权权利特性的研究十分必要，因为权利的特性意味着某种“内在倾向”，这种“内在倾向”会通过增值税具体税制的立法构建和税法解释表露于外。〔2〕抵扣权作为国家课征

〔1〕参见［日］図子善信：《租税法律関系論：税法の構造》，成文堂2004年版，第335页。

〔2〕参见［日］佐藤英明：“「租税債権」論素描”，载［日］金子宏：《租税法の発展》，有斐閣2010年版，第15—16页。

增值税之债权的“逆向”债权，各自的权利主体和义务主体互为对方的义务主体和权利主体，权利义务指向相反，相互之间产生抵销效应。两种债权看似矛盾，但这种矛盾主要体现在税额的相互冲抵之上，它们之间存在极为密切的内在关系。抵扣之债权债务关系源发于增值税债权债务关系之中，从税制层面上来说，抵扣权存在的意义在于确保增值税税制整体能够通畅运行，使增值之债得以最终实现。申言之，抵扣债权虽与增值税债权存在不同，但从根本上而言它从属于增值税之债，为税收之债服务。正因如此，抵扣权的债权属性既取决于国家的税收债权属性，同时又表现出了不同的权利特性。

税收债法理论是抵扣债权的理论基础，这种理论愈发得到学界的肯认。〔1〕但“此债”非“彼债”，税收之债与私法之债产生的法律环境截然不同，私法之债理论发展更为悠久，底蕴深厚，对税收之债的考究不能完全套用私法之债的理论框架。“租税债权并非与私法债权完全相同更非完全不同，以此为前提，两者之间到底存有多大差异，这些差异又如何反映在制度建构之中，相关研究十分不足。”〔2〕税收之债权不仅与私法债权存有差别，而且不同于其他普通的公法债权，其具有极为特殊的债属性。

首先，税收之债权具有法定债务性。法定债务性不仅强调

---

〔1〕 参见但不限于下列文献：丛中笑：“税的本质探析”，载《法制与社会发展》2006年第6期；陈治：“税法的私法化及其限度”，载《税务研究》2008年第3期；郭维真：“公共财政下的税收债法理论”，载《河北法学》2008年第4期；施正文：“论税收之债的溯及变更和消灭”，载《现代法学》2008年第5期；魏俊：“论税收之债的确认”，载《西南政法大学学报》2009年第4期；陈少英、龚伟：“民主与法治：奠定税收债法体系的基础”，载《广西社会科学》2005年第11期。

〔2〕 参见［日］佐藤英明：“「租税債権」論素描”，载［日］金子宏：《租税法の発展》，有斐閣2010年版，第15页。

其作为债的属性，在满足法定的构成要件时，税收债权即发生，还强调其法定的强制性，不考虑税收征管是否存在困难、纳税人经济状况如何等外在条件，只要满足法定构成要件，债权债务关系即产生。但私法之债完全不同。私法之债的债权人在债务人欠缺偿还能力且没有提供相应的担保之时，债权人具有选择权，大多不会在超出自己债权管理能力的范围之外去选择形成新的债权债务关系。而不管纳税人经济情况如何糟糕，在满足税收构成要件时，税收之债必定发生且无需考虑债权人的主观意愿。

其次，税收之债具有公共性。公共性不仅指的是税收之债是为国家活动提供必要的经费，还在满足社会需求内容和社会结构的共同性的同时，满足社会公共利益的公平共享性，即让全体社会成员平等地承担税收之债，平等地享受社会利益，贯彻税收公平原则。[1]特别是在税收征管方面，税务机关对于处于相同情况、具有相同税负能力的纳税人应当征收相同的税负。但私法之债不具有这种公共性，私法之债是为了满足个人的需要，债权人面对情况相同的债务人可以选择性要求债务人履行债务，例如，丙对甲、乙均享有相同的债权，丙可以要求甲到期履行全部债务，而只要求乙到期履行一半债务。

最后，税收之债权相比私法债权而言具有脆弱性。所谓脆弱性，主要体现在三方面：第一方面，因为税收之债具有法定债务性，在满足课税要件的课税事实发生时税收债权同时发生，但是课税事实通常发生于作为债务人的纳税人一方。换言之，税收债权是在债权人不知情的情况下发生的。因此，国家作为债权人，在债权“管理”上先天处于极为不利的被动地位。但在私法之债中，债权人一般会事先考察债务人的财产状况，在

〔1〕 参见李琦、赵惠敏、孙静：“中国税制改革应凸显现代财政的公共性——兼谈房产税改革的路径选择”，载《当代经济研究》2015年第11期。

担心债务人的清偿能力时要求债务人提供担保。第二方面，在债权的行使上，作为债权人的国家不能期待作为债务人的纳税人主动履行债务。详言之，税收是一种金钱给付而非特别给付。在纳税人同时负担比如住房贷款之债和税收之债且财产不足以支付全部债务时，纳税人更愿意支付住房贷款之债。这是因为，履行住房贷款之债对纳税人而言具有明显收益，而这是履行税收之债不会带来的。第三方面，税收债权具有较高的专门技术性，必须依赖于征管机关中拥有专业知识的税务工作人员。私法债权不存在这种专业门槛，债权人可以监督债务人的财产状况，在必要时可以要求债务人提供担保等方式，处理方式更为灵活。税收之债中，税务工作人员的人数相比于庞大的税收债务人而言可以说是微乎其微，税务工作人员不可能实时监测每一个纳税人的财产状况，但又必须严格按照税法规定进行征管，致使征管工作量繁重。

税收公法之债与私法之债存在显著不同，核心原因在于债权主体地位的特殊性。国家作为税收公法之债的债权人在税收法律关系中分饰多角，不仅是“公共利益的维护者”，需要兼顾征纳双方利益，又是“公权力主体”，享有法律地位的优势，还是“统治权主体”，权力行使须受合宪性审查，致使税收之债由权利主体自行确定、自行执行和自行处罚。[1]在这一点上，抵扣权与私法之债更为相似，权利主体是普通纳税人而非国家。申言之，抵扣债权虽然是一种新型公法之债，却受到税收之债“法定债务性”“公共性”和“脆弱性”不同程度的影响，具有明显的公法之债属性，同时也与私法之债多有关联，延伸出了不同的私法之债特性。

---

〔1〕 参见蓝元骏：“税捐债务法基本问题——公法债务与私法债务”，载《月旦法学杂志》2014年第11期。

首先，抵扣债权虽然具有法定债务性，但其法定债务性不具有税收之债的强制属性。抵扣债权由法律创设产生，与税收之债在满足法律规定的构成要件时，即产生债权债务关系。税收债权成立后，权利主体不得放弃债权，应当按照税法规定积极行使，但抵扣债权成立后，纳税人可以选择放弃债权。其次，抵扣之债的债权人虽为纳税人个人，具有一定的私权属性，但抵扣债权会影响税收之债的内容，因此表现出一种间接公共性。“抵扣债权是一种在满足构成要件时候自动生成的债权，作为债权人的纳税人要想主张这种权利必须承担必要的证明责任。”〔1〕课税事实发生于纳税人一侧，纳税人对其掌握最为详尽，抵扣债权在满足法定要件时即告发生，但纳税人想要行使该债权，必须履行纳税申报、发票管理等协力义务。最后，受税收之债脆弱性的影响，抵扣债权同样表现出一种脆弱性。特别是在发展中国家，由于征管技术和能力的落后，增值税逃避税、虚开问题严重，纳税人需要承担严苛的举证责任。一旦纳税人未履行相应的举证责任，则不允许行使抵扣权。

第二节 抵扣权的核心组成与要素

税收债法理论诞生于德国并迅速蔓延开来，德国、日本、中国都可以发现其踪迹。税收之债与私法之债之间具有共通的债之法理，但同时也具有法定债务性、公共性和脆弱性，使其与私法之债相比有着特别法理，两者之间有明显分野。

税收作为公法之债的特别法理正是学者们主张税收之债不能简单套用和平移私法之债，应当保持必要警醒的主要原因。

〔1〕 参见［日］図子善信：《租税法律関系論：税法の構造》，成文堂 2004 年版，第 335 页。

虽然理论界如此小心翼翼，各国在立法实践中却表现得十分大胆。1919 年德国《帝国租税通则》首次引入税收债法理念，在几十年的学理探讨和实践经验积累，经历数次立法修订后，1977 年《德国租税通则》成为税收债法立法的集大成之法。《德国租税通则》在第二章“租税债法”、第五章“征收程序”和第六章“强制执行”这三章系统构建了税收债法的实体法和程序法体系，如第 33—36 条规定的租税义务人，第 37—50 条规定的租税债务关系，第 218—232 条规定的税收债权的实现、清偿期和消灭，第 240—241 条规定的税收担保，第 268—280 条规定的连带债务的分配等。《克罗地亚税收基本法》借鉴了《德国租税通则》，主要通过第四章和第五章构建了较为完备的债法体系，如第 18—24 条税收债务关系的一般规定、第 115 条规定的税款和利息的抵销、第 156 条规定的保全等。日本《国税通则法》中也有大量税收债法的表述，其中，最为特别的是有多条关于税收债权的规定直接援引了民法中的相关规定，例如，第 42 条明文规定国税征收中的税收代位权和税收欺诈取消权准用《日本民法典》第 423 条（债权人代位权）和第 424 条（欺诈行为取消权）。我国《税收征收管理法》中也开始引入一些私法之债的制度，如纳税担保权、税收优先权、代位权、撤销权等。

凡涉及经济与财产中权利的讨论都脱离不了对私法的讨论，“离开对私法的研究，我们往往不能对权利的状况得出清晰的概念。”[1]作为一种公法之债权的抵扣权即便与私法之债存在诸多不同，但上述立法实践至少说明我们可以借用私法之债的分析框架研究抵扣权内部的核心要素。此种债法植入税法的研究思维不仅可行，而且有利于深入抵扣权运行的税理和债理，厘清公法、

〔1〕 周建明：《个人在经济中的权利——关于理论、历史和体制改革的思考》，人民出版社 1989 年版，第 9 页。

私法债权的边界，协调好两者之间的关系，具有相当的必要性。

一、抵扣权的主体解明

权利如果不通过社会关系连接到社会关系的支配者和承担者并真实反射到生活中去，那么权利永远只能存在于人虚妄的意识之中。因此，对抵扣权的主体要素的深入研究极为重要。权利总是与义务相对应，权利的主体是权利指涉的法律关系的参加者，即法律关系之中的权利享有者和义务承担者。[1]也就是说，抵扣权的主体就是在抵扣法律关系中的权利支配者和义务承担者。考察域内外抵扣权相关立法可以看出，相比于其他纳税人权利，抵扣权主体的界定具有独特性和拓展性。

（一）抵扣权的权利主体

1. 抵扣权权利主体的一般标准

抵扣权与增值税债权是一对“逆向”债权，原则上增值税应覆盖所有的商品和服务。根据增值税基本原理，增值税纳税人在承担纳税义务的同时，就应当享有与纳税义务对应的抵扣权。抵扣权是作为增值税纳税人的“身份象征”。[2]在此情境下，抵扣权的权利主体也就是增值税债权的义务主体，即增值税的纳税义务人。例如，我国增值税法中虽未明确提出抵扣权的主体，但对抵扣主体的表达方式就是“纳税人”。[3]概言之，在理想增值税税制下，增值税纳税人就是抵扣权的权利主体，或者说增值税纳税人都有资格成为抵扣权的权利主体。

---

〔1〕参见卢云：《法学基础理论》，中国政法大学出版社 1994 年版，第 311—313 页。

〔2〕参见张钟月：“‘营改增’背景下的增值税立法研究”，中央财经大学 2016 年博士学位论文。

〔3〕《增值税暂行条例》第 4 条规定：“……纳税人销售货物、劳务、服务、无形资产、不动产……应纳税额为当期销项税额抵扣当期进项税额后的余额……”

立法实践中，不同国家对增值税纳税人的表述不尽相同，抵扣权的权利主体范围自然存在差异。欧洲是增值税的发源地，也是目前国际上增值税税制最为发达和完善的地区。作为成员国增值税法制定的基础，《欧盟 2006 年指令》专设第三章纳税人章节，其中第 9 条第 1 款明确规定，在任何地方独立从事任何经济活动的任何人都是增值税的纳税人，无论其经济活动的目的和结果为何。对于经济活动（economic activity），该条款以列举的方式作出了解释，即生产商、贸易商或服务提供者的任何活动，包括矿产业、农业和自由职业活动。“独立”（independently）进行经济活动是为了将雇主和雇员进行区分，依据雇佣合同或通过其他法律手段建立雇佣关系的雇员被排除在增值税纳税人范围之外。值得一提的是，国家、地区和地方政府以及其他受公权管辖的机构因从事经济活动导致严重的竞争扭曲也可以成为增值税纳税人。概括来说，《欧盟 2006 年指令》中增值税纳税人的划定标准是以经济活动的实施为核心，增值税意义上的经济活动体现出广泛性、经常性、独立性，以及活动的目的、理由和结果的非相关性。当然，《欧盟 2006 年指令》是采用列举方式界定的增值税纳税人的范围，这种方式存在“以偏概全”的弊端，不能囊括所有可能构成经济活动的情形。为适应多变的经营形式、应对纳税人在增值税中的逃避税问题，欧盟法院通过判例的方式拓宽纳税人概念的界定和解释范围。这一点从《欧盟 2006 年指令》第 9 条第 2 款“为持续从有形资产或无形资产中获得收入而开发有形或无形资产的活动也被视为经济活动”这一兜底性质的补充条款中体现出来。

在现代增值税家族中，欧洲增值税因复合税率和过于宽广的免税范围也被称为传统抵扣型增值税，而新西兰增值税实行单一税率和免税范围最小化被称为现代抵扣型增值税。[1]新西兰增值税的纳税义务人是指在新西兰境内给付商品或服务的已登记纳税人和进口货物到新西兰的进口商。同时，通过列举的方式，新西兰增值税规定对集团登记和分支机构登记的部门、无常设机构的企业、税务代表等纳税人主体资格也进行了说明。

《日本消费税法》第5条是纳税义务人条款，在日本国内转让课税资产和进行特定采购的事业者（第1款）以及从保税区购买外国货物的人（第2款）是增值税的纳税人。对该条第1款先搁置不论，需要特别解释的是该条第2款。购买人从保税区购买外国货物至日本境内是一种进口行为。进口本质上只是一种事件的经过，并非法律上的交易行为。私人消费者虽然并非该条第1款所说的营业人但同样可以称为进口人，成为增值税纳税人。[2]对我国而言，随着营改增全面推行，现行增值税纳税人是以前增值税纳税人与营业税纳税人的合并产物。我国《增值税暂行条例》第1条，即采用列举的方式规定了增值税纳税人：在我国境内销售货物、加工修理修配劳务，销售服务、无形资产、不动产以及进口货物的单位和个人，为增值税纳税人。

比较而言，除我国采用列举的方式列明增值税纳税人的范围之外，无论是以欧盟为代表的传统抵扣型增值税法，抑或以新西兰为代表的现代抵扣型增值税法，还是日本等大陆法系国家均普遍采用了“概括一般标准+列举特例说明”的方式。总结概括前述立法实践可以发现，增值税纳税人至少应包含以下要素：①经济要素，即一种经济活动，以营利为目的或非以营利

---

〔1〕 参见［日］鎌倉治子：《諸外国の付加価値ぜ》，国立国会図書館2018年版，第12页。

〔2〕 参见陈清秀：“营业税之税捐主体与客体之探讨”，载《当代财政》2013年第25期。

为目的但事实上获取了利益或对价；②行为要素，即表现为纳税人的某种经济行为，如“提供”“销售”“进口”；③空间要素，即经济行为与本国、本领域建立联系，在本国或本领域的范围之内，这种联系可以是纳税人本体抑或其常设机构。无论是国家、营利或非营利组织还是个人只要同时符合上述三个要素，都可以成为抵扣权的权利主体。更有学者主张，即便是不具有独立民事主体资格的某种财产集合，如资管产品项目，也可以成为抵扣权的权利主体。[1]

2. 抵扣权权利主体的例外排除

增值税极强的技术性体现在课税对象的三重技术处理、法定纳税人替代真正纳税人、抵扣机制的创造、专用发票等方面，但纳税人避税的天性决定了增值税的征纳不可能完全依靠或者说主要依靠纳税人的自觉。增值税运作的顺畅程度最终取决于征管技术和人员配置。税收中性是增值税的立身之本，但至少从征管角度出发，完全的税收中性也只是增值税创造者的理想和获得各方利益群体支持的说辞。因此，各国立法成例中，出于征管方面以及政策方面的特殊考量，抵扣权的权利主体范围始终要小于增值税纳税人的范围，而导致此种现象的制度性原因主要有两个，即免税制度[2]和小规模纳税人制度。

根据我国《宪法》规定，我国公民有依照法律进行纳税的义务。然而，国家出于政治、经济等政策目标，会给予某些纳税人或征税对象免征全部税款的特殊税收待遇，此即免税。免税是与不征税完全不同的概念，例如，我国《企业所得税法》

---

〔1〕 参见汤洁茵：“资管产品增值税的纳税人之辨——兼论增值税的形式主义”，载《法学》2018 年第 4 期。

〔2〕 严格来说，免税制度包括免税和零税率两种基本形式，两种形式在制度运行、目标等方面存在极大不同。此处的免税制度仅指不征税的免税，而不包括零税率。

第5条明确将不征税收入和免税收入并列作为计算企业每一纳税年度收入总额时的减除对象。不征税收入是相对于征税收入而言的，言外之意，免税收入是一种应税收入。[1]详析之，不征税即应纳税人或征税对象不在法律规定的征税范围之内，税收债权债务关系不成立，不负担纳税义务。免税是“免征税款”的简称，即虽然应纳税人或征税对象满足税收构成要件，税收债务债权关系已经成立，但作为债权人的国家通过法律规定免除了纳税人的税款缴纳之债务。实际上，免税本质上是一种税收优惠，一种特殊的减税措施，减税是从应征收税款中减征部分税款，免税就是将减税中的减征部分最大化，减征全部税款。在增值税法中，享受免税优惠待遇的纳税人与国家之间的债务债权关系已经成立，这部分主体在名义上已经成了增值税的纳税人，国家基于特定的政策考量给予他们以免税的税收优惠，免征全部增值税税款。既然这部分纳税人实际上没有承担缴纳税款的义务，即并未缴纳销项税额，自然不能享受进项税额抵扣的权利。概言之，在具体的税收债权债务关系中，享受免税的增值税纳税人并非增值税抵扣权的权利主体。

无谓的效率损失和经济扭曲是每个现代税种必然产生的附带产物。[2]长久以来，经济学家致力于减少甚至避免税收对经济的扭曲，这既是尊重市场规律，以市场作为资源配置的主要手段，从而贯彻税收效率原则的表现，又能实现市场公平竞争，避免纳税人从非经济因素考虑经济行为，是税收公平原则的必然要求。而免税制度破坏税收中性，存在以下弊端：首先，宽

---

〔1〕 参见吴金勇：“不征税收入与免税收入是不同概念”，载《中国税务报》2012年1月16日，第6版。

〔2〕 参见［美］曼昆：《经济学原理：微观经济学分册》，梁小民译，北京大学出版社2006年版，第162页。

税基是税收中性的重要保障，免税制度会侵蚀增值税税基。增值税税制特性要求其税基应保持足够的宽广度，应当覆盖市场中所有的商品和服务销售行为，不仅应避免在某些商品和服务中产生区别的税收待遇，而且需要应对产品从生产到最终消费全部的流转环节课税，避免在经济形式上产生歧视。增值税的免税则意味着对增值税税基的侵蚀，部分商品和服务的销售行为被免于征税，从而影响市场主体的决策，产生市场歧视效应。这种效应既可能发生在同类产品和服务销售者的横向维度，也可能发生在生产商、批发商、零售商之间的纵向维度，产生经济扭曲。其次，免税制度会导致抵扣链条的断裂。增值税免税纳税人不享有抵扣权意味着进项税额不能进行抵扣，经济主体以市场逐利为主要目的，这部分税额会通过转嫁的方式进入以后的流通环节并被重复课税。〔1〕这对下游的纳税人无疑是不公平的，他们需要多缴纳并非基于本环节增值计算而来的增值税税额，破坏税收中性。最后，每一个纳税人都处在抵扣链条之中，抵扣链条的断裂必然会使纳税人的决策和经营形势产生扭曲。一方面，享受免税待遇的商品和服务的成本会高于同类未享受免税待遇的商品和服务，使它们在市场竞争中处于不利地位。另一方面，免税会造成企业的集团化发展，因为企业如果从其关联企业那里获取进项就可以避免所购的商品或服务中包含的不可抵扣的进项税额。当然，免税制度同样会带来累进性和行政效益，所以免税的行使和范围是一个极为复杂的问题，需要综合考量。〔2〕

---

〔1〕 如果免税发生在零售环节，重复征税就可以被避免，但这种情况在增值税实践中很难得到保证。

〔2〕 参见杨小强、冼启旭："我国增值税法上的免税问题"，载《法治论坛》2008 年第 4 期。

小规模纳税人制度同样会产生某些增值税纳税人不能成为抵扣权权利主体的现象。小规模纳税人虽然是增值税的纳税人，但与一般纳税人不同，通常其经营规模较小，财务核算不健全，难以建立可以反映真实交易情况的账簿经营记录，也不具备管理抵扣凭证和申报抵扣的经济能力。如果将一般纳税人的抵扣规定适用于小规模纳税人，就会使增值税的管理变得极为困难和复杂，不符合稽征经济原则。[1]因此，小规模纳税人适用的计税办法较为简单，通常针对销售额征收较低的税率，而不进入抵扣链条之内，不缴纳销项税额也不允许抵扣进项税额。概言之，小规模纳税人制度是作为增值税抵扣机制的必要补充而存在的，制度目的在于提升征管效率、降低征管成本，具有一定的积极意义。但不可否认的是，该制度使增值税纳税人身份出现差异，切断了增值税的抵扣链条，背离增值税税制设计初衷。当然，是否采用小规模纳税人制度需要各国根据本国的国情进行选择。

（二）抵扣权的义务主体

在美国伦理学家格维尔茨的权利结构理论中，权利的结构可以理解为：甲由于 A 而对乙享有 B 的权利。那么权利的结构中就存在五个要素：①权利的主体要素，即享有权利的甲；②权利的性质要素；③权利的原因要素，即甲主张对乙享有权利的原因 A；④权利的客体要素，即权利所指向的 B；⑤权利的回答人，即承担义务的主体乙。[2]主张权利的主体要素和权利的回答人同样重要，共同构成“主体”这一法律概念。其中，权利

〔1〕 参见杨怡：“我国增值税小规模纳税人征管政策调整分析”，厦门大学 2008 年硕士学位论文。

〔2〕 参见杜学文：“试析和平权之权利主体与义务主体——兼评人权之权利主体与义务主体”，载《山西大学学报（哲学社会科学版）》2011 年第 4 期。

的回答人乙是否履行义务对权利能否实现、如何实现都产生最为直接的影响，权利的义务主体构成权利实现的核心要素。[1]在税收债权债务关系理论中，基于债的相对性，国家与纳税人具有双重身份，纳税人既是税收之债的义务主体也是纳税人权利的权利主体，国家既是税收之债的权利主体也是纳税人权利的义务主体。既是如此，纳税人与国家作为税收之债的两方主体都理应受到同样的关注和重视。遗憾的是，由于税收的先义务属性，现行研究更多关注纳税人一侧，即税收之债的义务侧面和纳税人权利侧面，却极少关注国家义务一侧。

抵扣权的权利主体是已承担了增值税纳税义务的纳税人，与之对应，国家作为税收债权的权利主体顺理成章地成了抵扣权的义务主体。简言之，抵扣权的义务主体是国家。需要注意的是，此处的国家是相对于公民而言的概念。从社会契约论角度出发，国家与公民之间是一种相互依存的关系，公民之间签订契约产生国家并赋予国家权力，在赋权范围内进行政治、经济和社会管理职能。国家课税权即典型的权力代表。国家课税权来源于国家的政治权力，依靠课税权以税收形式把私人占有的一部分社会产品转化为国家所有。[2]国家不是一个“看得见、摸得着”的具体机构，而是一个抽象的概念或者说组织，包括征税在内的国家职能的实现仰赖于一整套由国家建立的组织机构，如中央政府、地方政府以及政府下设的具体职能部门等。

从税收债权方向切入，纳税人作为债务人，无需理解税收之债中“国家”的具体含义和范围，总有“国家的代表”出面从他们手中收取税款。至于这个“国家的代表”到底是中央政

---

〔1〕 参见陈佑武、李步云：“论人权的义务主体”，载《广州大学学报（社会科学版）》2012 年第 3 期。

〔2〕 参见王美涵主编：《税收大辞典》，辽宁人民出版社 1991 年版，第 208 页。

府、地方政府、税务机关还是代扣代缴人，对纳税人而言都不甚重要。抵扣权法律关系则迥然不同。纳税人抵扣权的实现仰赖于作为义务主体的国家履行，此时的“国家”是抵扣债权的债务人，这个债务人必须是有具体明确指向的，“国家的代表”也必须是纳税人能够“看得见、摸得着”的。唯此，抵扣债权方能具体实现。

如此说来，对抵扣权义务主体的理解不能简单局限于国家，国家仅是抵扣权名义上的义务主体，还应深入“国家的代表”层面。这就涉及抵扣权的实际义务主体和抵扣权的义务执行主体两个全新的概念。

对纳税人而言，抵扣权的义务主体不能是抽象的国家，抵扣权义务主体的具化是纳税人“有的放矢”实现抵扣权的前提条件。广义的政府通常用来代表国家，是指国家权力的一切机关，包括国家政府和地方政府，“常用来代表国家的政府”和“国家”实际上是一个概念。[1]换言之，抵扣权实际义务主体是相对于抵扣权名义的义务主体而言的，探讨的是抵扣权的实际义务主体是中央政府还是地方政府的问题。根据债的相对性，增值税纳税人向谁履行了纳税义务，哪级政府征收管理了纳税人缴纳的增值税，其就是纳税人抵扣权的实际义务主体。也就是说，判断抵扣权实际义务主体是哪级政府，关键在于增值税的税收管理权和收入归属。

依据税收管理权和收入归属，税收可分为中央税、地方税和共享税。税收管理权和收入支配权为中央政府所有的税收，为中央税；税收管理权和收入支配权为地方政府所有的税收，为地方税；税收收入为中央与地方政府按照分成比例共同享有

〔1〕 狭义的政府，指的是中央和地方政府的行政机关。参见张锦成、王学朝：“浅谈政府与国家的关系”，载《中学政治教学参考》2010年第8期。

的税种，为中央和地方共享税，简称共享税。[1]如果增值税作为中央税，纳税人向中央政府履行纳税义务，抵扣权的实际义务主体即为中央政府。若增值税作为地方税，纳税人向地方政府履行纳税义务，抵扣权的实际义务主体即为地方政府，如巴西开征的州增值税。[2]较为特殊的是增值税为共享税的情形。作为债务标的的税款由中央政府和地方政府共享，意味着纳税人实际上是向中央政府和地方政府两级政府履行了税收之债，中央政府与地方政府都是抵扣权的义务主体。我国增值税采用央地分成的方式，即属此种情况。此时，中央政府与地方政府均为抵扣债权的债务主体，对作为抵扣债权人的纳税人而言，中央政府与地方政府承担的是连带之债，因为纳税人是依照国家课税权的强制力对国家承担纳税义务的，国家或者说政府（包括中央政府和地方政府）是作为一个整体而言的，政府理应对应地承担全部的抵扣之债，而不论中央政府和地方政府之间的分成比例。在中央政府和地方政府之间，双方既然按照分成比例享受税收收入，也理应按照分成比例承担抵扣之债。这一论断对于我国全面营改增后的增值税法实践具有重要意义。在此理论支撑下，面对大量的增值税留抵退税问题，抵扣权义务主体既为中央政府和地方政府，留抵退税额度也应当由中央政府和地方政府按照增值税分成比例分别承担，而不是由地方政府独立承担。

落实到实践征管中，对纳税人而言，抵扣权的义务执行主体是国家税务主管部门。国家税务主管部门隶属政府行政系统，

---

〔1〕 参见张守文：《税法原理》（第四版），北京大学出版社 2004 年版，第 14 页。

〔2〕 参见吕冰洋、蔡红英、崔茂权："实现消费地原则的增值税改革：政府间财政关系的破解之策"，载《中央财经大学学报》2015 年第 6 期。

是政府中领导和组织国家税收工作的行政管理机关，也是贯彻国家税收政策、法律，组织收入的职能机关。[1]无论是税收权力关系说还是税收债务关系说，税务机关都无须出现在税收法律关系之中，但国家或者政府的征管职能必须依赖于具体的职能部门去执行，特别是增值税这种技术性极强的法律规范，有必要确立其作为抵扣权义务执行主体的法律地位。在存在多级税务机关的情况下，抵扣权的义务执行主体同样存在类似于中央政府与地方政府征管关系的问题，在此不再赘述。需要特别说明的是，在增值税为共享税的情况下，在具体的增值税征纳中，出于便利纳税人、提升征管效能、节约行政资源等方便的考虑，抵扣权的义务执行主体并不会出现多个实际义务主体的情况，而应确定一个义务执行主体。换言之，主管纳税人申报、缴纳增值税的税务机关即为纳税人抵扣权的义务执行主体，否则，可能会陷入纳税人向地方税务机关缴税却要向中央税务机关行使抵扣权并要求返还进项税额的窘境，不仅为纳税人带来极大的不便，还会降低行政部门的征管效率，浪费行政资源。

二、抵扣权的客体界定

客体起初是一个哲学概念，它是与主体相对应的。在哲学领域，客体首先是相对于主体而言，是主体活动所指向的对象。人类社会所有的主体都可以归于人，是相对于自然而言的有思想的人，而人生活于世不能仅依靠自己脑中的思想生存。在物质层面，为满足生存需要的衣食住行都需要付诸相应的实践活动。而在意识层面，思想的运转建立在认知活动之上，这些活

〔1〕 参见王美涵主编：《税收大辞典》，辽宁人民出版社1991年版，第207页。

动必须建立在有指向性的对象之上才有意义。尽管对象与客体并非完全等同，但对象确实可以较为贴切地形容客体，并易于理解。客体即是一种对象，对象必须是存在的而不能是虚无的，对象也必须是客观存在而非主观的观念存在，因为客体既然是思想意识所指向的，必然处在思想意识之外。〔1〕另外，客体不能与主体割裂，因为人的实践活动是受人的思想决定的，依照人的意志并通过物理行为作用于客体，同时人的认识活动也是人的思想主导的对客体形成的观念认识。主体的差异性导致客观存在的同一个客体会表现出差异性，例如，同样的光谱在普通人眼中以红色的形式展现，而对于红绿色盲症的人来说却是以绿色的形式展现。同时，客体会如主体一样具有历史性。例如，在分子刚被发现的时代，科学家并不会想到原子才是构成世界的最小单元，甚或在将来会发现更小的结构单元。

“客体”概念由法学家从哲学范畴引入法学范畴，与展现法学特质的“法律关系”与“权利”概念相结合。因此，在法学范畴中，我们通常所说的客体指的是法律关系客体或权利客体。实际上，各类法律关系只是法律中的一个个单元，在每个单元中通过“权利—义务”锁链连接形成了人与人之间的关系。〔2〕也就是说，法律关系不涉及主体和客体之分，它是相比于主体、客体更宏观一层的概念，法律关系之中包括权利、义务等内容，自然包括权利客体、义务客体这些子概念。法谚有云：“不存在无权利之义务，也不存在无义务之权利。”权利客体与义务客体虽是不同的概念，不可混同，但基于权利与义务存在概括的一

〔1〕参见王坚：“路权研究——以公路及城市道路为中心”，西南政法大学2012年博士学位论文。

〔2〕参见曹相见：“权利客体的概念构造与理论统一”，载《法学论坛》2017年第5期。

一对等关系，讨论权利客体与义务客体在本质上并无不同，择其一探讨即可。[1]对权利的说明归根结底是对作为权利主体的人自由意志的说明，自由意志必须通过某种看得见、摸得着的外部表现形式展现出来，权利的客体概念也就有了存在的意义。概言之，权利的客体是权利欲予以保护利益的外部具体化，而权利本质通常被理解为一种利益或意志自由，因此，权利的客体实质上是主体的利益与自由意志的交汇点。[2]需要注意的是，权利客体由哲学移植而来，两种语境下的客体之间存在一定的共性，但法学作为一门具体的学科，抽象与概括程度远不及哲学，法律权利的客体也就具有了发散性和情景性，相较于哲学中的客体更加多样，既可能是一种具体的物质存在，也可能是一种非具体的观念存在；既可能是实际存在的事物，也可能是一种制度，如法律权利。[3]

原则上，在享有权利的主体方面，增值税之债的义务主体即为抵扣权的权利主体，但在客体方面，增值税之债的客体与抵扣权的客体存在差别。在税收之债中，税收客体又叫作课税对象、课税客体，是指课税的直接对象或标的，它说明的是对什么课税的问题。[4]通常，税收客体必须能够真实地反映出纳税人的税收负担能力，因此，它通常以能够表征纳税人经济能力的形态展现出来，如所得、财产、消费或者上述因素的组合，方能契合税收公平的法治要求。[5]当然，绝对的公平只是存在

〔1〕 参见曹相见：“权利客体的概念构造与理论统一”，载《法学论坛》2017年第5期。

〔2〕 参见方新军：“权利客体的概念及层次”，载《法学研究》2010年第2期。

〔3〕 参见方新军：“权利客体的概念及层次”，载《法学研究》2010年第2期。

〔4〕 参见施正文：《税收债法论》，中国政法大学出版社2008年版，第51页。

〔5〕 参见陈清秀：“量能课税与实质课税原则（上）”，载《月旦法学杂志》2010年第183期。

于假想的理想国之中，税收客体的选择也只能是相对的正义。在税收公平原则之外，立法者同时需要考虑政策需求和行政效率两个因素，这两个因素都会导致税收客体偏离展现纳税人税负能力的理想标准。增值税的税收客体经历“消费能力—消费行为—增值额”的转换即是税收公平原则与其他两个因素相互妥协的结果。概言之，增值税之债中的税收客体为增值额。但显而易见的是，增值额无法成为抵扣权的客体，因为抵扣权的客体不是为了解决对什么课税的问题，而是为了解决纳税人与国家如何建立抵扣权利义务关系的媒介问题（如图6）。权利是法律连接人与人而形成社会关系的工具，那么所谓的权利客体就是人与人之间的媒介罢了。[1]

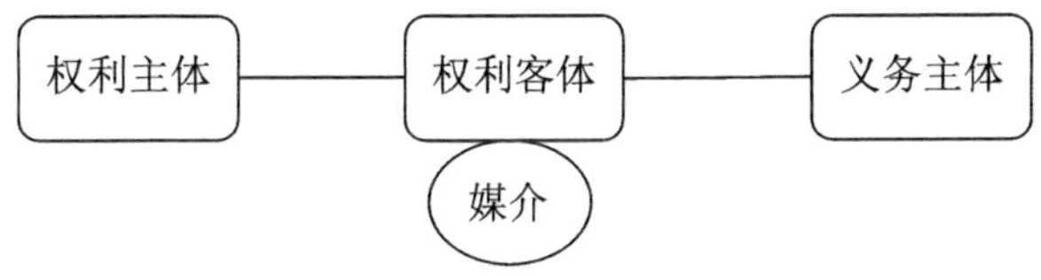

图6　权利客体媒介示意图

抵扣权乃公法之债权，隶属财产权范畴，其客体的讨论也应回归财产权和债权的语境下。在民法语境下，财产权包括物权、债权、知识产权等，通常认为，财产权的客体可以是物、智力成果、行为、权利等。[2]物权作为一种财产权，其客体比较明确，即物，至于只能是传统上的有体物还是可以延伸到有价证券、知识产权等无体物之上，仍需进一步讨论。虽然笔者

〔1〕参见方新军：《权利客体论——历史和逻辑的双重视角》，中国政法大学出版社2012年版，第100页。

〔2〕参见李杨、熊莹：“权利客体的民法解构”，载《南昌航空大学学报（社会科学版）》2010年第2期。

认为物权客体既可以是有形物也可以是无形物，但这一论断及论证过程并非此处的讨论重点，在此不作赘述。[1]而对债权而言，现行通说中债权的客体是行为，那么抵扣权作为一种公法之债，其客体应被理解为抵扣行为。[2]然而，对于债权的客体存在的争议要远远多于物权。例如，方新军认为权利的客体要根据不同权利所处的层次进行具体区分，在他的四层权利体系中，债权主要作为第二层次的权利，第二层次的债权的客体是它对应的第一层次的权利；史尚宽强调，债权的客体与债权的标的具有本质区别，前者是债务人本身，后者为债务人的行为[3]；季秀平认为，债权客体是债务人的行为的通说，是一种未经严格论证的错误论断，会导致权利的客体与权利的内容相互混淆，债务人的行为仅是债务的内容，债务人自身才是债权的客体。[4]“债权的客体是行为”的通说仅代表着该学术观点出现较早且应用范围较广，并不意味着说服力更强。易言之，对债权的客体的讨论并无较具说服力的定论，各家众说纷纭，百花齐放。

在偌大的权利体系特别是民事权利体系中，有形物财产权、无形物财产权、身份权、人格权作为前置位序的权利是一种原始权利，其客体的争论之声相较于后置位序的债权、各种商事权利的客体争论之声微乎其微，且对于物权客体的研究至

---

〔1〕 相关讨论可参见吴汉东：“财产权客体制度论——以无形财产权客体为主要研究对象”，载《法商研究（中南政法学院学报）》2000 年第 4 期；杨紫烜：“财产所有权客体新论——兼论公司财产权和股东财产权的客体”，载《中外法学》1996 年第 3 期。

〔2〕 参见梁慧星：《民法总论》，法律出版社 2007 年版，第 147 页；王利明主编：《民法》，中国人民大学出版社 2010 年版，第 41 页。

〔3〕 参见史尚宽：《债法总论》（第三版），中国政法大学出版社 2000 年版，第 231 页。

〔4〕 参见季秀平：“对债权客体的重新认识”，载《南开学报（哲学社会科学版）》2007 年第 2 期。

少为物权确立了一个空间效力范围，而对债权客体讨论的自说自话似乎对研究债权法律关系的性质、内容、效力没有产生任何实质性的效用。[1]甚至可以说，将抵扣权的客体界定为一种抵扣行为、一种财产权或者义务人自身都具有合理性，也不乏论据佐证，最后都可以形成各自的逻辑自洽。然而，对抵扣权客体的探讨决不能仅停留在学者们的智识思考层面，必须根植于税法语境之中，并赋予抵扣权客体以实际功能。权利客体的确定必须建立在具体的权利关系语境下，而不能陷于抽象概念演绎的桎梏。[2]

财税法是一门公共财产法，以财产性与公共性为主要特征，具有规范财税行为、促进社会公平、保障经济发展的功能价值。财税法中最重要也是最基础的关系是国家与纳税人的关系，财税法既具有公共财产法属性，推动国家与纳税人之间的良性互动。将纳税人由被调控、管理的地位转变为相对平等的对话对象，倾听并满足纳税人的关切，对财税法治建设至关重要。[3]对纳税人而言，相比于税法的定位、税种的识别等定性问题，他们更关心自己需要缴纳的税款数额、自己在多大范围内掌握纳税人权利以及可以维护多少利益等定量问题。相比于其他部门法，财税法堪称与定量问题最为接近的“数字法学”。正因如此，作为税法建构和运行基础的税收构成要件分化成定性要件与定量要件。一方面，定性要件用于识别税收债务是否成立，解决的是可税性问题，另一方面，定量要件在定性的前提下关注税收

〔1〕参见梅夏英：“民法权利客体制度的体系价值及当代反思”，载《法学家》2016年第6期。

〔2〕参见何松威、李建华：“民法体系语境下民事客体理论的权利思维”，载《当代法学》2019年第1期。

〔3〕参见刘剑文：“财税法功能的定位及其当代变迁”，载《中国法学》2015年第4期。

债务的计量，解决的是应税性问题。[1]虽然定性要件在位序上先于定量要件，但对纳税人而言，税收定性的法律性和专业性始终是纳税人难以理解也不甚关心的内容，定量要件则能通过计税依据、税率、应纳税额等极易数字量化的要素向纳税人展示其税收权利义务的多寡。因此，从纳税人一侧观之，税收定量构成要件应尽可能清晰、简明、易懂，而达成这一目的的前提是确定一个科学、合理的税收客体。客体的研究对于税收之债如此，对于抵扣债权更是如此。

如此说来，在客体理论“公说公有理、婆说婆有理”“为了研究而研究”的情况下，抵扣权客体的选取应尽可能有利于抵扣权的定量研究、尽可能有利于纳税人量化抵扣权。甚或是，抵扣权的客体应具有某种易量化性。例如，客体本身具有直观的量化潜质，或者说客体能够推导出便于定量的权利内容。将抵扣权的客体确定为抵扣行为或者义务人（国家）都欠缺这种直观效果，相比之下，财产权作为抵扣权的客体量化效果更佳。这里的财产权是相对于后置位序债权的前置位序的权利，前置位序的财产权是由它产生的后置位序的债权的客体。权利作为债权的客体不难理解，举例而言，甲将一辆汽车卖给乙，那么乙对甲享有的债权的客体就是甲对汽车享有的财产所有权，相较于甲对乙享有的债权，其客体就是乙对金钱的所有权。

在增值税法律关系之中，国家与纳税人之间实际为一种格式合同关系，国家享有对纳税人缴纳增值税的债权，纳税人承担增值税债务，基于合同的内容即具体税制要求，纳税人同时享有要求返还进项税额的抵扣权，国家负有返还进项税额的义

〔1〕 参见叶金育：“税收构成要件理论的反思与再造”，载《法学研究》2018年第6期。

务。国家享有的税收之债的客体是增值，通过增值连接纳税人，通过增值指向作为权利对象的纳税人的财富能力，即金钱。纳税人享有的抵扣权的客体是进项税额等值的财产权，通过财产权指向权利的对象，即金钱。营业人作为增值税纳税人代替消费者预先代缴一部分税款（进项税），对这部分税款所对应的金钱本身享有财产权，只是为了税制运行暂时将这部分财产交由国家保管，待满足法定条件时国家应将这部分财产返还给纳税人。概言之，抵扣权客体就是作为权利主体的纳税人对预先交给国家保管的那部分财产享有的财产权。财产权作为抵扣权客体，量化债权债务关系的功效显而易见。财产权这一词汇本身的意旨较行为、义务人也更具定量意味，因为财产权对纳税人而言就是最直接、极易量化的金钱的代名词，但提及行为、义务人这些抽象法律概念，纳税人通常不易直接关联到财富的量化。更何况，这部分财产本就是纳税人所有，只是暂时“代人受过”替消费者预先代缴，国家“如数奉还”是理所应当之事。再者，财产权所指向的权利对象就是金钱财产，这相比于其他客体指向的对象更加易于量化。

三、抵扣权的内容解构

主体特殊性是导致公法之债与私法之债之间产生差异性的重要原因。权利主体对于权利的重要性毋庸置疑，但任何法律关系都必须建立在具体的内容之上。在民主、文明与法治的催动下，人们对权利的关注不再停留在“谁享有了权利”的表面问题上，而是深入“谁享有了什么权利”的权利内容问题之上。判断某一项具体权利是否重要的主要依据已经从权利的主体要素转向了权利的内容要素，因为权利的内容向人们具体展示了社会关系的本质特征。[1]权利的内容由权利派生而来，通常指的是权利所拥有的权能，对抵扣权内容的研究首要是把握抵扣权的权能。权利的权能是权利性质的直接反映，不同类型的权利享有的权利内核不同，具体的权能迥异。物权是权利人对标的物享有支配的绝对权利，具有对物关系的支配性和对人关系的绝对性，物权的上述特性使它具有占有、使用、收益、处分的实行权能。债权则与物权不同，它是请求特定人为特定给付的权利，无论将客体看作某种权利、行为还是义务人，都对标的不具有绝对性，而表现的是一种请求性。[2]学界对债权的权能缺乏系统的探讨，多是在其他问题中附带提及，不同学者出于不同的视角作出了不同的归纳概括，但综合来看，给付请求权都是债权权能不可或缺的组成部分，是债权权能体系的核心。请求权可谓是债权发挥作用的枢纽[3]，“请求权是债权的主要内容”[4]，这也是缘何人们将债权通称为债权请求权。

如此说来，请求权虽并非债权权能的全部，债权权能体系也尚无定论，但将请求权作为债权权能的核心大抵可以获得多数学者的认可。因此，对于抵扣权的内容也主要围绕请求权展开。

税法的特殊性决定了定性问题和定量问题是任何税法问题不可偏废的两个层面，两者分属税收基础与税收结果范畴：税法的定性问题解决的是何种经济行为应当课税、应当课予何种税、由谁纳税等基础问题，一旦定性问题得出结论后，税收定量立刻展开，具体化纳税人就经济事实应当给付的税收

〔1〕 参见王坚：“路权研究——以公路及城市道路为中心”，西南政法大学2012年博士学位论文。

〔2〕 参见覃远春：“债权基本权能略论”，载《河北法学》2006年第5期。

〔3〕 参见王泽鉴：《法律思维与民法实例》，中国政法大学出版社2001年版，第64页。

〔4〕 参见王利明：“论债权请求权的若干问题”，载《法律适用》2008年第9期。

数量。[1]从权能角度探讨抵扣权的内容是远远不够的，抵扣权的权能反映的是抵扣权内容的定性问题，我们还需探讨抵扣权内容的定量问题，即抵扣权内容的具体展开，纳税人究竟可以在多大的范围内行使抵扣权，是仅限于进项税额本身还是能够拓展到其他范围。相比于抵扣权内容的定性问题，抵扣权内容的定量问题才是纳税人与税务机关更为关心的，也是最具实践意义的问题。

（一）定性内容：进项税额返还请求权

税收债务关系理论下，在满足税收法定构成要件后，纳税人依法应当负担缴纳税款的给付义务。从这一层面讲，税收债务关系就是围绕给付请求权进行构建的。其中，税款给付请求权是税法中最主要的给付请求权，又可称为主给付请求权。在增值税法中，国家享有要求纳税人缴纳增值税款的给付请求权，这种给付请求权是建立在销项税额给付请求权和进项税额返还请求权之上的。回归到产品生产销售环节之中，增值税纳税人在向前一环节营业人购进材料、半成品、产品时，需要由前一环节营业人代收进项税额并缴纳给国家，此时纳税人尚不享有进项税额返还请求权，纳税人在半成品、产品等销售给下一环节营业人时同样会从后一环节营业人那里代收销项税额，即国家享有要求纳税人缴纳销项税额的给付请求权。基于增值税的税制原理和税收中性的要求，增值税纳税人实际负担的税负应当为零，所以在满足诸如发票、下一环节为营业人等条件时，纳税人就实际享有了向国家请求返还进项税额的权利。增值税应纳税额计算公式“应纳增值税额=销项税额-进项税额”即可转换为“增值税给付请求权=销项税额给付请求权-进项税额返还请求权”的请求权抵销公式。

---

〔1〕参见叶金育：“税收构成要件理论的反思与再造”，载《法学研究》2018年第6期。

进项税额返还请求权并非不可拆分地要求债务人一次性给付完成，而是一种可分的给付请求权。例如，我国《增值税暂行条例》第4条规定的留抵退税制度，即将进项税额返还请求权进行了拆分，已经实现的那部分请求权从全部请求权扣除后，余下的部分可以结转以后期限再行行使。进项税额返还请求权的可拆分属性也是增值税留抵问题能够产生的前提。进项税额返还请求权是一种可分的金钱给付请求权，在税法实践中也确确实实将这种返还请求权进行了分割，由国家分多次向同一纳税人履行抵扣债务。显而易见，进项税额抵扣向后结转对作为抵扣债权人的纳税人没有丝毫收益可言，纳税人还付出了资金运作的时间成本。申言之，抵扣债权人受债务人“迫使”不得以分多次向债务人行使进项税额返还请求权，随之产生的问题是，债务人就未履行的抵扣之债是否应当承担利息？在何种情况下应当承担？进项税额返还请求权是否包含利息返还？上述问题涉及返还税款的具体范围，是抵扣权内容的定量问题，下文详述之。

（二）定量内容：返还税款的具体范围

抵扣权内容的具体范围是指纳税人可以要求国家返还税款的具体额度。抵扣权既是一种进项税额返还请求权，顾名思义，返还税款的范围即为进项税额。本环节纳税人的进项税额主要由上一环节纳税人的计税依据和税率决定。举例而言，我国《增值税暂行条例》第8条第1款规定：“纳税人购进货物、劳务、服务、无形资产、不动产支付或者负担的增值税额，为进项税额。”第5条规定：“……销项税额=销售额×税率”。此外，对待特殊的应税行为会适用特殊的进项税额计算办法。例如，根据《增值税暂行条例》第8条第2款第3项的规定，购进农产品的进项税额等于购买价格乘以扣除率。

如前文所言，进项税额返还请求权即要求返还进项税额等额的金钱，在国家“分期还款”的模式下，国家实际占用了纳税人“时间价值”方面的成本金钱，压缩企业资金流，变相成了企业额外的税收负担，侵害了作为抵扣债权人的纳税人的利益，此时就有必要探讨国家就未返还那部分税款是否需要支付利息的问题。特别是在“分期还款”没有分期次数限制的情况下，这一问题更为凸显。综观之，本部分需要回答的问题是：其一，在国家“分期还款”模式下，国家需不需要支付未抵扣完进项税额的那部分税款产生的利息？其二，产生上述结果的依据为何？其三，产生的利息是否在抵扣权的行使范围之内，即进项税额返还请求权是否包括进项税额利息返还请求权？

为回应上述问题，我们首先应当明确的问题是，税法之中“分期还款”模式的本质。在税法中依据主体不同将“分期还款”分为两种，即纳税人分期纳税和国家的分期返还税款。前者发生在税收之债中，债权人为国家，债务人为纳税人，纳税人将本该一次性缴纳的纳税义务拆分后进行分期纳税，个人所得税个别政策中即存在此种情形。〔1〕这种分期纳税的本质是作为债权人的国家主动放弃税款的期限利益和利息利益，拆分税

〔1〕 例如，《财政部、国家税务总局关于个人非货币性资产投资有关个人所得税政策的通知》（财税〔2015〕41号）规定，以非货币性资产投资应缴纳个人所得税，根据《关于个人非货币性资产投资有关个人所得税征管问题的公告》（国税公告〔2015〕20号）规定，以发生非货币性资产投资行为并取得被投资企业股权的个人为纳税人并采取自行申报缴纳的方式。考虑到以非货币性资产投资的纳税人投资时并没有取得现金收入，缺少缴税所需现金，因此《财政部、国家税务总局关于个人非货币性资产投资有关个人所得税政策的通知》第3条规定，以非货币性资产投资的纳税人一次性缴税有困难的，可合理确定分期缴纳计划并报主管税务机关备案后，自发生上述应税行为之日起不超过5个公历年度内（含）分期缴纳个人所得税。据此，纳税人可以合理确定分期缴纳计划以将纳税义务合理分摊到各年度，并根据《关于个人非货币性资产投资有关个人所得税征管问题的公告》第8条的要求报送《非货币性资产投资分期缴纳个人所得税备案表》及其他相关资料。

款给付请求权，允许纳税人分期偿还税收之债。但在国家分期返还税款法律关系中，债权人是纳税人，债务人为国家，国家将返还税款的义务强制拆分后向债权人分期履行，进项税额抵扣的结转即为此类。

国家允许纳税人分期缴纳税款的问题争议不大，因为在税收之债中国家是债权人，自然有权利主动放弃税款的期限利益和利息利益，但将此种做法适用于进项税额抵扣结转时就会产生问题，因为在抵扣之债中，国家是债务人，纳税人才是债权人，由作为债务人的国家要求作为债权人的纳税人放弃期限利益和利息利益，必须获得债权人的同意方符合权利义务关系的基本原理。在立法实践中，进项税额抵扣向后结转的制度普遍存在，是国家出于保护财政利益和特定的政策目的，通过法律的强制力征得了作为抵扣权人的纳税人同意，这也正是公法之债与私法之债差异性的体现。但这种类似于“无息贷款”的结转制度，实质上的的确确在纳税人财产权之上设置了限制，因此结转制度应有必要的约束，如限制结转的次数、赋予纳税人是否结转的选择权等。如此方能契合税收法治精神，切实保护纳税人合法权益。例如，英国要求税务机关在规定期限内确认并退还留抵额，否则将承担5%的罚款；法国和马来西亚允许纳税人自行选择留抵还是退税；芬兰规定税务机关每月自动退还留抵额。〔1〕在国库主义的立法导向之下，国家无需支付未抵扣完进项税额的那部分税款产生的利息是各国通行做法，具有一定合理性，但必须对分期还款的结转制度设置必要的限度，否则极易重蹈我国当前巨额留抵税额问题的覆辙，侵犯纳税人财产权，背离税收法治精神。

---

〔1〕参见薛志国：“增值税留抵税额全额退税理论依据及现实意义探究”，载《当代经济》2019年第6期。

要解决利息是否在抵扣权的行使范围之内的问题，首先应当明确利息在税法中的性质。传统税法利息问题通常产生于税收之债中，利息之债是一种利息给付请求权。利息给付请求权是因税收乃金钱债务之性质产生，依照其他税法规定而独立于税款给付主请求权的附带给付请求权，其设置目的在于满足或履行主给付义务。[1]例如，德国的利息制度主要适用的对象是补征或退还税款，对补征及退还税款加征利息，对核定导致的所得税、财产税、营业税、公司税等纳税额存在的差额计算利息，同时对逃税也要计算利息；日本则建立了利息税制度，满足一定条件的延期申报或延期缴纳的纳税人，需要一并缴纳税款本金和利息税[2]；我国《税收征收管理法》仅在第 51 条有关于利息的规定，纳税人仅在超过应纳税款而缴纳了多余税款时，可在一定期限内要求税务机关退还多缴纳的税款并加算银行同期存款利息。

综观上述规定，我们可以概括出税收之债的利息给付请求权的主要特征：其一，利息给付请求权是一种法定债权，它必须由税法进行明确规定；其二，利息给付请求权相对于税款给付请求权是一种附随请求权，但独立于主给付请求权，利息之债不为税收之债所吸纳；其三，利息给付请求权的主要目的在于弥补税款的期限利益，无论是为了弥补纳税人一方抑或国家一方，于国家一方而言，都附带一定的税款缴纳督促目的，这一点与滞纳金、罚金制度具有本质上的不同；其四，利息给付请求权分为国家享有的少缴税款利息给付请求权和纳税人享有

---

〔1〕 参见柯格钟：“公法债务与私法债务”，载《月旦法学杂志》2014 年第 12 期。

〔2〕 参见罗亚苍：“现行税款滞纳金制度的问题探析与完善”，载《税务研究》2018 年第 2 期。

的溢缴税款利息给付请求权，前者多发生于因税收债务人即纳税人过错的（故意或过失）情况导致国家少征收了一定的税款，为弥补国家财政的期限利益并敦促纳税人补缴税款，纳税人需要缴纳税款本金及利息，后者则不强调是因税务机关过错还是纳税人计算错误，溢缴税款构成不当得利，为弥补纳税人溢缴税款的期限利益，国家应退还溢缴税款及因此所产生的利息。

抵扣债权债务关系中的利息返还请求权（即抵扣税款利息返还请求权）尚无过多的立法规定，但它与税收债务关系中的利息给付请求权（即税收之债利息给付请求权）存在密切的关系，两者之间存在一定的共性和差异性，在探讨前者相关问题时可以借鉴后者的立法实践。在共性方面，前者与后者相同，均是一种法定债权、附随给付请求权，只不过前者的主给付请求权是进项税额返还请求权。同时，作为利息的一种，抵扣税款利息返还请求权的主要目的在于弥补对应金钱款项的期限利益。在差异性上，两者分别产生于抵扣之债与税收之债这对“逆向”债权中，它们的权利义务主体也具有“逆向”性。当利息返还请求权的权利主体是纳税人，义务主体是国家时，会出现结转和少计算进项税额的情况。结转是国家向纳税人分期履行债务，原则上国家应当向纳税人支付利息。进项税额计算错误导致抵扣权限缩实际上是多缴纳了增值税，构成不当得利。无论是由纳税人申报错误还是国家核定错误，也无论纳税人有无申请，均应基于诚信原则，主动退还纳税人多缴纳的进项税额和利息。[1]例如，我国《税收征收管理法》第 51 条规定的增值税退税的情况。当利息返还请求权的权利主体是国家，义务主体是纳税人时，即纳税人多计算了进项税额的情况下，实际上导

---

〔1〕 参见黄士洲：“加值型营业税的基本法理与凭证行为罚（上）”，载《月旦法学教室》2010 年第 3 期。

致了少缴纳增值税税款的结果，纳税人应当补缴税款并支付利息。

在我国税法体系中，看似只有纳税人在溢缴税款的情况下享有利息给付请求权，对纳税人有利，但实际上，我国《税收征收管理法》中已经普遍应用了利息制度，只是收取利息的方式较为隐蔽，不易被纳税人觉察。利息制度未能在税法条款中显露的原因在于，我国将其并入了滞纳金制度之中，将利息和滞纳金统称为“滞纳金”。滞纳金实际上既包含了延迟缴纳税款承担的利息补偿方式，同时发挥了督促纳税人积极纳税的作用，也是具有行政处罚性质的行政制裁手段。[1]

四、抵扣权的权利变动

（一）抵扣权的发生

抵扣权本质是一种公法之债，抵扣权的发生关系到税法的适用、权利期间的确定和时效、破产重整中债权的清偿、税收强制措施的实施等问题。抵扣权的发生与税收之债的发生具有密切关系，在发生原因和发生时间上渊源颇深。

抵扣权源发于税收之债，以税收之债的发生为前提和基础，具有与税收之债相同的发生原因。债权的发生依据被称为“债因”，民法中的债因主要包括法律行为和法律规定两类。基于法律行为发生之债乃意定之债，体现私法自治理念，主要形式为契约（一般）和单独行为（例外，如遗赠）。基于法律规定发生之债乃法定之债，由法律规定予以创设，主要包括无因管理、不当得利、侵权、缔约过失等。[2]从宏观角度观之，公法之债

〔1〕 参见罗亚苍：“现行税款滞纳金制度的问题探析与完善”，载《税务研究》2018年第2期。

〔2〕 参见王泽鉴：《债法原理》（第一册），中国政法大学出版社2001年版，第7—9页。

实际上可全部归为合同之债，因为基于社会契约理论，国家源于人民的合意，政府接受人民委托，政府反过来恪守国家承诺，凭借人民赋予的权力管理政治社会经济事务。〔1〕换言之，人民与国家政府之间是一种授权委托合同关系，公法之债的发生实际上是国家在合同范围内通过一定手段行使权力、履行义务所创造的产物，这种手段可能是法律，也可能是其他公权力手段。从微观角度来说，公法之债的发生原因有三种：一是由法律创设，这种公法之债的发生具有经常性和法定性；二是由公权力创设，如当事人因行政违法行为被处以行政处罚，具有偶然性，一般只针对违法行为；三是依照行政协议发生，如行政事务委托、土地出让等。〔2〕比较而言，第一种为法律直接创设产生，第二种由行政权创设产生，由于行政权本身由法律授权，亦即法律间接创设产生，第三种虽然是行政主体和行政相对人在形式和内容上达成“合意”，但因为具有实现公共利益的属性和目的，双方所合意的内容通常严格受制于法律所授权规定的范围之内，也是由法律间接创设产生的。从这个角度来看，税收公法之债是依据税法产生，乃由法律规定创设之债。抵扣权的产生、运行、保护等皆由税法规定，与税收之债本质相同，是一种由法律直接创设的法定之债。

（二）抵扣权的变更

所谓债的变更，是指在不改变债的关系的同一性的前提下，改变债的主体或内容。〔3〕换言之，抵扣之债的变更分为抵扣权的主体变更和抵扣权的内容变更。根据私法之债的一般理论，

---

〔1〕参见赵迅：“社会契约视域下的国家责任”，载《河北法学》2008年第3期。

〔2〕参见吴珏：“论公法债权”，载《苏州大学学报（哲学社会科学版）》2008年第5期。

〔3〕参见史尚宽：《债法总论》，中国政法大学出版社2000年版，第701页。

债的变更与债的消灭存在本质不同，既存之债并未消灭而成立新的债权债务关系，既存之债权债务关系依然存续，对于债权的担保和抗辩均不产生影响。债的主体变更又可称为债的转移，是以新的债权人替换旧的债权人，或者是以新的债务人代替旧的债务人，前者俗称债权人的转移，后者为债务人的转移。债的内容变更或因给付标的物的减少或增加而发生，或因给付标的物的种类变化而发生。私法崇尚交易自由，因此在原则上，私法之债在不违背法律和公序良俗等前提下，依照当事人之合意进行债权债务的变更。比较之下，税收公法之债与抵扣债权同为法定之债，具有法定性、公共性和脆弱性，出于公共利益保护和征管需要，非经法律明文规定不得私自变更。因此，抵扣权的变更问题既要借鉴私法之债变更理论，同时又要兼顾税收公法之债的特性。当然，税法并非一成不变，税法的法定性内容是由其公共性和脆弱性决定的。因此，现行税法并未对抵扣权的变更作出规定，但并不意味着未来不会允许抵扣权进行变更，此处的抵扣权的变更是一种应然层面的探讨，探究抵扣权可不可以变更的问题，而不是基于现行税法规范的实然探讨，实然层面讨论的是抵扣权在现行税法规范下能不能变更的问题。

1. 抵扣权的主体变更

抵扣权的主体变更可拆分为权利主体的变更和义务主体的变更两个问题，下面将分别探讨。

抵扣权权利主体为营业人纳税人，权利主体的变更实际上是抵扣权的权利让与和转移，抵扣进项税额的权利由原营业人转移给其他营业人。私法之上，债权的让与遵循让与自由原则，原则上为不要式行为，依照让与人与受让人同意而成立，无需义务人同意。以禁止让与原则为例外，即在依照债权性质不得转让债权、依当事人约定不得转让债权等情况下，债权不得转让。现代债权债务理论一般认为，在税法没有特别规定税收之债能否变更的情况下，可以参照民法的一般原则，即以权利或义务是否具有高度的人身专属性为判断标准。抵扣权与税收之债相似，一方面乃金钱之债，不具有高度的人身专属性，在性质上并非不得转移之债权，原则上应允许进行债权的让与。另一方面，抵扣权为法定债权，具有极强的法定性、公共性和脆弱性，导致在债权让与方面存在诸多限制因素。综合而言，抵扣权权利的让与问题应以允许让与为原则，以特定限制条件为例外。特定的限制条件至少包括两方面内容：其一，出于公共特性，抵扣权的让与不得危及国家公共财政收入，不得导致国库税收在客观上的缺少；其二，基于脆弱性考量，抵扣权的让与不得致使增值税在征管上产生极大不便，导致征管效率的浪费。增值税抵扣权的权利转移存有先例。在企业重组的合并或分立中，存在税收债权债务的继承问题。《德国租税通则》第45条第1款规定："在权利的概括继受中，税收债务关系中的债权和债务要概括转移到权利继受人之上。"《日本国税通则法》第6条规定："在法人合并的情况下，合并后继续存续的法人或合并后新设立的法人应当继受被合并法人应当缴纳国税的纳税义务。""企业合并或分立时，纳税人的税法权利，如税款退还请求权、申请救济权等，也应该发生概括转移。"〔1〕上述规定当然适用于增值税之债与抵扣权之中。

抵扣权名义上的义务主体为国家，在仅考虑一国境内的增值税问题时，抵扣权名义上的义务主体为单一主体，不具有可转移性，跨境增值税语境下，抵扣权义务主体的转移发生在国

〔1〕 参见施正文：《税收债法论》，中国政法大学出版社2008年版，第162页。

家之间，目前并不具有可操作性。除名义义务主体之外，抵扣权还存在实际义务主体和执行义务主体的区分，从这两个层面讨论抵扣权义务主体的变更具有极大的理论和实践意义。抵扣权的实际义务主体即为税收之债的权利主体，联邦体制中，联邦政府和各州政府都有开征增值税的权力，也都可以成为抵扣权的义务主体。在单一制国家，中央政府和地方政府实行分税制的财政体制下，中央政府和地方政府都可以成为抵扣权的义务主体。在上述两种情况下均会产生抵扣权义务主体的变更问题。抵扣权义务主体的变更是抵扣债务的承担，在私法之债中，债务承担是在不失债务同一性的条件下由第三人承受或加入债务之中，可分为免责的债务承担和并存的债务承担。在免责的债务承担中，第三人代替原债务人成为新的债务人，其构成要件中，最为重要的要件是债务具有可转移性和债权人同意。在并存的债务承担中，如果只是第三人加入债务中成为连带债务人，则不需要债权人的同意；如果是第三人承担了部分债务，第三人与债务人成为按份之债务人，则仍然需要经债权人同意。

无论是联邦体制的课税权划分还是财政分权体制下的分税制，都是属于财政宪法层面的问题，抵扣权义务主体的变更实际上是增值税之债权利主体的变更。虽然此种情况极为少见，但是在我国中央控制地方税收立法权的财政分权体制下，存在着潜藏的变更现象。例如，在我国增值税留抵退税问题上，由于增值税留抵问题带来的抵扣时间差，抵扣权义务主体的变更可能发生在中央政府和地方政府之间，也可能发生在各地方政府之间。增值税为中央政府和地方政府共享税，中央政府应就其实际享有的那部分税收之债成为相应抵扣权的义务主体，各地方政府应就其实际享有的那部分税收之债成为对应抵扣权的义务主体，当留抵退税问题落实到了地方政府头上，抵扣权的义务主体就由中央政府变更为地方政府。同时，由于跨区域企业的存在和企业经营地的变更，在国家留抵退税政策变化的情况下，原本由 A 省征收增值税作为抵扣权义务主体，可能变成 B 省成为负有返还留抵税款的义务。上述义务主体的变更均由国家利用税收之债中的优势地位，或通过立法获得正当性或通过隐秘的财政操作和政策调整，实际上并未征得纳税人的同意。在此情况下，抵扣权义务主体应是中央政府与地方政府，构成连带之债，共同向纳税人履行抵扣之债务。抵扣权的执行义务人的变更同实际义务人的变更，在此不再赘述。

2. 抵扣权的内容变更

私法上债的内容变更的方式多种多样，标的物种类的变更、给付标的物的减少或增加、变更给付之物的品质，如过失责任的承担程序的变更、单纯债权变为选择债权或任意债权、履行条件的添加或删除、给付期限和履行场所的变更等均属之。[1]原则上，对于减轻债务人债务的内容变更不需要经得债务人同意，债权人可单方作出，对于增加债务内容或其他情况则需要债权人与债务人达成合意。将此理论运用到抵扣权中并无太多阻碍，对于纳税人单方减少国家返还税款的义务实际上是纳税人放弃或部分放弃抵扣权，并不会导致国库税收的减少，也大都不致阻碍征管效率（也有例外情况），对于增加或其他情况则需要双方合意，这种合意并非税务机关与纳税人之间，因事关国家财政税收利益，必须通过税法予以明确规定。例如，抵扣债权的数额变更，表现为进项税额的增加或减少，前者需由税法明文规定，后者表现为纳税人不申报或少申报进项税额抵扣。当前税收之债多以金钱给付为原则，以实物给付为例外，国家作为

---

〔1〕 参见史尚宽：《债法总论》，中国政法大学出版社 2000 年版，第 701—702 页。

债务人的情况下基本不存在抵扣债权给付种类变更的可能性。抵扣之债的履行地点的变更涉及征税机关税收管辖权、财政税收利益的分配、纳税人权利的行使等内容，其话语权多掌握在国家手中，应综合考虑征管效率、纳税便利和税收利益的分配等因素，由法律进行明确规定。例如，我国《增值税暂行条例》第 22 条就赋予了国务院财政部、税务主管部门或者其授权的财政、税务机关调整抵扣之债履行地点的部分裁量权。〔1〕

需要特别注意的是，抵扣之债履行期限的变更。在私法之债中，债权人延长债务人的还款期限被视为有利于债务人，无需经过债务人同意，仅以通知债务人的方式明确清偿期、时效等问题。那么作为债权人的纳税人可否延长国家返还进项税额的期限呢？答案是否定的。因为出于征管效率的考虑，税法中会规定增值税的申报时间，纳税人必须在规定的期限内申报进销项税额，否则将要承担逾期申报的法律后果。换言之，抵扣权的履行期限的变更，无论是否有利于债务人，均不得由纳税人作出，而应由作为债务人的税务机关具体决定。例如，我国《增值税暂行条例》第 23 条第 1 款规定了增值税不同的纳税期

〔1〕 我国《增值税暂行条例》第 22 条规定："增值税纳税地点：（一）固定业户应当向其机构所在地的主管税务机关申报纳税。总机构和分支机构不在同一县（市）的，应当分别向各自所在地的主管税务机关申报纳税；经国务院财政、税务主管部门或者其授权的财政、税务机关批准，可以由总机构汇总向总机构所在地的主管税务机关申报纳税。（二）固定业户到外县（市）销售货物或者劳务，应当向其机构所在地的主管税务机关报告外出经营事项，并向其机构所在地的主管税务机关申报纳税；未报告的，应当向销售地或者劳务发生地的主管税务机关申报纳税；未向销售地或者劳务发生地的主管税务机关申报纳税的，由其机构所在地的主管税务机关补征税款。（三）非固定业户销售货物或者劳务，应当向销售地或者劳务发生地的主管税务机关申报纳税；未向销售地或者劳务发生地的主管税务机关申报纳税的，由其机构所在地或者居住地的主管税务机关补征税款。（四）进口货物，应当向报关地海关申报纳税。扣缴义务人应当向其机构所在地或者居住地的主管税务机关申报缴纳其扣缴的税款。"

限，分别为1日、3日、5日、10日、15日、1个月或1个季度，纳税人具体的纳税期限由主管税务机关根据纳税人应纳税额的大小分别确定。

（三）抵扣权的消灭

债的消灭是债存在的最终形态也是最终结果，债的消灭必须具有法律上的原因方能产生在客观上不复存在的结果。私法之债消灭的原因包括清偿、提存、抵销、免除和混同五种形式。税收之债的消灭与私法之债中的消灭原因极为相似，基于私法之债相同或相似的原因而消灭。〔1〕《德国租税通则》第47条为税收之债消灭条款："租税债务关系之请求权，尤其因清偿（第224条、第225条）、抵销（第226条）、免除（第163条、第227条）、时效完成（第169—171条，第228—232条），以及因附解除条件请求权之条件成就而消灭。"我国学者陈清秀认为，税收之债的消灭原因包括履行、抛弃、抵销、时效消灭、权利失效等。柯格钟认为，考虑到税收债权债务作为公法上的权利义务关系，并非所有的私法之债的消灭原因都可以应用到其中，适用于税收之债消灭的原因主要包括清偿、抵销与时效消灭。〔2〕施正文认为，税收之债的消灭必须有法律明文之规定，一般包括履行、抵销、免除、混同、时效等情况。〔3〕私法之债的消灭原因和税收之债的消灭原因能否成为抵扣之债的消灭原因，下文分别讨论。

抵扣之债的清偿又叫抵扣之债的履行，是以实现抵扣之债为目的，由国家向抵扣权人返还进项税额的行为。清偿是抵扣

〔1〕参见［日］金子宏：《日本税法》，战宪斌等译，法律出版社2004年版，第384页。

〔2〕参见柯格钟："公法债务与私法债务"，载《月旦法学杂志》2014年第12期。

〔3〕参见施正文：《税收债法论》，中国政法大学出版社2008年版，第177页。

之债消灭最主要也是最常见的原因。实践中，由于增值税乃一种期间税，增值税纳税人应在法定期限内申报某一纳税期限中全部交易的进项税和销项税，它表现为增值税纳税人因为申报或税务机关依职权核定后，由纳税人当期的进项税额抵扣权抵销当期增值税纳税义务。因此，抵扣之债的清偿实际是增值税之债的抵销。所谓“抵销”者，谓二人互负给付种类相同之债务，一方得以其债务与他方债务按照对等之数额相互消灭之意思表示。用以抵销之债权，为反对债权，或称主动债权。被抵销之债权为主债权，或称被动债权。抵销之要件为：二人互为债权人及债务人（相互性），其请求权之给付种类相同（同类性），用以抵销之反对债权已届清偿期（清偿期之届至），而被抵销之主债权得受领给付（实现可能性）。请求权因抵销之意思表示，溯及于具备抵销要件时消灭。抵扣权与税收债权互为一对“逆向”债权，国家与纳税人双方互负债权债务，各自以其享有的债权充当债务的清偿，产生其债务与对方债务等额的相互消灭。当然，这种抵销并非仅发生在当期内的债权债务抵销，在存在留抵税款的情况下，抵扣债权可以结转到以后的纳税期限抵销税收之债。同时还存在纳税人的抵扣权抵销其所得税、土地增值税、资源税等其他税收之债的可能性，《德国租税通则》第 226 条即为此规定。[1]我国《税收征收管理法实施细则》第 79 条也明确规定了在纳税人同时享有税款返还请求权和税收缴纳债务时，可以相互抵销，其并无税款抵销的税种要求，

〔1〕《德国租税通则》第 226 条规定：“抵销：①以租税债务关系之请求权为抵销，以及对该请求权为抵销，法律别无规定时，准用民法规定；②租税债务关系之请求权，因罹于时效或除斥期间之经过而消灭者，不得以之为抵销；③租税债务人，仅得以无争议，或法律效力已确定之反对请求权，与租税债务关系之请求权为抵销；④管理租税之公法人团体，对于抵销，视为租税债务关系请求权之债权人或债务人。”

但启动主体为税务机关。〔1〕

债权的免除是指债权人为了主动放弃债权而对债务人作出的单独意思表示，其效力为债务发生消灭。作为抵扣权权利人的纳税人放弃抵扣权即为抵扣之债的免除。纳税人免除抵扣之债可以通过直接方式也可以通过间接方式，前者是纳税人通过不申请进项税额抵扣的方式直接放弃抵扣权，免除国家返还进项税之债务，后者是纳税人申请免税时，为了享受免税待遇付出了不能抵扣进项税额的代价，这是一种间接免除抵扣之债的方式。混同是债权债务归于同一人，致使债权债务关系归于消灭的事实。混同分为广义混同和狭义混同，狭义混同多指因企业合并、继承而发生的债权债务的概括承受，广义的混同除了前述狭义的混同，还包括债权人承受债务人对自己的债务或债务人受让债权人对自己的债权，这与抵扣权的清偿和抵销并无二致。此处所言的混同为狭义的混同。抵扣权的权利义务主体分别为营业纳税人和国家，纳税人不存在概括承受国家债权债务的可能，因此，仅存在国家概括承受纳税人债权债务的情况。

时效乃一项法律共通制度，刑法中的追诉时效和执行时效、民法中的消灭时效、行政法中的处罚时效、税法中的消灭时效等，都是各部门法律根据法律规范效力受到时间因素的影响而产生的。〔2〕如此说来，私法之债的消灭时效在税收公法之债中同样适用。基于法律的明文规定，为了维护私法秩序稳定，保障纳税人利益〔3〕，税法之中各种请求权一般都会设有因时效经

〔1〕 我国《税收征收管理法实施细则》第79条规定：“当纳税人既有应退税款又有欠缴税款的，税务机关可以将应退税款和利息先抵扣欠缴税款；抵扣后有余额的，退还纳税人。”

〔2〕 参见朱岩：“消灭时效制度中的基本问题——比较法上的分析——兼评我国时效立法”，载《中外法学》2005年第2期。

〔3〕 参见周刚志：“论税收债权的消灭时效”，载《税务研究》2011年第3期。

过，相关债权债务关系即行消灭的规定。[1]税收之债的消灭时效是指债权人不行使税收之债的事实状态持续存在于法定期间内，而经过该期间后不行使债权导致其消灭的法律制度。[2]同样，抵扣权也存在消灭时效的问题，在法定期间内不行使抵扣权，抵扣债权债务关系即行消灭。例如，《国家税务总局关于进一步明确营改增有关征管问题的公告》第10条规定，增值税专用发票应自开具之日起360日内认证或确认，并在规定的纳税申报期内向主管税务机关申报进项税额抵扣。

第三节 抵扣权与其他相关权利

抵扣权是相对于税收之债存在的“逆向”债权，是增值税纳税人享有的要求国家返还进项税额的公法请求权，它立身于增值税抵扣机制之中，其成立与运行仰赖于增值税诸多特殊的立法技术设计。可以断言，抵扣权是增值税税制运行中的核心请求权，但不是纳税人享有的唯一权利，纳税人若想成功从销项税额中扣减进项税额，还需其他权利的辅助协同。抵扣权是增值税法中纳税人享有的基本税制性权利，为确保增值税税制运行和满足征管需要，由进项税额返还请求权产生了其他诸多延伸权利和相关权利，如溢缴税款返还请求权、出口退税请求权、留抵退税请求权、误缴税款返还请求权、上游发票索取权、发票领购和使用权等。上述权利与抵扣权存有关联，但关联程度并不相同，且相互之间在制度基础、功能与权利要素方面存有区分，具体可分为抵扣权的延伸权利、溢缴或误缴税款返还

---

〔1〕 参见柯格钟：“公法债务与私法债务”，载《月旦法学杂志》2014年第12期。

〔2〕 参见施正文：“税收之债的消灭时效”，载《法学研究》2007年第4期。

请求权和出口退税请求权三类，在此有必要进行比较和澄清，厘清相互之间的权利边界。

一、抵扣权与其延伸权利

抵扣机制是增值税的核心骨架，牵涉税务机关、各个环节的营业人、最终纳税人等多方权利义务主体，主体之间盘根错节形成错综复杂的增值税法律关系网。抵扣权与其他相关权利构成抵扣机制权利群，只有权利群中各子权利各起其效、相互配合，方能催动抵扣机制的整体运转。其中，抵扣权既为基础权利也是核心权利，其他权利或为抵扣权运行的前置，如发票相关权利，或为抵扣权运行下一阶段的延伸，如留抵退税请求权，在此统称为抵扣权的延伸权利。抵扣权与延伸权利是主权利和辅助权利的关系，延伸权利同样以抵扣机制为税制基础，其直接目的和功能在于配合和保障抵扣权的运行。

留抵退税请求权全称为增值税期末留抵税款返还请求权，建立在留抵退税机制之上。在理想的增值税中，纳税人当期的进项税额应在当期抵扣完全，当进项税额小于销项税额时，纳税人需要就销项税额与进项税额之差向税务机关缴纳增值税，当进项税额大于销项税额时，税务机关需要就进项税额与销项税额之差向纳税人退还多余的进项税额，如此，中间营业人不仅没有承担任何金钱税负，而且也不用承担延迟抵扣导致的时间成本、重复申报成本等额外成本，方能真正实现中间营业人的零税负、零负担。

所谓留抵退税请求权，是指当期进项税额大于当期销项税额时，纳税人请求税务机关返还未抵扣完全的那部分进项税额的权利，包括完全的留抵退税请求权和不完全的留抵退税请求权。完全的留抵退税请求权即为前文理想的留抵退税请求权。

在进项税额小于销项税额的抵扣情况下，纳税人的抵扣权是一种完全的抵扣权，留抵退税请求权不会发生，而在进项税额大于销项税额的抵扣情况下，纳税人的抵扣权被拆分成已经抵扣的抵扣权和剩余抵扣权，这部分剩余抵扣权即为留抵退税请求权。实践中，基于征管成本、税收政策等多方因素考虑，只有少数发达国家如日本、德国、瑞典、法国等可以实现这种完全抵扣。[1]多数发展中国家和部分发达国家依然会采用结转的方式分期抵扣未抵扣完全的进项税额，纳税人享有的是不完全的留抵退税请求权。例如，我国《增值税暂行条例》第 4 条第 3 款规定，未完全抵扣的进项税额结转至下一期继续抵扣，且无结转期限限制。不完全的留抵退税请求权意味着纳税人在下一期享有该退税权，但退税不是以金钱的形式直接退还给纳税人，而是以前一期的进项税额抵扣当期的销项税额的形式，本质上仍为一种抵扣权，只是表现形态有异于我们通常所说的当期进项税额抵扣当期销项税额的一般抵扣权。

概言之，留抵退税请求权是纳税人抵扣权的延伸权利，在当期销项税额不足以冲抵当期进项税额时，留抵退税请求权便产生了，其主体、客体等权利要素与抵扣权基本相同，只是权利的内容为当期未抵扣完全的进项税额。甚至可以说，留抵退税请求权就是一种特殊的抵扣权，是抵扣权拆分后的权利产物。

基于抵扣权脆弱性的特殊考量，各国在抵扣权的运行中相比于实质课税原则，更加倾向于相对严格的形式课税原则，即纳税人必须取得符合增值税法规定的增值税发票并履行一定的申

---

〔1〕 参见薛志国：“增值税留抵税额全额退税理论依据及现实意义探究”，载《当代经济》2019 年第 6 期。

报程序。[1]在严格的形式课税原则驱动下，与其说抵扣权是增值税税制设计的核心，毋宁说增值税是围绕发票上的抵扣权进行制度构筑的。因此，作为增值税纳税人的营业人通过发票产生了一连串债权债务关系。具体来说：首先，增值税发票的开立人也是增值税的纳税人，于法律上负有代扣代缴义务而直接成为增值税之债务人，也有向购买方开具发票的义务；其次，领受合法开立发票的营业人即为增值税抵扣权的权利人，享有向国家税务机关请求返还发票所记载的进项税额的权利；最后，税务机关依据纳税人申报和发票上所载信息，向发票开立人征收税款，向发票领受人履行进项税额抵扣义务，并发挥稽查核准的职能。概言之，发票相关权利是抵扣机制运行中围绕增值税发票产生的纳税人税制性权利，是抵扣权运行的前置性权利，包括发票及开票设备领购权、发票使用权、上游发票索取权等。

在增值税抵扣机制中贯彻严格的形式课税原则，其核心目的在于提升增值税征管效率，预防和打击虚开增值税发票和逃避税。因此，单从上述角度考虑，为了便于发票管理和虚假发票的识别，最好的办法便是由税务机关统一印制和发售发票，并配备开立发票专用的机器设备，非经上述程序开具的发票不得抵扣。对发票开立方而言，纳税人理所当然地享有向税务机关领购增值税发票和专门的开票机器设备并使用它们开具发票的权利，即发票领购权、开票设备领购权和发票使用权，我国金税工程即为范例。《中华人民共和国发票管理办法》第 7 条规定："增值税专用发票由国务院税务主管部门确定的企业印制；其他发票，按照国务院税务主管部门的规定，由省、自治区、直辖市税务机关确定的企业印制。禁止私自印制、伪造、变造

---

〔1〕 参见王宗涛："增值税抵扣权与发票制度：形式课税原则之改进"，载《税务研究》2019 年第 7 期。

发票。”为规范增值税专用发票使用行为、加强增值税征管，2006年国家税务总局制定并发布了《增值税专用发票使用规定》，详细规定了增值税专用发票的使用细节。例如，对增值税专用发票的定义、关于增值税防伪税控系统以及发票和开票设备领购权等。之于发票收受方，发票是纳税人申请抵扣的要式条件，营业纳税人（购买人）在应税交易中有请求上一环节的营业纳税人（销售人）开具用于抵扣的增值税发票的权利，即上游发票索取权。在众多发票相关权利中，上游发票索取权较为特殊：其一，多数发票相关权利的义务主体是国家税务机关，而上游发票索取权的义务相对人则为上游环节的营业纳税人，即商品销售方或服务提供方；其二，发票领购权、开票设备领购权和发票使用权等权利是建立在税法赋予的强制义务之上，纳税人不得放弃上述权利，仅在纳税人认为税务机关违反税法规定未向纳税人发放发票、开票设备等情况下方得启动，但上游发票索取权是纳税人真实享有的选择性权利，是抵扣权在征管程序中的形式载体，纳税人选择索要发票或不索要发票意味着是否放弃行使抵扣权。

二、抵扣权与溢缴或误缴税款返还请求权

抵扣权与溢缴或误缴税款返还请求权虽然都是税款返还请求权，但两者差异显著。首先，抵扣权建立在增值税抵扣机制之上，是增值税法中特有的制度性权利，但溢缴或误缴税款返还请求权虽然同样发生于增值税法之中，但建立的基础在于税法的一般性权利——纳税人退税权之上，具有普适性。所谓纳税人退税权，是指纳税人缴纳的税款欠缺法律原因，或因缴纳税款的法律原因自始不存在，或因在缴纳税款时存在法律原因，但该法律原因在缴纳后消失，纳税人即享有要求税务机关退还

溢缴或误缴的那部分税款的权利。[1]例如，我国《税收征收管理法》第51条就有类似规定："纳税人超过应纳税额缴纳的税款，税务机关发现后应当立即退还；纳税人自结算缴纳税款之日起三年内发现的，可以向税务机关要求退还多缴的税款并加算银行同期存款利息，税务机关及时查实后应当立即退还；涉及从国库中退库的，依照法律、行政法规有关国库管理的规定退还。"《日本国税通则法》第56条第1款规定："国税局长、税务署长和关税长在国税缴纳中存在过误金的情况下，应当立刻将资金返还，不得延误。"

不难发现，抵扣权与溢缴或误缴税款返还请求权的第二个差异点在于，前者是基于税法规定发生，是具有法律原因的税款返还请求权，产生的前提是税收债权债务关系已经发生；后者是基于税务机关没有法律原因而获得税收利益的返还请求权，税收债权债务关系在实体法层面自始不存在。换言之，溢缴或误缴税款返还请求权在租税实体法中，国家或地方团体并未有保有税额之正当理由，构成公法上的不当得利之债。溢缴税款返还请求权在日本被统称为过纳金返还请求权。过纳金是指申报、更正、决定等确定税收债务的行为虽然不是当然无效，但因为基于该行为所确定的税额属于高于法定税额的情形，为了更正应纳税额，向纳税人返还溢缴纳税金。换言之，溢缴税款返还请求权属于"就租税程序法之观点视之，其与租税缴纳或征收时虽有法律上之原因，但之后却欠缺法律上原因"的请求权。误缴税款返还请求权是一种误纳金返还请求权。误纳金发

[1] 此处的纳税人退税权是一种狭义的退税权。首先，纳税人退税权的主体仅限于纳税人，而不包括国家享有的退税权。其次，不包括纳税人享有的出口退税权，有关出口退税请求权的相关论述详见下文。参见马恩双："纳税人退税权之研究"，华中师范大学2013年硕士学位论文。

生的原因有三个：①基于无效的申报、更正、决定等原因而缴纳的税款；②在税额确定之前所缴纳的税款；③超过确定税额所缴纳的税款。误纳金无论从税收实体法还是程序法上，对应的等额税款在缴纳或征收的时点起就已不具备法律上的原因。[1]

如此说来，在税收实体法层面，抵扣权与溢缴或误缴税款返还请求权的根本区别在于，请求权的发生是否具有税法上的原因。抵扣权是基于税法规定享有的具有法律原因的税款返还请求权，返还的内容是进项税额。溢缴或误缴税款返还请求权返还的内容是纳税人溢缴或误缴的增值税税款，性质上属于公法上不当得利返还请求权。[2]需要进一步探讨的是，在税收程序法中，二者的关联性与差异性以及溢缴与误缴税款返还请求权之间的差异。抵扣权与溢缴或误缴税款返还请求权的关联性在于，前者的错误行使是后者产生的重要原因。当纳税人基于错误的进项税额申报导致实际抵扣的进项税额小于应当抵扣的进项税额时将导致增值税抵扣权行使不完全，溢缴或误缴税款返还请求权即行产生。当然，前者并非后者发生的唯一原因，当销项税额错误申报导致实际申报的销项税额大于进项税额时，也会使纳税人享有溢缴或误缴税款返还请求权。此外，两者的交汇点在于增值税发票制度，都需要依赖于增值税发票确定权利的具体内容，但两者与增值税发票制度的关联度截然不同。增值税发票是彰显抵扣权的形式要件，两者具有必然的关联性，可以通过发票制度追溯商品或服务自生产起点到消费终点的全过程，但溢缴或误缴税款返还请求权并无此种直接关联性，发票仅作为税款计算的依据，且仅涉及本环节的商品销售或服务提供。

---

〔1〕 参见［日］金子宏：《租税法》（第22版），弘文堂2017年版，第836页。

〔2〕 参见柯格钟："公法债务与私法债务"，载《月旦法学杂志》2014年第12期。

溢缴与误缴税款返还请求权分别对应过纳金和误纳金，两者虽都是欠缺法律上原因而产生的税款返还请求权，但法律原因不存在的路径完全不同，导致其在救济方式、救济途径等方面也存有差异。对误纳金而言，因其在最初即欠缺法律上的原因导致税务机关获得税收利益，纳税人可直接基于不当得利要求返还误缴纳税金等额的误纳金，税务机关在知悉有误纳情况存在时也应当立即返还。与之相对应，过纳金是基于有效的税务机关核定的确定处分而发生，即便在税收实体法中，过纳的增值税不具有对应的债权债务关系基础，但考虑到税务机关税收核定的公定力，纳税人不得直接以不当得利为由行使返还请求权，税务机关在发现过纳情况存在时也不得立即返还对应税款。纳税人行使溢缴税款返还请求权的前提是，必须改正或撤销原税务机关的行政核定，消除原行政处分行为的公定力。这也是日本税法实务中的通说观点。[1]换言之，税务机关即便作出了错误的税收核定，除非存在重大瑕疵，该行政处分行为并非当然无效，其效力也要优于纳税人不当得利返还请求权，核心原因在于，要维护税务机关行政行为的公定力和税收征管中的程序正义。这在复杂的增值税征管之中极为必要。但前述论断与日本最判昭和四十九年三月八日第二小法庭判决相悖。该案件判决中并未考虑税务机关行政处分行为的效力问题，而是认为在行政处分行为之后又发生的事情导致课税范围产生了变动，而当事人又不存在其他任何有效的救济途径，因此基于公平正义原则，认为纳税人对溢缴纳税款部分享有返还请求权。但日本学者加藤雅信对此提出批判，他提出该判决认为纳税人享有不当得利返还请求权，因欠缺法律上原因构成不当得利，

〔1〕 参见［日］金子宏：《租税法》（第22版），弘文堂2017年版，第836页。

但判决并未否定行政处分行为的有效性，即具有法律上的原因，前后自相矛盾不能自圆其说。[1]

三、抵扣权与出口退税请求权

出口退税请求权建立在增值税出口退税机制之上，是纳税人享有的就已报关离开国家或地区的出口货物，向国家或税务机关申请返还该产品在出口前从生产到流通全部环节所缴纳的增值税的权利。[2]严格来说，出口退税请求权与抵扣权建立的税制基础不同，更与溢缴或误缴税款返还请求权、留抵退税请求权、发票相关请求权等抵扣权的延伸权利存在本质区别，它不是抵扣权的延伸权利，并不附属于抵扣权，而是独立于抵扣权之外的税制性权利。

出口退税请求权与抵扣权的联系体现在它们都是确保税收中性原则的权利工具。税收中性原则是 1998 年《渥太华电子商务税收框架条件》确立的五项税收基本原则中的第一项。“增值税税收中性原则体现在多个维度，包括税收环境的中性，即确保税收环境的公平公正，以及税负中性，消除企业在生产经营中的不合理的成本。税收中性原则确保了政府能够征收足额的增值税款且这些税款征收具有正当性。”税收环境的中性和税负中性是税收中性原则在国内贸易和国际贸易中的各自体现。对于后者，抵扣权是确保增值税税负中性的关键，它建立在抵扣机制之上，其目的在于通过从销项税额中抵销进项税额的方式，使得每一环节仅对商品或服务的增值额征税，纳税人实际上承

---

〔1〕 参见［日］加藤雅信：“過誤納金の還付請求権”，载水野忠恒等编著：《租税判例百選》，有斐閣 2011 年版，第 180—181 页。

〔2〕 参见王颖欣：“我国纳税人退税权研究”，山西财经大学 2010 年硕士学位论文。

担的税负为零，消除了纳税人在增值税各个征管环节中的重复征税问题。出口退税请求权建立在出口退税制度之上，其目的在于确保税收环境的中性。经济合作与发展组织对于跨境增值税税收中性给出的解释是："在增值税税负水平方面，外国企业在应当缴纳税款的辖区内相比于国内企业，既不应处于劣势也不应处于优势。"

增值税制度的设计应确保公平公正，确保不会给本国或外国企业带来税制上的不公平竞争，否则可能会扭曲国际贸易并影响消费者的消费选择。为此，跨境增值税征管恪守目的地课税原则。目的地课税原则是相对于原产地课税原则的，这涉及增值税课税权在出口国和进口国之间的划分问题。原产地课税原则，也可称为卖方所在地课税原则或起点课税原则，是指在商品和服务的生产和提供地进行课税的原则。在原产地课税原则下，增值税的管辖权为作为商品和服务原产地的出口国，出口国就其境内创造的价值征收增值税。出口商品和服务在出口国承担的增值税税负水平与在国内销售的商品和服务的增值税税负水平相同。同时，为了避免跨境重复征税，进口国在进口对应商品或服务时要对该产品已在出口国缴纳的增值税予以抵免。通常，许多国家基于税源控制、征管便利和税收监管等需要对本国内销售的商品和服务普遍实行原产地课税原则，但将此原则延伸到跨境货物和服务销售中，就会导致进口商品和服务同国内产品需要承担的增值税税负不同的问题，显然背离税收中性原则。[1]目的地课税原则也即消费地课税原则、买方所在地课税原则、终点课税原则，是指商品和服务的销售和提供应当在其使用地或消费地课税。目的地课税原则下，跨境商品

---

〔1〕 参见廖益新："远程在线销售的课税问题与中国的对策"，载《法学研究》2012 年第 2 期。

和服务的增值税课税管辖权为进口国，要求出口的商品或服务不包含增值税，而在进口时课征与进口国国内商品或服务相同的增值税税率，由此保证进口商品和服务的增值税净税负水平与国内净税负水平完全相同。因此，目的地课税原则普遍应用于跨境货物和服务销售中。

不难发现，目的地课税原则的实现和贯彻仰赖于建立在增值税出口退税制度之上的出口退税请求权，纳税人在商品和服务出口时享有向税务机关要求返还已经缴纳增值税的请求权。也只有纳税人切实享有并行使该项权利，税务机关将在国内已经缴纳的增值税退还给纳税人，出口商品和服务在出口国国内零税负，而在进口时按照进口国增值税税基、税率等规定缴纳增值税，确保跨境增值税税收中性的实现。正因如此，英国、日本、法国、意大利、韩国、希腊等征收增值税的国家，都会赋予纳税人以出口退税请求权，采用中性出口零税率，即征多少退多少。这也成为跨境商品和服务增值税征管国家惯行的基本规则。[1]虽然抵扣权与出口退税请求权都以贯彻增值税税收中性为权利目标，但由于分别适用于境内交易和跨境交易，建立的制度基础和功能迥异，两者“就基础之债之关系言之，进项税额抵扣请求权之行使乃具有公法上抵销或交互计算之性质，与出口退税之请求权乃单纯之公法上利益返还亦属有异。”[2]简言之，在国内商品和服务交易中，增值税纳税人本质上属于单纯的代收代缴性质，在公法上销项、进项债权债务相互冲抵后实际上并不承担税负。但在跨境商品和服务交易中，原有的增

〔1〕 参见徐泉、陈颖洪：“中国出口退税的合规性问题研究”，载《江西社会科学》2019 年第 1 期。

〔2〕 黄源浩：“论进项税额扣抵权之成立及行使”，载《月旦法学杂志》2007 年第 1 期。

值税抵扣链条以国境为线中断，增值税纳税人所缴纳的进项税额具有终局性质，不能与销项税额进行冲抵，实际上承担了增值税的纳税义务，但在出口时可以以自己的名义向税务机关请求返还已经缴纳的销项税额（当然包括进项税额那部分税款）。

除制度基础和功能差异之外，出口退税请求权的权利主体和权利内容存有明显差异。抵扣权的权利主体只能是营业人，最终消费者是增值税的真正纳税人，承担实际的增值税税负，不享有抵扣权。出口退税请求权经常被各国当作鼓励出口或外籍旅客在境内消费的出口贸易政策工具使用，因此，出口退税请求权的权利主体并不局限于处于中间环节的营业人，还包括处于末端的最终消费者。例如，日本在赋予消费者出口退税请求权方面做法较为先进、配套设施较为完善。境外消费者在日本境内购买商品和服务并在一定期限内出境的（相当于出口），可直接在购买处申请退税，而不必亲自到海关或其他机构申请。此外，抵扣权请求返还的内容是纳税人在上一环节由上一环节营业人代扣、纳税人已经缴纳的进项税额，而出口退税请求权的内容是商品或服务在出口前已经负担的全部增值税款。

本章小结

抵扣权是纳税人在增值税征管中享有的权利，自然应被归入纳税人权利体系之中。法律之中从来都不缺乏权利，权利体系一直是一个庞大、兴旺的家族，明晰抵扣权的权利定位和权利属性是本章的核心议题。

传统纳税人权利体系是从宪法和税法两个维度着手构建的，分别是从宪法维度构建的纳税人基本权利和从税法维度构建的纳税人税法权利。增值税抵扣权具有经济利益内容且尚未纳入其他基本权利保护范围，构成宪法财产权，既属于经营功能的财产权，又属于自由权利层面的财产权。从宪法财产权层面解读抵扣权的重要意义在于，抵扣权理应获得必要的保护，若限制此种基本权利将受到合宪性审查。税法层面，笔者将抵扣权定位为兼具实体属性和税制程序属性且以实体属性占主位的综合权利类型，既关涉纳税人的实体财产利益，又具有税制工具性。基于此，纳税人权利体系就衍生出了第三维度的权利，即以抵扣权为代表的税制性权利。税制性权利是具体税制有效运行的前提和基础，在实现国家特定政策目的的同时直接或间接地为纳税人带来红利。

从权利属性解读，抵扣权是公法上的“逆向”债权，纳税人是债权人，国家成为债务人，具有法定债务性、公共性、脆弱性等特征。正因为上述特性，抵扣权在权利主体、客体、内容和权利变动等方面既与税收之债具有共通之处，又保有着自身特质。在增值税抵扣机制运行中，除抵扣权这一基本税制性权利之外，还产生了一些其他税制性权利，既包括由抵扣权延伸出来的权利，其直接目的和功能在于配合和保障抵扣权的通畅运行，如留抵退税请求权、上游发票索取权、发票领购和使用权等，也包括一些虽然与抵扣权类似但是在制度基础、功能与权利要素等方面差异较大的其他权利，主要包括溢缴或误缴税款返还请求权和出口退税请求权。

第四章

增值税抵扣权的要件构造

税收乃公法之债，其公法属性决定了税收不能以法律行为、私法契约或行政处分为依据，而应以法律明文规定，于课税事实满足法律连接的税收构成要件时即告发生。此即法律适用的三段论，税收构成要件是大前提，课税事实是小前提，当小前提满足大前提的条件时，即得出税收债务成立的结论。税收构成要件理论起源于德国，并在日本等大陆法系国家“开花结果”，支撑着税收债务关系说的成形与兴盛。增值税抵扣权生长于增值税债务关系之中，与增值税之债构成一对“逆向”债权，两者之间存在密切的关联。构成要件理论被普遍应用于各税收之债中，也被顺理成章地应用于抵扣权之中。我们在探讨抵扣权“为什么”“是什么”以后，自然而然过渡到抵扣权“怎么样”，即成立和行使的问题。抵扣权构成要件的功能价值即在于此。遗憾的是，学界对该理论缺乏关注且多为泛泛之谈，仍存诸多问题亟待“精雕细琢”。例如，抵扣权构成要件的具体内涵为何？其内部构造究竟怎样，包含何种构成要件要素？它又是如何运转起来的？为解答上述问题，既应遵循构成要件的普适法理，又要充分考虑构成要件理论在税法语境下的特殊运用，还要看到相邻学科在构成要件理论中的积淀和发扬，比较借鉴犯罪构成要件理论、民事构成要件理论、行政构成要件理论，以充实和完备抵扣权构成要件理论。

第一节　构成要件理论的税法移植

一、构成要件的语词意涵与法律模型

（一）构成要件的语词解构与剖析

从汉语语言构成来说，构成要件一词是由“构成”和“要件”组成的动宾短语结构。“构成”为形成、组成之意，“要件”含义为必要的组件、条件，连接成短语，既可被解释为“组成××的必要组件”，也可以理解成“形成××的必要条件”。两种解释的区别在于，前者多用于形容外在可视有体物的构成，后者用于形容不可视之思维观念的构成。实际上，构成要件理论的广泛运用起源于人类由来已久的造型活动。早在人类尚未开化的远古时期，人类通过制造有形工具不断改造生存环境。伴随人类社会发展，人类不仅愈发重视外在物的直观造型，而且越来越重视内在的思想拓展和立体建构，立体构成也就从零散的认知方式发展成为应用于人类物质和精神层面的科学系统的研究范式。[1]“根据当今学科发展的要求，我们不仅需要学科的纵向型发展，也需要将学科之间进行横向型联系。构成正是具有这种特色的一个专门领域……构成所涉及的内容包括形态、色彩、材料、结构、思维方法等。”[2]“任何形态的存在都有其内在的联系和规律，只有深入其核心才能把握其本质。立体构成不是对自然的模仿，而是从纷繁复杂的立体形态世界里寻找内在的联系和规律。”[3]构成要件是将本用于展示外在实物三度空

---

〔1〕 参见刘明来编著：《立体构成》，安徽美术出版社 2008 年版，第 1 页。

〔2〕 邱松编著：《立体构成》，中国青年出版社 2011 年版，第 8 页。

〔3〕 刘明来编著：《立体构成》，安徽美术出版社 2008 年版，第 3 页。

间的立体构成观移植、应用到内在思想所形成的立体化思维方法，其优势在于将本来虚无缥缈、不易理解的思想意识拆分、具化成为展示不同思想维度的各个组件。借助构成要件，某一学术理论不再是简单、平面的思维点、思维轴线或思维面，而是能够向人们真实、形象地展露其内部思维构造的思维立体，各组件之间的层次划分和逻辑关系清晰可见，不仅更易被他人理解，而且理论本身更具单维延伸性和多维纵深性。

如此说来，构成要件理论赋予思想意识以立体感，同时，构成要件自身的语义内涵决定了它可以“通过附加各种修饰词，所指称的可以是各不相同的内容……这取决于构建这一概念，是希望实现什么功能。”〔1〕当前，构成要件理论已经被广泛应用于法学、政治学、经济学、环境科学、新闻与传播、出版、中国文学等诸多学科之中。进一步来讲，“构成要件”一词是“××构成要件”或“构成××的要件”的简称，不难理解，只要找到合适的词替换“××”，即衍生出诸多不同类型的构成要件理论。当“××”为名词时，学界多习惯以“××构成要件”为称，如权利构成要件、新型出版物构成要件等。有学者提出将法学构成要件理论运用到反腐之中，提出法治反腐包括权力制衡、司法公正独立和保障公民合法权利三方面的实体构成要件，以及程序正义原则、法律至上原则和普遍性原则三方面的程序构成要件〔2〕；有的学者将构成要件理论应用到数字出版物的概念认定中，提出数字出版物构成三要件说，认为数字化的内容、

〔1〕 参见［德］维塞尔斯、博伊尔克：《刑法总论》，C.F. 米勒出版社 2010 年版，第 116 页；［德］舍恩克、施罗德：《刑法典评注》，C.H. 贝克出版社 2010 年版，第 43—44 页。转引自蔡桂生：《构成要件论》，中国人民大学出版社 2015 年版，第 7 页。

〔2〕 参见孙楠：“法治反腐的构成要件探析”，载《重庆社会科学》2017 年第 8 期。

服务和消费是数字出版物的三个构成要件[1]；还有将构成要件理论应用到农村基层治理能力现代化[2]、经济发展新常态[3]等经济时事中去。当“××”为动词时，人们习惯性将“构成”省略简称为“××要件”，如成立要件、生效要件、行使要件、抵销要件、更改要件等。此时，“××构成要件”需要添加主语后方能具体运用，如法律行为的成立要件、债的生效要件等。

不难发现，“构成要件”短语自身的语词结构和意涵极易构建一种具有普适性的理论模型，运用立体构造的方式形塑理论思维的内部构造。将构成要件理论模型应用到某一思想理论的运行逻辑可两步走：第一步是理论模型的建构，即概括、提炼出该思想理论内部的各个组件以及相互之间的层次和逻辑关系，搭建出特有的理论模型框架；第二步是理论模型的适用，将某一具体的事物或行为与该模型进行比对，如果能够同时满足或具备该模型中的全部构成组件，此事物或行为即符合该构成要件理论，反之则不符合。在众多学科中，法学既是构成要件理论的源发地，又是将其熟练运用的集大成者，建构出了极具有法学学科共性的构成要件法律模型，在此模型的基础之上，不同部门法学又根据各自的学科特色异化出不同构成要件理论体系。对抵扣权构成要件的理论探讨不是简单的“就事论事”的静态过程，而是一个从“法律构成要件—税法构成要件—抵扣权构成要件”不断限缩的动态过程，理应跳出现有的税收构成要件理论和增值税法语境，在比较并概括出不同部门法构成要

〔1〕 参见曹联养：“数字出版物构成要件探析”，载《科技与出版》2016年第9期。

〔2〕 参见张艳国、尤琳：“农村基层治理能力现代化的构成要件及其实现路径”，载《当代世界社会主义问题》2014年第2期。

〔3〕 参见桁林：“克服中等收入陷阱的新常态：转型关头的真正挑战——再析新常态的构成要件与实现条件”，载《社会科学研究》2016年第3期。

件理论共通性的基础之上，进一步提炼出税法以及抵扣权构成要件理论的特殊性。唯此方能打开研究视野，避免“一叶障目，不见泰山”的思维桎梏。

（二）法律模型：“行为—构成要件—法律结果”

凡探讨构成要件相关问题都必须首先厘清“构成要件”语词含义，随后才能在不同语境下探究“××构成要件”。单就“构成要件”这一语词而言，它起源于德文“Tatbestand”，而德文的“Tatbestand”又起源于拉丁语中“corpus delicti”，前者也通常被译为“犯罪类型”，后者理解为“犯罪的根本事实”，也称“罪体”。〔1〕因此，法学之中认为构成要件源自刑法规定，是对实证法的理论提炼，并不是自在之物。〔2〕刑法领域对于构成要件理论的研究，从该理论的发源地德国，再到日本、我国，学说派别林立，成果多如繁星。如若我们抛开各种刑法学说之间的激烈论辩，回归和聚焦构成要件（Tatbestand）词义这一基础问题，可以总结和提炼出构成要件的三层基本含义。

构成要件第一层含义是，法律规范中作为法律后果的前提要素或情节之和。在初级的法律规范中，构成要件通常只能用简单的概括性语言加以描述概括，例如：杀人者，偿命。而在成熟的法律规范中，构成要件就能够被具化成多个构成要件要素，用以描述需要承担法律后果的前提的各个方面。例如，将杀人区分为故意杀人、过失致人死亡等情况，并根据情节轻重分别处以不同刑罚。这一层次的构成要件是对应于法律后果而存在的，形成了法律规范整体的逻辑结构，即“构成要件—法

---

〔1〕参见王充：“构成要件的历史考察——从诉讼概念到实体概念的嬗变”，载《当代法学》2004年第5期。

〔2〕［德］恩施特·贝林：《构成要件理论》，王安异译，中国人民公安大学出版社2006年版，第29页。

律结果”。这是构成要件一词的一般用法，并非刑法所独有。“构成要件—法律结果”的逻辑结构除了规范层面的意义，又不可避免地产生了事实层面的含义，即用于指称具体法律案件中的案件事实情况，前者指涉的是法律问题，后者指涉的是事实问题。罗马法谚云：“请给我事实情况（Tatbestand），我便给予你权利。”〔1〕构成要件第二层含义是，刑法中受禁止的举止的抽象描述。构成要件包含的是决定行为的应罚性和构成犯罪的实质不法内容以及罪责内容的所有要素。从这一层面上讲，构成要件的具体组成为各构成要件要素，包括客观构成要件要素和主观构成要件要素。这是一种广义的构成要件，是针对犯罪所有前提条件的总和，包含了犯罪的不法内容和罪责内容，具有有利于行为人的保障机能，仅当法定的构成要件在事实行为之前确定了该行为的可罚性时，才可以处罚该行为。构成要件第三层含义，是一种狭义的构成要件，说明受禁止举止的类型性不法内容的诸要素，因此它也是一种不法构成要件，用以表征违法性。狭义的构成要件相比于广义的构成要件区别在于，前者已经附加了修饰词“不法”。换言之，当行为与刑法规定的构成要件要素相一致时，即满足构成要件，该行为具有违法性。这种违法性属于可罚性的前置条件，当出现正当化事由时，即便该行为符合不法构成要件也不具有违法性，当出现免罚事由时也不具有可罚性。〔2〕

构成要件理论在刑法深厚的学科底蕴下茁壮成长，上述三层含义也被学者们发散开来，为“构成要件”添附了诸多前缀，

〔1〕参见［德］克莱菲尔德斯、韦柏编：《法律词典》，C.H.贝克出版社1999年版，转引自：蔡桂生：《构成要件论》，中国人民大学出版社2015年版，第5页。

〔2〕参见蔡桂生：《构成要件论》，中国人民大学出版社2015年版，第5—6页。

如法定（犯罪）构成要件、刑罚构成要件、客观构成要件、主观构成要件、故意构成要件、体系构成要件、整体构成要件、保障构成要件等。其中，法定（犯罪）构成要件是刑法构成要件理论的基础和集大成者。“犯罪构成要件”是刑法学者经常使用但内容不甚统一和确定的概念〔1〕，刑法专业之外的学者提及的犯罪构成要件是刑法分则或附属刑法的某一刑法规定的语词表述，基于“行为—构成要件—法律结果”的逻辑模式。这一逻辑模式是构成要件第一层和第二层含义的综合运用，当某一行为与某一犯罪罪名的构成要件相一致时，该行为即属于该犯罪行为，对应承担相应的法律结果。“行为—构成要件—法律结果”的逻辑模式实际上是运用了演绎分析方法，在法学领域具有一定的普适性，被其他法律学科广为借鉴，即当某一行为满足法律所规定的某一方面的全部构成要件时，该行为就应当受到法律调整，应当承担相应的法律后果。

民法是广泛应用构成要件理论的又一部门法。众所周知，法律行为是实现民法私法自治理念的主要工具，或者说是每一个人通过自己的行为形成法律关系的核心手段，它是民法总论中最为重要的概念。〔2〕构成要件理论应用于法律行为的意义在于判断某一行为是否属于民事法律行为，即法律行为的构成，具体又可拆分为法律行为的成立要件和生效要件。两者分属不同领域，前者解决的是法律行为是否存在的事实判断问题，后

---

〔1〕 犯罪基本上被视为一种人间最为复杂的社会现象。如果将犯罪的认定这种高智商展示过程降格为犯罪客体、客观方面、主体、主观方面这四大块拼凑在一起的“搭积木”的游戏，就会诱发很多问题。学者们分别立足犯罪构成的二阶层、三阶层、四要件理论，相互论战激辩，至今尚无犯罪构成要件理论的定论。参见周光权：《刑法总论》，中国人民大学出版社 2007 年版，序第 2 页；王俊：《犯罪论的核心问题》，北京大学出版社 2012 年版，第 1—2 页。

〔2〕 参见王利明主编：《民法学》，复旦大学出版社 2004 年版，第 69 页。

者是在前者的基础之上，判断法律行为能否发生私法上效果的法律价值判断。〔1〕在无特别声明的情况下，法律行为的构成要件一般指的是成立要件，当行为人的某一行为符合特定的法律行为构成要件时，该行为即为民法中的法律行为，反之，视为法律行为不成立（不存在）。〔2〕通说认为，法律行为的构成要件包括行为主体、行为标的和意思表示三要件。也有学者主张法律行为是产生私法效力的法律要件，法律行为构成（成立）要件即为法律行为成立所必需的事实，包括内容的确定、内容的可能、内容的合法以及内容的社会妥当性四要件。〔3〕甚至有学者主张意思表示是判断法律行为是否成立的本质要件和唯一要件。〔4〕此外，构成要件理论也被应用于侵权法、合同法、债法等民法分论之中。例如，侵权责任法是关于加害人一方对受害人一方遭受的损害承担赔偿责任的法律，加害人一方对受害人一方遭受的损害承担诸如赔偿一类的法律责任需要存在某些主观和客观上的条件，这些主观和客观条件即为侵权责任的构成要件。〔5〕构成要件同样广泛应用于债法之中，无论是契约之债、无因管理之债还是不当得利之债，都适用一般债权的成立要件，包括主体要件、主观要件和内容要件。〔6〕

与私法法律行为对应的是公法上的行政行为，按照“行为—构成要件—法律结果”的逻辑模式，构成要件理论同样适用于

〔1〕 参见王利明主编：《民法学》，复旦大学出版社2004年版，第78—79页。

〔2〕 参见王海燕：“论民事法律行为的构成要件及其理论意义”，载《辽宁警专学报》2006年第1期。

〔3〕 参见史尚宽：《民法总论》，中国政法大学出版社2000年版，第305—335页。

〔4〕 参见王利明主编：《民法学》，复旦大学出版社2004年版，第79页。

〔5〕 参见张新宝：《侵权责任构成要件研究》，法律出版社2007年版，第1页。

〔6〕 参见史尚宽：《债法总论》，中国政法大学出版社2000年版，第14、59、72页。

行政法。公法上的法律关系，只要不是直接依据法律产生的，通常由代表公共机关实施行为的行为人单方面产生，即行政行为。行政行为的构成要件理论是行政法的基础理论，衍生出主体要件、客体要件、主观要件、客观要件、法律效果要件、程序要件、形式要件、行政权力要件等诸多理论。〔1〕行政行为是行政法律行为的简称，行政行为构成要件的理论核心在于同时具备主体、权力、意思表示等要件是行政行为成立的必要条件。“欠缺其中任何一个要件，行政行为都不可能成立。”〔2〕当然，学界就行政行为构成要件中的具体要件组成尚存在分歧。例如，主体、权力、内容和形式的四要件说〔3〕；有的学者主张一般构成要件和特殊构成要件的二分法，前者包括主观要件和客观要件，后者包括程序要件和形式要件〔4〕；也有持有主体要件非行政行为构成要件的否定论存在。〔5〕

应当注意，各部门法虽然基本遵循“行为—构成要件—法律结果”的法律模型，但是由于它们分别规制不同的社会行为，在立法理念、法律原则、调整对象等方面迥异，作为模型核心的各构成要件理论之间仍有根本差异。这种差异性在民事私法与行政公法之间体现得最为明显。无法律即无行为。民法中法律行为的“目的在于使个体能够以意思自治的方式通过制定规则来形成、变更或者消灭法律关系，也即旨在实现私法自治原

〔1〕 参见张淑芳：“行政行为主体要件的理论构造”，载《河南财经政法大学学报》2013年第4期。

〔2〕 胡建淼主编：《行政法教程》，法律出版社1996年版，第96—97页。

〔3〕 参见方世荣、石佑启主编：《行政法与行政诉讼法》，北京大学出版社2011年版，第123页。

〔4〕 参见周伟：“法律效果不是行政行为成立的一般要件”，载《法商研究》2015年第3期。

〔5〕 参见周伟：“行政行为成立主体要件否定论”，载《江汉论坛》2018年第8期。

则。"[1]民法学家会根据各自的学术理解和论证目的，用不同的表达方式将法律行为解构为不同的构成要件要素，形成不同的构成要件学说，但不论经过如何变化、演绎，这些学说都不约而同地涵盖了意思表示要素。在很多情形之下，意思表示被当作法律行为的同义词进行使用，因为意思表示本身位居于首要地位，或者说意思表示是法律行为构成要件中的核心组成。[2]"使意思表示独立于法律行为的意义仅仅在于，当法律行为中所出现的问题涉及意思表示时，将其转化为意思表示的问题更加便于掌握。"[3]与之对应，公法上的行政行为虽然也被称为行政法律行为，但普遍认为，行政行为与私法中的法律行为具有本质上的不同。法律行为适用私法自治原则，只有个体自己基于意思自治参与法律关系的形成过程时，该法律关系才能对其利益产生影响；行政行为则适用合法行政原则，公共机关的代表人通过特定的行政行为强加于相对人，进而形成法律关系，基于法律规定而获得合法性。换言之，分别围绕法律行为和行政行为进行理论建构的私法构成要件与公法构成要件，在具体运用时的根本差异在于：前者当事人根据意思自治自行发动行为，只要满足构成要件即自动成为民法中的法律行为，形成民事法律关系，承担相应的法律后果；后者由公共机关代表人发动行为，在满足构成要件时成为行政法中的行政行为，形成行政法律关系，多与相对人主观意愿无关，即便由相对人主动发起，仍需经公共机关代表人的裁量、确认予以转化。

---

〔1〕［德］维尔纳·佛卢梅：《法律行为论》，迟颖译，法律出版社 2012 年版，第 27 页。

〔2〕［德］维尔纳·佛卢梅：《法律行为论》，迟颖译，法律出版社 2012 年版，第 29 页。

〔3〕［德］维尔纳·佛卢梅：《法律行为论》，迟颖译，法律出版社 2012 年版，第 32 页。

（三）小结

构成要件理论发源于刑法之中，并在刑法的沃土中成长为参天大树，构成要件之种随着跨学科之风也播种到了其他部门法域的土壤中，即便其他部门法领域的构成要件理论并不见得如同刑法构成要件理论那般成熟深邃，但它也很好地适应和满足了不同学科的学科特质，实实在在地助力了各个学科的发展。刑法、民法、行政法等部门法之间虽然划定了泾渭分明的法律关系界线，但这种分界之间并非完全阻断毫无勾连，在导致法律关系发生、变更、消灭等法律事实上具有共通性。〔1〕犯罪行为构成要件理论、法律行为构成要件理论和行政行为构成要件理论均遵循“行为—构成要件—法律结果”的逻辑模式，法律构成要件作为事实行为与法律后果的连接点，是法律规范所规定的应当承担相应法律后果的所有条件的总和，当某一事实行为全部满足特定法律构成要件的各要素时，该行为即进入相应的部门法场域之内，分别受到刑法、民法、行政法等部门法的规制，承担刑事、民事、行政等法律后果。作为部门法之一的税法也受其影响，产生并发展出具有税法特色的构成要件理论。

二、税收构成要件：公法与私法的理论融合

（一）理论溯源：发轫于私法构成要件

法律构成要件既是法律学科的一般模型理论，税法引入构成要件理论就是再自然不过的事情了。当某一经济行为满足了全部的课税构成要件，那么该行为就成为应税行为，产生纳税义务的法律结果，此即税收构成要件理论或课税要件理论。客观来讲，现代税法脱胎于行政法，相较于刑法、民法、行政法

---

〔1〕 参见罗亚苍：“税收构成要件论”，湖南大学2016年博士学位论文。

等“前辈”独立成为部门法的时间较晚，有限的成长时间和较少的研究者数量必然导致理论积累上的欠缺。因此，税收构成要件理论并非如犯罪行为构成要件理论、法律行为构成要件理论和行政行为构成要件理论那样具有原发性，而是从其他部门法之中移植而来，在模仿和借鉴成熟构成要件理论的基础上添附了税法的学科特色。

德国是将构成要件理论植入税法的先驱者。得益于债务关系说在税收法律关系本质论战中的胜出，税收构成要件理论急速成长，并与税收立法和税法实践联动呼应，助推德国税收债法框架格局的成型和确立。德国于1919年制定的《帝国租税通则》首次使用“课税要件”的措辞。[1]1924年，阿尔伯特·亨泽尔（Albert Henel）著述的《税法》提炼出“税收乃公法之债”的观念标志着税收构成要件理论的确立。其后，经历专家学者50余年努力推动，《帝国租税通则》于1976年5月16日更新为现行有效的《德国租税通则》，并于1977年1月1日开始生效。《德国租税通则》在第38条重申税收构成要件，明确规定：“租税债务关系之请求权，于法律据以课赋给付义务之构成要件实现时，即行成立。”税收构成要件进入《德国租税通则》之中不单单是一种宣誓口号，自生效至今虽经历百余次局部修正，但该法搭建的税收债法和税收构成要件框架从未动摇。其中，《德国租税通则》第二章专设“租税债法”篇，从第33条至第77条详细规定了税收构成要件、税收债务的成立和运行，为各单行税法的设计设定了框架和基准。申言之，税收构成要件理论堪称税收立法、税法实施和教义学研究的连通器，税收立法与构成要件理论的推动力不无关系，同时，税收构成要

[1]《帝国租税通则》第81条规定：“税收债务在法律规定的课税要件充分时成立。为确保税收债务而须确定税额的情形不得阻碍该税收债务的成立。”

件理论又为税法实践和立法进一步完善提供了充足的准备。[1]也正是看到了税收构成要件之于德国税法发展的推动作用，以北野弘久、金子宏等为代表的日本税法学者将税收构成要件引入日本税法理论研究中。其后，东京大学教授中里实将该理论运用到税法实践中去，实务人员酒井克彦则在此基础上借鉴民法的要件事实论提出了课税要件事实理论。[2]我国的葛克昌、黄茂荣、陈清秀、蔡茂寅、黄俊杰等学者也在积极引入和发展税收构成要件理论，并产生了诸多本土化成果。我国税法学者基本认同税收债务关系说并在教材、专著或论文中各自阐释了自己对于税收构成要件的理解。

将构成要件移植到税法之中是税收法律关系债务说的支持者极力促成的结果，现已成为大陆法系国家的主流观点。尽管遵循判例法传统的英美法系国家在税法实践中对税收构成要件的形式诉求、具体结构和内容的需求度不高，主要通过法院的司法解释逐渐形成一套“实质重于形式”的税法运行体系，但这并不意味着构成要件理论在英美法系国家水土不服，相反，该理论已经被实际运用在具体税制设计中。[3]“课税要件是纳税义务成立的要件，即通过满足课税要件产生纳税义务成立这一

---

〔1〕 参见叶金育：“税收构成要件理论的反思与再造”，载《法学研究》2018年第6期。

〔2〕 课税要件事实是课税要件在税法实践中的事实反映，它解决的是课税事实认定的问题。虽然该理论自提出至今已近7年时间，但提出者是从税法诉讼中的事实认定角度提出。且该学者主要从事实务工作，在日本财税法学界影响力有限，故该理论在日本学界的普及程度不高。相关理论可参见［日］酒井克彦：《クローズアップ課税要件事実論：要件事実と主張・立証責任を理解する》，財経詳報社2012年版。

〔3〕 在诸多英美学者主笔的专著中，如《比较所得税法》《税法的起草与设计》《增值税比较研究》等虽然并未明确提出运用税收构成要件，但实际上依然遵循纳税人、课税范围、税率等基本要件要素的框架进行税制比较和研究，足见税收要件理论不仅是大陆法系国家的税法理论建构的重要基石，而且为英美法系国家所接受。

法律效果的法律要件。因此，课税要件是用来代替私法上债务关系成立所必要的意思要素。”[1]“为了纳税义务的成立所必要的法律上的要件即为课税要件。根据租税债务关系说，纳税义务在满足税法规定的构成要件的时候，在法律上当然成立。因此，纳税义务是一种法定义务。进一步讲，租税不是满足个别、具体的公共需求的对价，而是基于法律规定单方课征的税金。在这一层面上，纳税义务是一种‘单方’债务，更准确地说，课税要件是国家通过租税立法发出的租税请求的单方意思表示。”[2]

概言之，作为公法之债理论基石的税收构成要件发轫于私法构成要件理论，或者说是税法之债构成要件理论的公法化，其最大的理论价值在于，以税收构成要件代表国家一方发出课税的意思表示。这也是公法债务关系成立的必要条件。众所周知，除法律规定之外，私法之债的发生原因包括双方法律行为和单方法律行为两种，前者为合同，后者诸如悬赏广告、捐助行为、遗嘱等。因此，公法之债的发生也就有两种理解方式：其一，合同之债，国家通过税法规定的税收构成要件发出一方意思表示，纳税人的事实行为满足税收构成要件中全部要素时视为发出了另一方意思表示，双方达成合意，公法之债即告发生，债务人是事实行为的实施者；其二，单方公法之债，由国家一方通过优势地位单方发出意思表示，强制成立单方公法之债，债务人为全体课税居民。当然，私法单方之债与公法单方之债存在极大不同，前者是行为人因单方的法律行为成为债务人，后者是因为国家凭借课税权基于单方意思表示成为债权人。无论采取何种理解方式，在具体的经济活动中，只要满足税收

〔1〕 参见［日］金子宏：《租税法》（第22版），弘文堂2017年版，第148页。

〔2〕 ［日］谷口勢津夫：《税法基本講義》（第4版），弘文堂2014年版，第85页。

构成要件税收之债自动成立，无需如行政公法构成要件那般必须经由公共机关代表人行政裁量确认后方能成立。自此，税法成了区别于行政法的独立部门法，税法学也就成了一门独立的法律学科。这也正是税法学者们所期盼的。

（二）实践回应：公法构成要件的融合

不难理解，债务关系说和权力关系说分别立身于私法构成要件理论和公法构成要件理论。在债务关系说和权力关系说的论战中，税收构成要件理论基于前者的胜出得以推广和发扬，但我们不能片面地认为税收构成要件理论只是建立在某一学说（税收债务说）之上，因为税收债务说具有相当的历史阶段性和偶然性〔1〕，甚至有税法学者为了税法学能够独立于行政法学进行的“学术鼓吹”之嫌。一旦言明此种前提就可发现，债务关系说过于强调“公法之债”中“债”的属性而忽视了“公法”部分。诚然，公法之债是债，但也是公法上的。“债”乃税收的外在形式，“公法”才是体现税收本质的部分。单纯将税收构成要件视为私法构成要件的公法化是一种片面的理论坚持，实践中我们必须正视税务机关之于税收之债实现的核心作用。公法构成要件逐渐入侵税收构成要件正是基于税法实践的需要。

私法之债存在成立与生效分离的问题。私法之债成立与否是事实判断问题，着眼点在于某一债务关系是否已经存在。私法之债的生效与否则是法律价值判断问题，着眼点在于是否取得法律所认可的效力。税收之债同样存在类似问题。按照债务关系说，税收之债在法律规定的税收构成要件充分时成立，无需税务机关的确认。这实际上解决的是实体法层面的债之成立问题，但税收之债能否从实体法层面进入税收征管程序之中，

〔1〕 参见侯卓：“‘债务关系说’的批判性反思——兼论《税收征管法》修改如何对待债法性规范”，载《法学》2019年第9期。

获得税法上的效力即生效问题，仍待税务机关的意思裁量。一方面，纳税人不会自愿缴纳税款，能否依法纳税、税款能否依法入库始终需要税务机关介入。另一方面，税收乃法定之债，即便税收之债成立，税务机关依然有义务依循法定构成要件，通过不同方式的核查后方可征收入库，确保税款等额征收而非溢缴或短缴。例如，个人所得税的代扣代缴、企业所得税的预缴与汇算清缴、增值税的发票核对等。

债务关系说的支持者对权力关系说的批判在于，权力关系说强调税收法律关系主体之间的不平等，导致国家与纳税人先入为主地各自担任管理人与被管理人角色，极易诱发权利义务关系失衡。这实际上是对权力关系说的误读。即便将税收法律关系视为一种权力关系，也并不必然形成国家与纳税人之间“管理—服从”的关系，相反，权力关系说本身恰恰展现了控权功能。〔1〕这是因为，自近代以来行政法的首要定位便是控制政府权力之法。〔2〕况且，无论学者们如何强调和呼吁税收之债权利义务双方之间的平等地位，纳税人无论是与宏观意义的国家还是与具体征纳关系中的税务机关之间都始终处于弱势地位，这是任何人都无法改变并理应正视的客观事实。“作为一部行政干预法，税法属于特殊的行政法。因为税收事实一般以民法条约内容为基础，因此它和民法有很多的接触面。但是，把税法称为民法的后效法是错误的。”〔3〕这也是学界关于“税收实体法和程序法分别奉行债务关系说和权力关系说”的声音愈发强

〔1〕 参见侯卓：“‘债务关系说’的批判性反思——兼论《税收征管法》修改如何对待债法性规范”，载《法学》2019年第9期。

〔2〕 参见［英］威廉·韦德：《行政法》，徐炳等译，中国大百科全书出版社1997年版，第5页。

〔3〕 ［德］迪特尔·比尔克：《德国税法教科书》，徐妍译，北京大学出版社2018年版，第17页。

烈的原因。

税收构成要件虽然发轫于私法之债构成要件，但它绝不仅仅局限于解决税收之债的成立问题，生效问题亦是其涵摄范畴，公法之债的“公法”本质决定了它有可能也有必要吸纳、融合公法构成要件理论。立法实践中，税收构成要件实际上已经融合了公法构成要件的部分理念。例如，纳税义务发生时间是债务关系说重点解决的问题，纳税期限则更多展现税收权力关系，因为纳税期限不仅是提示纳税人应于哪一时点之前完成纳税行为，还是明确税务机关于何时完成核课税行为，即使税收之债成立许久，只要纳税期限未届满，并不必然发生税款的完纳与收讫。按照债务关系说中的税收构成要件理论，纳税义务发生时间理应是极为重要的课税要件，事实却并非如此，纳税期限对征管实践影响更大，无论在学界还是实务界它都是公认的税收构成要件要素。税收立法中，各税法中必然规定纳税期限，却不一定规定纳税义务发生时间。我国个人所得税法、土地增值税法规定了纳税期限，但对纳税义务发生时间都未有提及。

（三）机能发掘：犯罪构成要件的镜鉴

罪刑法定原则堪称刑法中的“帝王原则”，犯罪构成要件是罪刑法定原则得以贯彻的理论基石。对罪刑法定原则的基本理解为“法无明文规定不为罪，法无明文规定不处罚”，当刑法有明文规定为犯罪的，应当依照刑法中对应规定进行定罪处罚，反之，不得定罪处罚。〔1〕详言之，罪刑法定原则包括刑法构成要件〔2〕法定主义、刑法构成要件明确主义和合法性原则。刑法

〔1〕 参见丁卫强：“论我国罪刑法定原则的内涵及其相对性”，载《人民司法》2002 年第 12 期。

〔2〕 此处的刑法构成要件为广义的构成要件，既包括犯罪的构成要件，同时还包括罪刑内容。

构成要件法定主义是法律主义的体现，定罪量刑只能由法律规定，司法机关在审判中也只能依据法律而不能依据层次较低的法律规范、习惯法等定罪量刑。[1]刑法构成要件明确主义要求罪与刑的明确性，表现为法条表述的严谨性和确定性、犯罪特征描述的详尽性。[2]同时刑法也是一部强制法，在构成要件满足时行政机关和司法机关必须按照刑法规定采取强制措施和定罪量刑，仅在法定裁量范围内予以自由裁量，此即合法性原则的体现。可以说，现代构成要件理论是为了巩固罪刑法定原则的成果而形成的体系性新范畴，是罪刑法定思想的客观展现，承载着罪刑法定机能、法益保护机能、犯罪识别机能等多项机能。[3]

在所有的部门法中，刑法与税法是最为特殊且极为相似的法律门类。刑法是人身权的限制与保护之法，税法是私有财产权的限制与保护之法。"生命无价""不自由，毋宁死""钱财乃身外之物"等古谚均表达了财产之于自然人的重要程度要远远弱于生命与自由。近代以来，伴随资产阶级革命胜利，私有财产权的权利地位直线上升，现今已经与生命权、人身自由权并称为三大基本人权。私有财产权是生命权和人身自由权存在并发挥作用的物质基础和条件，被视为生命权和人身自由权的自然延伸。私有财产权乃"人权大厦的基石"。[4]出于人类的主观情感，私有财产权的地位或许始终次于生命权和人身自由

〔1〕参见张明楷:《罪刑法定与刑法解释》，北京大学出版社 2009 年版，第 27、46—47 页。

〔2〕参见曾月英:"罪刑法定原则确立、贯彻的基本评价及调整取向"，载《现代法学》2000 年第 2 期。

〔3〕参见蔡桂生:"构成要件论：罪刑法定与机能权衡"，载《中外法学》2013 年 1 期。

〔4〕参见石佑启:"论私有财产权的人权属性及在人权体系中的地位"，载《河北法学》2007 年第 3 期。

权，但它们之间的地位差距愈发微弱，因此在客观世界理应给予相同程度的重视和保护。如果私有财产权无法得到保障，生命权和人身自由权的保护也就只是镜花水月的空谈。既然刑法对生命权与人身自由权之人权的保护应恪守基于犯罪构成要件理论的罪刑法定原则，那么税法对私有财产权之人权基石的保护也应恪守类似准则。此种准则即为税收法定原则。罪刑法定原则和税收法定原则分别被视为对公民人身权的积极保护和对公民财产权的消极保护，两者有着相同的源头，可追溯至1215年英国《自由大宪章》，又有着极为相似的发展脉络，从绝对主义走向相对主义，它们共同构成了现代文明的两大基石。〔1〕

详言之，“在民主主义国家，国民与国家之间的租税关系具有潜在性，普通国民必须遵从通过国民代表人制定的租税法律，正是这些租税法律创设了租税关系。”〔2〕从这一层面来说，国家与国民之间的税收关系是一种没有具体指向的抽象法律关系，而“这种关系对于一个个国民个体而言，纳税义务的成立必须外部化”〔3〕，让纳税人明确了解这种法律关系是否发生、如何发生以及发生的具体内容。谈及纳税义务的成立，追根溯源，无论是依据国民与国家之间的合意（契约）抑或根据国家单方的权力命令（财政命令），依据上述两种模式进行法律构建都存在理论上的可行性。但是，无论哪种模式主导下形成的税法体系都必须遵循税收法定主义的严格约束。税收法定主义与税收公平主义是支配税法体系的两大基本原则，前者是关于课税权

〔1〕 参见张学博：“税收法定原则新论：从绝对主义到相对主义”，载《上海财经大学学报》2016年第4期。

〔2〕［日］谷口勢津夫：《税法基本講義》（第4版），弘文堂2014年版，第84页。

〔3〕［日］谷口勢津夫：《税法基本講義》（第4版），弘文堂2014年版，第84页。

行使方法的原则，是一种形式上的原理，后者是关于税负分配的原则，是一种实质上的原理。[1]而在现代法治国家，税收法定主义堪称税法体系的“帝王原则”，所蕴含的民主法治理念和规范征税权的法治价值高度契合现代民主法治精神，在这个层面上讲，它已超越了税收公平主义成为统领税法体系的首要基本原则。[2]税收法定主义包括课税要件法定主义、课税要件明确主义、合法性原则和程序保障原则四个子原则，其中前三个子原则都与课税要件密切相关。可以说，税收构成要件是贯彻税收法定主义的必要工具，是基于税收立法实践积累和逻辑思考的产物。

税收构成要件首先在形式上表现出税收法定机能，税收构成要件应当也能够为贯彻税收法定原则具化规制对象和运行空间。[3]课税要件法定主义是指课税要件中的所有要素均应由法律进行规定，课税要件明确主义建立在课税要件法定的基础之上，要求税法对所有课税要素的描述应尽可能的准确明了，对合法性原则的解释是，税法属于强行法，在满足课税要件时纳税人必须按税法规定缴纳税款，税务机关必须按税法规定征收税款，没有不征税的自由，也没有减免税的自由。税收法定机能是税收构成要件的积极机能，在满足税收积极构成要件时成立债权债务关系，同时，它还具有消极的法益保障机能，在不满足积极构成要件时不纳税，在满足消极构成要件时，可引起

---

〔1〕参见［日］金子宏：《日本税法》，战宪斌等译，法律出版社2004年版，第57页。

〔2〕参见刘剑文：“落实税收法定原则的现实路径”，载《政法论坛》2015年第3期。

〔3〕参见叶金育：“税收构成要件理论的反思与再造”，载《法学研究》2018年第6期。

税收的减免效果。〔1〕“所谓课税要件，是在何种场合下、对谁以及在何种程度成立纳税义务的抽象规定，是一种实体法上的要件。在满足课税要件时税收债权债务关系即行成立，市民承担税收债务，税务机关享有税收债权。因此，从市民角度观之，课税要件的意义在于提前告知市民，他们究竟在何种场合承担何种程度的税负，如此，市民方能根据税收的诸要素对自己的日常交易行为作出合理安排。”〔2〕通过课税要件向纳税人明示纳税义务的范围，是税法的法安定性和可预测性的内在要求。税际识别机能是税收构成要件的第三大机能。立法者往往基于不同的政策原因在不同的环节设置不同的税种，这些差异隐藏在各税法之中无法被民众得知。税法实践中，征纳双方无需了解上述内容，只需依照税法规定依法征税和依法纳税。纳税人完税和税务机关征税得以实现的前提是他们能够识别征纳什么税、征纳多少税。税收构成要件蕴含此种识别机能，不同税种往往具有不同的税收构成要件，税务机关和纳税人仅需对号入座便可实现税款征纳。

税收构成要件理论晚于犯罪构成要件理论的创建，在系统性研究上前者寥寥无几，后者比比皆是。税法与刑法极具相似性，两者基于保护相近位阶权益的法律目的都奉行较为严格的法定主义，后者深厚的学科积淀成为前者理论发展的“资料库”。构成要件理论之于刑法与税法如同镜子中的两面，犯罪构成要件创设在先，是本体，税收构成要件类比在后，是镜像。构成要件的机能是构成要件之于部门法所起的作用或所起作用的能力〔3〕，是在法律中引入构成要件工具最为重要的价值功

---

〔1〕 参见黄茂荣：“税捐的构成要件”，载《经社法制论丛》1990年第6期。

〔2〕［日］畠山武道、渡辺充：《新版租税法》，青林書院2000年版，第49页。

〔3〕 参见乔文东：“论构成要件的类型对构成要件机能之影响”，载《黑龙江省政法管理干部学院学报》2014年第4期。

能。比照犯罪构成要件的罪刑法定机能、法益保护机能、犯罪识别机能，税收构成要件有着税法最为重要的价值功能，即税收法定机能、法益保护机能、税际识别机能。自此，税收构成要件不再是税法对构成要件理论的简单移植，它有了自己独立存在的价值，它获得了生命。

（四）小结

税法构成要件理论建立在刑法构成要件、民法构成要件、行政法构成要件三大相邻部门法理论之上。税收构成要件得益于税收法律关系本质为何的理论争论，在债务关系说中发轫，又在实践中融入权力关系理念，但无论两者如何纠缠，都不能动摇税收构成要件的本体机能和价值。法律行为构成要件和行政行为构成要件塑造了税收法律关系成立和生效的形式外衣，两者交叉融合共同打造税收构成要件的外在躯壳。犯罪构成要件则为税收构成要件注入灵魂，犯罪构成要件之于罪刑法定原则以及刑法整体的功能价值为完善税收构成要件理论、推动税法学科发展提供镜鉴。税收构成要件理论正是在这“二外一内”的策动之下得以蓬勃发展，不仅具有使税法获得独立学科地位并科学化发展的理论意义，同时还为税收实体立法划定了基本框架，为税收程序法的完善提供方向性指引，助力税法整体的标准化和体系化，兼具实践价值。

三、抵扣权构成要件：理论模型的综合运用

税收构成要件是税法体系的建制核心，税法中的诸多理论都以税收构成要件为理论前提。这是构成要件理论税法移植形成的一般理论。社会经济生活中应当受到税法评价的行为多种多样，无法穷尽，税法需要对形形色色的经济行为进行区分和差异化对待，形成各具特色的各个税种。除一般的税收构成要

件理论之外，构成要件理论在各个税种的特殊土壤中衍生出极具税种特色的子理论。抵扣权构成要件理论即是典型。抵扣权构成要件理论综合运用了构成要件的一般理论模型和法律模型，并与税收构成要件理论密切相关，它的成立以税收构成要件的成立为前提和基础，同时它又是增值税构成要件的必要组成部分。

（一）抵扣权构成要件的内涵阐释

提及权利构成要件以及权利的要素、构成要素等类似概念，首先想到的是国内法理学界的“权利要素说”。权利是一个极为复杂的概念，特别是在法理学者看来，权利并不像其他部门法学者那样可以被轻易说出口，但是概念又是法学研究的重要理论基础，学者们不得不解决“权利是什么”这一关键问题。为解决此种冲突，学界引入了综合分析的权利要素法。权利要素法是一种通过考察和借鉴与权利相邻的概念，并将这些概念作为组成权利的要素进行系统整合，间接回应权利本质和内容的解释方法。〔1〕在解决“权利是什么”问题上，权利要素说通常有两种适用方法，解决不同的权利问题。第一种用法是解决权利的本质问题，即权利包含一种或几种内在的本质要素，如自由、利益、主张、资格、正当等，只有从上述要素着手才能更全面地理解权利。〔2〕无论从哪种要素出发均可以正确地认识权利，揭示权利的某种属性。〔3〕以一个要素为原点、其他要素为

〔1〕 参见陈俊乾：“略论权利概念的生成及其要素”，载《社会主义研究》2010年第6期。

〔2〕 参见魏婷：“权利‘要素说’及其困境”，载《湘潭大学学报（哲学社会科学版）》2014年第4期。

〔3〕 参见张文显：《法哲学范畴研究》（修订版），中国政法大学出版社2001年版，第306页。

补充内容也都可以释义权利[1]，同时联系权利的实态，全面认识权利本质。[2]第二种用法是阐释权利关涉的法律关系，是权利本体的具体展开，包括法律关系的主体、客体、内容、变动等。[3]本书将第一种用法用于证成抵扣权能够成为法理学所称的权利，具备权利的内在要素（第二章第二节），将第二种方法用于探讨抵扣权的核心组成和要素，如抵扣权的权利主体、义务主体，抵扣权的客体，抵扣权的内容范围等（第三章第二节）。尽管抵扣权构成要件理论与权利要素说在语词表述上相类似且具有一定的理论关联性，但它们的理论构造、运行逻辑和所要解决的权利相关问题存在极大的差异性。

按照前文剖析的构成要件的语词结构与意涵，抵扣权构成要件表面乃“名词+构成要件”的结构表述，运用构成要件理论的一般模型，表意构成抵扣权所需的必要组件。抵扣权构成要件的运行思路是：首先概括、提炼构成抵扣权的各个组件以及内部的逻辑层次，其次将纳税人的某一具体行为与之比照，当同时满足上述各个组件时抵扣权即告成立。以此观之，抵扣权构成要件的结构实际上是“动词+构成要件”，“抵扣权”是该结构的主语，它的完整表述是“抵扣权成立的构成要件”，也可简称为“抵扣权成立要件”，解决的是抵扣权成立的问题。这与解决权利的内在属性和内容的权利要素说截然不同。在增值税法语境下，抵扣权构成要件除了遵照构成要件理论的一般模型，还一定程度上受到“行为—构成要件—法律结果”法律模型的

---

〔1〕参见夏勇：《人权概念起源——权利的历史哲学》，中国社会科学出版社2008年版，第40页。

〔2〕参见张文显：《法哲学范畴研究》（修订版），中国政法大学出版社2001年版，第23页。

〔3〕参见张文显主编：《法理学》（第二版），高等教育出版社2003年版，第130—140页。

影响。立法者将抵扣权构成要件分拆为各个组件，经过立法技术调整后引入各个法律条文之中，抵扣权构成要件由一种理论模型转换为具有法律效力的法定构成要件。当满足法定构成要件时，纳税人即享有具有法律效力的抵扣权，产生一定的法律效果。这种法律效力仅指实体法层面的效力，效力极为有限，例如，可以成为纳税人的权利主张，获得一定程度的法律保护等，并对程序法产生一定的影响，比如用于计算抵扣权的成立时间。此时，抵扣权并未在行政程序中生效，因为抵扣之债与税收之债同源，都乃公法之债，抵扣之债同样存在成立和生效分离的问题。概言之，抵扣权构成要件解决的是增值税实体法中抵扣权成立的事实判断问题，至于抵扣权如何进入税收程序法中，被税务机关肯认并在税收征管中行使，则非抵扣权构成要件重点解决的问题。抵扣权的行使实际上就是抵扣权在增值税法中被限制的过程，因为限制抵扣权实际上是在划定抵扣权的运行边界，边界之外不得行使，边界之内可自由行使。相关论述详见下文。

（二）与税收构成要件的关系辨明

1. 以税收构成要件的成立为前提和基础

税收构成要件是税法理论体系的建构核心，也是税法实践运行的基石，税收法定机能要求税收立法贯彻税收法定原则，税际识别机能作用于税收征管中，是税务机关和纳税人识别应当征收和缴纳何种以及多少税款的工具，法益保障机能体现纳税人税收权利保护，非法定不纳税和法定减免税。可以说，税收构成要件是税法的一般性理论，税法其他理论多建立在该一般性理论之上，抵扣权构成要件理论也不例外。以公法之债理论观之，增值税法律关系中存在增值税之债和抵扣之债两个公法之债，两者互为逆向债权债务关系，债权享有者与债务承担者身份互换，债权属性、债务内容、计算债务数额的方式和准据等方面密切相关。这种密切的关联性并非建立在两者之间的对等、共生关系，而是一种主次关系上。税法乃国家强制征收之法，增值税法以财政收入之筹措为主位立法目的，税收债务关系自然是增值税法律关系网建立和延伸的主轴线，从根本上昭示国家与纳税人之间、税务机关与纳税人之间的权利义务配置。税收债务关系是增值税法律关系中的主要债务关系，若税收债务关系无法建立，增值税法中的其他法律关系即丧失了建立的基点。在发生时点上，抵扣债权关系跟随税收债务关系一同发生，但抵扣债权关系发生与否不影响税收债务关系的发生，相反，主债务关系是从债务关系的前提和基础，如果主债务关系不复存在，从债务关系也丧失存在的根基，随着主债务关系一同消灭。既如此，用以解决税收之债和抵扣之债成立问题的税收构成要件和抵扣权构成要件同样处于一种主从关系，后者以前者的成立为前提和基础。

2. 是增值税定量构成要件的必要组成

在纳税义务成立之后，税收构成要件必须展示“谁”应当“针对何种行为”缴纳“多少额度的税款”，确保税收征纳的顺利完成。通说认为，税收构成要件理应包含纳税义务人、课税物件、归属、课税标准和税率五种构成要素。在此需要说明的是，就组成结构和组件而言，税收构成要件可区分为中观的构成要件和微观的构成要素两个部分，两者不可混淆。构成要素是税收构成要件中的最小单位，不同的构成要素组合成不同的构成要件，不同的构成要件展现税收构成要件的不同面向特征。例如，主体、客体等要素属于定性构成要件，税率、计税依据等要素属于定量构成要件，主体、客体等属于税收之债成立的构成要件，时间、特别措施属于税收之债行使的构成要件。[1]按照课税之性质与数量区分定性要件和定量要件是税收构成要件最常见也是最重要的区分方式。在定性方面，纳税义务人（税收主体）解决的是“谁”之主体要素问题，课税物件（税收客体）解决的是“针对何种行为”之客体要素问题，归属解决的是纳税义务人与课税物件之间的连接要素问题。在定量方面，课税标准和税率共同解决的是“多少额度的税款”问题。“纳税义务人展示的是课税要件的人之侧面，课税物件展示课税物件的物之面向，归属展示的是课税要件的人之面向与物之面向的连接，课税标准是展示课税物件所表现出的金额或数量，并与税率相连接，展示了课税要件的金额之侧面。”[2]抵扣权构成要件从属于税收构成要件，它无法通过改变课税主体、客体等要素影响定性要件，但会影响和改变定量要件。通常，税收的定量工作仅需通过课税标准和税率即可完成，即“应纳税额=课税标准×税率”。但增值税应纳税额计算公式较为特殊，遵照“增值税应纳税额=销项税额-进项税额”，抵扣权构成要件能否成立、可以在多大范围内行使都将决定计算公式中“进项税额”的大小，进而影响着增值税构成要件的定量工作。

概言之，增值税构成要件与所得税、消费税等其他普通税种的构成要件不同，其定量工作并非课税标准、税率等要素的简单运用，需要抵扣权构成要件的参与方能最终完成。抵扣权

---

〔1〕 有学者明确提出了税收构成要件的分层理论，将税收构成要件分为顶层（可税性与应税性）、中层（定性构成要件与定量构成要件）、底层（各构成要素），此种阶层布局呈现出从上至下的体系性并可逐一具体化，三层之间彼此映射、承接、相互转化且过渡自然。参见叶金育：“税收构成要件理论的反思与再造”，载《法学研究》2018 年第 6 期。

〔2〕［日］谷口勢津夫：《税法基本講義》（第 4 版），弘文堂 2014 年版，第 86 页。

构成要件是增值税构成要件中定量要件的必要组成部分。

（三）抵扣权构成要件的机能发掘

抵扣权构成要件既以税收构成要件为前提和基础，又是增值税构成要件的组成部分，它同样承继了税收构成要件的部分机能。由于抵扣权仅产生于增值税法之中，抵扣权构成要件自无税际识别机能，而是承继了税收法定机能和法益保障机能。“对税务机关而言，课税要件向税务机关明示了其强制征收纳税人财产的具体范围，兼具赋权机能和拘束机能。”[1]而对纳税人而言，抵扣权构成要件展现了可以要求税务机关返还的进项税额的具体范围，同样具有赋权机能和拘束机能。相较之下，税收构成要件的赋权和拘束指向国家课税之权力，抵扣权构成要件的赋权和拘束则指向纳税人抵扣之权利，两者立身基点不同，指向相反，抵扣权构成要件在承继了税收构成要件部分机能的基础之上异化出不同的功能特性。

税收构成要件立身于公权视角，税收法定机能是税收构成要件的积极（核心）机能，目的在于为税务机关赋予法定征税权。税务机关在满足法定的税收构成要件时即享有向纳税人征税的权力，同时，“法定”要求此征税权必须严格按照法定构成要件划定的征税路线图行使，不得越权多征税，也不得徇私少征税。法益保障机能是税收构成要件的消极（附带）机能，纳税人在不满足税收构成要件时不负担纳税义务，在满足税收消极要件时可引起税负减免效果，如享受减免税优惠，上述两种情况均会导致税负的客观减少。相比之下，抵扣权构成要件出发点是纳税人，其理论价值在于解决抵扣权的成立问题。换言之，抵扣权构成要件的核心目的在于赋予纳税人抵扣权，此时

〔1〕［日］畠山武道、渡辺充：《新版租税法》，青林書院2000年版，第49页。

法益保障机能成为其积极（核心）机能。抵扣权构成要件明确告知纳税人在何种情况下享受何种程度的抵扣权，在满足法定的构成要件时，即在增值税实体法中引起进项税等额税负的减少。同时，这种公示力同样作用于税务机关，税务机关在程序法中协助纳税人行使抵扣权，非因法定情由不得限制抵扣权，进而实现纳税人的权利保护。同时，税收法定机能则转换成为抵扣权构成要件的消极（附带）机能，因为抵扣权构成要件不仅解决抵扣权的成立问题，同时它还是增值税构成要件中定量要件的组成部分，抵扣权的成立与否将影响增值税构成要件的定量工作，抵扣权成立意味着增值税之债的消极减损。

第二节　抵扣权构成要件的税法展开

税法兼具法律规范的法律性和税制设计的技术性，对抵扣权的深入探讨也就演化出法理（纳税人权利视角）和税理（公法之债视角）两个路径。在增值税债权债务关系中，税收之债与抵扣之债互为“逆向”债权，前文已从法理角度探究抵扣权的核心组成要素，两者在权利主体、权利客体、权利内容和权利变动方面展现出了千丝万缕的密切关系。相较之下，税收构成要件更多是从税理角度切入，将具体的权利或义务解构为一个个税收构成要素并重新组合，形成“纳税义务人—课税物件—归属—课税标准—税率”逻辑序位体系，更具逻辑性和体系性，也更易被不具有税法背景的普通民众理解。抵扣权构成要件同样依循税理将抵扣权的成立问题拆分为更为具体、细微的构成要素，展现空间、时间、主体、对价、营业等不同面向的成立条件。本节意在展开讨论抵扣权构成要件的内部构造，明晰各构成要素以及相互之间的逻辑脉络。一方面，抵扣权构成要件作为税收构成要件的子理论，各构成要素与增值税构成要件要素之间多有勾连，我们应当发掘两者各构成要素之间的共性以及相互之间的逻辑关系，探讨如何由增值税构成要件推导出抵扣权构成要件。另一方面，关注事物之间共性的同时不可忽视各自的特性，抵扣之债与增值税之债乃一对权利义务主体互换的公法之债，债权债务关系成立的条件自有不同，由增值税构成要件到抵扣权构成要件的推导转换中同时产生了具有抵扣权特色的构成要素，这些特殊构成要素同样值得关注。

一、增值税构成要件的具体展开

（一）增值税构成要件之理论概观

税收构成要件亦可称为课税要件，如同其他构成要件理论那般在差异化“争吵”中得以不断发展、演进。就税收构成要件应包含何种构成要素议题，有的学者认为税收构成要件可简化为税收客体、纳税人、税率三个构成要素，即三要素说，归属问题内含于税收主体之中，税基可以看作是税收客体的量化形式。〔1〕有的学者将税收构成要件、课税要件、课税要素混同，认为税收构成要件是税收实体法中发生税收债务的各种法律要件的统称，并坚持构成要件五要素说，即税收主体、税收客体、归属、课税标准和税率。〔2〕有的学者则持四要素说，认为税收客体的归属并非独立的构成要素，而应划入税收客体之中。〔3〕相比于我国学者的百家争鸣，日本学者多持税收构成要件的五

〔1〕 参见刘剑文、熊伟：《税法基础理论》，北京大学出版社2004年版，第191页。

〔2〕 参见施正文：《税收债法论》，中国政法大学出版社2008年版，第22—24页。

〔3〕 参见张守文：《税法原理》（第四版），北京大学出版社2004年版，第46、54页。

要素说，即纳税义务人、课税物件、课税物件的归属、课税标准和税率。笔者在此罗列不同的构成要件理论意在言明以下两点：其一，正如日本学者金子宏在课税要件总论中论及的，“课税要件的规定属于立法政策层面的问题”〔1〕，不存在完全统一的税收构成要件，我们所应关注的是那些各税种立法中共通的课税要件，同时关注个别税种的特殊课税要件；其二，税收构成要件究竟应拆分为几个构成要素，应兼顾清晰性和简便性，在向纳税人和税务机关清晰地展示税收之债成立的主要条件的同时，应尽可能确保构成要件的简便。为此，笔者采四要素说，认为归属要素归根结底是对税收主体与税收客体之间的关联性判断，属于一种事实评价范围，且对抵扣权构成要件研究作用不大，因此将归属要素排除，仅针对增值税的纳税义务人、课税物件（税收客体）、课税标准和税率四个要素进行分别讨论。

纳税义务人是纳税人的全称，是在税收法律关系中承担税收之债的主体，即税收债务人。纳税义务人与税负承担人是两个不同的概念：纳税义务人是由税法规定的税收债务人，至于是否真正承担了税收负担在所不问，是一种法定、形式意义上的概念；税负承担人则是最终税负的实际承担者，他不一定需要根据税法规定成为税收法律关系中的主体，是一种实质意义上的概念。通常情况下，纳税义务人与税负承担人是重合的，但在增值税这类间接税中，两者相互分离。不同国家的增值税法对纳税义务人的规定差异较大。

《欧盟2006年指令》中增值税纳税义务人的范围最为宽泛，纳税义务人的判断标准建立在“经济活动”之上。经济活动具有独立性、经常性、广泛性以及“经济”属性内含的对价性等

〔1〕［日］金子宏：《租税法》（第22版），弘文堂2017年版，第148页。

特征。日本增值税法依据国内交易和进口交易对增值税纳税义务人进行了区分，同时引入了“事业者”概念。在其国内交易中，增值税纳税义务人是进行课税资产转让等（资产转让、资产租赁、劳务提供）以及特定课税购买的事业者（《日本增值税法》第5条第1款）。所谓事业者，包括个人事业者以及法人（《日本增值税法》第2条第1款第3、4项）、国家、地方政府、公共法人、公益法人、无人格的社团（《日本增值税法》第3条、第60条）。非居住者以及外国法人在日本国内从事应税交易时也将成为增值税纳税义务人。在进口交易中，从保税区提取课税货物的人也将成为增值税纳税义务人（《日本增值税法》第5条第2款）。虽然在其国内交易中，增值税纳税义务人建立在“事业者”概念之上，但在进口交易中，纳税义务人的范围被拓展到消费者个人以及免税事业者。关于各国增值税法中纳税义务人的详细论述可参照前文第三章第二节中关于抵扣权权利主体部分的讨论。

课税物件即为课税对象、税收客体，是课税的直接对象或标的，展现税收构成要件中物之侧面，用以说明对何种物课征税款。由于增值税的强技术性，其“税捐客体为营业人就其货物或劳务的销售行为，但应税之税捐财物其实是消费者的‘消费’行为，因为消费者之消费行为中隐藏着消费者的税捐税负能力，即为税捐负担能力的指标”。[1]原则上，增值税的税收中性要求增值税课税范围应尽可能宽泛，理应对所有的销售行为课税。例如，《欧盟2006年指令》引入“应税交易”（taxable transactions）概念以涵盖全部交易行为。应税交易采用二分法，包括销售商品（supply of goods）和提供服务（supply of services）。

[1] 参见柯格钟：“公法债务与私法债务”，载《月旦法学杂志》2014年第12期。

所谓销售商品，即作为有形资产的所有者转让其财产所有权（《欧盟2006年指令》第14条第1款）。指令采用兜底的方式，将提供货物定义为不构成销售货物的其他任何交易（《欧盟2006年指令》第24条第1款）。欧盟增值税课税对象的规定引领了全球范围内增值税立法的潮流，例如，澳大利亚增值税的课税对象是应税销售（tax supply），新西兰增值税的课税对象是销售货物、提供劳务和进口货物的行为。〔1〕

除了这种宽泛、统摄性的表述方式，不同国家会根据本国国情对课税对象进行详细区分和描述。日本增值税将课税对象分为国内交易和进口交易。国内交易是纳税人在国内进行的资产转让等以及特定课税购买（《日本增值税法》第4条第1款）。所谓“资产转让等”，是指作为经营业务以取得对价而进行的资产转让、租赁和劳务提供（《日本增值税法》第2条第1款第8项）。“特定课税购买”是在业务中接受特定资产的转让等，此处的“特定资产的转让等”是“向事业者提供电气通信利用劳务”（《日本增值税法》第2条第1款第8项之4）以及“特定劳务的提供”（《日本增值税法》第2条第1款第8项之5）。进口交易的课税对象是从保税区提取外国货物。日本增值税课税对象仅限于作为经营业务进行的交易以及以取得对价进行的交易。〔2〕我国在全面营改增后，增值税的课税范围较为复杂，为销售货物、加工和修理修配劳务、销售服务、无形资产、不动产以及货物进口。

课税标准和税率通常在一起讨论更有价值，它们共同完成

〔1〕 参见全国人大常委会预算工作委员会编：《增值税法律制度比较研究》，中国民主法制出版社2010年版，第48页。

〔2〕 参见［日］金子宏：《租税法》（第22版），弘文堂2017年版，第736—737页。

税收构成要件的定量工作。课税对象以所得、消费、财产、行为等形态存在，是国家课税行为指向的对象，单纯依靠客体描述是无法完成计税的，必须提供一种税收客体的量化标准，课税标准应运而生。课税标准也被称为税基、计税依据，是指为了计算应纳税额，以金额、数量等形式将税收客体进行量化的标准。增值税课税标准普遍采用以交易金额为准据的从价计税方法，表现为给付交换的销售金额。应纳税额的计算除明确课税标准之外，还需确定应纳税额与课税标准之间的函数关系方能完成。这种函数关系即为税率。税率是课税的标尺，是税负高低的重要指标，直观反映了国家征税深度和国家的经济政策。[1]税收客体的量化工作需要课税标准和税率之间建立一种逻辑联系，这种逻辑联系即为两个数值的乘积，应纳税额的计算公式为：应纳税额=课税标准×税率。

《欧盟 2006 年指令》中，销售商品和提供服务的应税金额是供应商从客户或地方收取的作为应税交易对价的一切金额，包括与供应价格直接相关的补贴。就货物进口而言，增值税的课税标准是按照欧盟现行规定，由海关确定的应税金额。并且，指令对进口货物中的“公开市场价值”（open market value）进行了特别说明，即在公平竞争的市场条件下，客户在同一购买环节为了获得商品或服务向销售商支付的全部价款（《欧盟 2006 年指令》第 72 条第 1 款）。我国《增值税暂行条例》第 6 条规定：“销售额为纳税人发生应税销售行为收取的全部价款和价外费用，但是不包括收取的销项税额。销售额以人民币计算。纳税人以人民币以外的货币结算销售额的，应当折合成人民币计算。”日本增值税法中，国内交易的增值税课税标准是由资产转

〔1〕 参见施正文：《税收债法论》，中国政法大学出版社 2008 年版，第 7 页。

让、租赁、提供劳务取得的对价额（《日本增值税法》第28条第1款）。对价额是指在上述应税交易中作为交易对价收取或应当收取的一切金钱、金钱以外的物品或权利以及其他经济利益（《日本增值税法》第28条第1款）。而对进口交易，则是从保税区提取该应税货物根据关税法计算的价格（即关税的课税价格），加上该货物从保税区提取时所课征的消费税，再加上相当于关税的金额（《日本增值税法》第28条第3款）。

增值税的运行机理决定了单一税率相比于多级税率更能体现税收中性。实践中仅有以澳大利亚、新西兰、日本为代表的少数国家可以做到这一点，它们普遍采用单一税率，且税率较低〔1〕，多数国家仍采用欧盟型增值税，即采用多级税率。《欧盟2006年指令》规定，欧盟成员国应采用一档标准税率，税率的具体税额由各成员国自行确定（《欧盟2006年指令》第96条），同时，指令还设定了标准税率的最低标准为15%（《欧盟2006年指令》第97条第1款），成员国的标准税率不能低于该标准。除标准税率之外，《欧盟2006年指令》规定成员国可以设置一档优惠税率，但优惠税率应不低于5%（《欧盟2006年指令》第99条第1款），并建议优惠税率适用于食品、水、新闻、杂志、书籍、医药品、旅客运输、住宿、外带食品服务、运动观赏、电影等（《欧盟2006年指令》第103条第2款）。自1977年欧盟增值税指令颁布至今，欧盟型增值税逐渐发展成型，形成了标准税率、优惠税率和零税率三档税率并存模式，并为多数成员国所遵守。日本在1989年最初引入增值税时实行3%的单一税率，随后将税率提升到8%，自2019年10月1日起，税

〔1〕严格来说，日本型增值税虽然税率单一，但采用账簿作为计税凭证、不完全的征税范围等方面使得它与新西兰、澳大利亚这种现代抵扣型增值税仍然存在诸多不同。

率上调至10%。我国自营改增后逐步推行增值税税率简并、降低税率的改革举措，现存0、6%、11%、16%四档税率。就世界整体趋势而言，简并并逐渐降低增值税税率是增值税发展的整体趋势。[1]

（二）定性构成要件的实践提炼：法律构成要件

税收构成要件无论是三要素说、四要素说还是五要素说，均是围绕构成要件中最为主要、最具普适性的构成要素展开的讨论，除此之外，还包括纳税义务发生时间、课税期限、课税除外等其他税收构成要素。繁多的税收构成要素不外乎分成两类，即释明交易实质的定性要件和展现交易税价的定量要件。[2]税收构成要件的运行遵循“定性要件—定量要件”的运行轨迹：课税事实发生之后，定性工作首先开始，纳税义务人、课税对象、课税对象的归属等定性要件要素同时出现，准确定位到应当承担纳税义务的主体，展示该主体因何种缘由负担何种税收的思维逻辑。定性工作完成之后，定量要件随即出现，回答何时缴纳多少税款的问题，主要包括课税标准要素、税率要素、发生时间要素、纳税期限要素、特别措施要素等。定性要件与定量要件是税收构成要件的两大基石，定性要件是定量要件运行的前提和基础，定量要件是定性要件运转所期待获得的结果，两者不可偏废，相互之间协同配合，共同推动课税进程。

鉴于税法规则的复杂性和技术性，税法规范需通过清晰、明确的法言法语并耗用大量篇幅对定性要件中的各要素逐一列明，使得民众可以确切知晓自己是因为何种事项、满足何种课税事实，才成为各个单行税的纳税义务人。甚至可以说，经过

〔1〕参见罗秦：“趋向现代型的增值税最新发展：以OECD成员国为例”，载《国际税收》2017年第12期。

〔2〕参见滕祥志：“税法的交易定性理论”，载《法学家》2012年第1期。

定性要件各要素的逐一筛选核查，能否课税、对谁课税、因何课税、课征何种税等绝大部分课税事实已经十分明晰，定量要件只需在此基础上完成“课税标准×税率”这一相对简单的计量工作。从功能分工上，税收定性要件回应纳税人因可归属于自己的应税行为承担何种税负，它实际上已经解决了税收之债的成立问题，无需税收定量要件的介入，税收定量要件实际上解决的是税收之债的内容问题，即纳税人需要缴纳多少税款。

税收定性要件是税收构成要件功效发挥最为关键和核心的环节，也是最为复杂、难度最高的部分。税法是兼具法律性和强技术性的法律规范，其中，增值税在纳税义务人、课税依据等构成要素的特别处理，以及抵扣机制、发票管理机制等独特的运行机制方面，都决定了增值税法的立法技术性要强于一般税法。正因如此，增值税的定性工作相比于其他单行税更加复杂和艰难。在纳税人识别中，增值税抵扣机制中存在多个纳税人，散布在从产品生产到零售的全过程之中，这些纳税义务人并非孤立，而是连接组成了一条可以相互影响的税收主体链条，纳税人在链条中所处的位置会对课税产生影响。例如，在零售环节免税就不会导致重复征税，而在零售之前的其他环节免税则会产生重复征税问题。此外，增值税虽然是一种普遍征收的税种，但实践中究竟对何种销售行为课税各国差异较大，不同性质的销售行为往往税收待遇迥异，催生了纳税人逃避税的冲动，这就为课税对象的识别带来困难。当涉及跨境课税问题时，增值税定性的工作难度将进一步加剧。例如，跨国集团的固定机构认定、B2B 和 B2C 交易中购买方的认定等已是跨境增值税征管中尚未得到完全解决的定性难题。此时，依靠传统税收构成要件理论已经不能满足增值税征管实践中的定性要求，而需导入另一种构成要件模式，即法律构成要件，将各构成要素拆分为更小的子要素单位，方能更加直观、精细地展示增值税定性要件中各个法律面向，快速、精准地完成增值税定性工作。

在税法语境下，法律构成要件是相对于传统税收构成要件而言的。[1]传统税收构成要件是构成要件理论税法化的产物，试图通过“要件”“要素”全方位展示所要课征之“税”的各个面向，专注于回答谁应当因为何种行为承担何种、多少税款等一系列课税核心问题，更多体现“税”之特质。需要强调的是，税收构成要件中的各要素展现的是税收征管中征纳双方关心的核心要素而非全部要素，各构成要素中隐藏或默认了诸多前提，它们可以被分拆为更小的要素单位。例如，我国《增值税暂行条例》第1条[2]即是关于增值税纳税人的规定，按照税收构成要件理论可从中提炼出纳税人和课税对象两个要素，实际上还有一个前提要素是它没有提及的，即“在中华人民共和国境内”这一空间要素。再如，《欧盟2006年指令》中的课税对象表述为“销售商品和提供服务”，其中存在的隐藏要素即“销售”表征的对价要素和营业要素。这些构成要素虽不是传统税收构成要件的构成要素，却是法律规定的发生法定纳税义务所必要的法定条件，我们称其为法律构成要素，由法律构成要素组合成为法律构成要件。

构成要件理论发源和成长于刑法、民法、行政法等法律性更为突出的部门法之中，在税法移植过程中更多强调了“税”之技术性，无法充分展示税法条文中更加细微的法律细节，导

---

〔1〕国内最早提出法律构成要件的学者是中山大学的杨小强教授，杨教授曾多次在会议和其他公开场合倡导该理论。本书受此观点启发，并在此基础之上进行更为系统、深入地研究、拓展和运用。

〔2〕我国《增值税暂行条例》第1条规定：“在中华人民共和国境内销售货物或者加工、修理修配劳务（以下简称劳务），销售服务、无形资产、不动产以及进口货物的单位和个人，为增值税的纳税人，应当依照本条例缴纳增值税。”

致“法”之法律性欠缺。因此，税收构成要件更偏向于税法的理论概括，无法完全契合法律适用的实践需要。“法律要件是法律规定的发生特定权利效果的必要条件”〔1〕，属于规范范畴概念，是法律适用三段论中的大前提。法律构成要件聚焦传统税收构成要件中的定性要件，依据税法条文将税收主体、税收客体、归属等构成要素再一次拆分为属人要素、空间要素、对价要素、经营要素等展现增值税法律特征的子要素，是法教义学的税法运用，展现“法”之特性。实际上，税收构成要件仅仅是对税收之债成立所需条件的方向性和理论性描述，应用空间有限，而法律构成要件是对税收之债成立法定条件的教义学分析，更具实践价值，法律构成要素的识别已成为增值税征管中的关键和难点所在。〔2〕例如，对价要素在增值税反避税中的应用、经营要素在个体经营中引发的纠纷等。

在传统税收构成要件中，增值税的课税对象是一种应税行为，可统一概括为销售商品和提供服务。应税行为（supply）〔3〕的概括描述涵盖了四个重要的法律构成要素，即空间要素、给付要素、营业要素和对价要素。所谓空间要素，是指增值税应税的

〔1〕 胡学军：“在‘生活事实’与‘法律要件’之间：证明责任分配对象的误识与回归”，载《中国法学》2019 年第 2 期。

〔2〕 在法治管理模式下，法律构成要素是欧洲等域外国家增值税征管纠纷的焦点，纳税人乐此不疲地与税务机关就是否满足各要素进行争辩，产生大量增值税诉讼案件。相比之下，我国增值税争议主要集中在发票管理上。2019 年《增值税法征求意见稿》发布，首次在增值税法条文中引入应税交易、有偿等概念，与法律构成要素密切相关。

〔3〕 “supply”既可以被翻译成“给付”，也可以被翻译成“应税行为”，两者完全等同，但有时会有学者将其翻译为“销售”。实际上，“给付”的范围要大于“销售”。例如，在一件英国案件中，知情纳税人在拍卖会上出售被盗汽车，尽管最后从法律上看，这项销售可能被归于无效，但英国皇家法庭判定存在给付应当缴纳增值税，不管无辜的买家要归还汽车。参见［美］艾伦·申克、维克多·瑟仁伊、崔威：《增值税比较研究》，熊伟、任宛立译，商务印书馆 2018 年版，第 109 页。

销售行为需要发生在一定的空间范围之内，通常要求应税行为发生在课征增值税的国家和地区的境内。这是因为增值税奉行消费地课税原则，它实际上是一种境内税，在境内发生的销售行为默认在境内消费，确保税收中性。这也是缘何进口商品也是增值税的应税行为之一。照此原理，进口数字商品和服务同样应当缴纳增值税，但数字商品和服务的无形性、易流动性等特质导致增值税征管存在诸多技术性难题，部分国家未将其纳入征税范围。所谓给付要素，是指应税行为应完成某种东西由给付方向被给付方的让渡。这种东西可以是一种有形物，如汽车、衣服、食物等，也可以是一种无形物，如氧气、电，还可以是一种抽象的意识之物，如服务、权利、义务等。完成给付的让渡形式多种多样，包括转让、提供、赠与、生成、放弃、免除等。需要注意的是，这种给付一般不包括货币的给付，通常货币的给付是为完成前述“东西”的给付而进行的对价支付，除非货币本身构成被给付的“东西”，如销售收藏的货币。营业(business)要素是指，增值税一般仅对营业人的业务行为进行课税。所谓业务，是指营业人反复、持续进行的经营活动，相比于企业所得税中的业务范围要更宽泛。营业要素意味着消费者的偶然销售行为无需缴纳增值税，这是多数国家的普遍做法。从增值税的一般原理来看，作为一种普遍征收的消费税，增值税应当对所有的消费行为课税。消费者的偶然销售行为必然对应购买者的消费购买行为，理应成为增值税的课税对象。多数国家不对消费者的偶然消费征收增值税的很大原因在于其税源分散、税收潜力不大带来的征管不经济。但是当这些偶然消费展现出极大的税收潜力时，它们就可能被视为应税交易。有些国家就对消费者的部分偶然消费行为征收增值税，例如，加拿大商品和服务税将个人的住宅区销售视为应税销售。美国律师协会税务部增值税委员会提出的增值税法范本就主张对高价位的偶然消费课税，即便是未进行增值税注册的个体。[1]对价要素是指应税行为是为了获取对价（代价）进行的，且应与对价之间存在明显的关联，至于购买方是下一环节的营业人还是最终消费者在所不问。换言之，应税行为实际上构成了购销双方互为给付。因为对未取得对价的交易而言，当购买方为下一环节营业人时，不对该交易课税相当于减少了购买方的进项税额，意味着应纳税额的增加，购买方会自行对税收负担进行调整，课征税款与否实无必要，且由于没有代价的存在，增值税额计算存在困难。当购买方是最终消费者时，依据量能课税原则，增值税是一种消费税，在税制上依据“消费支出”而非“消费行为”本身，认定其具有经济上给付能力进行课税，也就没有必要对无对价的交易行为课税。[2]对价要素实际上涵盖了归属要素，要求特定的对价是为了完成特定的给付而提供的。澳大利亚《商品与服务税法》中对归属的表述是对价与给付之间存在充分的连接（sufficient nexus），《欧盟2006年指令》用的关键表述是直接连接（direct link），加拿大的表述为“为了给付支付的对价”（consideration for the supply）。评价对价要素是否可归属于给付要素，必须考虑交易的真实性，不仅要考虑当事人对安排的描述，还应该考察交易的全部事实以及交易的背景。[3]这一点在增值税反避税中极为重要。

在税收客体所包含的诸多法律要素明晰之后，增值税构成要件中纳税主体的拆解就变得简单多了，由于多数国家在增值

---

〔1〕 参见［美］艾伦·申克、维克多·瑟仁伊、崔威：《增值税比较研究》，熊伟、任宛立译，商务印书馆2018年版，第208—209页。

〔2〕 参见陈清秀：《税法各论》，法律出版社2016年版，第453页。

〔3〕 参见杨小强：《中国增值税法：改革与正义》，中国税务出版社2008年版，第33—40页。

税法中以“应税行为+主体”的结构模型打造纳税人要素，“实施应税行为”本身就是用来描绘增值税纳税人特征的一个状语表述。除实施应税行为之外，各国增值税法通常会给应税行为实施主体设定一定的门槛，只有达到了税法规定的门槛条件的主体方能成为增值税纳税人，此即法定纳税人要素。所谓法定，不仅是因为增值税乃法定税收之债的公法之债属性，同时还是出于特殊的税制政策考量。大多数国家要求经济活动或营业的年应税销售额达到或预计达到法定标准的企业必须办理税务登记，成为注册纳税人。未达到法定标准的企业可以选择税务登记与否。税务登记是增值税自我核定机制中的一部分，只有已经办理税务登记的注册人或需要办理税务登记的待注册人才是需要缴纳增值税的应税主体。起征点也是法定性的体现，只有达到起征点的纳税人才需要缴纳增值税，这是考虑到税务机关征管效率和小型企业的行政成本负担能力。即便某些主体实施了满足空间要素、给付要素、营业要素和对价要素所有条件的应税行为，但出于公益、效率等各方考量，多数国家会将政府机关、金融机关、保险机构等部分机构或组织排除在纳税义务人范围之外。

二、抵扣权构成要件的法律推导

（一）增值税构成要件转向抵扣权构成要件

前文论及抵扣权构成要件既以增值税构成要件为前提和基础，又切实影响增值税定量工作，是增值税定量要件的必要组成部分。既是如此，如何在增值税构成要件运行中推导出抵扣权构成要件是本部分需要解决的重要议题，具体包括何种要素、各要素之间的逻辑关系以及相互之间如何运行等一系列问题。

通过法律构成要件，增值税繁复的定性工作脉络就变得清晰可见，空间要素、给付要素、营业要素、对价要素、法定纳税人要素能够引导实现“课税事实—税种识别”的可税性判断。随后，定量工作即行介入，经由“课税标准×税率”的计算公式完成应纳税额的应税性计量。在不考虑税收减免等问题的情况下，经由“课税标准×税率”定量后应纳税额通常直接表征纳税人所需承担的税收之债的具体金额，无论是直接税抑或间接税，计算得出的应纳税额是纳税人应当向税务机关缴纳的税款数额。例如，个人所得税应纳税额的计算方法为，先确定应纳税所得额，并根据所得额找到对应的税率，两者相乘即得出纳税义务人应当缴纳的个人所得税额。消费税的应纳税额计算方法类似，以应税产品的对价额为销售额，并适用该产品的对应税率。然而，这种简单的定量方式不完全适用于增值税。由于抵扣这一特殊机制的存在，增值税的定量工作需要在“课税标准×税率”计算模式的基础上加以调适、变化。

销售商品和提供服务的应税行为具有两层含义，对于本环节纳税人而言它是一种应税的销售行为。所谓买卖，有卖必有买，该销售行为必将对应下一环节纳税人的购买行为。以“课税标准×税率”得出的金额是本环节纳税人（销售人）的销项税额，该公式可换算为“销项额×销项税率”，而它所计算的金额等于下一环节纳税义务人（购买者）在购买时所支付的税额，即等于下一环节纳税人“进项额×进项税率”。同时，下一环节纳税人又因为应税的销售行为再进行一次“课税标准×税率”计算得出销项税额。换言之，纳税人需要向税务机关缴纳的增值税税额不当然等同于本环节销售者“课税标准×税率”计算所得的应纳税额，而需经历两次“课税标准×税率”的计算，即本环节销售者“课税标准×税率”扣减上一环节销售者“课税标准×

税率”后才是最终应当缴纳的增值税额[1]，表现为“应纳增值税额=销项税额-进项税额”的税制运行过程。抵扣权构成要件即在此过程中登场。单纯从计算公式来看而不考虑征管实践，本环节的进项税额本质上就是上一环节的销项税额，本环节的抵扣之债等同于上一环节通过税收构成要件计算出的课税标准税额（销项税额），上一环节的销项税的构成要件即转换为本环节的抵扣权构成要件。如果上一环节销项税无法成立，本环节的抵扣权也就无从产生，抵扣权构成要件就是上一环节销项税构成要件的概括承受，包括法律构成要件和定量构成要件。只是这种转换尚属结构和形式上的概括转移，关于谁因为何种行为享受何种范围的抵扣权则是一个发生于税收之债成立之后但又比它更加复杂的议题，无论是法律构成要素还是定量要素，两者之间并非一一对应。实际上，抵扣权法律构成要素的集合要大于前者，增值税销项税的定量范围要等于或大于抵扣权的定量范围。

抵扣权构成要件由法律构成要件和定量构成要件组成。与增值税构成要件类似，抵扣权构成要件的作用是识别抵扣权成立与否的各个抽象要素，以推动完成抵扣权的定性工作。定量构成要件是计量抵扣之债具体数额的各个要素的集合，目的在于量化可抵扣的税额范围。抵扣之债法律关系建立在增值税法律关系之上，或者说抵扣之债法律关系是增值税法律关系的有机组成部分，这也就决定了抵扣权的定性要件建立在增值税定性要件之上，空间要素、给付要素、营业要素、对价要素、法定纳税人要素既是增值税法律构成要件中的各要素，同时也是

---

[1] 在本环节依照税收构成要件计算所得的应纳税额，可以称其为课税标准税额或销项税额，最终应纳税额不仅要从中扣减进项税额，还应当扣减坏账、销售对价退还等其他扣除所包含的税额，此处讨论关键点在于透过销项税额扣减进项税额观测税收构成要件与抵扣权构成要件的关系，因此对其他扣除未作讨论。

抵扣权构成要件的组成要素。应当注意，在某一增值税债务关系中，增值税构成要件是站在商品的销售方或服务的提供方而言的，它解决的是给付方承担何种程度的增值税纳税义务的问题，但抵扣权构成要件是对于购买商品或服务的被给付方而言的，它解决的是抵扣权人（被给付方）可以扣减何种程度的进项税额的问题。体现在定性层面上，满足上述定性各要素意味着增值税定性工作即告完成，给付方增值税债权债务关系成立，却并不意味着抵扣权定性要件的满足，被给付方也并不当然享有抵扣权。抵扣之债的成立除需具备增值税法律构成要件中的各要素之外，还需满足法定被给付人要素、被给付人营业要素等其他新增的条件。

抵扣权构成要件同样遵循“定性—定量”的工作思路，定性工作完成之后进入抵扣权的定量工作，即纳税人可以抵扣多少进项税额。理想情况下，上一环节销项税的税款税额与本环节进项税额抵扣的税款税额应当相等，这也就意味着“本环节进项额×进项税率”与“上一环节销项额×销项税率”在应纳税额的计算公式中是可以进销相互替换的，但实际上可否进行上述替换、又能在多大程度上进行替换，取决于抵扣权构成要件中新增要素的满足情况。

（二）抵扣权构成要件中的新增要素

在某一应税交易中，抵扣权的成立要求给付人与被给付人双方都必须满足特定条件，不仅要求给付人为营业人，具有营业要素，而且要求被给付人（进项税额抵扣权人）也应为营业人，具有营业要素。尽管两个营业要素极为类似，只是所形容的主体不同，但是为了相互区分，分别称它们为给付人营业要素和被给付人营业要素。“营业”的对立面是“私人”，是实施销售或购买行为的目的。给付人营业要素针对的是销售行为，只有纳税人的经营业务或经济活动所引发的销售才属于应税销售，业务范围之外的私人目的销售不属于应税销售，无需缴纳增值税。被给付人营业要素则是针对购买行为，购买人仅当以营业为目的进行采购所支付的进项税额才能进行抵扣，所谓“以营业为目的”，是指用于或即将用于纳税人从事或即将从事的经营业务，而不是为了私人消费目的。对购买人附加营业要素的原因在于，增值税本质上是对消费行为课税，最终消费了商品或服务的消费者才是增值税真正的纳税人，而作为名义纳税人的营业人享有抵扣权并行使抵扣权，中间环节的税负方能通过抵扣链条全部转移给最终消费者，在由最终消费者承担税款的同时实现税收中性。如果营业人不是出于营业目的，而是出于私人消费目的采购了商品或服务，它就由名义纳税人转换为真正纳税人，成为商品或服务的最终的消费者，此时，当然不享有抵扣进项税额的权利。

需要强调的是，营业要素不能被理解为“营业人”要素，它是用来描述购买行为而不是购买人，即便被给付人是营业人，但在特定的购买行为是以私人消费为目的的情况下，该被给付人也只是披着“营业人”外衣的消费者。同样，给付人营业要素中的“营业”也只是用来描述销售行为本身而非销售人，即便在实施销售行为时销售者不具有“营业人”的身份，当满足营业条件时依然可能承担增值税，例如，在某些实施登记注册的国家，登记注册是成为增值税纳税人、缴纳增值税的条件之一，尚未登记注册的个人如果构成营业性销售，理应进行登记注册，但由于主观故意逃避税目的或者过失导致并未进行登记注册，他当然不具有营业人身份，但实际上已经成了增值税纳税人，该销售行为是应税行为，税收之债已经成立，税务机关可以通过税务稽查等方式要求该纳税人补缴税款。

此外，法定被给付人要素是抵扣权构成要件的另一新增要素。在一项应税交易中，被给付人作为购买人是缴纳进项税额的一方主体，即抵扣权的权利主体，只有满足税法规定的纳税人才能够申请进项税额抵扣，这与法定纳税人要素中“法定”的含义类似，具有特殊的政策考量，更是税收法定的侧面体现。例如，部分国家和地区存在小规模纳税人制度。小规模纳税人因为经营规模有限，不具有完成抵扣申报的经济能力，通常采用简易征税办法，适用征收率而非税率，不采用进项税额抵扣的方式，不具有被给付人的法定性。我国即是如此。我国《增值税暂行条例》第 10 条第 1 项即规定了用于简易计税方法计税项目的购进货物、劳务、服务、无形资产和不动产的进项税额不得从销项税额中扣除。

抵扣权构成要件遵循“增值税法律构成要件+法定被给付人要素+被给付人营业要素”模式（见图 7），在同时满足上述要素时，抵扣权构成要件的定性工作即告完成，转而进入定量工作中。在理想的增值税税制中，上一环节的销项税的定量要件同样可以概括转移为本环节抵扣权的定量要件，表现为两者定量结果的一致性。然而，定性工作是整个构成要件的基础，定量工作的进度表是根据定性工作的完成情况规划的。换言之，法律构成要件改变了，定量要件必须作出相应调整。抵扣权构成要件相比于增值税法律构成要件多出了两个定性要素，也就意味着多出了两个限制条件，在定量工作中表现为上一环节销项税的定量结果与抵扣权的定量结果不一致，通常表现为上一环节销项税额大于或等于本环节可抵扣的进项税额。抵扣权定量工作的结果是，抵扣权人可以申请扣减或返还进项税的具体金额，遵循“进项额×进项税率”的计算公式。与前一环节“销项额×销项税率”的公式相比，税率要素通常不会发生改变，抵扣权定性要件是通过限缩进项额进而导致定量结果的差异性。在税收之债已告成立的情况下，当被给付人不符合法定被给付人要素时，进项税额即为零，被给付人享有的抵扣权对应的可以申请抵扣进项税的金额为零，即不享有抵扣权。当不满足营业要素时，并非完全排除抵扣权的适用可能，而是对不满足营业要素的那部分被给付行为不得行使抵扣权。例如，如果营业人以一个购销合同购买数个标的物，其中一部分是以营业为目的而使用，另一部分则是出于私人消费目的，虽然进项税额统一记载，但在能否抵扣上应作区分，不能“一刀切”地认定为可全抵或不可全抵。此交易中，纳税人仅可就归属于营业目的而使用的标的物所缴纳的进项税额进行抵扣。再如，当购买人选择适用简易计税办法时，则全部进项税额不允许抵扣。

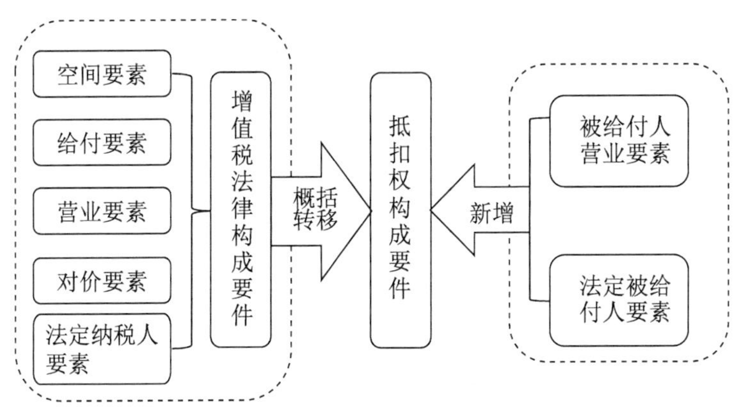

图 7　抵扣权构成要件结构图

（三）抵扣权构成要件中的特殊要素

如前所言，纳税义务人、课税对象、课税标准和税率四要素是各税法中都要加以规定的普适性要素，是不同税种的税收构成要件都必须具有的构成要素，因此，它们也被称为一般构成要素。除此之外，还包括不是所有税收之债都必须具备的、不具有普适意义的特殊要素，主要配合上述基础要素发挥辅助性作用。[1]其中，税收特别措施、纳税时间和纳税地点是最为常见的三个特殊构成要素。

1. 税收特别措施

税收特别措施包括税收优惠措施和税收重课措施两类，通常是为了达成一定的政策目标调整纳税人税收负担的一系列措施的总称。税收优惠以减轻纳税人税负为主要内容，政策诱导性往往更强，因而也被称为税收诱因措施；税收重课则完全相反，以加重纳税人税负为内容，如税款加成、加倍征收。[2]在税收构成要件之中，税收特别措施并不影响税收之债成立与否的定性工作，“是在一般征税措施之外采取的特别措施，且直接影响到具体纳税人的税负及其横向比较。”[3]税收特别措施的本质是在税收债权债务关系已经建立的前提下，国家利用课税者的优势地位要求债务人额外多缴纳一定额度的税收（税收重课），或利用债权人的身份免除债务人一定额度的税收之债（税收优惠）。因此，税收特别措施属于定量要件要素。同税收优惠措施相比，现代税制中的税收重课措施已经极为罕见了。免税、减税、退税、优惠税率、零税率等措施是增值税法中常见的税收优惠，它们都属于增值税定量构成要件。应当注意，在税收构成要件转向抵扣权构成要件的过程中，减税、退税、优惠税率、零税率等绝大多数优惠措施如其他构成要素一样，在转换中属性不会发生改变，原属于定性要素或定量要素的，在完成

---

〔1〕 参见施正文：《税收债法论》，中国政法大学出版社 2008 年版，第 25 页。

〔2〕 参见张守文：《财税法学》（第三版），中国人民大学出版社 2011 年版，第 157—158 页。

〔3〕 张守文：《财税法学》（第三版），中国人民大学出版社 2011 年版，第 158 页。

转换后依然属于定性要素或定量要素。例如，增值税纳税人在本环节享受减税优惠意味着少扣缴了等额的销项税额，而作为购买人的另一方纳税人相应地少预缴了等额的进项税额，即抵扣之债的等量减少。但是，增值税免税与其他优惠措施具有本质不同。免税在税收构成要件中属于定量要素，但在抵扣权构成要件中通常会影响抵扣权的成立，实际上已经由定量要素转换成为定性要素。

具体来说，增值税的免税与其他税种中的免税不同，它实质上只是部分免除纳税人缴纳税款的义务。增值税应纳税额的计算包括进项税和销项税两个部分，增值税纳税人在上一个环节是作为交易的购买者，需要缴纳进项税，而在本环节的交易中是作为交易的销售者，应当在售价之外代收并缴纳额外的销项税。纳税人在销售免税货物时只需收取售价价款，不用收取和缴纳销项税。增值税的免税不是免除纳税人在上一环节缴纳的进项税，而是免除下一环节代收并缴纳销项税的义务。换言之，增值税的免税是一种免除销项税不免除进项税的不完全免税措施。一般国家的增值税免税设计的思路是，如果某种商品或服务是免税的，“则它的生产完全与增值税没有什么关系，既无需对它的销售额征收增值税，也不用抵扣因生产所购进货物和服务的进项税额。”〔1〕此时，免税就由税收构成要件的定量要素转变为抵扣权构成要件中的定性要素。例如，我国《增值税暂行条例》第10条第1款规定的免征增值税项目的购进货物、劳务、服务、无形资产和不动产的进项税额不得从销项税额中扣除。

2. 纳税时间

抵扣权构成要件实际上是抵扣权成立的构成要件，解决的

〔1〕［英］詹姆斯·莫里斯、英国财政研究所：《税制设计》，湖南国税翻译小组译，湖南人民出版社2016年版，第169页。

是抵扣权的成立问题。除前述的各构成要素之外，我们还需要聚焦抵扣权成立的另一构成要素，即抵扣权的成立时间。税收构成要件虽然在名义上也是解决税收之债的成立问题，也涉及税收之债的成立时间，但是成立时间通常不是税收构成要件的要素，取代它的是另一种时间要素——纳税时间。所谓纳税时间，是指税收之债权债务关系成立之后纳税人依法缴纳税款的期限，因而也称纳税期限。根据计算缴纳期限的方式不同，纳税期限分为按次计算的纳税期限和按期计算的纳税期限。按次计算通常较少运用，是以纳税人实施的应税行为的次数作为计算期限，按期计算适用更广泛，是以纳税义务发生的一定期限作为计算期限，可以以日、月、季、年等为期限。[1]纳税时间与纳税义务的发生时间具有本质区别，只有纳税义务发生之后才存在纳税时间的问题，且纳税时间是一个时间区间，纳税义务的发生时间则是一个时间点。需要澄清的是，尽管学界多将纳税时间而非纳税义务的发生时间看作税收构成要件的时间要素，但是纳税义务发生的时间对于很多纳税事项同样具有重要意义。例如，何时应就应税行为开具发票、何时应当缴纳税款。实践中经常出现应税销售行为的发生和货款交付分离的情况，《欧盟2006年指令》第六编设置了一个基本概念——应税交易(chargeable event)。该概念是指在已经满足税收构成要件时，税务机关有权依照法律在特定的时间向负有纳税义务的纳税人提出缴纳税款的要求，即便纳税人收取款项的时间可能存在延迟，但此时增值税应当是可以征收的。[2]再如，当税率发生变化时应当适用何种税率、关于该商品或服务提供应于哪一个纳税期

〔1〕 参见张守文：《税法原理》(第四版)，北京大学出版社2001年版，第49页。

〔2〕 参见全国人大常委会预算工作委员会编：《增值税法律制度比较研究》，中国民主法制出版社2010年版，第185页。

限内提交纳税申报表、受让该商品或服务的纳税人可于哪一个纳税期限内进行进项税额抵扣等。

毋庸置疑，抵扣之债与税收之债在“债因”上表现出了同一性，那么在债务成立时间上是否也是如此呢？答案是肯定的。欧洲法院一再强调立即抵扣原则。增值税税制设计最重要的目的在于，营业人在其经济活动范围内所负担的增值税应当经由进项税额的抵扣权利完全排除税负，对其法律形式在所不问。因此，为了贯彻立即抵扣原则，抵扣权的存在仅取决于纳税义务人（营业人）在给付收入之时点，此时即满足税收构成要件，税收之债成立，抵扣进项税额的权利也就成立了。[1]《欧盟2006年指令》第167条规定：“进项税额抵扣权于可抵扣的税收债务发生的同时即行发生。”换言之，增值税之债的成立时间就是抵扣权的成立时间，抵扣权构成要件中的时间要素是由增值税之债的成立时间转换而来的，而非纳税期限。然而，增值税是一种典型的期间税，增值税税收之债的成立时间和纳税期限都对抵扣权的成立时间具有影响。

通常，税收之债的成立时间存在两种判断标准。对于随时税而言，其税收客体随时发生，在税收之债发生之时即满足课税要件事实，故税收客体发生之时就是税收之债成立之时。对于期间税，即按年、季、月、日等一定期间累积的税收客体作为课税对象的税种，其税收构成要件于期间终了之时同时满足，故其税收之债也于该期间终了之时成立。通常，增值税会有一定的申报期限。以一个申报课税期间为整体，增值税之债以及进项税额抵扣权采用期间税的方式，在申报课税期间届满时即告发生。与之相异，有时也基于征管效率的技术考量以期间开

〔1〕参见陈清秀：《税法各论》，法律出版社2016年版，第441页。

始时或其他时点作为税收之债成立的基本时点。[1]例如，我国《增值税暂行条例》第 19 条第 1 款即为纳税义务发生时间条款，增值税纳税义务发生时间是，发生应税销售行为的，为收讫销售款项当天、索取销售款项凭证当天，先开具发票的，为开具发票的当天，进口货物的为报关进口的当天。同时，我国《增值税暂行条例》第 23 条和第 24 条还规定了增值税的纳税期限，纳税人应在纳税期限届满之日起的一定期限内申报纳税。

采用期间税是世界各国增值税法的主流做法，纳税期间的存在使得抵扣权存在两个截然不同的成立之时间要素，即个别销售时间和期间内的整体销售时间，应当分别作出区分。“基于实现‘个别销售行为’，而产生之个别的营业税债务；或基于个别的进货行为，而产生进项税额之请求权。”[2]在一个申报课税期间中的整体增值税债务以及进项税额权利，是采用期间税方式，在申报课税期间届满时发生。前者是一种应然的课税方式，后者是一种实然的课税方式。此外，根据权责发生制与收付实现制的不同，纳税期限的起算时点也会不同。根据权责发生制，纳税期限的起算时点是销售货物或劳务的给付实施时，收付实现制是以销售货物或劳务的结算或收款时发生。

3. 纳税地点

抵扣权构成要件中的地点要素，是指抵扣权成立的地点，是纳税人依据税法规定向征税机关申请进项税额抵扣的具体地点，是用来说明纳税人应当向哪里的征税机关申报进项税额抵扣，以及哪里的征税机关有权实施管辖的问题。从征管操作上来说，抵扣权构成要件中的地点要素由税收构成要件中的纳税

---

〔1〕 参见施正文：《税收债法论》，中国政法大学出版社 2008 年版，第 142—143 页。

〔2〕 参见陈清秀：《税法各论》，法律出版社 2016 年版，第 442 页。

地点转换而来，两者完全相同。纳税地点是纳税人向税务机关申报纳税的具体地点，纳税地点明确对于纳税人正确、有效地履行纳税义务，确保国家财政收入，实现宏观调控的经济政策以及保障社会公平的社会政策目标，都有十分重要的意义。通常，税法中固定的纳税地点包括机构所在地、经济活动发生地、财产所在地、报关地等。增值税通常以机构所在地作为纳税地点，也即抵扣权的成立地点，进口货物通常以报关地点作为纳税申报地点。企业机构所在地的认定本就是一个复杂的规则，特别是在涉及总、分机构，跨境固定机构认定等情况下会更加困难，囿于篇幅在此不再展开讨论。

抵扣权构成要件建立在增值税构成要件之上，只有在某一事实行为满足增值税构成要件的前提下，才可能牵涉到抵扣权构成要件的成立与行使。同时，抵扣权构成要件的成立和行使又反作用于增值税构成要件，对增值税最终的应纳税额产生实质的影响。进一步说，增值税构成要件与抵扣权构成要件都是由各自的法律构成要件和定量构成要件组成的。定性层面，增值税法律构成要件是抵扣权构成要件的基础，增值税法律构成各要素同时概括转移成为抵扣权构成要件的各要素，但增值税法律构成要件的满足并不意味着抵扣权构成要件的满足，因为抵扣权构成要件的范围要宽于增值税法律构成要件，除具备增值税法律构成各要素之外，还需具备其他要素，方能完成抵扣权构成要件的定性工作。定量层面，上一环节销项税的定量要件是本环节抵扣权定量要件的基础，前者为后者划定了定量的基础范围，后者的定量工作不得超越前者划定的定量范围，税收之债与抵扣之债互为“逆向”债权的属性决定了抵扣权的定量工作影响着增值税定量工作最终的运行结果，需要在销项税定量后的税额中扣减抵扣权定量后的税额。

第三节　抵扣权构成要件的法定限制

一、抵扣权构成要件限制的必要性

（一）权利限制的基础性原因

与权利主张共生的是权利限制，要在社会整体中实现个人权利的普遍捍卫就难免对全部个人享有的个人权利加以必要的约束。西方权利理论的发展史也是一部权利限制史。无论是孟德斯鸠的法律自由理论，还是哈特的法律家长主义，抑或格林提出的国家有效干预论，无一不是先哲们对探寻权利的约束和边界问题作出的努力。[1]权利限制，顾名思义是对权利进行的种种限制，包括权利主体、客体、内容、存续、行使等诸多方面的约束。权利被限制的一个基本前提就是权利本身有被限制的必要，即权利能够被限制且存在超越其本身的界限而被滥用的风险。社会契约理论为权利限制提供了理论支撑。在"天赋人权"观念下，权利由上天赋予而不应受到任何限制，只是出于生存和发展需要，众多个体相约组成了社会组织，为了维持社会组织的存续和运行自愿放弃了部分权利。可以说，权利限制并非强调一种权利被限制的事实状态，而是内藏于"自然权利—法定权利—实际权利"的权利转化过程之中。权利由自然权利向法定权利转化过程中，通过法律强制附加给某些自然权利以"枷锁"，以划定限度或界限为代价使其成为法定权利。再从法定权利的应然状态转换到实际权利的实然状态，同样需要法律为其划定一定的实现路线，以避免不同法定权利之间在实现过程中相互冲突，从而降低权利主体滥用权利的风险。

---

〔1〕 参见丁文："权利限制论之疏解"，载《法商研究》2007年第2期。

一种朴素的观点是，当人们拥有权利即享有了某种自由或利益，但这种自由或利益不代表可以随心所欲，权利同其他任何事物一样都存在必要限度。由于不同权利的属性和所属类型迥异，给予他们限制的具体理由和方式会有不小的差异，但所有权利都置身于同一个权利体系之下，具有某些共通的内在特征，这些共通的内在特征决定了权利限制必有普适的一般性原因。权利限制的根本性问题是必须解决必要性这一重大前提，对权利施加限制的基础性原因表明了权利接受限制的必要性，必须超越差异性和个性来考察权利限制问题。[1]学者周占生在权利限制领域颇有研究，他系统概括了对权利施加限制的三个基础性原因，即“人性”基础、“社会”基础和“规范性”基础，任何权利限制的理由和方式都可归根于这三个基础性原因。[2]对不同权利进行各式的法定约束和限制只不过是这三个基础性原因基于权利的特质以及国家社会制度、经济制度、阶级力量、社会文化、历史传统等外在环境因素作出的针对性调整。

周占生认为，权利本就是人的欲求的声称或展露，只有从“‘人性’源问题出发或许才能找到权利限制的最深层理由”。[3]东西方思想家都习惯于将人性缺陷与法律制度联系起来。《荀子·性恶》有云：“人之性恶，其善者伪也”，“君子之与小人，其性一也”。黑格尔对理想国的批判就建立在“邪恶在于人的本来面目”之上，只有“月亮里的人”那样理想才能实现，而对

〔1〕 参见［德］京特·雅科布斯：《规范·人格体·社会——法哲学前思》，冯军译，法律出版社2001年版，第2页。

〔2〕 参见周占生：《权利的限制与抗辩》，科学技术文献出版社2015年版，第22—32页。

〔3〕 参见周占生：《权利的限制与抗辩》，科学技术文献出版社2015年版，第25页。

于"地球上的人"，这种理想就成了天方夜谭。[1]柏拉图自己也十分清楚，基于不同的人性弱点催生了不同的政治制度[2]，正因为各城邦组成部分之间存在优异性，必须进行区别对待，确定不同的公职分配方式。[3]不同人天性存有"恶"的缺陷，这种缺陷正是法律制度的起源，立身于人性"恶"之上的法律即以防止和限制权力（利）滥用为根本目的，这既是对人性"恶"的压制和缺陷的弥补，也是对人性"善"的张扬和基本权利的保护。[4]在休谟"人天生被假设为无赖"的无赖原则假设之下，权利人在权利行使中同样具有"无赖"的冲动，为预防和制约权利人为一己私利"行恶"，必须借助法律这一强大的制约机制对权利进行必要限制。[5]概言之，任何权利的理论探索都与人本身或者说人性息息相关，以此观之，对权利限制的理由的基本理解就是人性存在缺陷，对权利加以限制包含了对人性恶的矫正功能，由此权利的有限性就具有了必要性和正当性。[6]

人的权利必须处于特定的社会关系之中，社会性是权利的基本属性。[7]人性缺陷只是权利限制必要性的前提，并不必然

〔1〕 参见［德］黑格尔：《哲学史讲演录》（第二卷），贺麟、王太庆译，商务印书馆1959年版，第141页。

〔2〕 参见［古希腊］柏拉图：《理想国》，郭斌和、张竹明译，商务印书馆1986年版，第313—314页。

〔3〕 参见［古希腊］亚里士多德：《政治学》，吴寿彭译，商务印书馆1965年版，第166—181页。

〔4〕 参见宋增伟、李国涛："制度正义与人性缺陷"，载《管理学刊》2016年第6期。

〔5〕 参见张勇："论公民基本权利限制的法哲学基础"，载《经济与社会发展》2007年第7期。

〔6〕 参见周占生：《权利的限制与抗辩》，科学技术文献出版社2015年版，第23—24页。

〔7〕 参见董石桃、万斌："论人权'社会性'的内在逻辑和科学发展"，载《湘潭大学学报（哲学社会科学版）》2015年第2期。

引发权利限制的发生。人仅在其独身一人时就没有了善恶的评价体系，人性缺陷的指责也就无从谈起，因此，人性缺陷必须通过社会关系表现出来，进而影响到其他主体和社会整体。这一点突出表现为社会中权利之间的相互冲突。权利限制的社会基础表现在权利的涉他性和排他性。权利的涉他性是指权利具有社会指向性，这种指向会涉及他人和权利存在本身，权利的实现必须建立在其他社会主体的容忍和配合之下。如此说来，社会其实是众多权利的合集，个人权利与其他个人权利、个人权利与社会的具体权利交错，相互之间可能只是简单地发生交集互不阻碍，但也可能发生冲突或相互阻碍，此时权利涉他性就进一步体现了权利的排他性，进而导致权利冲突。权利的排他性指的是权利在自身实现的过程中排除阻碍或妨碍的重要属性，而这种阻碍或妨碍多来自其他权利，由此迸发社会共存的权利之间的彼此排斥，诱发权利冲突。如果放任权利冲突可能造成冲突加剧恶化，甚至导致本是个人之间的利益冲突升级为侵害社会秩序、安全、公序良俗以及其他基础性社会价值。这便需要对权利进行适度限制，权利限制即具有了社会性基础。[1]

笔者最为赞同的一个观点是，权利冲突并非仅指个体权利之间的冲突，更应集中考察个体权利与公共利益的冲突。公共利益代表社会整体不特定多数人的共同利益和长远利益，既可能是在优良传统风俗、习惯、美德中形成的道德利益，如公序良俗，也可能是通过既定规则形成的秩序利益，如行政机关的执法秩序，更可能是整个社会环境长久营造而成的社会价值利益，如法治精神、公平正义。从权利位阶上来看，公共利益相比于个体权利处于更高价值位阶，通常在法律制度之中优先考

〔1〕 参见周占生：《权利的限制与抗辩》，科学技术文献出版社 2015 年版，第 25—30 页。

虑和安排，此即公益优先原则。[1]民众通常对公共安全、社会保障、医疗卫生的财政支出持支持态度即为明证。公益优先原则催生了公益干预原则，即个体权利让位于需要特别保护的重大公共利益，个体必须承受“公益代表人”的政府所施加的权利限制。[2]

需要质疑的是，除“人性”与“社会性”之外，周占生提出的权利限制的第三个基础性原因是“规范性”基础，其中的“规范”并非法律规则而是法律原则。他指出真正的权利限制不是指法律规则这类已经明确了固定边界的固化式约束方式，而是发生在权利既定的边界相互交叉重叠之上进而产生冲突。为解决这种冲突，权威部门需要依据法律原则对冲突的当事人权利进行衡量和取舍，最终让其中一方或双方作出让步。[3]首先，他重点讨论的“规范性”基础归根结底聚焦的是权利的限制方法问题，而非解决权利限制的原因或必要性问题，不可在此与前述的人性基础与社会性基础并列，去解决抵扣权限制的必要性问题。其次，周占生认为权利限制的方式应是一种狭义的限制方式，即仅将法律原则限制权利界定为“权利限制”，他将法律规则限制权利界定为“权利边界”。权利边界解决的是权利存在的问题，相比于法律原则具有相对固定性，“边界与权利是不可分割的或同一的，有边界才有权利……边界实际上是构成了

---

〔1〕 公益优先原则并非意味着公共利益一定大于私人利益，一般在确立不损害私人正当利益的基础上保障公共利益。即便在特定的情况下不得不牺牲部分私人正当利益，也必须有一定的限度。参见张建伟：“公益原则与检察官的公正意识”，载《人民检察》1997 年第 2 期；李会、房震：“公共权力的公益原则及其限度”，载《当代法学》2003 年第 10 期。

〔2〕 参见张文显：《法理学》（第二版），高等教育出版社 2007 年版，第 323 页。

〔3〕 参见周占生：《权利的限制与抗辩》，科学技术文献出版社 2015 年版，第 30—32 页。

权利，而非构成对权利的‘限制’”。[1]法律原则会“压缩”权利的既定边界，这一过程才可称为“权利限制”。笔者对此持有不同意见。不可否认，他厘清了权利边界与狭义权利限制的区别，但他割裂了法律规则与法律原则对于权利限制的重要作用，法律规则与法律原则一样，都是权利限制的重要方式。甚至在考虑到当前法律不断完善、制度规则不断发展的时代情境下，法律规则对于权利限制的作用更为突出。因为法律规则不像他所说的那样具有固定性，实则具有动态性，本身也可以像法律原则一样“压缩”原有的边界。例如，通过法律解释的方法压缩，或通过立法修改由新法律规则压缩旧法律规则的边界。并且，即便在权利法定化后与权利直接相关的法律规则具有了固定性，为权利划定了边界，权利还会受到其他法律所确定的规则体系的限制，这也是一种权利限制模式。最后，仅就以法律原则限制权利这一限制方法的正确性和可行性而言，笔者持赞同态度，但以法律原则限制权利不单单是“权利限制”问题，还延伸出了“权利限制的限制”问题。

原则本就是一种综合性、基础性、指导性的价值准则。[2]原则可以为规则提供指引，同时又可作为规则的补充，以保障法律规则的体系性、连续性和稳定性。[3]周占生在论证过程中意识到相比于法律规则，法律原则限制权利本身是一种依靠公权机关进行的灵活博弈方式，或者说“是一种具体场合针对具体某项权利的价值权衡”，而博弈与权衡不仅关涉需要平衡的双

---

〔1〕参见周占生：《权利的限制与抗辩》，科学技术文献出版社2015年版，第32页。

〔2〕参见胡旭忠、汤卫东、畅振山：“体育法原则与规则的冲突——基于法律原则理论的思考”，载《西安体育学院学报》2016年第4期。

〔3〕参见张文显：“规则·原则·概念——论法的模式”，载《现代法学》1989年第3期。

方主体，还包括掌控博弈与权衡标尺的“裁判人”，即公权机关。那么，本意在于冲突当事主体之间衡平的权利限制（我们称为“先权利冲突”）又可能衍生出一对新的冲突关系，即先权利冲突平衡后的结果所代表的权益与公权机关的权力（我们可称为“后权利冲突”）发生的冲突。例如，两个纳税人之间的合同效力认定的争议问题或纳税人与税务机关的争议问题，或许会因涉及国家税收利益而影响争议处理结果。“儿童投资主基金诉杭州市西湖区国家税务局征收案”中的二审、再审判决就是极好的证明。〔1〕概言之，权利限制与权利限制的限制是解决权利冲突问题中的一对双生子，一方面权利限制是通过法律原则和法律规则构建的权利冲突纠偏机制，用以解决权利冲突问题。另一方面，权利限制本身构成公权力的行使，权利限制理应承受必要的约束，不得矫枉过正，过度危及被限制者的正当利益。〔2〕

（二）抵扣权限制基础性原因拆解

1. “人性”基础：增值税逃避税之“恶”的张扬

美国政治家富兰克林言及，死亡与纳税是人一生中不可避免的两件事。由此就不难理解缘何纳税人对税收如此厌恶以及

---

〔1〕 此案件判决中，儿童投资主基金与杭州市西湖区国家税务局即为权利冲突的当事人，司法审判机关为秉持限制标准的“裁判人”，司法审判机关依照法律原则平衡权利冲突进行权利限制时即考虑了冲突平衡结果对国家税收利益的影响。其中，二审判决书中明确提出，“本案上诉人诉情与国家税收主权能否维护直接相关”，再审判决中论及，“本案事关税收法律法规和政策的把握，事关如何看待中华人民共和国税务机关处理类似问题的基本规则和标准，事关中国政府涉外经贸管理声誉和外国公司与中国公司合法权益的平等保护”。参见褚睿刚：“儿童投资主基金案：案例评析与司法检思”，载熊伟主编：《税法解释与判例评注》（第九卷），法律出版社 2018 年版，第 221—237 页。

〔2〕 参见张平华：“私法视野里的权利限制”，载《烟台大学学报（哲学社会科学版）》2006 年第 3 期。

征税会给他们带来多大的税痛。〔1〕古往今来，许多政治事件和王权更替都与纳税人反抗征税关联甚笃。我国早期的文献《诗经》就包含民众对于徭役赋税沉重的控诉："予子行役，夙夜无已"〔2〕，"之子于征，劬劳于野。爰及矜人，哀此鳏寡。"〔3〕秦王朝徭役赋税繁重，以陈胜、吴广起义为导火索最终走向覆灭。

掀起近代西方资产阶级革命浪潮的就是税收。16 世纪欧洲不断发展壮大的新兴资产阶级不愿忍受封建王权对商业经营设置的种种限制、日益繁重的税收负担和宗教信仰等方面的种种约束，发起了消灭封建等级制度，建立资本主义的政治革命。"当资产阶级扛起推翻君主专制、废除封建等级制度的大旗时，早已备受苦难的下层民众更是一呼百应，担当了坚实的同盟军。而资产阶级最为敏感的莫过于与财产有关的赋税问题，最有力的号召也莫过于废除任意征税，争取民主税收权利。赋税，一直以来与国家性质、人民权利密切相关的问题，再次当仁不让地充当了政治革命的导火索。"〔4〕英国内战后的《权利法案》、法国大革命《人权宣言》以及美国独立战争后的《独立宣言》皆有对税收的相关表述。

如此说来，逃避缴纳税款的义务是纳税人的普遍欲望，这也是纳税人作为自然人趋利避害的人性展现。〔5〕在这种人性驱使之下，纳税人会通过欺骗或隐藏等手段实施逃税，设计和选

---

〔1〕 参见俞敏：《税收规避法律规制研究》，复旦大学出版社 2012 年版，第 1 页。

〔2〕《诗经·魏风·陟岵》。

〔3〕《诗经·小雅·鸿雁》。

〔4〕 丁一：《纳税人权利研究》，中国社会科学出版社 2013 年版，第 99 页。

〔5〕 逃税与避税是完全不同的两个问题，然而在我国当前增值税领域，逃避税的界限规则并不是那么清晰，逃税与避税仅在税务机关认定的一线之间。本书聚焦抵扣权滥用严格上仅是避税问题，但基于当前的征管实践，将逃税也纳入到论述范畴。

择交易形式逃避税收负担即避税，合理的税收筹划即节税，以减轻税负实现税收利益的最大化。虽然逃避税是纳税人的自然天性使然，但置身于社会环境之中这种天性就被贴上了“恶”的标签。税收绝不单单是一个经济问题，更具政治性和社会性：税收是国家机器运转循环的燃料，是国家机构得以形成并有效运作的根基所在；税收的意义远不止于财政功能，税负调整、税收支出分配都带有明显的政策效应，是平衡社会各阶层利益、国家与地方利益以及各地方之间利益的重要工具；统治者和政治家都会将税收作为他们维持统治和达到政治目的的重要工具，被统治者和纳税人当然更可以将税收作为筹码或武器，借此表达自己的税收诉求甚至更多更高的其他目的。〔1〕依法纳税也就不单单关涉纳税人个人的经济利益，同时涉及国家财政权与政府运转、社会公平与政策调整、政治目标与政治博弈，乃成为“民众之间、群体之间有共同的利益、共同的事物要去维护和从事”〔2〕的事情。换言之，逃避税乃人性之恶面在税收领域的极致展露，是纳税人通过各种非法或表面合法、实则违背法律精神和目的的手段逃避纳税义务的行为，如果不加以约束和限制就会引发诸多经济问题、社会问题并上升到政治问题。逃避税的普遍化一方面会侵蚀国家税基削弱财政职能，危及国家存在及运行的根本；另一方面，则背离税收量能课税原则，弱化税收政策功效，逐渐腐蚀国家整体税制公平。结果是，迫使国家不断制定应对措施堵塞逃避税通道，打击逃避税行为，导致税法体系日趋复杂，降低税制运行效率。〔3〕

---

〔1〕 参见［美］B. 盖伊·彼得斯：《税收政治学——一种比较的视角》，郭为桂、黄宁莺译，江苏人民出版社 2008 年版，第 3—5 页。

〔2〕 ［美］B. 盖伊·彼得斯：《税收政治学——一种比较的视角》，郭为桂、黄宁莺译，江苏人民出版社 2008 年版，第 3 页。

〔3〕 参见王宗涛：《一般反避税条款研究》，法律出版社 2016 年版，第 12—13 页。

反避税话题常见于直接税领域，例如，我国最初仅在2008年施行的《企业所得税法》及《特别纳税调整实施办法（试行）》中植入了一般反避税条款并建构了一般反避税体系，2018年方才突破企业所得税进入个人所得税领域，在《个人所得税法》中引入了一般反避税条款，而少有涉及以增值税为代表的间接税领域。研究者最初对增值税避税风险的忽略原因在于对增值税征收机制的自信。增值税的运转依靠抵扣机制，通过该机制增值税税负最终由消费者承担，而作为纳税义务人的企业主体并不需要承担增值税税负，这就与直接税形成了鲜明对比。以所得税为代表的直接税的纳税义务人是税负的最终承担者，因此纳税义务人会想尽一切办法通过不纳税、减轻纳税或延期纳税等方式获得不同的税收利益。研究者先入为主地认为增值税纳税义务人不会产生避税欲望或产生的避税欲望不会如此强烈。然而，纳税人的避税之"恶"决定了任何税种都存在避税风险，增值税与其他税一样都无法免除其内在的法律制度风险，即纳税人利用法律条文所留下的制度空白或漏洞，尽可能在形式上符合法律条文规定，但实际上违背法律条款所追求的目标和宗旨。[1]只是增值税本身作为一种较为年轻的税种，增值税避税尚是一个较为新生的事物，未能引起人们的足够关注。

理想增值税税制下，驱使增值税纳税人实施逃避税行为的"人性之恶"的内在原因通常被理解为商业竞争和资金流。[2]根据常理而言，即便纳税人产生了逃避税欲望，这种欲望也应不如所得税那般强烈，这是由增值税税制决定的。但在增值税

〔1〕 See Violeta R. Almendral, "Tax Avoidance and the European Court of Justice: What is at Stake for European General Anti-Avoidance Rules?", *Intertax*, Vol. 33, 12 (2005), p. 581.

〔2〕 参见翁武耀：《欧盟增值税反避税法律问题研究》，中国政法大学出版社2015年版，第53—54页。

立法实践中，以欧盟为代表的绝大多数国家的增值税税制与理想增值税税制差别甚巨，诸如纳税义务人的区别对待、差别税率、免税范围较广等，导致增值税逃避税风险加剧。实际上，由于增值税的抵、扣分离机制的存在，纳税人滥用抵扣权进行增值税逃避税并不是什么难事，不外乎通过避免或降低销项增值税、产生或增加可抵扣进项税的方式。当然，增值税逃税和避税是完全不同的两个概念，逃税是以虚假、隐匿等欺诈方式避免承担已经成立的纳税义务，而避税是以合法外在形式掩饰非法之内在，虽形式上并未成立纳税义务，但实质上违反税法精神。〔1〕增值税逃税和避税方式五花八门，前者如降低销售额进行申报、不进行注册登记、货物错误分类、虚假进项税抵退申请、无发票销售等，后者包括主体介入、合同分立签订、主体替换等。〔2〕增值税欺诈和避税等因素已经给各国带来了不小的税收缺口，时至今日，在全球数字经济背景下，数字经济的流动性、数据依赖性、使用多层面商业模式、网络效应与整合协同效应等特点〔3〕，加剧了增值税产生 BEPS（Base Erosion and Profit Shifting，即“税基侵蚀与利润转移”）问题的空间，如向免税企业远程提供数字内容、向跨多地区企业远程提供数字内容等，使增值税逃避税问题愈发严峻。〔4〕正因如此，各国都在积极响应 BEPS 第一项行动计划，积极制定或准备制定应对

〔1〕 参见刘剑文、丁一：“避税之法理新探（上）”，载《涉外税务》2003 年第 8 期。

〔2〕 参见翁武耀：《欧盟增值税反避税法律问题研究》，中国政法大学出版社 2015 年版，第 74—76、79—86 页。

〔3〕 See OECD, “Addressing the Tax Challenges of the Digital Economy, Action 1-2015 Final Report”, OECD/G20 Base Erosion and Profit Shifting Project, p. 109.

〔4〕 See OECD, “Addressing the Tax Challenges of the Digital Economy, Action 1-2015 Final Report”, OECD/G20 Base Erosion and Profit Shifting Project, pp. 143—145.

数字经济下防止增值税逃避税措施。[1]

概言之，纳税人先天的“人性之恶”催生其滥用抵扣权进行增值税逃避税的欲望和动机，增值税运行中销项税与进项税分开核算相互抵销的抵扣机制本身为逃避税留下了制度空间，实践中增值税的税制不完善在后天进一步诱惑和助长了这种人性之“恶”的成长，最终造就了全球增值税逃避税之“恶”的张扬。令人担忧的是，我国虽然完成了全面营改增，但增值税制度尚不成熟，为逃避税留下了不小的制度空间。例如，税目复杂繁多，混合销售和兼营行为的差别使得纳税人可以自由调整应税行为，多档税率以及地区间政策存在执行差异，即征即退、先征后退等税收优惠方式的差异。已经有学者意识到这种抵扣权的滥用风险，提出在增值税法中引入一般反避税规则，以实现对抵扣权的必要限制，进而打击增值税逃避税。[2]有学者甚至极端地提出，伴随增值税经济活动者范围的逐渐扩大，如果没有搭建起反避税制度而征管手段又无法有效应对，致使“不存在经济活动者享受这一权利的条件”，就不应该向经济活动者赋予抵扣权，以防增值税避税现象加剧。[3]

需要特别说明的是，权利滥用通常采用狭义理解，即只有滥用人实际享有权利才能够进行滥用。因此，增值税抵扣权的滥用主要指的是纳税人避税情况，而在多数逃税情形下，增值税纳税人采用各种欺诈方式进行逃税的过程中实际上抵扣权并未成立，纳税人只是利用了增值税抵扣机制中销项税与进项税

〔1〕参见国家税务总局科研所课题组等：“BEPS 行动计划：世界主要国家采取的措施和中国立场”，载《税务研究》2016 年第 12 期。

〔2〕参见杨默如：“反避税规则融入增值税立法：国家经验与中国前景”，载《东南学术》2016 年第 6 期。

〔3〕参见翁武耀：《欧盟增值税反避税法律问题研究》，中国政法大学出版社 2015 年版，第 3 页。

分开核算的原理，谎称享有抵扣权，因此不属于狭义的权利滥用。但此处为了突出纳税人逃避税之“恶”的张扬以及造成的BEPS风险，采用广义的权利滥用，即纳税人借助掌握税务资料的优势地位和抵扣原理，滥用虚假或真实的抵扣权，借以论证抵扣权限制的必要性。况且，在增值税征管实践中，出于各国普遍遵循严格的形式课税原则以及打击逃税的政治目的等原因，逃税与避税的实际界限模糊，某一行为是逃税、避税甚或节税，又有谁能够轻易分辨得清呢？

2. “社会性”基础：权利冲突中抵扣权的限制

(1) 个体权利间的间接冲突：恪守税收公平。权利的涉他性决定了个体的人在行使权利时会与社会上其他的个体发生交集，需要其他社会个体的积极作为或消极不作为。追根溯源，抵扣权是纳税人的财产所有权在税法中的演化，作为一种消极权利，除在课税时与国家财产权产生冲突的可能性之外，只要其他个体消极承认和容忍即可。换言之，当纳税人滥用抵扣权进行逃避税时侵害的只是国家财产利益，似乎不会与其他社会个体发生权利冲突。周占生教授提出，所谓的权利冲突，是两个或两个以上的具有法律依据的权利共同指向某个对象，两个权利在该对象上都有效力，但是它们不可能同时实现。[1]套用此观点就可以印证上述论断。然而，实际上权利之间的冲突并不总会爆发得如此直接和激烈，不同个体之间的权利可能通过某种中间媒介传递这种冲突和碰撞，即存在权利的直接冲突和间接冲突两种。间接冲突是指权利之间的边界并不会直接发生交集，也不一定会指向共同的权利目标，而是通过中间媒介相互产生不利的影响。抵扣权滥用虽然不会与其他社会主体（非

---

〔1〕 参见周占生：《权利的限制与抗辩》，科学技术文献出版社2015年版，第29页。

国家）的权利产生直接冲突，但同样会对他们的某些权益产生不利影响，发生间接冲突。笔者认为，在立法实践中，考虑到立法者在建构法律制度时会考虑法律体系的整体协调性，有法律依据的权利之间发生直接冲突的现象实际上并不多见，反而权利的间接冲突更为常见，也更值得我们关注。增值税抵扣权的权利主体乃是营业人，泛指俗称的企业，市场经济下与企业接触最多也最易传递冲突信号的就是市场。公平是社会伦理道德密切联系的价值判断，也是市场为了推动社会经济发展最应当确立和维系的标准之一。企业滥用增值税抵扣权最直接也最显著的市场危害就是违背税收公平原则，并会通过市场的竞争机制传递给其他没有滥用抵扣权的企业。

近代税收原则的系统提出和研究通常被追溯至亚当·斯密，他将税收公平原则与税收确定原则、税收便利原则和税收经济原则并称为一般赋税的四项基本原则。一国国民应当按照收入的比例即“各自能力的比例”缴纳税负，以维持政府运作，此即税收公平原则最初的表述。〔1〕随着尤迪思、瓦格纳等人对税收原则进一步地充实和发展，税收公平原则又演化出能力课税原则与利益课税原则。利益课税原则又称利益赋税原则，源于自然法则理念，是指纳税人所要缴纳的税款多寡应当根据从国家获得的利益大小进行确定。能力课税原则又被称为能力赋税原则，由批评利益课税原则的穆勒提出，认为课税依据应当是纳税人的经济能力。〔2〕能力课税说与利益课税说在纳税人能力测度上的差异体现了不同的正义理念，前者体现了分配正义，

〔1〕参见［英］亚当·斯密：《国富论》，郭大力、王亚南译，商务印书馆2015年版，第791页。

〔2〕参见邱泰如：“税收效率和公平原则的理论与税收完善”，载《现代经济探讨》2008年第12期。

后者体现了补偿正义。能力课税原则获得更多人支持的原因在于体现了分配公平，这与税收内置矫正社会收入差距的再分配功能相互契合。[1]正因如此，量能课税原则被视为实现公平课税的基础原则，是税收公平原则在税捐法之中的具体表现。[2]"因税捐系法定之债，且与国家提供之服务间无（直接之）对价关系，所以不能从补偿正义的观点，而必须另从分配正义所建立起来之税捐正义的观点，以人民负担税捐之经济上的给付能力为标准，决定其应纳税额。"[3]

量能课税原则是指依照纳税人的税收负担能力课征税款，相同负担能力的纳税人应当缴纳相同的税款额度，即横向公平，负担能力不同的纳税人缴纳的税款额度不同，即纵向公平。依照量能课税原则进行税收立法和税制建构，所追求的是不同经济成分、不同企业之间所承担的税负应当公平。[4]在所有企业都能够严格遵循增值税法所确立的既定规则，享有并行使抵扣权的情况下，能够确保它们都处在一个相同且相对确定的税制环境之中，企业根据税负能力缴纳税款，进而营造一个相对公平的市场竞争环境。然而，企业滥用抵扣权进行逃避税蔚然成风，在本不享有抵扣权的情况下通过税收欺诈的方式或合法手段掩盖非法目的，使其实际享受了抵扣带来的税收利益，破坏税收公平原则，将遵纪守法的企业置于不利的市场竞争地位。通过"税基和减少或低税率的适用，厂商可以减少需要向消费者转嫁的

---

〔1〕 参见王世涛："税收原则的宪法学解读"，载《当代法学》2008 年第 1 期。

〔2〕 参见黄茂荣：《法学方法与现代税法》，北京大学出版社 2011 年版，第 66—68 页。

〔3〕 参见黄茂荣：《法学方法与现代税法》，北京大学出版社 2011 年版，第 190 页。

〔4〕 参见陈松青："西方税收公平原则的演进与借鉴"，载《当代财经》2001 年第 7 期。

税的数额，结果就可以较低货物或服务的价格或让消费者为购买货物或服务付出相对更少的成本，这样该厂商的货物或服务相对于其他厂商提供的相同货物或服务就具有竞争优势。”[1]这在小型企业和大型企业之间体现得尤为明显，会使缺乏税收筹划能力和经营整合能力的小型企业处于极端的不利竞争地位。

概言之，个体享有的抵扣权通过市场竞争的传递机制与其他社会主体享有的其他权利产生间接冲突，为了恪守税收公平原则，维护市场经济的公平竞争氛围，在增值税税制设计时有必要将纳税人滥用抵扣权进行逃避税的风险内容和程度考虑在内，为抵扣权设立必要的限制和约束。

（2）与公共权益的直接冲突：国库利益保障。现代社会以来，公共权益的重要性日益凸显，相比于个体权利之间的冲突，抵扣权与公共权益之间的冲突与碰撞应获得更多关注。也正是在与公共权益的冲突与碰撞中，抵扣权得以“相对化”“社会化”[2]，最终完成从应然权利到实然权利的双重转换。基于公益干预原则，当抵扣权与处于优位的公共权益发生冲突时，为了保护此种公共利益，可以授权政府对抵扣权进行必要的干预。换言之，如果抵扣权与公共利益相冲突且这种公共利益具有更高价值位阶，抵扣权限制就具有了社会性基础，要承受代表“公益”的政府所施加的权利限制。毋庸讳言，税收处于国家财政权与纳税人财产基本权的天平之间，两者借助税收工具时刻处于此消彼长的状态，增值税抵扣权是纳税人财产基本权在增

---

〔1〕 翁武耀：《欧盟增值税反避税法律问题研究》，中国政法大学出版社 2015 年版，第 53 页。

〔2〕 参见周占生：《权利的限制与抗辩》，科学技术文献出版社 2015 年版，第 29 页。

值税法中的直观映象，与纳税人财产权冲突最多也是最激烈的公共利益自然是国家财政权，即国库利益。

国内学界更多在税法解释中探讨纳税人利益与国库利益的冲突问题。日本学者北野弘久是该问题的先行者。北野弘久认为在税法解释中不存在完全的中立立场，解释的结果或有利于国家利益，或有利于纳税人利益，前者即为国库主义，后者即为纳税人主义。此时，税法解释的问题就变成了实定的税法条文和争议解释中是有利于国库利益保障还是纳税人利益保护的立场选择问题。〔1〕敏锐发现这一问题并系统将税法解释立场区分为国库主义与纳税人主义的是叶金育博士，他认为国库主义是一种有利于国家财政利益的解释立场，当出现需要税法解释的情形时，解释机关会基于公权机关地位有意或无意朝向有利于国家财政收入的方向进行解释，纳税人主义则完全相反，是一种有利于纳税人财产利益的解释立场，解释机关向纳税人利益方向倾斜。〔2〕叶金育博士最终站在纳税人主义立场，提出“纳税人主义的解释共识”是税收法治建设的必然要求，更会倒逼税法逐步完善。〔3〕实际上，“纳税人主义的解释共识”也就意味着，税法解释中当国库利益与纳税人利益冲突时，纳税人利益具有优先地位。叶金育博士的观点得到不少国内学者的赞同，在税法解释问题上吹起了“纳税人利益至上”之风。例如，有的学者批判在一般反避税过程中，税务机关会基于国库主义利用税法解释成为一般反避税规则的制造者。〔4〕有的学者主张在

〔1〕 参见［日］北野弘久：《税法学原论》（第四版），陈刚等译，中国检察出版社 2001 年版，第 69—70 页。

〔2〕 参见叶金育：“税法解释中纳税人主义研究”，武汉大学 2015 年博士学位论文。

〔3〕 参见叶金育：“税法解释中纳税人主义研究”，武汉大学 2015 年博士学位论文。

〔4〕 参见欧阳天健：“比较法视阈下的一般反避税规则再造”，载《法律科学（西北政法大学学报）》2018 年第 1 期。

事先裁定解释立场中秉持纳税人主义摒弃国库主义，在无法确定是否属于避税行为时遵循“疑税从无”。〔1〕更甚者，这股“纳税人利益至上”之风突破了税法解释问题，进而影响到税收立法和执法。例如，有的学者认为税法拟制条款是国库主义在税法条文中的集中展现，这种立法技术已经演变成税务机关的征管工具，应当转换国库主义至纳税人主义。〔2〕有的学者批判税制立法中的国库主义会将国家与纳税人置于对立面，不利于纳税人参与并协助税收治理，从而降低纳税人对税法的认同感。〔3〕

我们先暂且不讨论税法解释究竟应当秉持何种立场问题，因为国库主义的支持者或反对者在讨论该问题时出于论证需求、职业特质等因素就已经先入为主地附带了纳税人主义倾向或国库主义倾向。此处笔者更想强调的是：其一，国库主义本身是一个中性词汇，不带有褒贬，它与纳税人主义一样只是一种解释立场的客观存在，充其量只是最终导致的税收结果不同。理论上，只要解释主体足够中立，无论最终的税收结果为何，都只是反映了客观的事实结果而已。同样，国库主义所代表的国库利益本身也是一种客观存在，它与纳税人利益一样都具有存在的正当性。许多学者反对国库主义的起点在于对解释主体的诟病，因为如果解释主体是税务机关，那么解释过程在整体上就会受制于“征税者的立场”。〔4〕但这不构成歧视和批判国库主义的理由，充其量只是对解释主体选择的批判。而当前学界

〔1〕 参见褚睿刚：“事先裁定制度在 GAAR 中的立法构造与运行——以‘儿童投资主基金案’为切入点”，载《经济法论坛》2018 年第 2 期。

〔2〕 参见欧阳天健：“税法拟制条款的证成及反思”，载《法学》2019 年第 9 期。

〔3〕 参见王云霞：“论税法的合作治理机制”，载《学术月刊》2017 年第 7 期。

〔4〕 参见［日］北野弘久：《税法学原论》（第四版），陈刚等译，中国检察出版社 2001 年版，第 70 页。

在税法解释中一味肯定纳税人主义立场本身就意味着对国库主义的歧视性批判，进而导致对国库利益的歧视和批判。如果一味否定国库主义，那么诸如一般反避税这样的规则就没有存在的必要了，因为通过客观方面进行主观推测和判断是一般反避税规则运行的核心，而在“纳税人主义的解释共识”之下多应判定纳税人不构成避税行为，如此反而会侵损国库利益。其二，国库利益与纳税人利益的冲突不仅仅发生在税法解释之中，而是充斥在从税收立法到执法，以及司法的全过程之中。换言之，税收本身就意味着国库利益与纳税人利益的冲突，两者之间何者优位的讨论不应局限于税法解释之中，甚至不应受到税收法制环境和税法实践的影响，而应首先从利益本身的价值位阶出发。

抵扣权与国库利益的冲突实际上是私有财产权与国家财产权的冲突，抵扣权与国库利益何者优位就变成了私有财产权与国家财产权何者优位问题。西方资本主义国家提倡私有财产权至上，“风能进，雨能进，国王不能进”的法谚就是最好体现，且早在1789年法国大革命时期就提出了“私人财产神圣不可侵犯”的原则。以中国为代表的社会主义国家倡导国家财产权至上，例如，2009年《中华人民共和国民法通则》第73条就肯认了国家财产权的“神圣不可侵犯”，1982年、1988年、1993年《宪法》都明确了“社会主义的公共财产神圣不可侵犯”，以此隐喻了私有财产权相对低下的地位。〔1〕中西方国家基于不同的政治体制，对私有财产权与国家财产权何者优位问题作出了自己的解答，但这种解答并非从国家与公民之间的本源角度出发而是从政治角度出发，评价带有明显的政治倾向。较为成熟并

〔1〕 参见秦奥蕾：“论财产权的宪法地位与保障结构”，载《郑州大学学报（哲学社会科学版）》2015年第6期。

被多数人认可的解答公民私权与国家公权关系的是社会契约理论。在“天赋人权”思想下，生命、自由和财产是人所享有的三大自然权利，它们都是由上天赋予而非国家创制的，不受国家约束。换言之，在权利起点之上，私人权利早于国家权利也高于国家权利。伴随社会发展和生存需要，人民达成合意并签订契约成立国家组织，委托并授权政府管理政治社会经济事务。[1]公权力的出现意味着人类“由自然状态进入社会状态”，人类的行为中“正义代替了本能”。[2]人转变为国家公民，自愿降低自然权利的权利位阶让位于公权力，接受国家权力的约束。税收身处私有财产权与国家财产权冲突之中，为维持国家存在和政府运转，私有财产权应当接受必要损耗充盈国库财政。从这个角度来说，相对于个人利益而言，国库利益代表了绝大多数人的“公共利益”处于更高的价值位阶，保障国库利益是维持国家存在和政府运行的基础。

在权利冲突中，国库利益优位于抵扣权所代表的个人利益的论断是基于国家与公民之间深层关系的宏观理论判断的，并非强调放弃税法实践中的个案正义，这是宏观理论与微观实践的认识差别。况且，国库利益保障并非恣意妄为，在立法和执法中会受到税收法定原则和依法行政原则的严格约束。

二、抵扣权构成要件限制的法定方式

纳税人“人性之恶”催生滥用抵扣权的欲望，这种滥用是一种广义滥用，既包括通过欺诈获得的虚假抵扣权，又包含形式合法实质非法的形式抵扣权，由此引发抵扣权与其他权利之

〔1〕 参见赵迅：“社会契约视域下的国家责任”，载《河北法学》2008年第3期。

〔2〕 参见［法］卢梭：《论人类不平等的起源》，何兆武译，商务印书馆2010年版，第25页。

间的冲突，侵损税收公平之税法基本建制原则和国库利益保障原则。在解决抵扣权限制的人性基础与社会性基础这一必要性问题后，就进入了应采用何种方式限制抵扣权这一可行性话题。

对权利限制方式的讨论最早源于19世纪末20世纪初的欧洲大陆，德国1919年《魏玛宪法》中对所有权权利本身包含义务的相关表述掀起了权利限制的内在理论与外在理论之争。〔1〕权利限制的内在理论以德国的基尔克等学者为代表，认为权利并非先于法律而存在而是由法律确定权利的边界，亦即权利仅依照法律规定确定具体的内涵和外延，权利限制只是确立权利边界的具体方法，所以权利一经确定就必定内含限制。以德国学者克莱恩为首的外在理论学派从自然权利角度出发认为在国家和法律产生之前权利就已经产生，权利因其固有的属性所具有的内容、范围等就是权利的边界，但这个边界的范围较大，不一定能够适应社会经济发展，因此从自然权利转换到社会权利过程中需要法律从外部设立限制。〔2〕权利限制内在理论与外在理论都是基于一种法理的探讨，分别对应权利的内在限制和外在限制，后世关于权利限制方式的讨论都建立在前述理论之上。

关于权利限制的方式，杨春福提出权利限制可分为权利的内容限制和行使限制两种方式，权利的内容限制指的是权利的界限或范围问题，权利的行使限制包括四个方面，即受法律限制、公益限制、权利人自身的能力限制、环境限制。〔3〕敖双红、

〔1〕 1919年德国《魏玛宪法》第153条第3款规定："所有权负有义务，其行使应同时有益于公共福利。"并且，1949年《德国基本法》在第14条第2款沿袭了类似规定。

〔2〕 参见李国英："知识产权限制的理论依据辨析——'内在限制'还是'外在限制'抑或其他"，载《南京师大学报（社会科学版）》2014年第5期。

〔3〕 参见杨春福：《权利法哲学研究导论》，南京大学出版社2000年版，第188—189页。

蒋清华聚焦公民基本权利限制问题，认为权利限制的方式分为具体限制、依法限制和原则限制三种。[1]张平华在民法语境下基于被限制人的主观意愿将权利限制分为自愿限制和强制限制，自愿限制是权利主体自愿接受他人在权利之上设置限制，例如，在自己拥有物的所有权之上为他人设立使用权。强制限制是不顾权利主体的意愿强行在其享有的权利之上设立负担。此外，他还提出了一种特殊的限制类型——紧急限制。紧急限制不将权利人的意愿纳入考虑范围之内，而是优先考虑外在环境的突然变化，分为公权紧急限制和私利紧急限制，前者如非典疫情出现时对公民人身自由的部分限制，后者是私人利益遭遇紧急侵害时进行紧急避险。[2]李珂丽将自愿限制和强制限制理论运用到存单所有人的自主止付请求权的行使问题上，通过挂失止付和强制止付限制存款人的民事权利。[3]

不同的权利由于权利类型或本质属性的差异性构成要件迥异，没有一种权利限制规则可以普遍适用于所有的权利类型。[4]因此，学界对于抵扣权限制的研究没有局限在内在理论与外在理论的法理讨论中，而是更加倾向于在宪法、民法等特定的法律语境下抑或结合具体的法律制度讨论某一类或某一个权利的限制方式。不难发现，因为内在限制理论极易导致权利与义务之间的混淆，最后发展为对个人权利和利益的彻底否定而不为多

〔1〕　参见敖双红、蒋清华：“公民基本权利的规定方式和限制方式——以宪法文本为限比较研究”，载《湖北警官学院学报》2005年第5期。

〔2〕　参见张平华：“私法视野里的权利限制”，载《烟台大学学报（哲学社会科学版）》2006年第3期。

〔3〕　参见李珂丽：“存单所有人的自主止付请求权刍议”，载《法学论坛》2010年第6期。

〔4〕　参见李云霖：“权利限制之临界点：权利核心”，载《求索》2009年第3期。

数学者所采纳[1]，多数研究的立论基础是外在限制理论，希望通过法律规则限制自然权利的行使，抑或继续通过法律完善进一步更好地限制既存的法定权利。本书秉持同样的立场，围绕抵扣权的构成要件，尝试探究抵扣权法律限制的具体方式，包括抵扣权构成要件的内部限制和外部限制。

（一）实体法层面：抵扣权构成要件的内部限制

在税收债务关系说统辖之下，税收是对满足法律规定构成要件的人强制课征的金钱给付，税收债务在税法规定的纳税义务的构成要件实现时即告发生，此即税收构成要件合致性原则。[2]税收构成要件之于税收之债就具有了双层意义：一方面，税收构成要件是相关法律行为的成立条件，只有在满足税收构成要件时税收之债才告成立，也只有在满足税收构成要件时税收之债才能成立；另一方面，税收构成要件是一种狭义的构成要件，特指税收实体要件，而不包括税收债权的实现要件或税收债务的履行要件，这涉及纳税时间、纳税地点等程序要件。[3]换言之，税收构成要件解决的是税收之债的成立（实体）问题，而不解决税收之债的实现（程序）问题。同理，抵扣权构成要件既可被视为税收构成要件的重要组成部分，也可被看作税收构成要件的衍生产物，前文由税收构成要件推导而来的抵扣权构成要件，无论是定性要件还是定量要件，都是为了解决应然层面抵扣权成立的实体问题，并不涉及实然层面抵扣权行使的程序问题。

单纯基于税制设计理论而言，“按照以税抵税的模式，抵扣是最自然的行为”，抵扣权是纳税人理应享有的应有权利，“损害

[1] 参见梁慧星：《民法总论》，法律出版社 1996 年版，第 251—252 页。
[2] 参见陈清秀：《税法总论》，翰芦出版有限公司 2001 年版，第 323 页。
[3] 参见施正文：《税收债法论》，中国政法大学出版社 2008 年版，第 177 页。

了抵扣权，增值税机制就会扭曲”。[1]作为应有权利的抵扣权反映了即将成为增值税纳税义务人的营业人的权利要求，它不是营业人主观任性的无理要求，而是增值税税制运行的关键所在，更是税收公平和纳税人财产权保护的有力贯彻。“应有权利不是任何一个阶级所具有的主观任性，而是反映社会进步的内在要求，反映了作为主体的个体价值的至高无上性，是和物质生活条件紧密相联的。”[2]此时，增值税税收制度仅仅经历了税制设计者的打磨，尚未经受立法者的调适和修正，税制运行的通畅性是税制设计者关注的重点而不对税法政策目的、征管行政便宜性等方面做过多细致考量，抵扣权也尚处于一种未受到法律限制的完整权利形态。立法者综合考量各方因素，确立法定的纳税义务人、征税范围、计税依据、税率等构成要素。换言之，增值税立法实际上就是抵扣权从应有权利过渡到法定权利的过程，也是通过限缩构成要件中各构成要素的抵扣权限制过程。因为这一过程只牵涉到抵扣权构成要件的内部调整的实体法层面，还未过渡到具体征管操作的程序法层面，此种限制方式也被称为抵扣权构成要件的内部限制。

抵扣权从应有权利转换为法定权利存在两种限制方式，即本应享有抵扣权的纳税人在税法上不享有抵扣权，以及纳税人本应享有完整抵扣权但在税法之中仅享有部分抵扣权。前者是通过限制权利的主体范围实现的，后者是一种限制权利内容的方式。

1. 主体限制

在理想增值税税制下，增值税应当实现对商品和服务普遍征税，所有符合抵扣权构成要件的商品和服务提供者都应当享有抵扣权，这是由抵扣的运作机制决定的。然而，各国立法者通

[1] 汗青父：《从增值税到税收法典》，中国税务出版社2009年版，第5页。

[2] 杨春福：《权利法哲学研究导论》，南京大学出版社2000年版，第104页。

常会对抵扣权的权利主体进行限制，仅允许部分主体享有抵扣权，主要包括免税制度和小规模纳税人制度。关于免税制度和小规模纳税人制度的具体展开，前文已有相关论述，在此不再赘述。

2. 内容限制

抵扣权内容限制与主体限制最大的区别在于，前者的潜在语境是承认纳税人享有抵扣权，只是出于各种政策原因对能够抵扣的进项税的额度进行限制，后者则是排除纳税人的抵扣权。生产型增值税即为抵扣权内容限制的典型。生产型增值税的税基包含国内生产总值中的商品和服务，同时还包括个人消费和资本性货物（国内生产总值也涵盖了政府消费、总投资和进出口净值）。纳税人因生产经营所需购买的资本性货物如机器、不动产等所支付的增值税不能申请进项税额抵扣。“生产型增值税，即在征收增值税时，不允许扣除外购固定资产所含增值税进项税额。”〔1〕另一种抵扣权的内容限制是由简化进项税额的计算方式导致的。通常增值税进项税额的计算公式是“进项税额=进项额×税率”，但考虑到纳税人的遵从成本和税务机关的征管成本，会允许特定的纳税人采用不同的计算方式，产生纳税人在购买商品或服务时实际缴纳的进项税额（缴纳进项税额）大于通过特定的计算方式计算出的进项税额（计算进项税额）。例如，根据我国《增值税暂行条例》第 8 条的规定，购进农产品的进项税额等于“买价×扣除率”，准许抵扣项目的扣除率由国务院具体确定。缴纳进项税额大于计算进项税额的情况，实际上就是一种抵扣权的内容限制，而出于国库利益保障目的，这种现象时有发生。此外，留抵税额也是对抵扣权在内容上的变相限制，详细论述参见第五章内容。

---

〔1〕 参见第十一届全国人民代表大会第四次会议《关于 2010 年中央和地方预算执行情况与 2011 年中央和地方预算的决议》中“附：名词解释”。

（二）程序法层面：抵扣权构成要件的外部限制

法学家总是热衷于将实体与程序作为连体词汇提及，实体正义与程序正义何者为先至今尚无定论。可以达成共识的是，程序性规范之于实体性规范具有重要的工具价值，实体性规范规定的是法律规范的实在、具体的内容，往往被视为法律的“内容和目的”，程序性规范则被看作法律的“形式和手段”。[1]同时，程序性规范具有自身的独立价值，由于实体性规范内容的相对不确定性和程序性规范的确定性差异，当程序与实体之间出现矛盾时，程序公正就具有了一定的优先性。[2]换言之，“程序”既对“实体”的实施发挥着不可或缺的保障功能，同时又具有约束“实体”的限制功能。法律对权利的限制就是法律为权利的行使划定活动轨迹，确定程序上和技术上活动方式和界限的过程。[3]抵扣权构成要件的内部限制是一种力度较弱的限制方式，其核心目的不在于防止抵扣权的滥用，而是出于对纳税人的遵从成本和税务机关的行政征管成本的考量，权利限制预防逃避税充其量只是附随目标。结果是，免税、纳税义务人的差别待遇等制度不仅导致了增值税抵扣链条的断裂，违背税收中性，而且为纳税人实施逃避税开启了“制度之门”。为此，有必要在抵扣权从法定权利到现实权利的实现过程中设置一道更为有力的限制手段，即程序限制。抵扣权由实体法层面的成立问题过渡到程序法层面的行使问题的过程，从正面看是抵扣权的实现过程，从反面看是抵扣权被限制的过程。总而言之，任何能够被称为权利的东西都存在被滥用的风险，更何况逃避税在人的趋

---

〔1〕参见祝彬、王海浪：“诉讼法与实体法关系之考辩”，载《黑龙江省政法管理干部学院学报》2004 年第 4 期。

〔2〕参见万毅：“程序法与实体法关系考辨——兼论程序优先理论”，载《政法论坛》2003 年第 6 期。

〔3〕参见舒国滢：“权利的法哲学思考”，载《政法论坛》1995 年第 3 期。

利天性驱使下被许多纳税人认为是理所当然的。我们对抵扣权构成要件的探讨不应局限于抵扣权成立的实体层面，同时还要深入抵扣权行使的程序层面，给予抵扣权必要的程序性约束，维系国家财政保障与纳税人权利保护、实体正义与程序正义的平衡。

发票机制是世界各国在程序法中普遍采用的监控增值税运行、限制抵扣权滥用的核心方式。《德国营业税法》第 15 条规定，将发票作为进项税额抵扣权行使的基本要件：①须基于相关之给付行为而开立的进项发票；②该相关之给付（或销售）行为，系来自其他营业人（前手）所提出；③进项发票开立者与销售货物（或劳务）营业人（亦即前手）应为同一人；④该发票内容须填载法定应记载事项。〔1〕《欧盟 2006 年指令》第 178 条规定："纳税人行使抵扣权必须满足下述条件：①为了实现第 168（a）条的抵扣，提供商品或服务的纳税人必须根据本法第 220 条至第 236 条以及第 238 条、第 239 条和第 240 条所开具的发票……"《德国增值税法》第 15 条第 1 款规定，纳税人行使抵扣权需要持有符合本法规定的增值税发票。法国在其《税收总法典》第 271 条第 2 款第 1 项规定，取得符合法定要求的增值税发票并在发票之上列明税款数额是抵扣权行使的条件之一，并且格外强调"如果纳税人没有取得增值税发票的，不得进行进项税额的抵扣"。〔2〕我国《增值税暂行条例》第 8 条也有增值税发票的类似规定。抵扣权构成要件解决的是抵扣权成立的问题，发票是从构成要件的外部给予抵扣权以形式上的限制，这种限制是通过为纳税人设置金钱给付义务之外的协力

---

〔1〕 参见江彦佐："德国及欧盟关于跨国交易逃漏营业税之现状与防制"，载《财税研究》2016 年第 4 期。

〔2〕 参见王宗涛："增值税抵扣权与发票制度：形式课税原则之改进"，载《税务研究》2019 年第 7 期。

义务实现的，包括增值税发票的开具、保管、申报等。[1]

通过发票限制抵扣权的方式涉及实质课税原则与形式课税原则在增值税征管中的冲突。实质课税原则强调在一般税法领域确认税收权利义务时应侧重纳税人应税活动的实质经济意义，当税收债务人所从事的交易活动在法律外观形式上与经济内在实质不一致时，税务机关或司法机关通常采纳经济实质意义而非形式上的意义。但在增值税征管中，尤其在抵扣权的成立与行使上多一反常态地采用形式课税原则，即某些交易在税法定性时并未考虑经济活动的实质意义，而是着重考虑特定行为在法律形式上的意义或法定要式要求。可以说，发票之于增值税抵扣权的关键作用促使了形式课税原则的极致运用，各国都建立了一整套发票使用和管理制度。具体制度内容主要涵盖下述四个方面：其一，发票具有严格的格式要求和内容要求，否则不得作为进项税额抵扣的凭证。例如，《欧盟 2006 年指令》第 226 条规定了增值税发票应记载的包括交易发生时间、发票识别码、增值税识别号、购买者识别号、纳税人和购买人的名称与地址、所销售货物的数量和品名或提供服务的范围和性质等 15 项内容明细。其二，要求实际交易的双方与发票中载明的交易双方一致。我国的“三流一致”是该原则的进一步升级。其三，发票开具的时间和认证时间具有严格的法定性，亦即销售者必须在法律规定的时间期限内向购买者开具发票，购买者须在法律规定的时间期限内进行认证。《欧盟 2006 年指令》第 222 条就规定，成员国可以自行在其增值税法中确定纳税义务人开立发票的时间期限。我国独特的“金三”系统对增值税专用发票提出认证要求，因此也配套了相应的认证规则和认证期限。其

[1] 参见黄源浩：“营业税法上协力义务及违反义务之法律效果”，载《财税研究》2003 年第 5 期。

四，建立了纳税人登记、打印发票机器领受和管理、账簿凭证等辅助制度，确保发票制度的有效运行。发票制度的目的在于从外部程序上限制抵扣权以实现“以票控税”，但过于严苛、形式化的发票机制容易将形式课税原则导向极端化〔1〕，进而导致抵扣权限制的矫枉过正，侵害纳税人合法权益。

三、抵扣权构成要件限制的限制

“在法治社会里，对于一项合法权利的限制应当被视为一件极其严肃的事情，其中发生任何问题都可能带来严重后果，因而应高度谨慎。”〔2〕无论是从自然权利到法定权利，还是从法定权利到实际权利，其间发生的权利限制都是一种法律限制或法定限制，如果偏离了这种法定性，所谓的“权利限制”就变质为“权利侵害”。无数的实践证明了这种担忧的必要性和真实性。如果对权利限制本身不附加任何的限制，势必导致公民权利成为公权力任意掌控的玩物，公民权利被过度限制、排除甚至掏空〔3〕，此即“权利限制的限制”必要性的法治逻辑。实际上，抵扣权限制与抵扣权限制的限制在某种程度上是同一个问题的一体两面，当抵扣权应当被限制得到证成后，紧随其后的问题是如何进行抵扣权的限制，即“受限制应遵循什么原则，也是对基本权利的制约的限制问题”〔4〕。抵扣权限制应当具有正当性，如何避免抵扣权内部限制和外部限制成为公权力恣意

〔1〕 参见王宗涛：“增值税抵扣权与发票制度：形式课税原则之改进”，载《税务研究》2019年第7期。

〔2〕 周占生：《权利的限制与抗辩》，科学技术文献出版社2015年版，第20页。

〔3〕 参见赵宏：“限制的限制：德国基本权利限制模式的内在机理”，载《法学家》2011年第2期。

〔4〕 高慧铭：“基本权利限制之限制”，载《郑州大学学报（哲学社会科学版）》2012年第1期。

侵害纳税人权益的工具，就需要构建起一个“抵扣权限制的限制”的原则体系。〔1〕在一个具体的增值税法规则限制抵扣权的个案分析中，该原则体系的适用思路是：首先，抵扣权限制规则应当符合法律保留原则划定的形式边界；其次，在满足外在形式要件的基础上，还需要遵循比例原则对抵扣权限制规则进行实质的正当性判断。

（一）形式边界：法律保留原则

法律保留是一项集合基本权利规范、限制和保障的重要制度，防止人民的权利遭受行政、司法等公权力的越界侵犯，也是法治国家依法行政原则的重要前提。〔2〕法律保留原则起源于法国《人权宣言》并在德国兴盛，理论界通常将德国学者奥拓·迈耶（Otto Maver）视为法律保留原则的最早提出者〔3〕，是对行政自行作用的限制和排除。〔4〕法律保留原则在被提出之初，其内涵是行政机关只有在国家议会制定的法律的明确授权之下，方能对公民财产、自由等权益进行必要的限制和干预。此时的法律保留原则的特征有二：其一，此时的法律是一种狭义的法律，仅限于国家议会制定的法律，以将行政机关的公权力严格置于立法权的约束之下；其二，该原则涉及的保留事项仅限于侵害保留。〔5〕在行政依据和保留事项上之所以奉行如此严格的“全面保留”，核心原因在于 19 世纪的自由法治国时代

---

〔1〕 参见张翔：“基本权利的体系思维”，载《清华法学》2012 年第 4 期。

〔2〕 参见吴万得：“论德国法律保留原则的要义”，载《政法论坛》2000 年第 4 期。

〔3〕 参见温明月：“法律保留原则探析”，载《行政与法》2006 年第 9 期。

〔4〕 参见［德］奥拓·迈耶：《德国行政法》，刘飞译，商务印书馆 2002 年版，第 72 页。

〔5〕 参见黄学贤：“行政法中的法律保留原则研究”，载《中国法学》2004 年第 5 期。

各国鼓励市场经济的自由竞争，市场的内部自律是维持市场秩序的主要手段，行政权只是外部的辅助手段。进入20世纪以来过度强调自由竞争导致市场经济的野蛮发展，市场混乱、经济危机等恶果开始显露，这也给了行政权逐步膨胀、扩张以正当理由。现代行政权的扩张不断挑战着法律保留原则原有的制度框架，迫使其不断扩大原有的调整范围。

法律保留原则中的“法律”不再局限于议会、全国人大及其常委会等立法机关制定的狭义上的法律，同时包括经上述机关授权的行政立法。例如，我国法律保留原则是通过立法法确立的。我国《立法法》第11条规定了11种法律保留的事项，第12条规定除有关犯罪和刑罚、剥夺公民政治权利和限制人身自由的强制措施和处罚、司法制度等事项之外，第11条涉及的事项尚未制定法律的，可经全国人大及其常委会授权国务院制定行政法规。就保留事项而言，法律保留原则的调整范围仅局限于侵害保留，亦即干预行政的法律保留，行政机关必须得到法律授权方能附加于行政相对人以义务或侵害其权利，并严格遵守法律划定的范围和行为准则。但当今法律保留原则将调整范围扩大至给付行政、内部行政等其他重要的行政领域。〔1〕

时至今日，法律保留原则已经克服传统上“无法律则无行政”的一元化结构，逐渐进化成为一套有层级的原则体系，根据被保留事项的重要性程度确定法律保留的力度。其一，对待“最重要”事项实行绝对法律保留，即只能由全国人大及其常委会制定的狭义的法律进行规定，而不能将其授权下放给行政机

---

〔1〕 给付行政的法律保留，是指行政机关在使行政相对人获益，向其提供物质帮助或服务时，必须得到法律授权并遵照法律划定的范围和行为准则。内部行政的法律保留，是指在行政机关对社会公共财务、公务员的管理以及行政机关之间的内部管理等内部行政领域必须得到法律授权，并在法律规定的范围内运行。参见金承东：“论行政法律保留原则”，载《浙江社会科学》2002年第1期。

关；其二，对待“重要”事项实行相对法律保留，即全国人大及其常委会既可以就重要程序相对较低的事项通过立法加以规范，也可以将立法权下放给行政机关；其三，对待“非重要”的事项实行非法律保留，即通常将行政过程中的操作性事项、细节琐碎事项等视为行政机关职权范围内事项，无需法律授权由行政机关依照职权制定相关规则。[1]值得一提的是，我国《立法法》第11条规定的法律保留事项包括“（六）税种的设立、税率的确定和税收征收管理等税收基本制度”，此条款自2015年我国《立法法》修订时成功入法，被财税法学界视为税收法定原则的法律确立。从这一角度来看，税收法定原则实际上是法律保留原则在税法中的客观镜像。

税法乃是侵害人民权利的法律，税收征管是典型的干预行政，税收当属“最重要”事项。因此，有关税捐的核课与征收，均必须有法律之根据，国家非根据法律不得核课征收税捐，亦不得要求国民缴纳税捐，而且仅于具体的经济生活事件及行为，可以涵摄于法律的抽象构成要件前提之下时，国家的税捐债权始可成立。[2]此项原则即为税收法定原则，日本亦称其为租税法律主义。1789年法国《人权宣言》同样被视为税收法定原则的起源之一，之于当今时代，其重大意义在于，为经济活动提供法的安定性和可预测性保障。[3]日本学界认为《日本国宪法》第30条“国民的纳税义务”和第84条“财政权力行使”将税收法定原则确立为宪法基本原则，其重要性可见一斑。[4]

---

〔1〕 参见陈海嵩：“《民法总则》‘生态环境保护原则’的理解及适用——基于宪法的解释”，载《法学》2017年第10期。

〔2〕 陈清秀：《税法总论》，元照出版有限公司2012年版，第44页。

〔3〕 参见［日］水野忠恒：《大系租税法》，中央経済社2015年版，第8页。

〔4〕 参见［日］北野弘久编：《現代税法講義》，法律文化社2010年版，第15页。

税收法定原则以课税要件法定主义和课税要件明确主义为两大支柱，并以合法性原则和溯及立法禁止原则为补充。课税要件法定主义是指课税要件必须经由法律进行确定，排除授权立法；课税要件明确主义要求税收之债的课税要件必须表意明确，意在排除自由裁量；合法性原则是在程序法上防止课税权的恣意，税务机关应严格按照税法规定征管法定额度的税收，不得随意减轻、免除税收之债；溯及立法禁止原则是禁止创设或加重税负的法律漏洞补充以及法律溯及既往。〔1〕

如前文所言，限制抵扣权意味着对增值税构成要件中课税标准的间接调整，无论是免税、小规模纳税人制度还是留抵税等抵扣权构成要件之内部限制，抑或发票机制的外部限制，都理应受到法律保留原则折射于税法中的税收法定原则的形式限制，经全国人大及其常委会通过法律予以明确规定。当然，考虑到增值税税制的技术性和烦琐性导致技术性和细节性事项过多，仅仅依靠法律无法应对征管实践，允许就上述事项且仅就技术性、细节性事项以空白条款的形式，授权行政主管机关以行政法规、部门规章形式进行规定〔2〕，但决不允许突破上述界限增加纳税人税收负担。就我国当前增值税法实践而言，绝大多数的抵扣权的限制规则突破了税收法定边界，导致征管中行政机关变相行使了部分立法权。

（二）实质判断：比例原则

抵扣权限制在满足法律保留的形式要件之后，随即进入以比例原则为标准的实质正当性的考察。比例原则源发于德国公法场域之中，与公民权利保护密不可分，被称为“限制的限

〔1〕 参见［日］水野忠恒：《大系租税法》，中央経済社 2015 年版，第 9—11 页。
〔2〕 参见［日］水野忠恒：《大系租税法》，中央経済社 2015 年版，第 9 页。

制”〔1〕，其手段与目的达成一个合理比例关系的运作思路使其具有极强的普遍化能力，不仅实现了地域普遍化，为欧洲、日本、美国等国家所接受，而且表现出了领域普遍化，进军私法、诉讼法、刑法等领域。〔2〕尽管对比例原则脱离宪法、行政法的公法领域而在其他法域生根发芽是否适当，学界尚有争议〔3〕，但比例原则的迅速扩张是绝大多数学者所乐意看到的，因为无论在何种领域，其内含的防止权利滥用、有效保障一方实质性权利的基本法理都具有一定的通用性和相当的必要性。无论其他争议如何，比例原则在行政法领域以及税法领域的可适用性是毋庸置疑的。“比例原则经常是作为给自由裁量设定内部界限的标准来论述的”，但其以“禁止过度”为内在核心法理和独具的灵活性特质使得它成为公权力过度侵害公民基本权利的天然屏障〔4〕，广泛“适用于超越警察行政的全行政领域，因为在这种行政权扩大的过程中，有必要防止行政权滥用，最大限度地保障个人的实质性权利自由”。〔5〕

“在行政法层级上，比例原则的含义主要是拘束行政机关在行使权力特别是涉及侵害人民权利时，不仅要有法律依据，而且必须选择对人民权利侵害最小的方式，它特别强调在实施公

〔1〕 参见许玉镇：《比例原则的法理研究》，中国社会科学出版社 2009 年版，第 52 页。

〔2〕 参见陈景辉：“比例原则的普遍化与基本权利的性质”，载《中国法学》2017 年第 5 期。

〔3〕 对新生事物或现象的质疑是法学家严谨风格的体现，对比例原则能否进入其他法域的文献参考不计其数。例如，陈景辉：“比例原则的普遍化与基本权利的性质”，载《中国法学》2017 年第 5 期；陈海嵩：“《民法总则》‘生态环境保护原则’的理解及适用——基于宪法的解释”，载《法学》2017 年第 10 期。

〔4〕 参见钟原：“论比例原则在反垄断法执法中的适用”，载《经济法论坛》2018 年第 1 期。

〔5〕 ［日］田存悦一：《自由裁量及其界限》，李哲范译，中国政法大学出版社 2016 年版，第 185—186 页。

权力行为时的'手段'与行政'目的'间，应存有一定的'比例'关系。"[1]比例原则本身是一个原则束，由不同且具有层级和逻辑关系的子原则构成，虽然学界存有三分原则说和二分原则说，但由于三分原则说在思维脉络和方法上更具井然性和层次性，成为学界之通说。详言之，比例原则包括适当性原则、必要性原则和狭义比例原则。晚近立法例中亦有直接将此三分学说上升为立法例的情况。通常学者们在个案中运用三个子原则时会依次进行比对分析，但这不意味着三个原则之间彼此泾渭分明，它们之间彼此相通，适用次序也不是具有严格的位序关系，适用时应紧扣个案灵活运用，避免出现僵化运用、脱离个案的危险。[2]

于行政法领域立足的比例原则，在税法中运用时较不易引发争议，其具体操作尚需考量个案在行政法中的操作方式。在适当性原则运用中，限制抵扣权目的与手段之间必须有可连接的关系存在。换言之，限制抵扣权所使用的手段必须能够达成所追求的目的。必要性原则要求，对于限制抵扣权所欲达成的目的，同时存在两种及以上的手段可以达成该目的，在众多限制抵扣权的手段之中，应选择对纳税人利益侵害最小的一种。必要性是以所比较的手段具有适合性为前提，即所有手段都能够达成目的，只是对纳税人利益的损害程度不同。狭义比例原则又可称为法益相称原则，行政机关即便满足了适当性原则和必要性原则，采取了适合且必要的手段以试图完成其所追求的目的，但若是该手段侵害纳税人私人利益与追求目的所保护的公共利益两者之间明显不相当，亦即受到侵害的纳税人权利所

---

〔1〕 许玉镇：《比例原则的法理研究》，中国社会科学出版社2009年版，第52页。

〔2〕 参见姜昕：《比例原则研究——一个宪政的视角》，法律出版社2008年版，第40页。

彰显的法益明显大于行政机关所欲保护的公共利益时，行政机关的限制措施即告违法。〔1〕在理想的法治环境下，税务机关难以越过法律享有立法规范之外的自主空间，此时在抵扣权限制中运用比例原则可以说是“以法律为中介下‘依法行政’要求的行政权与受‘依法审判’要求的司法权两大权力系统间的调解问题”。〔2〕然而，在当前国内的增值税法实践乱象之下，单靠司法权不足以实现“限制的限制”，而应将比例原则拓展运用到立法领域和行政监督中来，不断完善抵扣权限制规则。

如此说来，将比例原则运用至抵扣权限制的实质正当性判断中并无阻碍，但仍有未尽周详之处。比例原则，顾名思义，其重心在于维系目的与手段之间的均衡比例关系，因此三个子原则都是围绕这一重心运转的，“纵令因性质上所必须而对行政手段多有着墨，但本原则对行政（甚或立法、司法）所追求之目的本身并不加以审查，则属不可否认之事实。”〔3〕换言之，比例原则的运用建立在一个当然的前提之下，即默认目的具有正当性、合法性甚至合宪性而不加以怀疑。例如，在威权统治时代，执政者所追求的目的实际上有悖于民主国、法治国之根本精神，但按照比例原则的运行逻辑依然可能得出符合比例原则的结论。这一点在当前审查抵扣权限制规则时尤为重要，因为具体规则暗藏税务机关的真正目的常常隐匿在国库利益保障目的之下而不易辨识，其目的正当性自然易被忽视。公益性是判断目的正当性最为核心的标准，“比例原则只有在公益和私益相

---

〔1〕　一个典型的案例是：用上了弹的猎枪去对付躲在果树上欲盗窃果实的小偷，虽然在当时情况下是唯一可以驱逐小偷、保护果实的手段，但这是一种明显失当的手段。See C. Degenhart, Staatscrecht I, 11. Aufl., Rn. 331.

〔2〕　蔡宗珍：“公法上之比例原则初论——以德国法的发展为中心”，载《政大法学评论》1999 年第 62 期。

〔3〕　蔡茂寅：“比例原则的界限与问题性”，载《月旦法学杂志》2000 年第 4 期。

互较量的时候才能较好适用，如果不存在公益，任何比例原则的适用在理论上都是无法想象的。”[1]接下来需要解决的问题是，在抵扣权限制中何谓“公益性”“私益性”。

首先应当明确的是，“公”与“私”并非绝对的定性，而是具有相对性。通常，从设立政府的目的而言，政府作为公民集体推选出的代言人，其运行本身即为了公共利益管理社会经济事务，政府行政行为本身似乎就具有公益性。然而，这种公益性是从政府运作的整体目的而言，并不意味着在某一具体的行政法律关系中，该行政行为的目的或代表的利益相比于行政相对人的私益一定具有公益性，它一样可能具有私益性。因为，行政相对人的私益性是为了自己个人利益的“私”，如果把某一行政机关看作一个公益法人个体，如果它为了个体利益而使用公权力一样构成私益性。在税收法律关系中，税收乃国家存在及政府运行之财源保障。因此，在增值税征管中，如果税务机关为确保合法国库利益不致短少而给予抵扣权一定限制，那么我们认为此目的具有公益性。此合法国库利益强调“合法”，必须是经历了严格立法程序的税收法律确立的国库利益。但如果税务机关只是单纯为了其本身的行政方便考虑，或者征收超越原有税法规定范围的税收利益而限制抵扣权，前者是自身的行政方便，后者是为了非法财政利益，无论采用何种方式，均不具有正当性。后者产生原因在于税法漏洞的存在，无论基于何种理由都不应允许税务机关进行漏洞补充。对于前者，税务机关却可以辩白的是，对目的的判断具有主观性，此类行为具有“私益”和“公益”的双重属性，自己的行政方便是为了提高行政效率，这同样是出于保障合法财政利益足额、有效的征收

---

〔1〕［日］田存悦一：《自由裁量及其界限》，李哲范译，中国政法大学出版社2016年版，第199页。

考虑。诚然，这种辩白有一定的说服力，只是从税务机关和纳税人不同角度来看，这种说法的说服力不同罢了。即便如此，我们也可以从限制行为的客观方面推断税务机关的主观目的。如果税务机关客观上将本应是自己的行政职责转移至纳税人承担，此时税务机关显然具有了“方便自己，辛苦他人”的私益目的。同时，即便诸如小规模纳税人、个别免税事项等通过比例原则的审查，也应当赋予纳税人选择权，允许纳税人选择放弃这种限制并自行承担后果，因为此时相当于纳税人默认了税务机关行政行为的公益性但谢绝了该制度带来的好意，并自愿配合税务机关征管，这同样可以提高行政效率。

本章小结

抵扣权构成要件表面采用“名词+构成要件”的表述结构，实际上是“动词+构成要件”结构，综合运用了构成要件的一般理论模型和法律模型，表意构成抵扣权所需的必要组件，解决抵扣权的成立问题。抵扣权构成要件是税收构成要件的子理论，它既以税收构成要件的成立为前提和基础，又是增值税构成要件定量工作的必要组成部分，具有税收法定机能的消极（附带）机能和法益保障的积极（核心）机能。抵扣权构成要件由法律构成要件和定量构成要件组成，分别承担定性工作和定量工作，在判定纳税人在多大范围内享有抵扣权时，遵循“定性—定量”的工作思路。首先，定性工作先行开启，当应税行为同时满足空间要素、给付要素、营业要素、对价要素、法定纳税人要素、法定被给付人要素和被给付人营业要素时，定性工作即告完成，可判定抵扣权成立，被给付人享有抵扣进项税额的权利。其次，定量工作启动，在概括转移上一环节销项税的定量要件后，根据法定被给付人要素和营业要素的满足情形完成定量工作，确定可抵扣的进项税额。当然，对抵扣权构成要件的前述探讨主要基于理想增值税税制，抵扣权是纳税人在增值税运转过程中理所应当享有的权利，它可由宪法财产基本权推导而来，是一种准自然权利。但从社会权利角度来看，只有经过税法确认的权利，才有可能真正成为纳税人实际享有并获得充分保障的权利，这种转换过程也是抵扣权被限制的过程。抵扣权限制主要包括构成要件的内部限制，即主体限制和内容限制，也包括构成要件的外部限制，以发票机制为典型代表。最后，抵扣权限制本身也应有必要限度，应当遵循法律保留原则的形式边界和比例原则的实质约束。唯此方能实现增值税法抵扣运行中权利与权力配置的适度平衡。

第五章
增值税抵扣权的法律路径

法治进程，法制先行。法律制度必须维持自身的稳定，以便社会主体预见和安排自己的社会行为，提升社会稳定性。但法律制度又必须因时而变，以匹配快速变化的社会经济环境。"人们不能以为法律亘古不变，而必须认识到今天适用的法律，明天可能会被修改。"[1]我国增值税法还处于不稳定的状态，增值税立法改革呈现两个特征：其一，自诞生至今始终处于立法改革进行时态；其二，围绕行政法规以规范性文件推进改革，未上升至法律层面。造成此种问题的核心原因在于，增值税法改革缺乏明确、统一的方向指引，迫使政府不断出台政策调整、修补税收法律制度。抵扣权乃增值税法的灵魂，增值税税制多以保障抵扣权运行为制度目标，抵扣权自然成为税制完善的标尺和工具。2019 年 11 月 27 日，《增值税法征求意见稿》发布，昭示着增值税税收法定正式开启，这也是完善抵扣权运行法治保障的最佳机遇。基于此，本章聚焦抵扣权如何在增值税法中落地议题，具体分为两个问题：其一，抵扣权如何进入增值税法的条文之中以及配套的体系设计；其二，检讨抵扣链条断裂、留抵退税、"以票控税" 等税制的不足，提出抵扣权运行机制的

[1] 张兴祥：《行政法合法预期保护原则研究》，北京大学出版社 2006 年版，第 9 页。

完善建议。

第一节 抵扣权之法律确认:功能阐释与路径选择

一、研究立意：正确看待抵扣权的法律确认

增值税自1979年试点至今历经了40余年的税制“动荡”，2019年发布的《增值税法征求意见稿》标志着增值税正式开始税收法定进程，核心概念与税制也将经由法律形式固定。抵扣权是增值税纳税人享有的在销项税中抵销扣除等额进项税的权利，是增值税法的灵魂所在。纳税人抵扣权之保障是纾解增值税法治困局、指引税制优化的核心思路，而法律确认是抵扣权获得法律有力保障的关键点，殊值重视。权利的法律确认，或曰权利入法，是指权利通过某种公权方式进入法治体系、获得法定权利的身份，意在解决某一项权利以何种形态或方式存在于法律之中。法律确认不止于一种形式上的权利入法技术，即简单地表现为法律条文中权利字眼的表述，更是字面下暗藏的权利体系化思考、多元主体间权义关系平衡与科学的立法表达。〔1〕法律确认极具复杂性和严肃性，权利采用不同的确认方式和路径、秉持不同的原则以及遵循不同的节奏完成法律确认，所带来的法律功能截然不同。〔2〕然而，既有研究对抵扣权的法律确认议题关注不足，或是热衷于抵扣权的直接运用，忽视抵扣权须法律确认的前置问题，似乎抵扣权已经成为当前法律体系中的法定权利；或是顺带提及，将抵扣权入法简单作为各类

〔1〕 参见王庆延：“新兴权利间接入法方式的类型化分析”，载《法商研究》2020年第5期。

〔2〕 参见王庆延：“新兴权利渐进入法的路径探析”，载《法商研究》2018年第1期。

税制优化方案中的“万金油”举措。将“抵扣权”或“抵扣的权利”纳入立法条文中，尚停留在一种笼统的方案预设或简单的技术口号层面上。

权利乃构成法治社会的实质性和关键性要素〔1〕，权利话题的严肃性毋庸置疑，大陆法系国家更是如此。大陆法系以权利概念为核心表达工具，通过权利类型化抽象、演绎、推理出一般性法律规则，最终形成成文法秩序。〔2〕可见，权利的法律确认并非孤立事件，抵扣权的入法方式应被严肃对待，既不能以单向思维武断回答抵扣权纳入立法条文的应与否，也不能局限于纳入税法条文的直接入法形式，而应在综合考量立法理论与增值税法实践的基础之上进行详细论证和审慎判断。本书聚焦抵扣权入法议题：首先，立身实践视角，系统论证并阐释抵扣权的法律确认及不同确认方式并非简单的形式意义，更具实质上迥异的法律功能；其次，遵循“一般—特别”思路，探索权利入法可供选择的一般模式与影响入法选择的不同因素；最后，考量多方因素确定具体的确认路径与优劣位序，并基于“旧”增值税法与“新”增值税法草案中抵扣条款的梳理与比较，提出抵扣权法律条款的体系设计方案。希冀本研究能够引发各方对抵扣权入法议题的关注，借以撬开增值税治理困境之锁，助力税收法治。

二、抵扣权法律确认的功能阐释

增值税法展现了极强的行政管理思维〔3〕，以管理思维进行

---

〔1〕参见程燎原、王人博：《权利论》，广西师范大学出版社2014年版，第1页。

〔2〕参见冉昊：“两大法系法律实施系统比较——财产法律的视角”，载《中国社会科学》2006年第1期。

〔3〕参见郑俊萍：“增值税‘应税交易’：从概念到内容的研究”，载《第十一届中国财税法博士论坛“增值税改革与立法中的法理”论文集》2020年12月，第10页。

税收治理。管理治税模式遵循“强国家、弱纳税人”的治理逻辑，依赖于传统的公共行政模式，通过官僚化、行政化的管理体制处理税收公共事务。〔1〕管理治税模式下的增值税法，在法律形式上依靠税务机关的行政强制命令，通过规范性文件事无巨细地释明增值税法的运行规则，致使税法臃肿。税法的管理规则可还原为征纳双方主体权利义务关系〔2〕，规范性文件的臃肿致使增值税法权义关系失衡，过度强调纳税人义务，忽视纳税人权利。权利的法定化包含诸多社会功能，如扩充权利体系、优化权利文化、推动法治以及控权等，此种功能正是权利研究的现实意义。〔3〕抵扣权经由法律确认，从潜藏阶段的应有权利转变为表露阶段的法定权利，这种身份转换不只是表述上的形式变化，更伴生实质功能，策动增值税法管理治税模式逐步向法治治税模式转型。

（一）基础功能：权利宣示

权利作为一种社会现象，从其运行过程可分为三个阶段的三种形态，即潜藏阶段的应有权利、表露阶段的法定权利和落实阶段的现实权利。〔4〕法律确认不是权利“0—1”的过程，过程中无法创设权利，而是为“应有权利—法定权利”搭建桥梁。在法律确认之前抵扣权实际上已经存在，只不过处在潜藏阶段，而在法律确认后，权利经过国家公权力的选择、整理被纳入法

〔1〕参见李鑫诚：“传统管理理论的治理转向及其方法论困境”，载《重庆社会科学》2017年第7期。

〔2〕参见汗青父：《从增值税到税收法典》，中国税务出版社2009年版，第21页。

〔3〕参见朱振：“认真对待理由——关于新兴权利之分类、证成与功能的分析”，载《求是学刊》2020年第2期。

〔4〕参见杨春福：《权利法哲学研究导论》，南京大学出版社2000年版，第104—106页。

律体系之中，并向全社会公布。[1]应有抵扣权虽未经公权确认，但切实反映部分社会主体共同的抵扣（利益）诉求，纳税人在多数情况下实际上享有进项税额抵扣的自由，同时，抵扣权也因普遍的社会基础而获得了一定的“软保护”，如公共媒体的宣传、税务机关与纳税人自身的默认等，只不过这种保护并不如法定权利获得的那般强力。相比之下，法定抵扣权所获得的“硬保障”内源于法律的国家强制力，并借助强大的公示公信力得以发生普适效力。真正的权利并不是表象式地挂在人们嘴边或刻板地印在法典之中，而是深深植根于社会大众的心灵之中，散播在法治社会的每一个角落。[2]法治的精神意蕴在于民众对于法律的信仰[3]，法律的信仰赋予了法定权利以强制力。此即法律的权利宣示或法定权利的宣示功能。

“宣示”一词在《汉语大词典》中意为“宣布、明示”。[4]抵扣权的法律宣示是国家借助法律形式向社会全体宣布、明示抵扣权被纳入法定权利家族的法律事实。这种宣示功能具有多元性，即形式多元、主体多元和效果多元。详言之，法定抵扣权所依存法律形式是一种广义的法律，并不局限于狭义之法，通过立法方式直接将抵扣权纳入法律条文之中，还包括司法，即通过法院裁判或司法解释方式赋予纳税人以抵扣权，也包括执法，通过税务机关默认或柔性执法等方式使纳税人获得抵扣

---

〔1〕参见林孝文：“论法定权利的实现——以法社会学为视角”，载《湘潭大学学报（哲学社会科学版）》2008 年第 5 期。

〔2〕参见强世功：“迈向立法者的法理学——法律移植背景下对当代法理学的反思”，载《中国社会科学》2005 年第 1 期。

〔3〕参见刘月平：“公民权利意识培育与中国民主政治发展”，载《前沿》2008 年第 9 期。

〔4〕参见罗竹风主编：《汉语大词典》，上海辞书出版社 1986 年版，第 1407—1408 页。

权是实然法的支持。[1]另外，税法向立法、司法、行政等公权机关和纳税人同时宣示进项税额抵扣乃纳税人享有的法定权利，针对不同主体可以产生多重法律效果。例如，立法者积极创设抵扣权保障规则，确保纳税人可通畅行使抵扣权并提供救济机制；司法机关更好地发挥司法权的“守门人”角色，在税务机关与纳税人之间产生争议并诉诸司法途径寻求救济时，摒弃国库主义作出公正判决，以实现抵扣权保障；培养征纳双方的权利保护意识，纳税人一方积极行使权利并寻求权利保障，税务机关一方更为严格地依法行政，保障纳税人行权。

宣示功能是抵扣权入法的基础功能，即使税法只是在形式上出现“抵扣权”的类似表述，而未直接配套权利保障措施，但其宣示功能同样可以间接影响多方主体，在实质上可衍生出其他法治功能。

（二）积极功能：权利供给

法治治税模式与管理治税模式截然不同，是国家依靠法治手段应对增值税征管，而不是过度依赖行政管理措施。在当前增值税法环境下，何谓治税的“法治手段”？税收如同财富之天平，国家与纳税人分属天平两端，税法规则背后折射的是税务机关与纳税人间具体的权义关系。现代社会追求的法治既不是权利之治也不是义务之治，应当是一种权义平衡之治。[2]从纳税人一侧观之，管理治税模式体现的是“重义务、轻权利”，与之对应的法治治税模式应是纳税人权利与义务的平衡关系。税收法治是国家治理体系和治理能力现代化的重要一环，须将纳税

---

〔1〕参见王庆延：“新兴权利渐进入法的路径探析”，载《法商研究》2018年第1期。

〔2〕参见贺电、孙洪波：“法治：权利义务平衡之治”，载《广东社会科学》2014年第6期。

人权利保护作为重要的视角予以关注，“纳税人权利实现的法治保障反映了国家权力与公民个体权利之间一种平衡的关系”〔1〕。可见，抵扣权保障是增值税治理的重要“法治手段”，而要在纳税人与税务机关地位极为失衡的环境下实现抵扣权保障，必须给予纳税人以充分的权利供给。权利供给正是抵扣权法律确认的基础功能在纳税人一侧展露出的一项积极功能。

所谓抵扣权供给，是国家以法律形式明确赋予纳税人进项税额抵扣的权利。若深入解读权利供给功能，需要首先解决一个问题：只有在经过法律确认之后纳税人才被赋予抵扣权吗？或者说，在抵扣权入法前纳税人不享有抵扣权吗？有学者即提出，增值税法虽未以“权利”称谓修饰“抵扣”，但纳税人已实际享有进项税额抵扣的权利，对抵扣权入法持谨慎态度。〔2〕作为法律核心的权利并非法学家任意虚造的学理概念，而是从无数法律实践中逐步抽象出来的。〔3〕如此说来，入法之前抵扣权已实际存在，纳税人已经享有抵扣进项税的自由或利益。入法之前，抵扣权只是以社会共识的“软法”支撑，软法所提供的权利供给力度有限，在应对管理治税模式下的增值税法实践困局收效甚微，但在法律确认之后，法律以其国家强制力为纳税人提供更高强度的权利供给，将产生截然不同的法律效果。具言之，抵扣权入法会向纳税人释放强大的心理暗示和鼓动力，培养纳税人权利意识并进一步张扬。一方面催促和鼓励纳税人在了解和认知所享有权利的基础之上，将权利付诸实践，如积

〔1〕 王建国、刘小萌：“纳税人权利视域下公民参与的法治逻辑”，载《哈尔滨工业大学学报（社会科学版）》2019 年第 3 期。

〔2〕 参见茅孝军：“增值税抵扣权入法热的冷思考”，载《税收经济研究》2019 年第 6 期。

〔3〕 参见杨春福：“权利·资格·正当性——读米尔恩教授〈人的权利与人的多样性〉”，载《南京大学法律评论》1997 年第 1 期。

极行使权利；另一方面，当抵扣权受到侵害时，纳税人能够以法定权利受到侵害为由要求参与到增值税征管的协商与对话之中，要求税务机关停止侵害行为。同时，纳税人会更加积极寻求权利救济等。

欲恢复强权力与弱权利的天平平衡，在纳税人权利一侧加码极为必要。权利供给虽非法律确认所独有，但其供给力度是抵扣权入法之前无法比拟的，这种供给力度的高要求乃推动管理治税走向法治治税的关键所在。若要真正实现权利保障，应先真正地赋予权利，这种权利应是一种实用的维权武器，而不是空虚、缺乏约束力的口号。

（三）减抑功能：课税权限制

权力与权利之间总有难以割舍的关系，权利赋予权力更限制权力。〔1〕从纳税人角度出发，权利供给乃抵扣权法律确认的积极功能，与之相伴还产生了一项减抑功能，即权力限制。税法以强技术性和复杂性著称，税务机关常常以此为由通过查核准则、办法、函释、内规执行税法。〔2〕增值税法尤甚。〔3〕税务机关与纳税人之间的增值税征纳“竞赛”中，税务机关既扮演“运动员”角色，是税收法律关系中的一方当事人，又担任“裁判员”，不断以规范性文件的方式进行税法解释，甚至时有越过解释权界限进行漏洞补充，隐蔽成为“规则制定者”。国家课税权恣意是导致增值税法管理治税模式的核心诱因。抵扣权入法对税务机关同样产生权利宣示，产生课税权限制功效。

抵扣权经过法律确认成为法定权利，权利宣示所产生的课

〔1〕参见张文显、于宁：“当代中国法哲学研究范式的转换——从阶级斗争范式到权利本位范式”，载《中国法学》2001 年第 1 期。

〔2〕参见黄士洲：“加值型营业税的基本法理与凭证行为罚（下）”，载《月旦法学教室》2010 年第 4 期。

〔3〕据不完全统计，现行增值税相关的规范性文件多达 712 个，是 17 个税种之最。

税权限制主要从自我限制、纳税人限制和司法限制三个方面加以体现。首先，税务机关在征管中更具税权保护思维，在税法规定明确时积极保障抵扣权的通畅行使，在税法缺乏确定性之处克制自由裁量和权力滥用冲动。在税务机关内部层面，上级税务机关对下级税务机关的征管工作更为积极地行使监督制约职能，当产生行政复议时依据税法作出较为公正的裁决，避免作出明显有利于国库主义的裁定。其次，纳税人积极主张、行使并寻求权利救济，抵扣权在不断彰显中形成国家课税权的限制和监督，倒逼税务机关收敛公权滥用冲动，逐渐回归依法行政轨道。最后，司法机关能够更好地发挥司法权的“守门人”角色，在税务机关与纳税人之间产生争议并诉诸司法途径寻求救济时，作出公正判决，不能在税法规定不明确时刻意作出有利于国库主义的判决，以实现司法权对行政权的监督和制约。

三、法律确认的可选模式与影响因素

增值税法是纳税人义务观主导下税法体系的缩影，立法层级低、规则体系冗杂且混乱、税务主管机关“运动员兼职裁判员”等问题层出不穷且长时间未有好转。此种税情下，税务机关和纳税人长期处于“一强一弱”的对抗地位，极易导致国家课税权的恣意妄为和纳税人合法权益频受侵害。纳税人亟需一种强而有力的维权工具，法定抵扣权即可担此重任。抵扣权作为增值税法的核心权利得到法律确认，不仅可以发挥法律形式上的宣誓作用，极大提升纳税人维护自身合法权益的信心和决心，压制国家课税权滥用的冲动，而且赋予纳税人维权的坚实武器，为纳税人积极行使权利、获得权利保护和寻求权利救济提供强有力的法治保障。纵观权利入法实践，抵扣权融入法治体系主要有立法创设、司法推定和行政默认三种路径，分别对

应不同的入法原则和入法节奏，带来的权利确认力度、保障方式迥异（见表1）。抵扣权究竟选择何种模式，还需总结、提炼不同的影响因素加以综合判断。

表1　抵扣权法律确认的不同模式比较

	立法创设	司法推定	行政默认
主体	立法者	法官	税务机关
新兴权利认可度	最强	强	弱
公示力	最强	强	弱
强制力	最强	强	弱
灵活性	弱	强	最强
保障性	最强	强	弱
难易程度	难	中	弱

（一）权利法律确认的可选模式

权利通过立法创设进入法治体系是一种最为常见也是最多人主张的入法方式，是将“某某权”的文字表述明确写入法律条文之中的权利创设活动。例如，学界对健康权〔1〕、社会保险权〔2〕的立法呼吁。权利的立法确立体现了立法中心主义，突出法律制定者通过法律这一具有国家强制力的社会规范对社会公共生活的干预和规制，展现国家意志的理性建构主义和安排公共生活意愿的计划主义。正因如此，此种方式具有最强的社会公示力和强制力。当然，在立法内部，根据立法主体和法律层级的不同分为全国人大及其常委会制定的法律、国务院制定的

〔1〕参见李广德：“健康作为权利的法理展开”，载《法制与社会发展》2019年第3期。

〔2〕参见史博学：“‘社会保险权’在我国立法中的确立与完善”，载《法学论坛》2019年第4期。

行政法规、地方性法规、规章等形式，它们的社会公示力和强制力亦各有不同。通过立法活动进行权利创设面临的阻碍与它的优点一样明显，立法机制的保守性、立法能力的有限性和法律规范的抽象性与新兴权利的新颖性、无限性和复合性存在直接矛盾，频繁地立法也会降低法律的确定性和可预期性。

立法创设的短板决定了它总是滞后于快速变化的社会发展，新兴权利不断挑战并冲击着现有的法律体系。由此司法机关不得不面对立法有限与权利诉求扩张之间的冲突关系并居中调停，权利入法的司法方式就具有了必然性，并且具有极强的现实意义。〔1〕司法不仅是我们通常理解的权威的纠纷解决机制，还是个案正义的再分配机制和利益个别调整机制〔2〕，具有机制灵活性、系统开放性和关注个案性等优点。〔3〕当然，司法推定的不足与它的优点是一体两面的，其渐进性使得法律确认的功效较具隐性，难以立竿见影，同时需要较高水平的司法能力和司法公正性。通过司法方式实现权利入法包括两种不同的方式：其一，既有法律之外的司法续造，即法官在司法判决书中以“某某权”的形式列出一项既有法律条文中没有出现的权利。例如，“厦门市振鑫盛五金制品有限公司、陈某高度危险活动损害责任纠纷”［（2019）闽02民终568号］二审民事判决书中创设的健康权：“本院认为，公民的健康权依法受到法律的保护。”其二，既有法律范围内的类推，即法律内的司法续造，法官在司法判决中将新兴权利解释进现有法律体系已经明确规定的权利类型

---

〔1〕 参见王方玉：“新兴权利司法推定：表现、困境与限度——基于司法实践的考察”，载《法律科学（西北政法大学学报）》2019年第2期。

〔2〕 参见张昌辉：“新兴权利确认：司法路径的正当性阐释”，载《宁夏社会科学》2017年第2期。

〔3〕 参见张新语：“论我国新型权利确立的司法路径”，山东大学2019年硕士学位论文。

之中，而不是以直接创设的方式。我国隐私权即是通过这种方式逐渐确立的。[1]应当注意，权利借助司法入法并非意味着司法权可以随意创设权利，无论是法律之外还是法律之内的续造，都是一种“有法律依据”的司法推定，但又不局限并超越法律的字面规定。

行政默认在形式上不能算作一种严格意义上的权利入法的方式，因为无论是立法入法还是司法入法都是以形式上明示的方式，通过对外产生效力的文字表述实现权利的公权确认。行政默认是执法机关在没有法律明确依据的情况下通过执法的变通等默认方式给予新兴权利以倾斜性保护或宽容支持[2]，它实际上使得权利主张者在一定程度上实质地享有该权利，在客观上具有一定的公信力和强制力，因此也被视为权利入法的一种。这种权利入法方式欠缺法治正统性，也被视为“逆法而行”。[3]然而，在当前管理治税模式下，这种税权的确认方式或许见效更快、更直接。

（二）模式选择的影响因素

权利不是凭空创设的空洞概念，权利由法律之外走进法律之内的完成，必须基于某种情势条件或需求。[4]抵扣权究竟采

---

〔1〕 我国1987年实施的《中华人民共和国民法通则》最初没有确立隐私权，法条文本中对“隐私”只字未提，但在最高人民法院1988年作出《关于贯彻执行〈中华人民共和国民法通则〉若干问题的意见（试行）》第140条以类推的方式提及了“隐私”，但是并未使用“隐私权”。到了1993年最高人民法院发布的《关于审理名誉权案件若干问题的解答》中第7个问题对隐私保护问题作出了解释，将隐私保护类推为名誉权。

〔2〕 参见王庆延：“新兴权利渐进入法的路径探析”，载《法商研究》2018年第1期。

〔3〕 参见王庆延：“新兴权利渐进入法的路径探析”，载《法商研究》2018年第1期。

〔4〕 参见杨春福：《权利法哲学研究导论》，南京大学出版社2000年版，第86页。

取何种法律确认模式，受到各种因素的影响和制约，理应结合法治的实然环境进行综合判断。

1. 权利的社会基础

看待新兴权利必须坚持内外视角的相互统一，一是法律规范的内部视角——教义学基础，二是法律规范之外的视角——社会基础。权利的法律基础，即由法律赋予特定主体以某种权利，社会基础则是由整个社会营造出来的诞生某种权利的外在条件，如政治倾向、经济需要、公众舆论、学者呼吁等。权利往往先具备一定的社会基础，当社会基础积攒到相当程度，它所形成的外在力量推动权利进入法律，内在的法律基础就顺理成章地形成了。[1]权利的社会基础是极为宽泛的概念，需要以权利主体为轴心，从其与其他关联主体的关系中着眼，考量关联主体对于个体意志自由及其表达的认可度。这种关系体系从最一般的意义上可解读为整体关系、群己关系与身心关系三个维度。[2]

整体关系展现抵扣权与社会主义市场经济的关系，因为马克思主义唯物论认为社会关系归根结底是社会生产关系[3]，如果权利助力社会经济发展，那么它就会在整体关系中取得普遍认可。进一步激发市场活力、在税制改革中贯彻普惠性和结构性减税降费，是应对经济下行的重要支撑，也是改革的重要取向。[4]在全面营改增背景下，纳税人真正享有并行使抵扣权是确保增

---

〔1〕 参见谢晖："论新型权利的基础理念"，载《法学论坛》2019 年第 3 期。

〔2〕 参见谢晖：《价值重建与规范选择——中国法制现代化沉思》，山东人民出版社 1998 年版，第 14—30 页。

〔3〕 参见中共中央马克思恩格斯列宁斯大林著作编译局编：《马克思恩格斯选集》（第 2 卷），人民出版社 2012 年版，第 82—83 页。

〔4〕 参见李锋："李克强：实施好普惠性和结构性减税降费"，载 https://finance.sina.com.cn/roll/2019-01-17/doc-ihqhqcis6839390.shtml，最后访问日期：2019 年 1 月 17 日。

值税税制通畅运作的根本保障，打通增值税抵扣链条，消除原有营业税、增值税“分家”导致的重复征税，真正实现企业实际增值税负为零的税制初衷，是顺应经济下行时期减税降费的大势所趋。群己关系展现社会其他主体对纳税人抵扣权的认可度，身心关系展示纳税人对自身所拥有的权利的自我认同感。对于前者，获得其他多数社会主体的支持和配合是抵扣权完成法律确认以及权利得以顺利行使的外在客观要件。对于后者，纳税人意识到理应享有抵扣权并积极表达这种自由意志，是抵扣权入法实质功效发挥的内在主观要件。这两点不难验证。一个不甚周延却极具说服力的论据是，没有一方主体包括税务机关、社会人士和纳税人站出来提出企业不应当享有抵扣权的论断，也极少出现坚决反对将抵扣权上升为法定权利并予以落实的论调。

2. 权利需求的紧迫性

权利款项的紧迫性是验证其进入法律权利款项清单资格的重要因素。如果法律权利条款致力于消除某种弱者群体的脆弱性，救济性、防卫性和负面主张性的权利在创制和确认上就具有首要的紧迫性。〔1〕抵扣机制是增值税的核心机制，尽可能保持全环节抵扣链条的通畅度方才契合税制机理。纵因消除累退性、征管便利等特殊政策考量，偶有限制纳税人抵扣权的情况，亦应将损害降到最低。然而，我国当前的税法对抵扣链条的保护还有不足之处：首先，最早基于特定的历史因素将营业税与增值税进行分离，到了2016年全面营改增修复了税种拆分导致的链条断裂问题，但同时也暴露出我国限制纳税人抵扣的法制传统；其次，实体法上存在大量切断抵扣链条的规则，如繁杂

〔1〕参见张曦：“‘权利泛化’与权利辩护”，载《华东政法大学学报》2016年第3期。

的免税政策、小规模纳税人制度等；最后，程序法上坚持严格的形式课税原则，纳税人须履行繁重的协力义务和开具符合税法规定的发票，存在瑕疵的发票不允许抵扣。以留抵税问题为例，在留抵退税制度中纳税人的抵扣权已经成立，但国家基于特定原因不允许纳税人立即抵扣，而是将多余的进项税额结转至以后继续抵扣。据研究人员测算，我国每年增值税留抵税额约占当年增值税税收收入的25%。[1]留抵退税制度限制了纳税人的抵扣权，占用了纳税人“时间价值”方面的成本金钱[2]，压缩了企业资金流，甚至出现了无限结转的情况。[3]留抵制度对纳税人抵扣权的限制只是冰山一角，而纳税人作为征纳关系中的弱势一方，始终无力扭转此种非正义局面，足见纳税人对抵扣权需求的紧迫性。

3. 法治环境与立法时机

人们对权利入法的功能期待在于权利保障和权力限制，至于这种功能实际发挥多少功效，还需仰赖权利运行的法治环境。在理想法治环境下，公民权利获得充分保障，权力亦在法治框架下运行，权利究竟是作为一种利益还是权利、权利的存在形态为何并不十分重要。但在法治并不完备的社会，权利入法路径须根据具体情境加以斟酌，并直接影响法律功能的发挥。举例而言，权利的法律创设方式在成文法国家所带来的法律功效多强于判例法国家。在以行政权为主导的环境下，采用行政执

---

〔1〕 参见刘怡、耿纯：“增值税留抵规模、分布及成本估算”，载《税务研究》2018年第3期。

〔2〕 参见李旭红：“留抵退税如何实现减税”，载《第一财经日报》2019年5月21日，第A11版。

〔3〕 在企业实际运营中，产业结构和行业特点导致诸多企业在绝大多数纳税期限内都会产生进项税额大于销项税额的情形，此时企业的留抵税额会无限向后结转。

法的入法方式明显不合时宜，而应考虑立法方式或司法方式。在立法能力较为欠缺的国家，司法方式或行政方式完成权利的法律确认或许更为便捷、有效。

立法乃一项长久且繁重的国家事件，一部新法律的出台或修订通常需要长时间的论证和博弈，同样，一旦它得以成功出台或修订，短时间内难以再次变动。权利入法可谓“时不我待”，立法时机的把握尤为重要，若一部法律刚刚出台或者修订，即便短时间内表现出极强的权利需求，通过法律创设完成权利入法也难以实现，转而只能借助其他方式。相反，若权利的社会基础和需求能与立法时机相吻合，权利通过立法创设进行法律确认自然顺理成章。广义的立法时机通常有三方面考虑因素，即立法需求的急切性、立法条件的满足性以及何种程度满足立法条件。〔1〕前两项前文已有讨论，第三项是一种狭义的立法时机，或者说立法契机。我国处于社会主义法治全面建设时期，通常以国家政策作为主导释放立法信号。立法本身乃属政治事件范畴，从这一角度考量，兼顾这个特殊的全面法治建设时期，能否抓住立法契机成为权利入法的关键因素，其他因素让位为次要因素。例如，正是紧抓 2015 年我国《立法法》的修正，税收法定原则才得以立法确立，至于税收法定的需求急迫性、立法条件等其他因素都变成了极易论证的技术事项。

四、抵扣权法律确认的中国路径

权利入法的模式选择归根结底是入法的时机问题，是权利诉求的社会基础、权利需求的紧迫性和法治环境与立法契机多

〔1〕 参见黎建飞:“社会保险立法的时机、模式与难点”，载《中国法学》2009 年第 6 期。

因素主客观的综合反映。[1]作为一种新兴权利，抵扣权在选择入法的基本方式和节奏上，应当立足中国法情和税情的综合考量，兼顾抵扣权的权利特质。

（一）最优入法模式：立法创设

立法创设是借助立法者的立法强势地位直接将抵扣权纳入增值税法条文之中，迅速完成由应然权利到实然权利的转换，因此被称为激进式入法模式。所谓“激进”，是形容权利入法的速度之快和效果的立竿见影，本身并无任何褒贬之义。综合考量影响权利入法的各个因素，抵扣权采用激进式模式不仅必要，而且可行。首先，权利的社会基础是权利入法的基础条件，抵扣权契合经济发展需要的“整体关系”、有利于征管推进的“群己关系”、自我利益保护的“身心关系”，积攒了充足的外在力量推动抵扣权立法，抵扣权已获得社会广泛主体的认可，具有相当的社会基础。其次，权利需求的紧迫度是权利入法的内在动因，增值税本身的税制设计不足和行政权越位过度侵害纳税人抵扣利益，纳税人迫切需要有效的权益保护武器和机制。最后，法治环境与立法时机是权利入法的外部条件，学界普遍对新兴权利法律确认的外部条件不甚重视，因为诸多如基因权、胚胎相关权利等新兴权利是否能称为权利等前置性问题尚未解决，而外部条件只是看作技术层面的问题。抵扣权虽被纳入新兴权利序列，但它的新颖性不在于所需保护利益的新颖性或人们对权利期待的新颖性，而在于迟迟没有被纳入法定权利的新颖性。对于基础条件和内在需求均已成熟的新兴权利，外部条件反而成为影响入法模式选择的首要因素。一方面，当前增值

〔1〕 参见吴鹏飞：“中国儿童福利立法：时机、模式与难点”，载《政治与法律》2018 年第 12 期。

税法行政权越位和税务司法裁判的非中立[1]，致使税收法治环境不甚理想，亟需借助立法权的强势改变此种困局。另一方面，增值税立法于 2019 年开启，为抵扣权立法创设创造了绝佳契机，又因其他事件致使新法通过时间延后，为抵扣权法律条款的体系设计预留了充足时间。

概括而言，抵扣权以立法创设方式入法可谓天时地利人和，乃抵扣权入法的最优模式，接下来需要考虑的是如何选择法律载体问题。抵扣权被写入不同的法条所带来的入法效应迥异，立法难度也有霄壤之别，必须予以综合评估。

毋庸置疑，抵扣权被写入由全国人大及其常委会制定的法律条文之中，对权利本身的认可程度，带来的公示力、强制力、保障性都是最强的，相应的立法难度也是最高的。2019 年《增值税法征求意见稿》并未出现“抵扣权”的表述，仅以 7 处“抵扣”出现，但也为抵扣权写入法律条文提供了最佳契机，这也正是财政部和国家税务总局就增值税立法征求意见的意义之所在。抵扣权建立在增值税抵扣机制之上，是增值税法中特有的制度性权利，抵扣权入法不是简单的“抵扣权”表述进入法律条文之中，更需配套相应的制度保障。为此，抵扣权入法应当采用“一般条款+单章列举”的立法模式。详言之，本书建议修改《增值税法征求意见稿》，在总则中纳入抵扣权的一般条款，明确抵扣权是增值税纳税义务人理应享有的法律权利，同时，效仿《欧盟 2006 年指令》中的建构模式，在分则中设立“抵扣权”专章，并纳入“抵扣权的产生和范围”“抵扣权的行使规则”“抵扣权的限制”“抵扣权的保障和救济”等类似条款。

---

〔1〕 税收涉及国家财政和地方财政，实践中司法机关难以做到绝对公正，极易受到外力影响作出有利于国库主义的判决。这一点在我国税务司法实践较为常见。

以“一般条款+单章列举”的模式将抵扣权纳入增值税法之中，无论从可行性还是从必要性来看都属上策，但有一点隐忧的是，增值税税制尚有诸多弊病，立法能力的有限性和立法任务的紧迫性致使增值税立法不一定会完全按照上述立法建议推行。考虑到此种情况，抵扣权入法可能会下移到法律之下的行政法规、部门规章之中，“将新兴权利纳入行政法的保护范围之内，确保行政立法能够为行政执法、行政救济提供指导”〔1〕。国家税务总局为了回应社会各界对纳税人权利保护的呼吁在2009年发布了《国家税务总局关于纳税人权利与义务的公告》，以规范性文件的形式明确了纳税人在税收征管过程中的权利和义务。此种立法先例为抵扣权的纳入留下了制度空间。诚然，将抵扣权纳入规范性文件的方式在立法效果上弱于法律，但它也有独到的实践价值。从隶属关系来看，国家税务总局作为各级税务机关的直接上级机关，以规范性文件的形式进行的行政立法方式对各级税务机关更具直接的行政拘束力。

（二）次优入法模式：司法推定

司法推定入法模式是一种以司法主导的入法模式，以相对缓慢、平和的方式推动抵扣权进入法治体系，因此被称为渐进式入法模式。本书将其列为次优入法模式，除了前文对立法创设模式的各因素考量，还有对司法推定模式的担忧。一方面，权利遵循“形成—确认—行使—救济”的运行逻辑，同样，权利的立法保障、行政保障和司法保障通常具有先后逻辑关系。抵扣权从自然权利转换成法定权利，立法带来的宣示作用和强制力迫使作为相对人的税务机关给予相应的行政保障，当抵扣

〔1〕王保民、祁琦媛：“新兴权利的行政立法保护”，载《北京行政学院学报》2018年第2期。

权受到侵害时，司法保障方能启动。换言之，司法保障作为权利被侵害之后的最后救济手段，相比于“司法—行政—立法”的倒置入法途径，“立法—行政—司法”的顺序入法更优，纳税人迫切需要抵扣权确认的立法保障和抵扣权行使中的行政保障。另一方面，抵扣权渐进式入法要比预想中的艰难。司法推定入法在处理平等民事主体之间的权利义务纠纷时或许更具有优势，因为司法机关可以处于完全中立的位置而不受权利义务双方的影响，但处理纳税人与税务机关之间的权利义务纠纷就完全不同了。诚然，司法机关在处理任何纠纷时均应保持中立，但在司法机关与税务机关同为国家机关的情况下，出于保护国库利益的政治压力往往很难在裁判中完全保持中立。

抵扣权渐进式入法需要经历三个步骤：第一步，纳税人启动司法个案救济。纳税人就“抵扣权”受到侵害通过诉讼的方式向法院寻求救济，法院就个案本身作出司法回应。抵扣权关涉纳税人的财产利益，当然具备“诉的利益”，抵扣权相关诉讼只要满足形式要件就可进入司法救济程序。除诉讼门槛低之外，纳税人启动司法个案救济还具有回应速度快、回应灵活、试错成本低廉等优势。进入司法程序后，法官会根据个案情况作出自己的判断，并在法律判决书中出现“抵扣权”字样，从司法层面推定抵扣权是纳税人享有的合法权利。例如，“烟台国润铜业有限公司诉中国兵工物资华东有限公司买卖合同纠纷”案［（2016）沪 01 民初 773 号］一审民事判决书中提及：“国润公司要行使抵扣权必须得到兵工公司同意”；“武汉投创电子科技有限公司与深圳市信合达数码有限公司等买卖合同纠纷”案［（2016）粤 03 民终 9022 号］二审民事判决书中论及：“尤为关键的是，如果买受人一旦据此向税务机关进行了‘进项税’的抵扣，则其本身就对双方买卖关系赋予了一种‘自认’价值。

否则，买受人何以享有抵扣权?”当然，第一步司法个案救济中对抵扣权的司法推定并不具有普适性，但司法具有能动性，当此类案件逐渐增多，纳税人需要司法机关对抵扣权予以救济但司法机关又缺乏明确的法律依据时，抵扣权通过司法推定入法就不是一个只能面对案件当事人的“个人案件”，蔚然成为全社会的“公共案件”。此时进入第二步司法解释的规范化续造，即最高人民法院以抽象解释的形式将抵扣权推定为一种法定权利。抵扣权的司法解释的规范化续造主要包含两种形式，一种是“法律外—法律内”的司法创设续造，即通过司法解释创设抵扣权，第二种是法律内的司法续造，将抵扣权解释为纳税人依法享有的财产权。

司法解释的规范化续造具有“承上”作用，在总结、归纳和提炼足够数量的司法个案救济案件后，将抵扣权由单纯的个案救济上升为具有普适意义的规范层面。同时它还具有“启下”作用。当抵扣权已经借助司法推定的形式在实质上（法律内的司法续造）或实质和形式上（司法创设续造）已经成为纳税人可以获得救济的权利时，司法推定入法就过渡到了第三步的法律创设阶段，经过立法程序正式进入税法条文中，获得全方位的立法保障。

（三）行政默认模式之排除

税收乃公法之债，抵扣权也是一种税收“逆向”的公法之债。这也就决定了增值税抵扣权的权利义务关系中，权利主体与义务主体之间呈现出不平等的法律地位，这既与健康权、被遗忘权、信用权等平等主体之间的新兴民事权利迥异，又与行政参与权、环境权等无法准确定位义务主体的新兴公法权利不同。这种不平等，一方面体现在国家相对于公民纳税人的先天优越性，另一方面体现在税务机关相对于纳税义务人之间的征管优势。在税收天平之上，纳税人追求的私人财产与税务机关职责指向的国家财政位居两端，一方增加，另一方必然减少。建立在增值税抵扣机制之上的抵扣权虽然为税法运行所需要，但也客观导致了财政收入的降低。实践中，无论如何强调税收法定和依法行政，完成每年的税收征管任务是每个税务机关都要面临的工作压力，致使过头税、寅吃卯粮的现象至今依然存在。[1]对于税务机关而言，一面是自己的征管优势，另一面是征税的本职工作和税收任务压力，何谈在执法发生争议时给予新兴权利以倾斜性的保护或宽容支持？以行政默认方式完成抵扣权的法律确定，无疑是寄希望于行政权的自我约束，这在当前管理治税模式之下收效甚微。

五、抵扣权立法条款的体系构造

我国《增值税暂行条例》经历 2008 年、2016 年和 2017 年三次修订，逐步形成了自成体系的抵扣规则。2019 年发布的《增值税法征求意见稿》在参照当前抵扣规则体系的基础之上做出了一定突破，对原有抵扣规则进行了梳理、整合和调适。此次增值税立法是抵扣权完成法律创设的绝佳时机，所谓的抵扣权法定不是简单地在增值税法中添加“抵扣权”“抵扣的权利”之类的文字表述，而是兼顾抵扣规则法律条文的体系自洽，不仅要考虑当前增值税抵扣规则各条文的法律表达，还要重视和预见《增值税法征求意见稿》所要传达的改革趋势。

（一）抵扣规则的法律表达范式拨梳

无论是历年的《增值税暂行条例》，还是《增值税法征求意见稿》都多次出现了“抵扣”，各包含“抵扣”的法律条款组

---

〔1〕 参见褚睿刚：“税收任务溯源：形成、异化与展望”，载《太原理工大学学报（社会科学版）》2016 年第 5 期。

成了抵扣机制运行的法律规则。厘清法律条文中的“抵扣”与抵扣权之间的关系，是抵扣权法律条文体系设计的重要前提。

1993 年发布的《增值税暂行条例》共出现了 9 次“抵扣”，涉及 6 个法律条款，其后虽然经历了 3 次修订，条款内容有所调整，但抵扣规则整体保持不变，3 次修订都保持了 8 次“抵扣”的出现频次和 5 个条款的覆盖面积，分别描述了不同的抵扣场景，表征抵扣权运行的不同侧面（见表 2）。以 2017 年《增值税暂行条例》为例，首次“抵扣”出现在第 4 条第 1 款，用以描述应税行为应当缴纳的税额的计算方法。与抵扣权的概念进行对比可以发现，应纳税额的计算方法实际上是抵扣权在税制技术层面上的另类表述。2017 年《增值税暂行条例》采用技术化的表达方式而未采用“抵扣权”这种更具法律性的法言法语，主要原因正是抵扣规则的法律性式微，逐渐沦为只是用于计算应纳税额的技术工具。鉴于该条款于抵扣权是在描述“抵扣”一体两面的关系，我们将其概括为抵扣权的基础规则。需要注意的是，增值税是一种期间税，抵扣权存在两种不同的表述方式。若以“个别购进行为”为对象，该行为产生了个别进项税额之返还请求权，即个别抵扣权；若以一个纳税申报期限内所有购进行为对象，该期间内产生了全部进项税额之返还请求权，即期间抵扣权。2017 年《增值税暂行条例》采用了期间抵扣权的计算方式，申报纳税期间内当期全部销项税额抵扣当期全部进项税额。当然，实践中因为抵扣凭证的存在，个别抵扣权可以从期间抵扣权中剥离出来，单独讨论权利成立和行使的问题。

表 2　增值税法中“抵扣”的法律表达

规则体系	2017 年《增值税暂行条例》	2019 年《增值税法征求意见稿》
一般抵扣规则	第 4 条第 1 款：“除本条例第十一条规定外，纳税人销售货物、劳务、服务、无形资产、不动产（以下统称应税销售行为），应纳税额为当期销项税额抵扣当期进项税额后的余额。应纳税额计算公式： 应纳税额=当期销项税额-当期进项税额” 第 8 条第 2 款、3 款，“下列进项税额准予从销项税额中抵扣：……准予抵扣的项目和扣除率的调整，由国务院决定。”	第 3 条第 1 款：“一般计税方法按照销项税额抵扣进项税额后的余额计算应纳税额。” 第 21 条第 1 款：“一般计税方法的应纳税额，是指当期销项税额抵扣当期进项税额后的余额。应纳税额计算公式： 应纳税额=当期销项税额-当期进项税额”
主体限制规则	第 11 条：“小规模纳税人发生应税销售行为，实行按照销售额和征收率计算应纳税额的简易办法，并不得抵扣进项税额。应纳税额计算公式： 应纳税额=销售额×征收率 小规模纳税人的标准由国务院财政、税务主管部门规定。”	第 3 条第 2 款：“简易计税方法按照应税交易销售额（以下称销售额）和征收率计算应纳税额，不得抵扣进项税额。” 第 23 条：“简易计税方法的应纳税额，是指按照当期销售额和征收率计算的增值税额，不得抵扣进项税额。应纳税额计算公式： 应纳税额=当期销售额×征收率”
客体限制规则	第 10 条：“下列项目的进项税额不得从销项税额中抵扣：（一）用于简易计税方法计税项目、免征增值税项目、集体福利或者个人消费的购进货物、劳务、服务、无形资产和	第 22 条：“下列进项税额不得从销项税额中抵扣：（一）用于简易计税方法计税项目、免征增值税项目、集体福利或者个人消费的购进货物、服务、无形资产、不动产和

续表

规则体系	2017 年《增值税暂行条例》	2019 年《增值税法征求意见稿》
	不动产；（二）非正常损失的购进货物，以及相关的劳务和交通运输服务；（三）非正常损失的在产品、产成品所耗用的购进货物（不包括固定资产）、劳务和交通运输服务；（四）国务院规定的其他项目。”	金融商品对应的进项税额，其中涉及的固定资产、无形资产和不动产，仅指专用于上述项目的固定资产、无形资产和不动产；（二）非正常损失项目对应的进项税额；（三）购进并直接用于消费的餐饮服务、居民日常服务和娱乐服务对应的进项税额；（四）购进贷款服务对应的进项税额；（五）国务院规定的其他进项税额。”
形式限制规则	第 9 条：“纳税人购进货物、劳务、服务、无形资产、不动产，取得的增值税扣税凭证不符合法律、行政法规或者国务院税务主管部门有关规定的，其进项税额不得从销项税额中抵扣。”	第 21 条第 3 款：“进项税额应当凭合法有效凭证抵扣。”
抵扣留抵规则	第 4 条第 2 款：“当期销项税额小于当期进项税额不足抵扣时，其不足部分可以结转下期继续抵扣。”	第 21 条第 2 款：“当期进项税额大于当期销项税额的，差额部分可以结转下期继续抵扣；或者予以退还，具体办法由国务院财政、税务主管部门制定。”

在理想的增值税税制下，增值税法中的所有纳税人均应享有完整的抵扣权，但纵览立法实践，不同国家基于不同的政策缘由，会就不同的纳税人身份不同程度地限制抵扣权，中国也不例外。从实体法与程序法角度来看，抵扣权限制分为实体性

限制和程序性限制。抵扣权的实体性限制主要分为三种情况：其一，2017 年《增值税暂行条例》第 10 条从税收客体角度限制抵扣权的成立，即本条所规定的四种应税行为虽然预缴了进项税额，但抵扣权并未成立，不得要求从销项税额中抵扣相应部分的进项税额；其二，2017 年《增值税暂行条例》第 11 条从税收主体角度限制抵扣权的成立，即小规模纳税人与一般纳税人不同，采用简易计税方法，不享有抵扣权；其三，2017 年《增值税暂行条例》第 4 条第 2 款与前两种情况不同，并不限制抵扣权的成立，相反，国家承认纳税人享有抵扣权，只是限制抵扣权的行使，即当进项税额大于销项税额时实施的留抵。抵扣权的程序性限制主要是依赖于增值税扣税凭证实现的，即 2017 年《增值税暂行条例》第 8 条第 2 款和第 9 条规定，不符合法定形式要求的增值税扣税凭证所记载的进项税额不得抵扣。

比较上述抵扣权限制的法律表达可以发现，2017 年《增值税暂行条例》实际上已经开始将抵扣权的成立和抵扣权的行使进行分离。当出现进项税额大于销项税额的情况时，如果抵扣权的成立和行使没有分离，应在允许抵扣的同时退还多余的进项税额，但我国采用留抵退税制度，即承认纳税人的抵扣权已经成立，并允许纳税人行使与销项税额等额的那部分抵扣权，多余部分进项税额向后结转，对应的抵扣权延后行使。除留抵规则之外，2017 年《增值税暂行条例》在多数情况下没有区分抵扣权的成立和行使，至少在法律条文的表述方式上是无法进行区分的，无论是主体限制规则、客体限制规则还是形式限制规则，均采用不得抵扣的表述方式，如“不得抵扣进项税额”“不得从销项税额中抵扣”等。

相较之下，2019 年《增值税法征求意见稿》突破 2017 年《增值税暂行条例》划定了近 30 年的增值税法框架，在立法体例、制度构建和条文表述上都作出了极大调整。2019 年《增值税法征求意见稿》中仅出现 7 次“抵扣”，涉及 4 个法律条款，表面上仅比 2017 年《增值税暂行条例》的频次和范围各少了 1 次和 1 个，实际上抵扣规则体系内部已经发生了巨大变化。首先，在立法体例上，2019 年《增值税法征求意见稿》一改 2017 年《增值税暂行条例》各条款“一锅粥”不区分总分则和章节的做法，将 47 个条款分别区分为总则、纳税人和扣缴义务人、应税交易、税率和征收率、应纳税额、税收优惠、纳税时间和纳税地点、征收管理、附则九章，关于抵扣的 4 个条款仅出现在总则和应纳税额两章之中。2019 年《增值税法征求意见稿》依然采用技术化的表达方式明确应纳税额的计算方法，并将其区分为一般计税方法和简易计税方法，但这种技术化的表达方式又与 2017 年《增值税暂行条例》中的存在明显不同。详言之，2017 年《增值税暂行条例》仅用了两个条款来说明应纳税额的计算方法，即第 4 条一般纳税人适用一般计税方法和第 11 条小规模纳税人适用简易计税方法，并列出了计算公式。两个条款的目的也仅是向纳税人说明应纳税额的计算方法，并无其他意图，因此，它们是一种技术性工具。2019 年《增值税法征求意见稿》除了在分则第五章应纳税额第 21 条和第 23 条继承了前述两个条款的技术表达内容和方式，还在总则中添加了第 3 条，用以描述一般计税方法和简易计税方法本身而不是计算方法。

抵扣规则具有法律性和技术性的双重属性，首先，规则本身是一种法律规范，它是用于描述抵扣运行中各主体之间的权利义务关系；其次，规则还是一种技术工具，通过文字表述向纳税人和税务机关传达增值税应纳税额的计算方法。2019 年《增值税法征求意见稿》已经有意识地区分抵扣规则的法律性和技术性，即抵扣规则本身和“抵扣”所表征的计算方式，总则中的第 3 条和分则中的第 21 条、23 条分别属于抵扣规则本身（法律性规则）和计税方式（技术性工具）。前者中的“抵扣”描述的是纳税人和税务机关之间的权利义务关系，即纳税人采用一般计税方法的，享有抵扣进项税额的权利，税务机关负有返还进项税额的义务，纳税人采用简易计税方法的，不享有抵扣权，税务机关也无返还进项税额的义务；后者中的“抵扣”则是描述“应纳税额=销项税额-进项税额”的计算过程，或者说是描述公式中减号的发生过程。除上述两个条款之外，抵扣规则的留抵规则和形式限制规则被融入了第 21 条中，第 22 条是客体限制规则。

（二）抵扣权条款的体系设计

概括来说，无论是 2017 年《增值税暂行条例》建立的“旧”抵扣规则，还是 2019 年《增值税法征求意见稿》推出的“新”抵扣规则，都包括一般抵扣规则、主体限制规则、客体限制规则、形式限制规则和抵扣留抵规则五个核心规则。2019 年《增值税法征求意见稿》分别将一般抵扣规则和主体限制规则一分为二，区隔为展现纳税人和税务机关权利义务关系的法律性规则和展现计算方法的技术性规则，透露出立法者强化权利义务关系的立法意图，总则中的“抵扣”“不得抵扣”可切换到权利义务的表达方式，意在描述采用一般计税办法的纳税人可以实行抵扣行为的自由，即享有抵扣权，采用简易计税方法的纳税人不能实行抵扣行为，即不享有抵扣权。分则中的“抵扣”“不得抵扣”更多是在“冰冷”地描述抵扣这一运行技术，即狭义的抵扣机制，纳税人采用不同的计税方法会适用不同的增值税计算公式。

基于上述论断，笔者认为增值税法应首先在总则中设置抵扣权一般性条款，确立抵扣权的法定地位，明确抵扣权的适用情形，例如，可以将2019年《增值税法征求意见稿》第3条改为：纳税人采用一般计税方法的享有从销项税额中抵扣进项税额的权利。纳税人采用简易计税方法的不享有抵扣进项税额的权利。分则中关于抵扣的规定统摄于总则中抵扣权一般性条款，是对一般性条款的释义和应用。2019年《增值税法征求意见稿》系统梳理了“旧”的抵扣规则并整合到分则第五章应纳税额，一定程度提升了抵扣规则内各条款之间的逻辑自洽性，例如，删除了2017年《增值税暂行条例》第8条第2款、3款关于可以抵扣进项税额的情形，因为按照第4条一般抵扣规则，第8条第2款、3款中的内容理应纳入可抵扣范围，无必要作出额外列举和说明，从而仅对不得抵扣的情形作出了列举。但是，2019年《增值税法征求意见稿》分则更多是在形式上提升抵扣规则的体系性，即汇总、调整和删减部分条款，并未深入分析、区分各条款之间的本质差异和逻辑关系，特别是在总则中引入“抵扣权”之后，分则中各条款展示一般性条款运行中的各个环节和不同面向，理应在条款布局和内容上针对上述议题作出必要回应。

在条款布局上，分则应当区分抵扣权相关的技术性规则和法律性规则。根据体系解释，总则中第3条第1款和第2款分别对应分则中第21条第1款和第23条，虽然它们在内容表述上具有相似性，都是在描述一般计税方法和简易计税方法，但总则中的两个条款重在描述能否抵扣的权利义务关系，属于抵扣权的法律性规则，分则中的两个条款意在客观描述应纳税额的计算方法和公式，属于技术性规则。而分则中的其他条款诸如第21条第2款、3款和第22条与前述技术性规则不同，是从税收客体、税收程序和留抵三方面限制抵扣权行使，影响主体之间的权利义务关系，属于法律性规则。分则第五章应纳税额整章包含第15条至第28条共14个条款，除前述条款以及第18条反避税条款之外，所有的条款均是客观描述增值税应纳税额的计算方法和公式，不涉及主体之间的权利义务关系。易言之，分则第五章属于技术性章节，设置的目的在于说明应纳税额的计算方法和公式。如此说来，客体限制规则、形式限制规则和抵扣留抵规则作为法律性规则与作为技术性章节的第五章之间显得如此格格不入，应当将其从第五章剥离出来，与总则中的抵扣权一般性条款相呼应，建议单列为“抵扣权的运行”或“抵扣”的全新一章。将抵扣相关的法律条款汇总后独立成章存在成功的立法例。《欧盟2006年指令》就将应纳税额与抵扣区分开来分别独立为两个主题，即第七题和第十题，抵扣一题分别包括抵扣权的发生和范围、比例抵扣、抵扣权的限制、抵扣权的行使规则和抵扣调整五章，详细规定抵扣权的运行。

单独设立“抵扣权的运行”一章除了法律条款布局上的考量，呼应总则中的一般性条款，更重要的意义在于向纳税人系统、明确、清晰地阐释抵扣权的运行脉络，同时为进一步完善该运行规则预留法律空间。如果仅按照2019年《增值税法征求意见稿》勾画出的抵扣规则来看，“抵扣权的运行”一章仅包括客体限制规则、形式限制规则和抵扣留抵规则3个条款，这相比于《欧盟2006年指令》“抵扣”中的5章26个条款过于薄弱，尚有诸多规则没有明确。例如，前文重点提及的抵扣权的成立和抵扣权的行使相互分离的问题。虽然《欧盟2006年指令》中明确，抵扣权于可抵扣的税收债务发生的同时即行发生，但我国的增值税法并未明确抵扣权的发生时间问题，仍需在后续立法中进行补充。再如，我国尚未引入的比例抵扣制度。所谓比例抵扣，是指当纳税人购进的商品或服务被同时用于应税交易和免税交易时，应允许纳税人抵扣用于应税交易的那部分进项税额，可抵扣的范围按照一定的比例进行计算。在面临上述情况时，比例抵扣制度的优势在于避免全部抵扣或全部不抵扣的“一刀切”，最大限度地维护税收中性，我国可在适当时机引入该规则。

第二节　抵扣规则的现实图景:运行不畅与疏通方略

一、抵扣链条断裂：追本溯因与体系反思

抵扣机制是抵扣权运行的税制通道，提升抵扣机制运行的通畅性是抵扣权立法保障的基本思路。实践中，抵扣机制的阻塞问题严重，核心原因有二：一是税制设计本身切断抵扣链条，二是不足抵扣的进项税额留抵导致抵扣不完全。抵扣链条断裂和留抵退税制度都会导致抵扣机制运行不畅，限制纳税人抵扣权，背离税制中性，两者的不同之处在于，前者是通过限制抵扣权构成要件的方式阻碍抵扣成立，纳税人不享有抵扣权，后者是纳税人虽然享有抵扣权，但是限制其抵扣权的行使。我国增值税法中尚存在大量切断抵扣链条的税制设计，如小规模纳税人与一般纳税人的区分、大量的免税项目、限制抵扣项目等，广为纳税人诟病。此类制度往往带有特定的政策目的，在推行之初有其必要性，或出于防止逃避税目的，如限制抵扣项目；或出于征管便利的需要，如小规模纳税人制度；或作为税收优惠措施，如差别税率和部分免税；或出于征管能力不足，如特定行业的免税。伴随社会经济环境变化，部分税收制度已不能适应税收法治要求，有必要作出适当调整，以疏通抵扣链条，贯彻纳税人抵扣权保障。

（一）限制抵扣的主体范围

我国依照经营规模和财务水平不同，将增值税纳税人区分

为小规模纳税人和一般纳税人，分别适用不同的征管方式。目前，只有会计核算健全、可以准确提供税务资料的一般纳税人方可成为申请抵扣的主体，小规模纳税人适用简易征收办法，按照征收率缴纳税款，虽然适用的征收率相较于同等增值税税率较低，但是该部分不可以作为进项税额从销项税额中扣除。同样，一般纳税人如果会计核算不健全或不能提供准确税务资料，在按照正常增值税税率缴纳税款的同时不得进行抵扣。会计核算健全、能够提供准确税务资料的小规模纳税人可以向税务机关申请转为一般纳税人。这种划分方式是基于征管便利的考虑，国际上不少国家实行此种纳税人划分方式。〔1〕如果纳税人的会计核算不健全、无法提供准确税务资料，将会极大降低税务机关的稽征效率。然而，我国有着特有的本土国情，自1994年该制度创设至今每年增值税新注册的纳税户数中，小规模纳税人数量高居80%—90%，一般纳税人数量仅占10%—20%。在小规模纳税人制度实行之初，不仅为税务机关带来了行政红利，而且为小规模纳税人带来诸多便利，因为当时国家对小规模纳税人的监管较为宽松，计税方式简单且短期内的税负较低。

伴随着增值税税制完善和征管机制的发展，小规模纳税人制度的弊端日益凸显。其一，小规模纳税人对经济活动产生扭曲，阻碍了抵扣机制在小规模纳税人之间以及小规模纳税人与一般纳税人之间的运行，破坏了增值税抵扣链条，造成重复征税。其二，小规模纳税人无法开具增值税专用发票带来生产和销售的双重制约。前者因小规模纳税人不得抵扣进项税额会导致生产成本增加，后者因不能开具增值税专用发票导致购买方无法抵扣购买时缴纳的进项税额，同等条件下购买方会选择与

〔1〕参见朱江涛：“建立更加公正、简明、高效的增值税制——后营改增时代完善增值税制度的构想”，载《税务研究》2017年第3期。

可开具增值税专用发票的一般纳税人进行交易，致使小规模纳税人在市场竞争中处于不平等地位。其三，违背了量能课税原则，小规模纳税人和一般纳税人在销售额相同的情况下受到了不平等的税收待遇。[1]

（二）缩小增值税抵扣范围

增值税的基本原理要求，企业只能抵扣经营消费中支付的进项税额，个人消费则不允许抵扣。然而，在纳税人的经营活动中，诸如餐饮、住宿、娱乐等招待费用，交通工具、燃料费等交通费用，此生活服务类商品和服务难以区分属于个人消费还是经营消费。我国出于防止逃避税、便于征管和保护税源等收入目的，将“不易区分进项”一刀切地等同于私人消费，明确排除交通费用、娱乐服务、餐饮服务等支出的抵扣。诚然，此类支出不易区分用途的特点极易为纳税人所滥用，但对于守法企业而言，它们也确实属于经营支出范围，不允许抵扣无疑会导致税负增加，提高经营成本。国家对于逃避税的打击和税款流失应通过税务行政监管措施予以打击和预防，不应让守法之纳税人承担由此带来的损失。[2]尤其在营改增之后，这种限制对于特定行业而言是一项极大的负担。以交通运输行业为例，燃油、维修、运输设备的购置，人力成本、过路过桥费、加油费以及保险费等项目约占据该行业总支出的30%，构成该行业企业一项巨大的成本，但上述项目被排除在增值税可抵扣范围之外。

另外，部分行业虽然由营业税过渡到增值税中，打通了整个增值税的抵扣链条，但由于部分营业税的税率低于增值税税率，这种平移导致这些行业的税负会在短期内加重，特别是在

[1] 参见闫晴：“增值税小规模纳税人身份转换的现实困境与制度创新”，载《税务与经济》2018年第1期。

[2] 参见张守文：《财税法疏议》，北京大学出版社2016年版，第213页。

增值税抵扣存在诸多限制的当下，此种问题显得更为严峻。以建筑行业为例，建筑施工企业作为典型的劳动密集型企业，劳动力成本占产品总成本的相当比例，有些甚至高达 30%—35%，但按照当前的抵扣规则，如此巨额的工资支出并不属于抵扣范围。营改增之后，建筑企业由原有 3%的营业税改征 11%的增值税，就会导致企业税负陡增，虽然行业纳税额提高的表象不能作为政策调整的依据，这种税负的增加只是企业税负总体减轻、长远利润提升的表象〔1〕，但对于此类特殊的行业，仍应考虑短期明显的税负压力给企业带来的生存危机。

(三) 存在大量的免税项目

增值税的免税意味着某一企业无需缴纳该部分销项增值税，同时不允许抵扣该商品的进项税额，因此，增值税的免税可以看作是仅征收了进项税额。增值税免税无疑将会导致增值税抵扣链条断裂，带来一定的扭曲效应。其一，增值税免税会产生层叠效应，破坏税收中性。层叠效应是指不能抵扣的进项税额会作为成本进入商品价格之中，并沿着供应链条进入下一环节，形成下一环节的成本，从而产生经济扭曲。层叠效应导致的结果是产品价格的升高和重复征税。如果免税发生在最终阶段，则不会导致抵扣链条断裂，零售商不能抵扣的部分会通过转嫁的方式转移给消费者，但是这种转嫁被隐藏在商品价格之中，因此也被称为“被隐藏的增值税”。若在中间环节实行免税，则会产生“税上加税”的恶果。〔2〕其二，增值税免税会打破国际贸易中的中性原则，产生国际贸易中的扭曲作用。因为国内免

〔1〕 参见谭伟、朱建元、谭婷元：“营改增减税效应传导失灵与建筑业增值税政策调整”，载《税务研究》2017 年第 12 期。

〔2〕 参见静岡大学税制研究チーム：《消費税の研究：検証と展望》，青木書店 1990 年版，第 146—147 页。

税产品中包含进项税额，价格要高于适用零税率的进口产品，导致企业更愿意购买进口商的产品。其三，免税条款会增加税务部门的征管成本和纳税人的遵从成本。[1]

通常认为，增值税应该尽可能广地覆盖商品和服务的流通环节，由此意味着增值税的免税范围越窄、税基越宽越有利于维护税收中性。虽然增值税免税与增值税的基本原理相悖并附带诸多弊端，但是几乎所有的经济合作与发展组织成员国家都设置不同的免税条款，主要集中在金融、不动产、教育、文化体育、医疗保险等服务以及邮政和博彩等领域。[2]总体来说，增值税免税的原因分为三种：一是出于社会公益的政策目的，如公共机构和非营利组织的公益性服务、公共律师服务；二是操作难度较大、存在征管技术障碍，如金融业、不动产等领域；三是消费性较弱，如商品券、利息。但是我国的免税范围要宽于国际通行做法，一定程度上侵蚀了增值税税基，破坏了税收中性。《增值税暂行条例》中规定的免税项目仅为 7 项，但是国家税务总局通过规范性文件的方式将免税项目扩大为 120 项，关涉民生、体现国家政策、营改增的过渡目标等。[3]诚然，免税作为一种税收优惠形式具有一定的政策意义，但从长远来看，增值税免税带来的政策效应往往弊大于利，相关企业不一定会在免税中获益反而会遭受损害。增值税免税也被称为“免税陷阱”。[4]

---

〔1〕 胡怡建、田志伟、宫映华编著：《增值税理论前沿与管理实践》，中国税务出版社 2014 年版，第 123—124 页。

〔2〕 参见管永昊、吴佳敏、贾昌峰：“OECD 国家增值税制度、特点及对我国的启示”，载《会计之友》2018 年第 1 期。

〔3〕 参见王建平：“确定增值税税基的基本思路：宽广、完整与准确”，载《税务研究》2018 年第 8 期。

〔4〕 参见李宝锋：“从税款抵扣制度看增值税免税权的运用”，载《财会月刊》2014 年第 13 期。

二、抵扣链条修补的整体方略

（一）小规模纳税人制度的优化

出于征管成本因素，不少国家在增值税法中实行纳税人分类管理制度，即依据不同的标准将纳税人分为一般纳税人和小规模纳税人并适用不同的管理方法。小规模纳税人制度的优势和弊病都是显而易见的，因为小规模纳税人通常适用简易征收办法，以牺牲抵扣链条通畅性为代价换取一定程度上征管成本的降低，造成重复征税，产生经济活动扭曲效应。我国小规模纳税人制度可概括为简易征收、不允许抵扣、适当条件可转为一般纳税人等特征。“纳税人分类管理并不是国际通行做法。现代增值税税制的典型做法是设置较高的起征点，起征点以下的生产经营主体不是增值税纳税人，不缴纳增值税，对于增值税纳税人则采用统一的征收管理办法。”〔1〕简言之，小规模纳税人制度的优化举措大抵分为两种：废除方案，即废除小规模纳税人制度并以其他方式达成其原有的政策目的；优化方案，即保留小规模纳税人制度并不断优化具体税制，弱化对税收中性的侵害。

持优化方案的学者较多，较为新颖的主张是引入欧盟增值税小企业的固定扣税制度，授予小规模纳税人向购买方按照标准税率开具增值税专用发票的资格并允许抵扣，并且为了确保购买方行使抵扣权的同时国库利益不致过度受损，有必要针对不同行业不同程度地提升征收率。〔2〕固定比例制度初见于《欧盟2006年指令》第281条，是针对小规模纳税人实行的特殊制

〔1〕 全国人大常委会预算工作委员会编：《增值税法律制度比较研究》，中国民主法制出版社2010年版，第69—70页。

〔2〕 参见翁武耀、郭志东：“论欧盟增值税小企业固定比例制度”，载《国际税收》2013年第8期。

度，欧盟允许成员国根据不同的企业情况设置不同的税率，与小规模纳税人进行交易的购买者往往不享有抵扣权。但是英国的固定比例制度更为先进，将增值税的销项税与进项税区分开来，分别计算作为销售方的小规模纳税人的增值税应纳税额和作为购买方的纳税人所能抵扣的进项税额。

详言之，小规模纳税人根据所处不同行业适用不同的增值税税率（与我国征收率并无二致），应纳税额计算公式为“营业额×固定比例税率”。小规模纳税人除上述应纳税额之外，还会按照标准课税方式向购买方代为扣缴按照正常计税方法计算的销项税额（对于购买者而言是进项税额），同时开具增值税发票。小规模纳税人缴纳的税款包括按照比例税率计算的应纳税额和按照正常课税标准代收的销项税额，购买者可持发票申请进项税额抵扣，实现征管效率和税收中性的兼容。其他的优化建议相对笼统，多集中在缩小小规模纳税人的规模、调整小规模纳税人征收率、提高小规模纳税人的起征点、放开增值税专用发票限制等方面，在此不再一一赘列。

另一种主张是提高增值税起征点并逐步废除小规模纳税人制度。小规模纳税人制度在创建之初确实可以提升征管效率，但随着市场经济发展，小规模纳税人多数已经具备了相当的会计核算能力，反而是小规模纳税人这个身份导致交易便捷度和税务机关征管效率的双重降低，因此此制度的改革方向应该是推动增值税小规模纳税人向一般纳税人的身份转换，改革中注意身份转换后的经营成本与税负，同时加强逃避税的风险预防。[1]

上述所提诸多改革方案各有自己的论证逻辑，何者能被改革者采纳还需综合考量改革趋势、操作难度、经济实际等多种

---

〔1〕 参见闫晴：“增值税小规模纳税人身份转换的现实困境与制度创新”，载《税务与经济》2018年第1期。

因素。然而，无论采用何种方案，包括税率的简并、非正常损失优化等制度的改革举措，都应整体把握放开抵扣限制和降低企业税负的宏观改革方向，前者是增值税税制运行的本质要求，后者是经济下行时期结构性减税的必要回应。2019 年《增值税法征求意见稿》已经意识到了纳税人分类管理制度的问题，在第 5 条引入了季销售额 30 万元的起征点，取消了小规模纳税人和一般纳税人的区分，体现疏通抵扣链条的立法决心，但能否取消该制度以及完善配套措施仍有待后续关注。例如，在 2019 年《增值税法征求意见稿》取消了小规模纳税人和一般纳税人的区分但并未引入“经营活动”要素的情况下，无法准确界定个人的销售是否需要缴纳增值税。

（二）引入三步分析法，缩小不得抵扣的范围

餐饮服务、居民日常服务和娱乐服务等服务项目因为难以被准确界定接受服务的对象是企业还是个人，我国将其列入不得抵扣进项税额的范围。诚然，为了应对某些过度行为带来的逃避税，各国税制中存在不允许某些进项税额抵扣的倾向，但税务机关对企业在应税活动中发生的真正业务费用理应允许合理地抵扣。〔1〕对于用途不容易区分的商品不应一味地从抵扣范围中剥离，应当着重通过制度构建和技术改进区分商品用途，若区分成本过高，则应通过税率设计弱化由此带来的对生产环节和消费环节的扭曲。〔2〕斯特林诉英国海关与消费税局案件就展现了欧洲多数国家允许部分生活服务类商品和服务抵扣的态度。〔3〕而

〔1〕 参见让·克劳德·卜夏尔、陈延忠：“中国的增值税改革：欧洲同行怎么看”，载《国际税收》2016 年第 10 期。

〔2〕 参见李文健、崔小勇：“关于最优增值税的探索”，载《中国地质大学大学报（社会科学版）》2018 年第 4 期。

〔3〕 “Stirling v. Commissioners of Customs and Excise”，［1985］VATTR 232，［1986］2 CMLR 117.

一刀切全部不允许进项税额抵扣，将会过度阻塞抵扣机制运行，侵害纳税人抵扣权。

本书认为，不得抵扣项目本身有违税收中性，侵害纳税人抵扣权，应当逐步缩小不得抵扣范围，同时，为应对某些项目不易区分能否抵扣的问题，可以引入欧洲法院创设的用于个案判断的三步分析法。[1]三步分析法，顾名思义，将判断某项支出能否抵扣分为有逻辑先后顺序的三个步骤。第一步为直接成本（direct costs）判断，即确定支出事项在多大程度上归于特定的经济活动。如果该成本与特定经济活动（无论是应税交易还是免税交易）之间存在直接且即时关联（direct and immediate link），那么该项支出就构成直接成本。如果直接成本与应税交易挂钩，则这些成本可以进行完全抵扣。如果与免税交易挂钩则不能抵扣。当某项支出无法判定是否属于特定经济活动的直接成本时，并不意味着该项支出不能被抵扣。随后将进入第二步判断，判断该项支出是否构成纳税人经济活动中已经被明确定义的那部分活动的经营费用，即直接且即时关联。如果被明确定义的那部分活动全部交易均属于应税交易，那么该项支出可以被完全抵扣。如果经过第一、二步仍然无法判定纳税人就该项支出享有抵扣权，则进入第三步判断，即一般经营成本（general costs）判断。如果该项支出与纳税人的一般经营活动具有直接且即时关联，那么该项成本即可被抵扣。当该项支出经过上述三个步骤均无法成为可抵扣的进项税额，那么该项支出就不可以被抵扣。[2]

---

〔1〕 See H. W. M. van Kesteren, "Directe en algemene kosten in de btw", *Weekblad Voor Fiscaal Recht*, Vol. 2008, 6757 (2008), pp. 318-325.

〔2〕 See Ad van Doesum and G. J. van Norden, "The Right To Deduct under EU VAT", *International VAT Monitor*, Vol. 22, 5 (2011), pp. 324-325.

三步法中的第一、二步直接成本判断的关键点在于何为“直接且即时关联”，由于抵扣权的目的在于减轻纳税人经济活动中应当缴纳的增值税负，成本作为进项如果与销项之间存在合乎逻辑的因果关系即构成“直接且即时关联”。当然，这种解释稍显抽象，且因果关系判断并不一定都能产生正确的结论。欧洲法院在米德兰银行案的判决中引入了成本分摊法而非因果联系法，支出必须构成产生销项的交易成本的一部分〔1〕，第三步一般经营成本判断中的关键点在于如何抵扣的问题。如果该支出构成一般经营活动成本，那么该项支出就直接或间接地与纳税人的整个经营活动产生关联，此时，可抵扣数额可以按照该支出与全部一般经营成本的比例进行扣除。〔2〕

（三）优化免税制度

免税对增值税制度的运行具有不可忽视的负面影响。如果对商品和服务课征零税率，虽然无法使下游购买企业获得进项税额抵扣，但它依然可以保证销售方获得相应的进项税额抵扣权，免税则完全不同，会使销售方与购买方同时丧失进项税额的抵扣权利，这严重破坏了增值税抵扣链条的完整性，阻碍了增值税税制中性作用的发挥。因此，实行现代抵扣型增值税的国家普遍将免税优惠限制在极为有限的领域，最大限度地维护抵扣链条的正常运转，保障纳税人充分享有并行使抵扣权。例如，新西兰增值税法免征增值税范围仅限于出口货物、运输相关服务、电信服务和金融服务等；澳大利亚将免征增值税范围限制在食品、医疗、教育培训、幼儿看护、慈善机构活动以及

---

〔1〕 ECJ judgment of 8 June 2000 in Commissioners of Customs and Excise v. Midland Bank plc, Case C-98/98, [2000] ECR I-4177.

〔2〕 See Ad van Doesum and G. J. van Norden, “The Right To Deduct under EU VAT”, *International VAT Monitor*, Vol. 22, 5 (2011), p. 328.

垃圾处理等领域。

为此，本书针对性提出了优化我国免税制度的几点建议，尽可能消除免税对抵扣机制的侵害。首先，系统梳理当前免税项目，顺应国际趋势，仅对操作难度较大的行业如小额利息贷款收入、金融同业往来利息收入、部分公益活动等少数活动免税，逐步取消诸如婚姻介绍服务等多种免税项目。其次，优化免税安排，鉴于免税发生在中间环节和最终环节会带来不同的政策效应，尽可能减少中间环节的免税安排，主要以面对私人消费者的最终消费环节免税。例如，多数国家一般只将能够直接进入最终消费环节、属于基本生活需要的商品和服务界定为免税交易，如食品、药品、养老托儿服务、残疾人服务等，它们的共同点就是一般直接面对个人消费者，处于零售业的终端。[1]最后，在上述两项操作之外仍存在的免税制度，竭力降低对抵扣权的限制。具体来说，免税通常被视为一种优惠，但也被称为"免税陷阱"[2]，纳税人究竟能从中获得何种、多少程度的优惠见仁见智。因此，增值税法应当赋予纳税人是否享受免税"优惠"以充分选择权，由纳税人自行评估税制选择带来的成本。我国虽然赋予了纳税人一定的免税选择权，却是一种有限选择权，纳税人如果放弃免税36个月之内将不能再申请免税。[3]诚然，有限选择权的目的在于防止纳税人利用免税选择权带来的差别税收待遇实施逃避税，频繁的优惠切换也会导致税务机关行

---

〔1〕 参见全国人大常委会预算工作委员会编：《增值税法律制度比较研究》，中国民主法制出版社2010年版，第123页。

〔2〕 参见李宝锋："从税款抵扣制度看增值税免税权的运用"，载《财会月刊》2014年第13期。

〔3〕 我国《增值税暂行条例实施细则》第36条规定："纳税人销售货物或者应税劳务适用免税规定的，可以放弃免税，依照条例的规定缴纳增值税。放弃免税后，36个月内不得再申请免税。"

政成本增加。但是享受税收优惠既然是纳税人享有的权利〔1〕，优惠权的选择和放弃的主动权更多也应掌握在纳税人一方。笔者认为，妥善处理上述冲突的方法是缩短切换免税与否的周期。当前的经济形势多变，致使纳税人不得不相应调整经营方式，纳税人是否申请免税很多情况下是因应经营需要而非逃避税。现有规定的36个月重新选择免税的期限过长，三年内纳税人的经济活动可能发生巨大变化，因此，可考虑将36个月的期限适度缩短，如12个月或18个月。另一种减轻免税对于抵扣权限制的方式是适用比例抵扣。我国可以借鉴在欧洲三步分析法之下免税适用比例抵扣规则。免税明显不适用三步分析法的前两步，但可以适用第三步一般经营成本判断。企业的一般经营活动又被称为企业自有活动，是指企业为实现企业章程规定的经营目的，实施的为第三方所熟知的习惯性、经常性的活动。〔2〕尽管有些免税支出因属于免税交易不能被抵扣，这些支出可能客观上有助于企业的整体经营，公司的整个经营活动都会因此受益，根据三步分析法的第三步仍可按照比例，进行部分抵扣。

三、留抵机制：抵扣规则优化的特殊考量

留抵退税制度的本质是，国家承认纳税人享有抵扣权，只是限制抵扣权的行使，即多余的进项税额不退，结转至以后继续抵扣。差别税率是大量留抵税额产生的主要原因。由于我国增值税存在多档税率，计税方法采用的是进项税额抵扣的间接

〔1〕《国家税务总局关于纳税人权利与义务的公告》（国税公告〔2009〕1号）明确了纳税人依法享有税收优惠权。

〔2〕参见翁武耀："论增值税抵扣权的范围"，载《北京工商大学学报（社会科学版）》2015年第3期。

计税法，计算公式为“增值税应纳税额=（销项额×销项税率）-（进项额×进项税率）”。当销项税率与进项税率相同时，该计算公式即变化为“增值税应纳税额=（销项额-进项额）×适用税率”。通常情况下，企业以营利为目的，其销项额大于进项额，相互之差即为增值额，与税率相乘即为企业需要缴纳的增值税额。但是，在多档税率的情况下，即便企业销项额大于进项额，但若是销项税率小于进项税率，可能出现“销项额×销项税率”小于“进项额×进项税率”的情况，此时的销项税额小于进项税额，企业应当缴纳的增值税税额出现负数的情况，随即产生留抵税额问题。例如，由于营改增，现代服务业中的合同能源管理事项，节能公司购进节能设备适用的进项税率为17%，提供节能服务的销项税率适用6%，税率差高达11%，极易造成巨额留抵税额。概言之，留抵税额就是企业实际缴纳的进项税额大于从下一环节收回的销项税额的部分，虽然在会计核算时应纳税额栏目中显示为零，但是实际上多缴纳了超过销项税额的那部分进项税额。[1]当然，差别税率只是产生留抵税额的其中一项原因，由于某些企业特定的生产模式，也会受到企业生产周期、生命周期和季节性因素影响。例如，电力设备生产企业、重型机械制造业、铸造制造业等因为生产周期过长，也会形成大量的增值税留抵。另外，由于企业生产效率降低或者亏损，存货积压同样会产生留抵问题。

增值税是一种维持经济中性的良性税种，税负最终应当全部转嫁给消费者。对留抵税额的处理，国际上通行的做法是采用税额退还制度，即税务机关应当在期限范围内将企业多缴纳的

[1] 参见李旭红：“增值税留抵退税符合国际发展趋势”，载《中国中小企业》2018年第10期。

超过销项税额部分的进项税额退还。例如，《日本消费税法》[1]第42条、第52条规定，税务机关应当退还当期纳税人溢缴的留抵税额，纳税人应当在当期末第二天开始的两个月内向税务署长提出退还申请，并且税务机关需要支付相应的还付加算金；英国要求税务机关在规定期限内确认并退还留抵税额，否则将承担5%的罚款；法国和马来西亚允许纳税人自行选择留抵还是退税；芬兰规定税务机关每月自动退还留抵税额。[2]我国自增值税开征以来并未实行增值税留抵税额退税制度，而是选择向下期结转继续抵扣。[3]我国"留抵不退、向后结转"做法的正当性在于，待未来产生更多的销项税额时可以相互抵销弥补。[4]在税制建构中，税制本身切断抵扣链条是出于征管能力有限、特殊的政策优惠考量和防止逃避税等正当目的，尚可满足比例原则之前置目的正当性的要求，进而进入比例原则"限制的限制"正当性考察，但留抵制度只是单纯递延纳税人行使抵扣权的时点，除国家为了获取税收"时间价值"利益的财政目的之外并无其他目的，无需进入比例原则考察直接判定缺乏正当性。留抵退税制度源于我国《增值税暂行条例》第4条，当期销项税额不足抵扣当期进项税额所产生的差额结转至后期抵扣。这种延迟退款并且不支付纳税人利息的做法对利润紧缩企业和中小型企业尤为不利。

当前，为企业减负成为宏观政策趋向，国家意识到留抵退

---

〔1〕日本的消费税分为一般消费税和特殊消费税，一般消费税即增值税，通常被称为"消费税"；特殊消费税即我国的消费税。此处我们尊重日本税法的称呼方式，将该法翻译为《日本消费税法》。

〔2〕参见薛志国："增值税留抵税额全额退税理论依据及现实意义探究"，载《当代经济》2019年第6期。

〔3〕我国《增值税暂行条例》第4条第2款："当期销项税额小于当期进项税额不足抵扣时，其不足部分可以结转下期继续抵扣。"

〔4〕参见梁发芾："留抵税额退税制度使增值税更为完善"，载《中国经营报》2019年4月1日，第E03版。

税制度的弊病，特别是对部分留抵税款巨大的行业负担极重，开始在全国范围内的部分行业推进留抵税额的退税政策（见表3）。“为助力经济高质量发展，2018年对部分行业增值税期末留抵税额予以退还”，财政部与国家税务总局联合发布《关于2018年退还部分行业增值税留抵税额有关税收政策的通知》（财税〔2018〕70号），尝试在特定的行业试行增值税期末留抵税额退还制度，迈出了构建留抵退税制度的关键一步。自2019年4月1日起，全行业试行留抵退税制度，符合规定条件的增值税一般纳税人均可申请留抵退税。〔1〕之后，2019年《国家税务总局关于办理增值税期末留抵税额退税有关事项的公告》发布，明确了纳税人办理留抵退税政策的相关程序。“至此，我国建立了期末留抵退税制度，这是完善增值税制度的重要举措，对完善增值税制度、增加企业资金流、扩大增值税改革政策受益面发挥了积极作用。”〔2〕随后，为了进一步推进制造业高质量发展，2019年8月财政部、国家税务总局制定了《关于明确部分先进制造业增值税期末留抵退税政策的公告》，放宽部分先进制造业留抵退税条件，并加大增量留抵税额退税力度。至此，我国留抵退税制度已经基本成型，退税的政策趋势和制度特征逐步显露：其一，申请退税的纳税人的有限性，即只有满足法定条件的纳税人方可申请退税；其二，申请条件的苛刻性，即绝大多数行业只有在同时满足2019年《国家税务总局关于办理增值税期末留抵税额退税有关事项的公告》设定的五项条件时方可申请退税；其三，增量退税原则，即纳税人仅可就2019年3月31日之后新增的留抵税额也就是增量留抵税额申请退税；

〔1〕《财政部、税务总局、海关总署关于深化增值税改革有关政策的公告》。

〔2〕参见《财政部关于政协十三届全国委员会第二次会议第3983号（财税金融类339号）提案》（财社函〔2019〕第17号）。

其四，实际退还税款的有限性，即纳税人就申请退还的留抵税额获得有比例退还，而非全额退还；其五，行业差异性，即放宽特殊行业申请退税的条件和扩大返还额度（见表3）。

表3　留抵退税政策文件比对

文件	主体范围	纳税人条件	计算方法	特点
《财政部、税务总局关于2018年退还部分行业增值税留抵税额有关税收政策的通知》（财税〔2018〕70号）	装备制造等先进制造业、研发等现代服务业、电网企业	纳税信用等级为A级或B级	可退还的期末留抵税额=纳税人申请退税上期的期末留抵税额×退还比例（申请上限为纳税人2017年底期末留抵税额）	2017年留抵退税
2019年《国家税务总局关于办理增值税期末留抵税额退税有关事项的公告》	全行业	①自2019年4月税款所属期起，连续6个月（按季纳税的，连续两个季度）增量留抵税额均大于零，且第6个月增量留抵税额不低于50万元；②纳税信用等级为A级或者B级；③申请退税前36个月未发生骗取留抵退税、出口退税或虚开增值税专用发票情形的；④申请退税前36个月未因偷税被税务机关处罚两次及以上的；⑤自2019年4月1日起未享受	允许退还的增量留抵税额=增量留抵税额×进项构成比例×60%	增量留抵退税

续表

文件	主体范围	纳税人条件	计算方法	特点
		即征即退、先征后返（退）政策的		
2019 年《财政部、税务总局关于明确部分先进制造业增值税期末留抵退税政策的公告》	部分先进制造业	①增量留抵税额大于零；②纳税信用等级为 A 级或者 B 级；③申请退税前 36 个月未发生骗取留抵退税、出口退税或虚开增值税专用发票情形；④申请退税前 36 个月未因偷税被税务机关处罚两次及以上；⑤自 2019 年 4 月 1 日起未享受即征即退、先征后返（退）政策	允许退还的增量留抵税额=增量留抵税额×进项构成比例	优惠留抵退税

仔细分析 2019 年《国家税务总局关于办理增值税期末留抵税额退税有关事项的公告》设定的五项条件可以发现，此次留抵退税制度具有明显的政策导向。其一，大型企业和留抵问题严重的企业方可申请退税，即只有连续 6 个月产生增量留抵税额且最后一个月增量达 50 万元的方可申请。其二，鼓励纳税人纳税遵从导向，即只有纳税信用等级达到 A 级或 B 级的方可申请。其三，防止逃避税导向，即前 36 个月未实施相关逃避税行为和虚开增值税专用专票的方可申请。其四，未因偷税被税务机关处罚两次及以上的方可申请。其五，未享受其他优惠优先，即自 2019 年 4 月 1 日起未享受即征即退、先征后返（退）政策的方可申请。诚然，我国政府能够意识到巨额留抵税款带来的经济危害，并逐步放开留抵退税口径，无疑是一大利好，但当

前留抵退税制度实际上是一种有限退税制度，无论是在退税主体上的限制还是在退税客体上的限制抑或行业间的差别待遇，都体现了明确的政策导向，在客观上有违税收公平原则。那么，上述规则设计的科学依据何在？有无正当性考量？

2019年《增值税法征求意见稿》第21条对留抵制度作出规定，留抵税额可以结转下期继续抵扣，也可予以退还，具体办法由国务院财政、税务主管部门制定。换言之，2019年《增值税法征求意见稿》仍未解决前述问题，尚有待后续政策进一步明确。不可否认，考虑到留抵税额存量巨大，兼顾政策的渐进性、税务部门的行政压力、政府间财力分配等诸多因素，留抵退税制度不可一蹴而就，也难以实现全行业的绝对公平。例如，仅增量退税体现了政策的渐进性，如果万亿留抵全部放开，无疑会对国家财政造成极大冲击。部分先进制造业实行留抵退税是考虑行业的生存压力和对退税需求的紧迫性，仅允许大型企业退税是出于税务机关行政成本的考量。增值税留抵退税政策“既关乎企业减负，同时也关乎税收的公平正义”〔1〕，具体制度设计理应综合考虑社会、经济、政策目标等多项因素，但同时应受到税法程序正义与实质正义的约束，妥当维护税制的相对公平。

我国应循序渐进推动退税改革，在适当时机放开部分限制，如允许小型企业申请留抵税额退税，因为相比于大型企业来说，小型企业利润更为微小，抗突变能力更弱，同样占比的留抵税额对小型企业而言更为重要，仅出于国家税务机关行政成本考量而牺牲纳税人利益明显不符合比例原则要求。再如，进一步扩大优惠留抵退税政策的适用范围，尽可能实现优惠力度的行

〔1〕 梁发芾：“留抵退税的条件应该再宽松一些”，载《中国经营报》2019年5月6日，第A01版。

业普惠，实现税收纵向公平。应当注意的是，留抵退税制度尚属新生事物，当前的制度构建亦不甚精细，国家应当未雨绸缪尽可能考虑到其他可能出现的制度空白。例如，留抵税额不仅存在行业特性，同时还具有极为明显的地域性，总体表现为东部地区留抵规模巨大，占全国总留抵税额的60%，中西部留抵规模相对较小〔1〕，制度构建时不应仅停留在简单的“一刀切”，而应逐渐体现地域差别性。再如，几乎所有的政策文件关注的重点都在于可申请退税的主体，并未关注被申请的主体问题。各政策文件中关于被申请的主体表述为“主管税务机关”，何者为“主管税务机关”存在争议。例如，甲公司最初在A市a税务机关缴纳增值税，则a税务机关应为“主管税务机关”，但若干年后甲公司搬迁至B市理应向b税务机关缴纳增值税，城市b税务机关为“主管税务机关”，那么甲公司申请在A市时产生的留抵税额退税时何者为“主管税务机关”？这不仅关涉退税主体问题，还关涉地方政府之间的财政分配问题。为此，国家有必要进一步出台政策文件予以明确。本书持有的观点是，应依照“谁收入、谁返还”的原则，以最初纳税地点的主管税务机关作为退税的主管机关，同时应给予退税压力较大的地方政府以必要的财政支持。

四、“以票控税”的增值税法检思

以票控税，简言之，就是利用票据的特殊功能，通过加强票据管理实现对纳税人纳税行为的监管和约束，达到提升征管效率、预防逃避税、确保财政收入的政策目的。增值税是我国“以票控税”的主战场，坚持严格的形式课税原则，也即纳税人

---

〔1〕参见刘怡、耿纯：“增值税留抵规模、分布及成本估算”，载《税务研究》2018年第3期。

只有取得了形式合格的增值税专用发票才能行使抵扣权。换言之，即便纳税人的交易是真实的，同时有其他的证据可以证明纳税人的交易是真实的，但如果丧失了适格的发票凭证，纳税人的进项税额依然不能进行抵扣。增值税专用发票的开立需要配套相应的技术设备，使用专门的增值税防伪税控系统，包括金税卡、IC 卡、读卡器等专用设备，计算机、打印机、扫描器具等通用设备以及金税系统，实现发票的领购、开具、撤销、认证纸质专用发票等一体化操作。纳税人能够用于抵扣的发票必须是经由增值税防伪税控系统开具，格式和内容正确的增值税专用发票。格式上的要求包括发票三联即发票联、抵扣联、记账联中必要的部分完整，票据所载信息字体清晰，不得出现压线、错格等问题，发票联、抵扣联上加盖发票专用章或财务专用章等。内容上要求发票所载明的项目全部填写齐全并与交易实质相符，且在增值税纳税义务发生时间开具。〔1〕

“三流一致”就是“以票控税”在增值税法中的一种典型体现。“三流一致”源于《国家税务总局关于加强增值税征收管理若干问题的通知》（国税发〔1995〕192 号），要求纳税人必须从提供商品或服务的销售方取得专用发票才可以申请进项税额抵扣，即销售商品或服务的流动、对应的资金流动、开出的票据流动应当发生在同一经济主体之间。商品或服务由销售方提供给购买方，资金由购买方支付给收款方，发票由销售方开具给收票方。销售方、收款方、开票方是同一主体，购买方、付款方、收票方也应当是同一主体。1995 年《国家税务总局关于加强增值税征收管理若干问题的通知》虽然部分失效，但在 2014 年的《国家税务总局关于纳税人对外开具增值税专用发票

〔1〕 关于增值税专用发票的使用详情参见《增值税专用发票使用规定》。

有关问题的公告》中再次确认了销售方、收款方、开票方的三方一致性。

“三流一致”的创设和实施有着特定历史时期的特定原因。1994年，国家税务总局为了保护增值税税源，推出了金税一期、二期工程，运用电子技术和数字密码实现对增值税专用发票信息的全面采集和交叉比对，也就是通说的增值税法中的“以票控税”。增值税法中的以票控税是以增值税专用发票为载体，通过对发票所载信息的采集、分析和应用实现税源监控，“以票控税、网络比对、税源监控、综合管理”。[1]为了确保发票所载信息真实性，严厉防范和打击纳税人虚开发票行为，国家税务总局推出了“三流一致”严格的形式规定，凡不符合规定的发票和凭证均不得作为抵扣凭证。诚然，在1995年《国家税务总局关于加强增值税征收管理若干问题的通知》出台之初，我国尚处于结算方式单一、物流产业萌芽的经济初级阶段，传统交易模式中交易发生在购销双方主体之间，“三流一致”尚能适应一手交钱一手交货“钱货两清”的简单交易方式。然而，伴随经济发展和新经济形式的出现，产生了电子商务、第三方物流、代销代购等新型物流方式和债权债务抵销、委托收款、银行汇票背书转让、第三方支付等不同的支付结算手段，多种交易形式搭配组合。如果按照交易实质，上述新型交易形式中的资金流、货物流和发票流难以完全一致。由此导致的问题是，即使是正常的交易行为，单纯由于三流不一致的形式问题就会导致进项税额不能抵扣，甚至有被认定为虚开增值税专用发票的风险。

“三流一致”是严格贯彻“以票控税”征管模式的产物和

---

〔1〕参见重庆市国家税务局课题组、卢自强、向垣书：“以票控税：基于信息管税的视角”，载《税务研究》2012年第4期。

具体应用，能够在一定程度上弥补税收征管基础薄弱、征管力量不足的弊端，但其制度本身存在明显的短板：过于重视交易和发票的外在形式却忽视了交易的实质逻辑，限制了纳税人抵扣权的行使；一定程度上制约了新型交易模式的发展；孳生发票虚开的副作用。〔1〕交易实质与严格的抵扣形式之间不一致，将导致诸多正常的经济行为不能进行进项税额抵扣，侵害纳税人抵扣权利，征管实践中也是争议不断。税务机关同样意识到上述问题的严重性，不断通过“打补丁”的方式出台规范性文件予以解释和应对。〔2〕“打补丁”的方式虽然可以在一定程度上缓解“三流一致”带来的交易实质与抵扣形式之间的冲突，但这种针对个案的解释仅仅是面向特定交易形式的“私人物品”，不构成面向所有交易的“公共物品”，无法应用于其他交易形式。在 2014—2018 年发生的 16 起取得非实际交易对象开具的发票但存在交易实质的案件中，无一例外地不能行使进项税额抵扣权。〔3〕

税法自诩为重视交易实质之法，“当考量经济上之实质，有时不但不以当事人在经济中使用之名义、登记之业务项目、使用之契约类型、给付名目为准，而且不顾虑课税事实本来应据

---

〔1〕 参见王章渊、蒋晶晶：“增值税‘三流一致’的形式和实质性逻辑质疑”，载《财会月刊》2019 年第 3 期。

〔2〕 例如，《财政部 国家税务总局关于增值税、营业税若干政策规定的通知》（财税字〔1994〕26 号）第 5 条明确代购代销行为同时满足特定的三个条件的，购货方可进行进项税额抵扣；《国家税务总局关于企业所属机构间移送货物征收增值税问题的通知》（国税发〔1998〕137 号）对实行统一核算的企业所属机构之间移送货物导致不符合“三流一致”但允许抵扣的情形进行了说明；《国家税务总局关于银行承兑汇票背书行为有关问题的批复》（国税函〔2002〕525 号）允许纳税人将背书银行汇票的复印件作为已付款的凭证，并以此申请进项税额抵扣等。

〔3〕 参见刘冰莹：“我国增值税进项税额抵扣制度研究——以抵扣权为核心”，厦门大学 2019 年硕士学位论文，第 25 页。

以发生之法律行为是否无效，有无违反法律强行或禁止规定或公序良俗的情形，而专以可归属于特定主体之经济活动的特征、契约或约款之实质内容论断契约所该当之类型、给付所属之科目，或专以契约实际履行的情形认定其该当之构成要件，从而决定相应之税捐法上的效力。"〔1〕当实质与形式不一致时，理应按照事实之关联，影响到税收主体资格、客体有无、税基计算等正确认定，皆有就具体情形分别检讨的必要，而不应简单地忽视个案而"一刀切"处置。纵然，增值税因其特殊性尤为看重形式课税原则，但发票仅仅只是证明纳税人已经缴纳进项税额的工具之一，倘若有其他证明方式证明交易真实存在且纳税人已经支付相应税额，且并未导致国库利益受损，"三流一致"规则就已越过比例原则限制，过分增加纳税人负担，失去规则存在之正当性基础。

如此说来，"三流一致"已经脱离了当前快速发展且多变的经济实际，"过于形式化忽视了抵扣权的实质精神"〔2〕，不仅制约经济发展，而且给纳税人和税务机关带来不小的遵从成本和行政成本，"打补丁"的补救方式也只能实现个案救济，不具有普适价值，理应逐渐废除并引入个案的实质性分析机制。个案实质性分析机制的建构核心在于是否构成"交易上根深蒂固的长久习惯"。如果"三流不一致"的形成是因某个行业或领域的特殊性导致，并且已经在行业或领域内部形成了一种交易习惯，此时便可允许突破"三流一致"的形式要求，针对取得的非直接交易相对人开具的发票，允许突破发票之外在形式承认

---

〔1〕黄茂荣：《法学方法与现代税法》，北京大学出版社 2011 年版，第 197-198 页。

〔2〕参见王宗涛："增值税抵扣权与发票制度：形式课税原则之改进"，载《税务研究》2019 年第 7 期。

交易实质，允许纳税人行使抵扣权。这种个案实质分析机制的实现需要税收立法、执法和司法的协力完成。详言之，立法层面，立法者应当通过明确立法的方式明确何谓“交易上根深蒂固的长久习惯”，并将这种判断的自由裁量权赋予税务机关。执法层面，税务机关需要根据交易的不同建立个案分析机制。司法层面，当税务机关与纳税人就是否符合“交易上根深蒂固的长久习惯”的判断以及是否允许抵扣之上发生争议时，由司法机关居中裁判，并通过指导性案例或司法解释的方法对该规则予以补充说明。

本章小结

抵扣权入法有激进式的立法创设模式和渐进式的司法推定模式两种方式。立法创设方式是在增值税法中以“抵扣权”“抵扣的权利”等表述方式将抵扣权直接纳入法律条文之中，权利的公示力、强制力和保障性最强，但需经历繁杂的立法程序，实施难度较高。此次《增值税法征求意见稿》的发布昭示着增值税税收法定正式启动，是抵扣权立法创设的最佳时机。在法律条文的体系设计上，增值税法可采用“一般条款+单章列举”的模式，在总则中纳入抵扣权的一般条款，明确抵扣权是增值税纳税义务人理应享有的法律权利，例如，将 2019 年《增值税法征求意见稿》第 3 条修改为：纳税人采用一般计税方法的，享有从销项税额中抵扣进项税额的权利。纳税人采用简易计税方法的，不享有抵扣进项税额的权利。在分则第五章应纳税额后单独设立第六章抵扣权的运行，以呼应总则中的一般条款，吸纳客体限制规则、形式限制规则和抵扣留抵规则等其他条款，并为成立时间条款、比例抵扣条款等其他条款的引入预留制度空间。若立法创设模式未能成型，抵扣权渐进式入法模式是一种退而求其次的入法方式，它是以司法主导而非立法主导的入法模式，经过司法个案救济阶段进入司法解释的规范化续造阶段，最终进入法律创设阶段，以更为缓慢、平和的“三步走”方式推动抵扣权进入法治体系。此外，抵扣权运行中尚存抵扣链条断裂、巨额留抵和严格的发票形式主义等问题，应分别针对不同的问题特质进行税制完善：引入“三步分析法”缩小不得抵扣的范围，逐渐优化免税制度和纳税人分类管理制度，修复断裂的抵扣链条；进一步放开留抵退税政策，变退税由个别行业的特惠向全行业覆盖的普惠转变；适度突破严格的发票之外在形式，重视交易的实质审查。

余　论：
认真对待抵扣权议题

法学研究的问题意识应当建立在对问题、话题和命题这三个概念的区分和把握上，依照学术规律来展现法学的实践品格。具体来说，就是将现实中的某一法律现象或法律问题纳入法学的学术语境去理解，将法律现象或问题概括上升为一个有学术意义的话题，然后就这一话题提出新的学术命题并使用学术语言加以论证、解释，从而增加知识总量和理论含量。〔1〕抵扣权作为一种新兴的纳税人权利形态，不仅是法学研究的理论增长点，而且代表了一种客观法律现象，是当前增值税法实践乱象折射出的纳税人权利诉求。增值税抵扣权应当从一个“只闻其声、不见其人”的应有权利上升为经过法律确认的法定权利，并转变为可得法律保护、能获法律救济的纳税人真实享有的权利。增值税改革从来都是具有不同专业视角和学科背景的专家学者交锋论战的激烈阵地，并非只有经济学家懂得经济测算、数据评估，也并非只有税法学家才可以提出中肯的立法建议，立法参与者各抒己见，蔚为大观。固然，在领域法学思想和交叉研究范式下，财税法学者可以借鉴其他学科研究方法关注增值税制度的具体构建和完善，但法学的本质决定了财税法学者的“守门人”角色，

〔1〕 参见尤陈俊：“科学确立法学研究的问题意识”，载《人民日报》2019 年 7 月 15 日，第 9 版。

在增值税税制上升为增值税法的过程中，以税收法定原则与量能课税原则之税法基本建制原则检视具体制度，寻求国家财政保障与纳税人权利保护之间的平衡，维护公平正义之法治至高宗旨。增值税抵扣权正是此一过程的重要工具和测度标尺。

我国于2019年正式开启了增值税法的立法进程，迈出了落实税收法定的坚实一步。良法乃善治之前提，但“不是什么法都能治国，不是什么法都能治好国；越是强调法治，越是要提高立法质量。”[1]如果增值税立法只是简单地遵从“暂行条例—法律”的税制平移，税收法定就仅具有形式意义，难有实质效用，立法质量堪忧。按照财政部公布的立法计划，增值税法是2020年力争完成的立法事项，2020年也就注定成为增值税立法者、实务工作者和关注增值税的学者最为忙碌的一年。无论是当前的增值税法体系还是已经公布的《增值税法征求意见稿》，都暴露出诸多亟待解决的税制难题。增值税立法应破除税收法定形式主义的桎梏，转而以抵扣权保障为指引，深度优化税收法律制度。

本书所要传递的一个重要思想是，抵扣权乃“增值税法之魂”，它绝不只是为抵扣机制披上一层权利的外衣，而是具有独特的价值功能、权利内容和运行轨迹。要想使即将诞生的增值税法成为良法，需要社会多方主体的共同努力。一方面，实务工作者最接近增值税法实践，能够真实观测到抵扣权的运行轨迹以及所暴露出的问题，仰赖于他们的积极发声，立法者、学者们方能更加及时、精准地发现中国增值税法运行中真正的问题点。另一方面，学者们应当认识抵扣权的法律价值，深入抵扣权的权利内在，通过抵扣权透视增值税法中各项税收法律制

[1] 中共中央文献研究室编：《习近平关于全面依法治国论述摘编》，中央文献出版社2015年版，第43页。

度的权利义务本质，进而提出更为妥当的税制优化建议。再者，立法者要广开言路，认真倾听社会各界声音，努力迈出抵扣权法定的坚实一步，并以此为指引，对增值税法律制度进行系统优化和升级。

本研究还面临的一个诘问在于：真的有必要将抵扣权上升为法定权利吗？或者说，抵扣权的法律确认真的会承载如上的功能期待吗？应当看到，其他部门法在面临“权利泛化”问题的同时〔1〕，如此重视纳税人权利保护的税法却反其道而行之，鲜有新兴税权的研究。对“权利泛化”担忧在于拉低了权利创制的门槛，随意将某一主体的主张或声称披上权利的外衣，会导致权利泛滥，有加剧权利体系内部冲突之虞，即“权利的乌龙效应”。〔2〕然而，此种担忧在税制性权利如此匮乏的税法中似无必要。税法以保障纳税人基本权利、对抗国家课税权滥用的“权利之法”自居〔3〕，纳税人权利却长期处于总体数量匮乏、立法层级过低的困境，更为奇怪的是近年极少有研究关注此种现象。究其原因，学界所讨论的纳税人权利多是从宪法与行政法维度观测，或因权利类型与具体征纳关系距离过远，或可被其他法律权利涵盖，鲜有抵扣权这种建立在某一税种中具体税制之上的新兴税权。宪法中的“纳税人权利”谓之“纳税人基本权利”，由日本学者北野弘久提出〔4〕，是公民宪法基本权利

---

〔1〕 参见方新军：“一项权利如何成为可能？——以隐私权的演进为中心”，载《法学评论》2017 年第 6 期。

〔2〕 参见陈林林：“反思中国法治进程中的权利泛化”，载《法学研究》2014 年第 1 期。

〔3〕 参见［日］北野弘久：《税法学原论》（第四版），陈刚等译，中国检察出版社 2001 年版，第 18 页。

〔4〕 参见［日］北野弘久：《纳税者基本权论》，陈刚、谭启平等译，重庆大学出版社 1996 年版，第 249 页。

在税法领域的集中概括，从宪法高度回应纳税人与国家之间的关系，用以回答国家的征税与用税行为的正当性和合法性。[1]行政法中的“纳税人权利”谓之“纳税人行政权”，虽然税法学界将其看作“纳税人税法上的权利”[2]，但绝大多数权利如知情权、保密权、税收监督权、申述申辩权、控告检举权等都只是一般行政权的税法运用。抵扣权则截然不同，谓之“税制性权利”，它深深植根于增值税法的抵扣制度中，展现某一具体税种的税法特色，兼顾税收实体性与税制工具性。[3]抵扣权相比于其他类型的纳税人权利更具显性，纳税人能否行使抵扣权直接影响其能否取回进项税等额的财产利益，而这部分税款是纳税人作为预扣预缴人代替最终消费者预缴给国家的[4]，微观上直接影响纳税人财产权，中观层面关涉增值税税制的科学性和税收中性，宏观上更与结构性减税和优化营商环境的政策相呼应。此种独特性使得抵扣权入法问题更为特殊，也更值得被关注。

当然，本书是一个税法学习者的学术理想和大胆尝试，无论被视为是一项恰合时宜、逻辑自洽的学术创新，还是自说自话的学术谬论或泡沫，尚有待进一步理论推敲和实践检验。但至少它能够引起一部分人对抵扣权的兴趣，并告知人们，抵扣权远非想象中的那样简单。增值税法中纳税人与国家之间的博弈旷日持久，抵扣权的理论研究和实践保障任重道远。人们对抵扣权的研究和讨论远未结束，相反，它才刚刚开始。

---

〔1〕 参见黎江虹：《中国纳税人权利研究》，中国检察出版社 2010 年版，第 134—136 页。

〔2〕 参见辛国仁：《纳税人权利及其保护研究》，吉林大学出版社 2008 年版，第 100 页。

〔3〕 参见任宛立：“增值税纳税人抵扣权之保障”，载《暨南学报（哲学社会科学版）》2019 年第 5 期。

〔4〕 参见班天可：“增值税中性原则与民事制度”，载《法学研究》2020 年第 4 期。

参考文献

（一）中文著作

[1] 蔡桂生：《构成要件论》，中国人民大学出版社 2015 年版。

[2] 陈清秀：《税法各论》，法律出版社 2016 年版。

[3] 陈清秀：《税法总论》，翰芦出版有限公司 2001 年版。

[4] 陈泰和：《和谐社会的财产权》，知识产权出版社 2007 年版。

[5] 程燎原、王人博：《赢得神圣——权利及其救济通论》，山东人民出版社 1998 年版。

[6] 丁一：《纳税人权利研究》，中国社会科学出版社 2013 年版。

[7] 杜立夫：《中国法学大论战》，当代中国出版社 1998 年版。

[8] 杜文忠：《法律与法俗——对法的民俗学解释》，人民出版社 2013 年版。

[9] 樊勇等：《增值税制度效应的经济学分析》，清华大学出版社 2018 年版。

[10] 方新军：《权利客体论——历史和逻辑的双重视角》，中国政法大学出版社 2012 年版。

[11] 高军：《纳税人基本权研究》，中国社会科学出版社 2011 年版。

[12] 郭道晖：《法的时代呼唤》，中国法制出版社 1998 年版。

[13] 汗青父：《从增值税到税收法典》，中国税务出版社 2009 年版。

[14] 何真、唐清利：《财产权与宪法的演进》，山东人民出版社 2006 年版。

[15] 何志鹏：《权利基本理论：反思与构建》，北京大学出版社 2012 年版。

[16] 胡肖华主编：《宪法学》，中南工业大学出版社 1999 年版。

[17] 胡怡建、田志伟、宫映华编著:《增值税理论前沿与管理实践》，中国税务出版社 2014 年版。
[18] 黄茂荣:《法学方法与现代税法》，北京大学出版社 2011 年版。
[19] 姜昕:《比例原则研究——一个宪政的视角》，法律出版社 2008 年版。
[20] 焦洪昌:《公民私人财产权法律保护研究——一个宪法学的视角》，科学出版社 2005 年版。
[21] 解学智、张志勇主编:《世界税制现状与趋势（2014）》，中国税务出版社 2014 年版。
[22] 黎江虹:《中国纳税人权利研究》，中国检察出版社 2010 年版。
[23] 李秀、刘新民主编:《普通心理学》，中国科学技术大学出版社 2017 年版。
[24] 梁发祥、梁发芾:《纳税人权利纵论》，甘肃民族出版社 2010 年版。
[25] 梁慧星:《民法总论》，法律出版社 1996 年版。
[26] 王利明主编:《民法》(第五版)，中国人民大学出版社 2010 年版。
[27] 廖益新、李刚、周刚志:《现代财税法学要论》，科学出版社 2007 年版。
[28] 刘剑文等:《财税法总论》，北京大学出版社 2016 年版。
[29] 刘剑文、熊伟:《税法基础理论》，北京大学出版社 2004 年版。
[30] 刘剑文主编:《改革开放 40 年与中国财税法发展》，法律出版社 2018 年版。
[31] 刘剑文主编:《出口退税制度研究》，北京大学出版社 2004 年版。
[32] 卢云主编:《法学基础理论》，中国政法大学出版社 1994 年版。
[33] 莫纪宏主编:《宪法学》，社会科学文献出版社 2004 年版。
[34] 全国人大常委会预算工作委员会编:《增值税法律制度比较研究》，中国民主法制出版社 2010 年版。
[35] 施正文:《税收债法论》，中国政法大学出版社 2008 年版。
[36] 史尚宽:《民法总论》，中国政法大学出版社 2000 年版。
[37] 王宗涛:《一般反避税条款研究》，法律出版社 2016 年版。
[38] 翁武耀:《欧盟增值税反避税法律问题研究》，中国政法大学出版社 2015 年版。

[39] 夏勇:《人权概念起源——权利的历史哲学》，中国政法大学出版社 2001 年版。
[40] 谢晖:《价值重建与规范选择——中国法制现代化沉思》，山东人民出版社 1998 年版。
[41] 辛国仁:《纳税人权利及其保护研究》，吉林大学出版社 2008 年版。
[42] 许玉镇:《比例原则的法理研究》，中国社会科学出版社 2009 年版。
[43] 杨春福:《权利法哲学研究导论》，南京大学出版社 2000 年版。
[44] 杨默如:《中国增值税扩大征收范围改革研究——基于营业税若干税目改征增值税的测算》，中国税务出版社 2010 年版。
[45] 杨小强等:《建筑与房地产增值税法国际比较》，经济科学出版社 2014 年版。
[46] 杨小强:《中国增值税法：改革与正义》，中国税务出版社 2008 年版。
[47] 杨震:《中国增值税转型经济影响的实证研究》，中国财政经济出版社 2005 年版。
[48] 俞敏:《税收规避法律规制研究》，复旦大学出版社 2012 年版。

(二) 中文译著

[1] [美] B. 盖伊·彼得斯:《税收政治学：一种比较的视角》，郭为桂、黄宁莺译，江苏人民出版社 2008 年版。
[2] [美] Brian J. Arnold and Michael J. McIntyre:《国际税收基础》（第二版），张志勇等译，中国税务出版社 2005 年版。
[3] [美] E. 博登海默:《法理学：法律哲学与法律方法》，邓正来译，中国政法大学出版社 1998 年版。
[4] V. 图若尼主编:《税法的起草与设计》（第一、二卷），国际货币基金组织、国家税务总局政策法规司译，中国税务出版社 2004 年版。
[5] [德] 奥拓·迈耶:《德国行政法》，刘飞译，商务印书馆 2002 年版。
[6] [德] 恩施特·贝林:《构成要件理论》，王安异译，中国人民公安大学出版社 2006 年版。
[7] [德] 京特·雅科布斯:《规范·人格体·社会——法哲学前思》，冯军译，法律出版社 2001 年版。
[8] [德] 康拉德·黑塞:《联邦德国宪法纲要》，李辉译，商务印书馆

2007 年版。
[9] [德] 黑格尔:《哲学史讲演录》(第二卷),贺麟、王太庆译,商务印书馆 1959 年版。
[10] [德] 康德:《法的形而上学原理——权利的科学》,沈叔平译,商务印书馆 1991 年版。
[11] [德] 马丁·海德格尔:《存在与时间》(修订译本),陈嘉映、王庆节译,生活·读书·新知三联书店 2006 年版。
[12] [俄] C. 谢·弗兰克:《社会的精神基础》,王永译,生活·读书·新知三联书店 2003 年版。
[13] [古希腊] 亚里士多德:《政治学》,吴寿彭译,商务印书馆 1965 年版。
[14] [法] 卢梭:《论人类不平等的起源和基础》,陈伟功、吴金生译,北京出版社 2010 年版。
[15] [罗马] 查士丁尼:《法学总论——法学阶梯》,张企泰译,商务印书馆 1989 年版。
[16] [美] 艾伦·申克、维克多·瑟仁伊、崔威:《增值税比较研究》,熊伟、任宛立译,商务印书馆 2018 年版。
[17] [美] 弗里德曼:《选择的共和国:法律、权威与文化》,高鸿钧等译,清华大学出版社 2005 年版。
[18] [美] 曼昆:《经济学原理:微观经济学分册》,梁小民译,北京大学出版社 2006 年版。
[19] [日] 北野弘久:《纳税者基本权论》,陈刚等译,重庆大学出版社 1996 年版。
[20] [日] 北野弘久:《税法学原论》(第四版),陈刚等译,中国检察出版社 2001 年版。
[21] [日] 金子宏:《日本税法》,战宪斌等译,法律出版社 2004 年版。
[22] [日] 美浓部达吉:《公法与私法》,黄冯明译,中国政法大学出版社 2003 年版。
[23] [日] 田存悦一:《自由裁量及其界限》,李哲范译,中国政法大学出版社 2016 年版。

(三) 外文著作

[1] 北野弘久:《納税者の権利》, 岩波書店 1981 年版。
[2] 北野弘久:《税法学の基本問題》, 成文堂 1972 年版。
[3] 北野弘久:《税法学原論》(第 3 版), 青林書院 1992 年版。
[4] 北野弘久編:《現代税法講義》, 法律文化社 2010 年版。
[5] 島恭彦:《近世租税思想史》(第 2 版), 有斐閣 1948 年版。
[6] 谷口勢津夫:《税法基本講義》(第 4 版), 弘文堂 2014 年版。
[7] 加藤雅信: "過誤納金の還付請求権", 載水野忠恒等編:《租税判例百選》(第 5 版), 有斐閣 2011 年版。
[8] 金子宏:《租税法》(第 22 版), 弘文堂 2017 年版。
[9] 酒井克彦:《クローズアップ課税要件事実論: 要件事実と主張・立証責任を理解する》, 財経詳報社 2012 年版。
[10] 鎌倉治子:《諸外国の付加価値ぜ》, 国立国会図書館 2018 年版。
[11] 森信茂樹:《日本の消费税: 導入・改正の経緯と重要資料》, 納税協会連合会 2000 年版。
[12] 山本守之:《実務消费税法》(3 订版), 税务经理协会 1992 年版。
[13] 水野忠恒:《大系租税法》, 中央経済社 2015 年版。
[14] 畠山武道、渡辺充:《新版租税法》, 青林書院 2000 年版。
[15] 図子善信:《新税法理論》, 成文堂 2018 年版。
[16] 図子善信:《租税法律関系論: 税法の構造》, 成文堂 2004 年版。
[17] Liam P. Ebrill, Michael Keen and Victoria J. Perry, *The Modern VAT*, Washington: International Monetary Fund, 2001.
[18] B. E. V. Sabine. , *A History of Income Tax*, London: George Allen & Unwin Ltd. , 1966.
[19] Bentley Duncan. , *Taxpayers' Rights: Theory, Origin and Implementation*, Alphen aan den Rijn: Kluwer Law International, 2007.
[20] Bruno Peeters et al. , *The Concept of Tax*, Naples: European Association of Tax Law Professors and Authors, 2007.
[21] Cees Peters, *On the Legitimacy of International Tax Law*, Amsterdam: IBFD Doctoral Series, 2014.

[22] Commission On Global Governance, *Our Global Neighborhood: The Report of the Commission on Global Governance*, Oxford: Oxford University Press, 1995.

[23] Dani Rodrik, *The Globalization Paradox: Democracy and the Future of the World Economy*, New York: W. W. Norton & Company, 2011.

[24] David Held and Anthony Mcgrew, *Governing Globalization: Power, Authority and Global Governance*, Cambridge: Polity Press, 2002.

[25] Francis M. Deng et al. , *Sovereignty as Responsibility: Conflict management in Africa*, Washington: Brookings Institution Press, 1996.

[26] Freeman Samuel, *Justice and the Social Contract: Essays on Rawlsian Political Philosophy*, Oxford: Oxford University Press, 2007.

[27] Fritz Scharpf, *Governing in Europe: Effective and Democratic?*, Oxford: Oxford University Press, 1999.

[28] Gustav Lippert, *Handbuch des Internationalen Finazrecht*, Österreich: Oesterreichischen Staatsdruckerei, 1928.

[29] Henry J. Aaron and Joel Slemrod, *The Crisis in Tax Administration*, Washington: Brooking Institution Press, 2004.

[30] J. Samuel Barkin, *International Organization: Theories and Institutions*, Basingstoke: Palgrave Macmillan, 2013.

[31] Jeremy Leaman and Attiya Waris, *Tax Justice and the Political Economy of Global Capitalism*, 1945 *to the Present*, New York: Berghahn Books, 2013.

[32] Jinyan Li, *International Taxation in the Age of Electronic Commerce: A Comparative Study*, Toronto: Canadian Tax Foundation, 2003.

[33] John Bayiis, Steve Smith and Patricia Owens, *The Globalization of World Politics: An Introduction to International Relations*, Oxford: Oxford University Press, 2001.

[34] Mahbub ul Haq, Inge Kaul and Isabelle Grunberg, *The Tobin Tax: Coping with Financial Volatility*, New York: Oxford University Press, 1996.

[35] Martin Feldsteinet, James R. Hines Jr and R. Glenn Hubbard, *Taxing Multinational Corporations*, Chicago: The University of Chicago Press, 1995.

(四) 中文论文

[1] 理查德·斯威德伯格、周明军:“作为一个社会科学概念的利益”,载《国外理论动态》2013 年第 8 期。

[2] 敖双红、蒋清华:“公民基本权利的规定方式和限制方式——以宪法文本为限比较研究”,载《湖北警官学院学报》2005 年第 5 期。

[3] 本刊评论员:“制度建设要追上纳税人权利意识觉醒的步伐”,载《财政监督》2011 年第 34 期。

[4] 卞彬:“运用法治思维、法治方式推进和规范改革”,载《理论探索》2015 年第 2 期。

[5] 蔡昌、李梦娟:“增值税在中国:改革历程与展望”,载《中国财政》2016 年第 18 期。

[6] 蔡桂生:“构成要件论:罪刑法定与机能权衡”,载《中外法学》2013 年 1 期。

[7] 曹联养:“数字出版物构成要件探析”,载《科技与出版》2016 年第 9 期。

[8] 曹相见:“权利客体的概念构造与理论统一”,载《法学论坛》2017 年第 5 期。

[9] 曾秀兰:“公民权利意识觉醒下社会管理之应变”,载《广东社会科学》2013 年第 2 期。

[10] 曾月英:“罪刑法定原则确立、贯彻的基本评价及调整取向”,载《现代法学》2000 年第 2 期。

[11] 陈池明、吴玉宗:“权力的制约与平衡”,载《西南民族学院学报(哲学社会科学版)》2000 年第 3 期。

[12] 陈海嵩:“《民法总则》‘生态环境保护原则’的理解及适用——基于宪法的解释”,载《法学》2017 年第 10 期。

[13] 陈红岩、尹奎杰:“论权利法定化”,载《东北师大学报(哲学社会科学版)》2014 年第 3 期。

[14] 陈红彦:“跨国电子商务与营业税——中国的选择”,载《法律科学(西北政法学院学报)》2004 年第 5 期。

[15] 陈景辉:“比例原则的普遍化与基本权利的性质”,载《中国法学》

2017 年第 5 期。
[16] 陈景辉:“回应‘权利泛化’的挑战”，载《法商研究》2019 年第 3 期。
[17] 陈景辉:“权利的规范力：一个对利益论的批判”，载《中外法学》2019 年第 3 期。
[18] 陈军:“财产权、正当性及多元主义——现代财产权基本理论探析”，载《中南大学学报（社会科学版）》2013 年第 6 期。
[19] 陈雷:“文化视域中的美、日、中企业伦理比较——以处理群己关系的价值观为中心”，载《兰州学刊》2008 年第 7 期。
[20] 陈林林:“反思中国法治进程中的权利泛化”，载《法学研究》2014 年第 1 期。
[21] 陈卯轩:“制度文明：从权力本位到法治”，载《西南民族学院学报（哲学社会科学版）》1999 年第 2 期。
[22] 陈松青:“西方税收公平原则的演进与借鉴”，载《当代财经》2001 年第 7 期。
[23] 陈清秀:“量能课税与实质课税原则（上）”，载《月旦法学杂志》2010 年第 183 期。
[24] 陈清秀:“营业税之税捐主体与客体之探讨”，载《当代财政》2013 年第 25 期。
[25] 陈晴:“我国新一轮税制改革的理念变迁与制度回应——以税收正义为视角”，载《法商研究》2015 年第 3 期。
[26] 陈少英、龚伟:“民主与法治：奠定税收债法体系的基础”，载《广西社会科学》2005 年第 11 期。
[27] 陈少英、王琤:“纳税人权利保护探析”，载刘剑文主编《财税法论丛》(第 8 卷)，法律出版社 2006 年版。
[28] 陈佑武、李步云:“论人权的义务主体”，载《广州大学学报（社会科学版）》2012 年第 3 期。
[29] 陈征:“国家征税的宪法界限——以公民私有财产权为视角”，载《清华法学》2014 年第 3 期。
[30] 陈治:“税法的私法化及其限度”，载《税务研究》2008 年第 3 期。

[31] 程洁："从管理本位到权利本位：'以公开为常态'的制度选择"，载《中国行政管理》2015 年第 7 期。
[32] 褚睿刚："环境创新税收政策解构与重构：由单一工具转向组合工具"，载《科技进步与对策》2018 第 10 期。
[33] 丛中笑、翟中玉："税权平衡论纲"，载《河北法学》2014 年第 2 期。
[34] 丛中笑："税的本质探析"，载《法制与社会发展》2006 年第 6 期。
[35] 崔建远："论法律关系的方法及其意义"，载《甘肃政法学院学报》2019 年第 3 期。
[36] 单飞跃、王霞："纳税人税权研究"，载《中国法学》2004 年第 4 期。
[37] 刘天永："税收情报交换制度中的纳税人权利保护"，载《国际税收》2013 年第 7 期。
[38] 王彦明、吕楠楠："税收法定视域下地方政府会议纪要合法性检讨"，载《法学》2015 年第 7 期。
[39] 张富强："论纳税人诚实纳税推定权立法的完善"，载《学术研究》2011 年第 2 期。
[40] 陈建东等："影响工薪所得个人所得税费用扣除额的相关因素分析"，载《税务研究》2012 年第 8 期。
[41] 德全英、赵承寿、白洁："法律权利的价值取向"，载《新疆大学学报（哲学社会科学版）》1995 年第 1 期。
[42] 邓佑文："行政参与的权利化：内涵、困境及其突破"，载《政治与法律》2014 年第 11 期。
[43] 邓志宏："宪法规范与财产权利的保护与限制"，载《学术交流》2015 年第 1 期。
[44] 丁建军："公民程序性权利及其价值考量"，载《山东社会科学》2006 年第 9 期。
[45] 丁南："权利意志论之于民法学的意义"，载《当代法学》2013 年第 4 期。
[46] 丁卫强："论我国罪刑法定原则的内涵及其相对性"，载《人民司法》2002 年第 12 期。
[47] 丁文："权利限制论之疏解"，载《法商研究》2007 年第 2 期。

[48] 董石桃、万斌:“论人权‘社会性’的内在逻辑和科学发展”，载《湘潭大学学报（哲学社会科学版）》2015 年第 2 期。
[49] 杜学文:“试析和平权之权利主体与义务主体——兼评人权之权利主体与义务主体”，载《山西大学学报（哲学社会科学版）》2011 年第 4 期。
[50] 范进学:“权利概念论”，载《中国法学》2003 年第 2 期。
[51] 方新军:“权利客体的概念及层次”，载《法学研究》2010 年第 2 期。
[52] 方新军:“一项权利如何成为可能？——以隐私权的演进为中心”，载《法学评论》2017 年第 6 期。
[53] 甘功仁:“我国增值税法的改革”，载《法学家》2004 年第 5 期。
[54] 高慧铭:“基本权利限制之限制”，载《郑州大学学报（哲学社会科学版）》2012 年第 1 期。
[55] 高军:“试论纳税人税法上的财产权保障”，载《行政论坛》2010 年第 3 期。
[56] 高鹏程:“利益概念的语言形式分析”，载《学术交流》2007 年第 1 期。
[57] 高全喜:“财富、财产权与宪法”，载《法制与社会发展》2011 年第 5 期。
[58] 高伟伟:“法律论证之论题学进路”，载《苏州大学学报（法学版）》2017 年第 4 期。
[59] 葛洪义:“论法律权利的概念”，载《法律科学（西北政法学院学报）》1989 年第 1 期。
[60] 金承东:“论行政法律保留原则”，载《浙江社会科学》2002 年第 1 期。
[61] 耿传明:“天人关系与中国文学的现代转变”，载《中国社会科学》2013 年第 11 期。
[62] 张建伟:“公益原则与检察官的公正意识”，载《人民检察》1997 年第 2 期。
[63] 李会、房震:“公共权力的公益原则及其限度”，载《当代法学》2003 年第 10 期。

[64] 管永昊、吴佳敏、贾昌峰："OECD 国家增值税制度、特点及对我国的启示"，载《会计之友》2018 年第 1 期。

[65] 郭昌盛："逃税罪的解构与重构——基于税收制度的整体考量和技术性规范"，载《政治与法律》2018 年第 8 期。

[66] 郭琛："论社会整体经济利益的权利化"，载《甘肃政法学院学报》2010 年第 3 期。

[67] 杜健勋："从权利到利益：一个环境法基本概念的法律框架"，载《上海交通大学学报（哲学社会科学版）》2012 年第 4 期。

[68] 国际税务总局科研所课题组等："BEPS 行动计划：世界主要国家采取的措施和中国立场"，载《税务研究》2016 年第 12 期。

[69] 贺电、马楠："当代中国法哲学研究范式的新发展——从权利本位范式到平衡范式"，载《社会科学战线》2014 年第 1 期。

[70] 桁林："克服中等收入陷阱的新常态：转型关头的真正挑战——再析新常态的构成要件与实现条件"，载《社会科学研究》2016 年第 3 期。

[71] 侯小丰："形而上学自由概念的生成与终结"，载《学术研究》2015 年第 9 期。

[72] 侯学宾、郑智航："新兴权利研究的理论提升与未来关注"，载《求是学刊》2018 年第 3 期。

[73] 胡锦光、王楷："财产权与生命权关系之嬗变"，载《法学家》2004 年第 4 期。

[74] 胡祥甫、吴方梅："论新税制的公平性"，载《中国法学》1995 年第 3 期。

[75] 胡旭忠、汤卫东、畅振山："体育法原则与规则的冲突——基于法律原则理论的思考"，载《西安体育学院学报》2016 年第 4 期。

[76] 黄文艺："权利本位论新解——以中西比较为视角"，载《法律科学（西北政法大学学报）》2014 年第 5 期。

[77] 黄学贤："行政法中的法律保留原则研究"，载《中国法学》2004 年第 5 期。

[78] 黄振地、靳书君："'自由'概念史演变的哲学反思"，载《中共福建

省委党校学报》2017 年第 10 期。
[79] 季秀平："对债权客体的重新认识"，载《南开学报（哲学社会科学版）》2007 年第 2 期。
[80] 江平、龙卫球："法人本质及其基本构造研究——为拟制说辩护"，载《中国法学》1998 年第 3 期。
[81] 雷磊："新兴（新型）权利的证成标准"，载《法学论坛》2019 年第 3 期。
[82] 李宝锋："从税款抵扣制度看增值税免税权的运用"，载《财会月刊》2014 年第 13 期。
[83] 李臣："权利意识论"，载《中央政法管理干部学院学报》1998 年第 5 期。
[84] 李慈强："纳税人教育：税收征管法治建设的新议题"，载《江汉论坛》2016 年第 7 期。
[85] 李广德："健康作为权利的法理展开"，载《法制与社会发展》2019 年第 3 期。
[86] 李桂英："试论税收代位权的性质"，载《宝鸡文理学院学报（社会科学版）》2010 年第 12 期。
[87] 李国英："知识产权限制的理论依据辨析——'内在限制'还是'外在限制'抑或其他"，载《南京师大学报（社会科学版）》2014 年第 5 期。
[88] 李珂丽："存单所有人的自主止付请求权刍议"，载《法学论坛》2010 年第 6 期。
[89] 李琦、赵惠敏、孙静："中国税制改革应凸显现代财政的公共性——兼谈房产税改革的路径选择"，载《当代经济研究》2015 年第 11 期。
[90] 李涛："第四届'新兴（新型）权利与法治中国'学术研讨会综述"，载《社会科学动态》2018 年第 1 期。
[91] 李文健、崔小勇："关于最优增值税的探索"，载《中国地质大学大学报（社会科学版）》2018 年第 4 期。
[92] 李旭红："增值税留抵退税符合国际发展趋势"，载《中国中小企业》2018 年第 10 期。

[93] 李杨、熊莹："权利客体的民法解构"，载《南昌航空大学学报（社会科学版）》2010 年第 2 期。
[94] 李永军："民法上的人及其理性基础"，载《法学研究》2005 年第 5 期。
[95] 李云霖："权利限制之临界点：权利核心"，载《求索》2009 年第 3 期。
[96] 李中原："Ius 和 right 的词义变迁：谈两大法系权利概念的历史演进"，载《中外法学》2008 年第 4 期。
[97] 田林："关于确立根本性立法技术规范的建议"，载《中国法律评论》2018 年第 1 期。
[98] 魏治勋、汪潇："论地方立法技术的内涵、功能及科学化路径——基于当前地方立法现状的分析"，载《云南大学学报（社会科学版）》2019 年第 1 期。
[99] 李高协："浅议地方立法技术及其规范"，载《人大研究》2015 年第 3 期。
[100] 廖益新："论电子商务交易的流转税法律属性问题"，载《法律科学（西北政法学院学报）》2005 年第 3 期。
[101] 廖益新："远程在线销售的课税问题与中国的对策"，载《法学研究》2012 年第 2 期。
[102] 林孝文："论法定权利的实现——以法社会学为视角"，载《湘潭大学学报（哲学社会科学版）》2008 年第 5 期。
[103] 林亚刚："危害税收征管犯罪若干问题探讨"，载《法律科学（西北政法学院学报）》1998 年第 2 期。
[104] 林喆："权利本位——市场经济发展的必然要求"，载《法学研究》1992 年第 6 期。
[105] 林志敏："论法律权利结构"，载《吉林大学社会科学学报》1990 年第 4 期。
[106] 凌斌："权利本位论的哲学奠基"，载《现代法学》2015 年第 5 期。
[107] 梁强、贾康："1994 年税制改革回顾与思考：从产业政策、结构优化调整角度看'营改增'的必要性"，载《财政研究》2013 年第

9 期。

[108] 廖益新、褚睿刚:“转让定价文档规则正当性研究——兼议纳税人协力义务”,载《现代法学》2018 年第 2 期。

[109] 刘风景:“权力本位:司法解释权运行状况之分析”,载《中国青年政治学院学报》2005 年第 1 期。

[110] 刘剑文、丁一:“避税之法理新探(上)”,载《涉外税务》2003 年第 8 期。

[111] 刘剑文:“财税法功能的定位及其当代变迁”,载《中国法学》2015 年第 4 期。

[112] 刘剑文:“落实税收法定原则的现实路径”,载《政法论坛》2015 年第 3 期。

[113] 刘小平:“新兴权利的证成及其基础——以‘安宁死亡权’为个例的分析”,载《学习与探索》2015 年第 4 期。

[114] 刘新民:“企业社会责任之承担主体研究——企业法人理论的殊途同归”,载《法学杂志》2010 年第 11 期。

[115] 刘雪斌:“法定权利的伦理学分析”,载《法制与社会发展》2005 年第 2 期。

[116] 刘怡、耿纯:“增值税留抵规模、分布及成本估算”,载《税务研究》2018 年第 3 期。

[117] 刘月平:“公民权利意识培育与中国民主政治发展”,载《前沿》2008 年第 9 期。

[118] 鲁鹏宇、宋国:“论行政法权利的确认与功能——以德国公权理论为核心的考察”,载《行政法学研究》2010 年第 3 期。

[119] 罗秦:“趋向现代型的增值税最新发展:以 OECD 成员国为例”,载《国际税收》2017 年第 12 期。

[120] 罗尚义:“加强权利对权力的制约和监督是社会主义民主政治发展的必然趋势”,载《重庆社会科学》2005 年第 7 期。

[121] 罗亚苍:“现行税款滞纳金制度的问题探析与完善”,载《税务研究》2018 年第 2 期。

[122] 吕冰洋、蔡红英、崔茂权:“实现消费地原则的增值税改革:政府间

财政关系的破解之策”，载《中央财经大学学报》2015 年第 6 期。
[123] 马万里：“从权力本位向权利本位转变——中国财政分权改革的下一步”，载《现代经济探讨》2015 年第 10 期。
[124] 梅夏英：“民法权利客体制度的体系价值及当代反思”，载《法学家》2016 年第 6 期。
[125] 倪才龙：“增强大中型企业活力与税制改革”，载《法律科学（西北政法学院学报）》1992 年第 S1 期。
[126] 聂鑫：“财产权宪法化与近代中国社会本位立法”，载《中国社会科学》2016 年第 6 期。
[127] 欧阳天健：“比较法视阈下的一般反避税规则再造”，载《法律科学（西北政法大学学报）》2018 年第 1 期。
[128] 欧阳天健：“税法拟制条款的证成及反思”，载《法学》2019 年第 9 期。
[129] 彭刚：“论卢梭公民美德的人性基础”，载《政治思想史》2012 年第 2 期。
[130] 钱大军、尹奎杰、朱振：“权利应当如何证明：权利的证明方式”，载《法制与社会发展》2007 年第 1 期。
[131] 钱大军：“再论‘权利本位’”，载《求是学刊》2013 年第 5 期。
[132] 钱继磊：“论作为新兴权利的代际权利——从人类基因编辑事件切入”，载《政治与法律》2019 年第 5 期。
[133] 强世功：“迈向立法者的法理学——法律移植背景下对当代法理学的反思”，载《中国社会科学》2005 年第 1 期。
[134] 秦奥蕾：“论财产权的宪法地位与保障结构”，载《郑州大学学报（哲学社会科学版）》2015 年第 6 期。
[135] 邱泰如：“税收效率和公平原则的理论与税收完善”，载《现代经济探讨》2008 年第 12 期。
[136] 冉昊：“两大法系法律实施系统比较——财产法律的视角”，载《中国社会科学》2006 年第 1 期。
[137] 饶艾：“罗马法与日耳曼法——西方两大法系特点之比较研究”，载《法商研究（中南政法学院学报）》1995 年第 5 期。

[138] 任丑、王一帆："人权是何种权利?"，载《思想战线》2014 年第 5 期。
[139] 任宛立："增值税纳税人抵扣权之保障"，载《暨南学报（哲学社会科学版）》2019 年第 5 期。
[140] 施春宏："词义结构的认知基础及释义原则"，载《中国语文》2012 年第 2 期。
[141] 施正文："税收之债的消灭时效"，载《法学研究》2007 年第 4 期。
[142] 史博学："'社会保险权'在我国立法中的确立与完善"，载《法学论坛》2019 年第 4 期。
[143] 舒国滢："权利的法哲学思考"，载《政法论坛》1995 年第 3 期。
[144] 孙博："从税收优惠到权益普惠——我国增值税期末留抵税额的退税问题研究"，载《法律与伦理》2018 年第 2 期。
[145] 孙楠："法治反腐的构成要件探析"，载《重庆社会科学》2017 年第 8 期。
[146] 宋增伟、李国涛："制度正义与人性缺陷"，载《管理学刊》2016 年第 6 期。
[147] 覃远春："债权基本权能略论"，载《河北法学》2006 年第 5 期。
[148] 谭伟、朱建元、谭婷元："营改增减税效应传导失灵与建筑业增值税政策调整"，载《税务研究》2017 年第 12 期。
[149] 汤洁茵："资管产品增值税的纳税人之辨——兼论增值税的形式主义"，载《法学》2018 年第 4 期。
[150] 陶庆："宪法财产权与纳税人权利保障的宪政维度"，载《求是学刊》2007 年第 5 期。
[151] 滕祥志："税法的交易定性理论"，载《法学家》2012 年第 1 期。
[152] 万毅："程序法与实体法关系考辨——兼论程序优先理论"，载《政法论坛》2003 年第 6 期。
[153] 汪进元、高新平："财产权的构成、限制及其合宪性"，载《上海财经大学学报》2011 年第 5 期。
[154] 汪太贤："从'良法之治'到'制约权力'——古代西方法治理论的发展轨迹"，载《西南民族学院学报（哲学社会科学版）》2000

年第 8 期。
[155] 王保民、祁琦媛："新兴权利的行政立法保护"，载《北京行政学院学报》2018 年第 2 期。
[156] 王充："构成要件的历史考察——从诉讼概念到实体概念的嬗变"，载《当代法学》2004 年第 5 期。
[157] 王春福："政治体制改革的核心是实现权利对权力的有效制约"，载《中共浙江省委党校学报》2012 年第 3 期。
[158] 王方玉："权利的内在伦理解析——基于新兴权利引发权利泛化现象的反思"，载《法商研究》2018 年第 4 期。
[159] 王方玉："新兴权利司法推定：表现、困境与限度——基于司法实践的考察"，载《法律科学（西北政法大学学报）》2019 年第 2 期。
[160] 王慧："为什么差强人意：环境税理论与实践背离的解释"，载《现代经济探讨》2010 年第 7 期。
[161] 王建平："确定增值税税基的基本思路：宽广、完整与准确"，载《税务研究》2018 年第 8 期。
[162] 王利明："论债权请求权的若干问题"，载《法律适用》2008 年第 9 期。
[163] 王琦："'一带一路'争端解决机制的阐释与构建"，载《法学杂志》2018 年第 8 期。
[164] 王庆延："新兴权利渐进入法的路径探析"，载《法商研究》2018 年第 1 期。
[165] 王世涛："税收原则的宪法学解读"，载《当代法学》2008 年第 1 期。
[166] 王婷婷："从恣意到谦抑：税权运行的法治化路径"，载《现代经济探讨》2016 年第 10 期。
[167] 王锡锌："行政过程中相对人程序性权利研究"，载《中国法学》2001 年第 4 期。
[168] 王秀芝："税收能力提升的必由之路：税收征管现代化建设"，载《中国人民大学学报》2015 年第 6 期。
[169] 王耀海："评'权利本位'范式"，载《江淮论坛》2013 年第 2 期。

[170] 王云霞："论税法的合作治理机制"，载《学术月刊》2017 年第 7 期。

[171] 王章渊、蒋晶晶："增值税'三流一致'的形式和实质性逻辑质疑"，载《财会月刊》2019 年第 3 期。

[172] 王长林："金税工程二十年：实践、影响和启示"，载《电子政务》2015 年第 6 期。

[173] 王宗涛："税法一般反避税条款的合宪性审查及改进"，载《中外法学》2018 年第 3 期。

[174] 王宗涛："增值税抵扣权与发票制度：形式课税原则之改进"，载《税务研究》2019 年第 7 期。

[175] 魏治勋："新兴权利研究述评——以 2012~2013 年 CSSCI 期刊相关论文为分析对象"，载《理论探索》2014 年第 5 期。

[176] 温明月："法律保留原则探析"，载《行政与法》2006 年第 9 期。

[177] 翁武耀、郭志东："论欧盟增值税小企业固定比例制度"，载《国际税收》2013 年第 8 期。

[178] 翁武耀："论增值税抵扣权的产生" 载《税务研究》2014 年第 12 期。

[179] 翁武耀："论增值税抵扣权的范围"，载《北京工商大学学报（社会科学版）》2015 年第 3 期。

[180] 翁武耀："论增值税抵扣权的行使——基于中欧增值税法的比较研究"，载《国际商务（对外经济贸易大学学报）》2015 年第 5 期。

[181] 吴斌："我国公民权利意识现状述评"，载《云南社会科学》2009 年第 3 期。

[182] 吴珏："论公法债权"，载《苏州大学学报（哲学社会科学版）》2008 年第 5 期。

[183] 吴宁："权利的价值追问"，载《安徽大学学报（哲学社会科学版）》2008 年第 1 期。

[184] 吴万得："论德国法律保留原则的要义"，载《政法论坛》2000 年第 4 期。

[185] 吴晓明："论解释学的主旨与思想任务"，载《社会科学战线》2019

年第 6 期。

[186] 张锦成、王学朝:“浅谈政府与国家的关系”,载《中学政治教学参考》2010 年第 8 期。

[187] 吴汉东:“财产权客体制度论——以无形财产权客体为主要研究对象”,载《法商研究(中南政法学院学报)》2000 年第 4 期。

[188] 杨紫烜:“财产所有权客体新论——兼论公司财产权和股东财产权的客体”,载《中外法学》1996 年第 3 期。

[189] 谢晖:“论新型权利的基础理念”,载《法学论坛》2019 年第 3 期。

[190] 谢晖:“论新型权利生成的习惯基础”,载《法商研究》2015 年第 1 期。

[191] 谢立斌:“论宪法财产权的保护范围”,载《中国法学》2014 年第 4 期。

[192] 徐泉、陈颖洪:“中国出口退税的合规性问题研究”,载《江西社会科学》2019 年第 1 期。

[193] 许善达:“金税工程:一项政治体制改革的实践”,载《中国税务》2003 年第 4 期。

[194] 薛志国:“增值税留抵税额全额退税理论依据及现实意义探究”,载《当代经济》2019 年第 6 期。

[195] 闫海:“公法之债的理论发展与实践意义”,载《辽宁省社会主义学院学报》2014 年第 3 期。

[196] 闫晴:“增值税小规模纳税人身份转换的现实困境与制度创新”,载《税务与经济》2018 年第 1 期。

[197] 杨春福:“权利·资格·正当性——读米尔恩教授《人的权利与人的多样性》有感”,载《南京大学法律评论》1997 年第 1 期。

[198] 杨春学:“私有财产权理论的核心命题:一种思想史式的注解和批判”,载《经济学动态》2017 年第 4 期。

[199] 杨默如:“反避税规则融入增值税立法:国家经验与中国前景”,载《东南学术》2016 年第 6 期。

[200] 杨楠:“税收优先权法理基础初探”,载《南京广播电视大学学报》2009 年第 3 期。

[201] 杨盛军、曹刚:“论税收正义——公共利益、个人权利与国家权力的关系辨析”，载《西南大学学报（社会科学版）》2011 年第 2 期。
[202] 杨小强、冼启旭:“我国增值税法上的免税问题”，载《法治论坛》2008 年第 4 期。
[203] 杨小强:“房地产税征管的法律制约与协调”，载《广东社会科学》2015 年第 5 期。
[204] 杨正宇:“新兴权利立法保护‘启示录’：激进败笔抑或创新之举——以美国半导体芯片特殊立法保护为例”，载《河南大学学报（社会科学版）》2016 年第 4 期。
[205] 姚建宗、方芳:“新兴权利研究的几个问题”，载《苏州大学学报（哲学社会科学版）》2015 年第 3 期。
[206] 叶金育:“国税总局解释权的证成与运行保障”，载《法学家》2016 年第 4 期。
[207] 叶金育:“税法解释中纳税人主义的证立——一个债法的分析框架”，载《江西财经大学学报》2017 年第 4 期。
[208] 叶金育:“税收构成要件理论的反思与再造”，载《法学研究》2018 年第 6 期。
[209] 叶金育:“债法植入税法与税收债法的反思：基于比例原则的视角”，载《法学论坛》2013 年第 3 期。
[210] 叶姗:“金融服务增值税课征规则何以创制”，载《法学》2018 年第 7 期。
[211] 叶姗:“增值税法的设计：基于税收负担的公平分配”，载《环球法律评论》2017 年第 5 期。
[212] 马永保:“独立审计准则技术性与法律性之间冲突及其解决对策”，载《政法学刊》2013 年第 5 期。
[213] 易继明:“财产权的三维价值——论财产之于人生的幸福”，载《法学研究》2011 年第 4 期。
[214] 尹梅红:“关于公民权利意识的思考”，载《东南大学学报（哲学社会科学版）》2010 年第 S1 期。
[215] 余鹏峰:“纳税者权利保护的立法建构——以台湾所谓‘纳税人权利

保护法’为例”，载《税收经济研究》2018 年第 3 期。
[216] 瞿郑龙：“如何理解‘法理’？——法学理论角度的一个分析”，载《法制与社会发展》2018 年第 6 期。
[217] 翟中玉：“法治中国视阈下税权平衡的概念及其价值”，载《河北法学》2018 年第 6 期。
[218] 张昌辉：“新兴权利确认：司法路径的正当性阐释”，载《宁夏社会科学》2017 年第 2 期。
[219] 张富强：“论营改增试点扩围与国民收入分配正义价值的实现”，载《法学家》2013 年第 4 期。
[220] 张富强：“纳税权入宪入法的逻辑进路”，载《政法论坛》2017 年第 4 期。
[221] 张建文：“新兴权利保护的合法利益说研究”，载《苏州大学学报（哲学社会科学版）》2018 年第 5 期。
[222] 张建文：“新兴权利保护中利益正当性的论证基准——以约为婚姻诱使他人与自己发生性关系的裁判立场为基础”，载《河北法学》2018 年第 7 期。
[223] 张力：“私法中的‘人’——法人体系的序列化思考”，载《法律科学（西北政法大学学报）》2008 年第 3 期。
[224] 张平华：“权利冲突辨”，载《法律科学（西北政法学院学报）》2006 年第 6 期。
[225] 张平华：“生命权价值的再探讨”，载《法学杂志》2008 年第 1 期。
[226] 张平华：“私法视野里的权利限制”，载《烟台大学学报（哲学社会科学版）》2006 年第 3 期。
[227] 张姝：“从应然权利到现实权利：社会保障权实现机制”，载《人文杂志》2013 年第 6 期。
[228] 张文显、于宁：“当代中国法哲学研究范式的转换——从阶级斗争范式到权利本位范式”，载《中国法学》2001 年第 1 期。
[229] 张文显：“规则·原则·概念——论法的模式”，载《现代法学》1989 年第 3 期。
[230] 张曦：“‘权利泛化’与权利辩护”，载《华东政法大学学报》2016

年第 3 期。
[231] 张先贵:“中国法语境下土地开发权是如何生成的——基于‘新权利’生成一般原理之展开”，载《求是学刊》2015 年第 6 期。
[232] 张翔:“基本权利的体系思维”，载《清华法学》2012 年第 4 期。
[233] 张晓明:“论利益概念”，载《哲学动态》1995 年第 4 期。
[234] 张学博:“税收法定原则新论：从绝对主义到相对主义”，载《上海财经大学学报》2016 年第 4 期。
[235] 张艳国、尤琳:“农村基层治理能力现代化的构成要件及其实现路径”，载《当代世界社会主义问题》2014 年第 2 期。
[236] 张一粟:“环境法的权利本位论”，载《东南学术》2007 年第 3 期。
[237] 张翼:“税收撤销权的性质”，载《合作经济与科技》2010 年第 12 期。
[238] 张勇:“论公民基本权利限制的法哲学基础”，载《经济与社会发展》2007 年第 7 期。
[239] 赵宏:“限制的限制：德国基本权利限制模式的内在机理”，载《法学家》2011 年第 2 期。
[240] 赵锦:“基于税收中性理论的增值税改革研究”，载《税务研究》2017 年第 6 期。
[241] 赵迅:“社会契约视域下的国家责任”，载《河北法学》2008 年第 3 期。
[242] 郑成良:“权利本位论——兼与封日贤同志商榷”，载《中国法学》1991 年第 1 期。
[243] 郑丽清、卢胜震:“纳税担保的法律性质辨析”，载《福建政法管理干部学院学报》2006 年第 2 期。
[244] 郑英龙:“论法人本质说：新拟制说——基于法人本质理论的反思与重构视角”，载《商业经济与管理》2008 年第 3 期。
[245] 郑志峰:“网络社会的被遗忘权研究”，载《法商研究》2015 年第 6 期。
[246] 钟原:“论比例原则在反垄断法执法中的适用”，载《经济法论坛》2018 年第 1 期。

[247] 重庆市国家税务局课题组、卢自强、向垣树："以票控税：基于信息管税的视角"，载《税务研究》2012 年第 4 期。

[248] 周刚志："论税收债权的消灭时效"，载《税务研究》2011 年第 3 期。

[249] 周慧、欧阳明："税收中性原则与新一轮税制改革"，载《税收征纳》2016 年第 6 期。

[250] 周书焕："中国公民权利意识成长历程"，载《河北师范大学学报（哲学社会科学版）》2014 年第 4 期。

[251] 周玉琴："公民社会：制约政府权力的第三道防线"，载《行政论坛》2007 年第 5 期。

[252] 周赟："新兴权利的逻辑基础"，载《江汉论坛》2017 年第 5 期。

[253] 周子良、杨力："论权利意识的培育"，载《山西大学学报（哲学社会科学版）》2002 年第 1 期。

[254] 朱江涛："建立更加公正、简明、高效的增值税制——后营改增时代完善增值税制度的构想"，载《税务研究》2017 年第 3 期。

[255] 朱平："学术自由和社会良心：大学的批判品格——布鲁贝克《高等教育哲学》读后"，载《贵州师范大学学报（社会科学版）》2008 年第 4 期。

[256] 朱为群、许建标："论纳税人权利扩展及其在我国的实现"，载《现代财经（天津财经大学学报）》2009 年第 11 期。

[257] 朱岩："消灭时效制度中的基本问题：比较法上的分析——兼评我国时效立法"，载《中外法学》2005 年第 2 期。

[258] 祝彬、王海浪："诉讼法与实体法关系之考辩"，载《黑龙江省政法管理干部学院学报》2004 年第 4 期。

[259] 敖双红、孙婵："'一带一路'背景下中国参与全球卫生治理机制研究"，载《法学论坛》2019 年第 3 期。

[260] 白彦锋、苏璐璐："苹果公司避税案与国际税收治理新挑战"，载《税收经济研究》2017 年第 1 期。

[261] 邓力平："国际税收治理与'"一带一路"税收征管合作机制'"，载《国际税收》2019 年第 4 期。

[262] 王宗涛："反避税法律规制研究"，武汉大学 2013 年博士学位论文。
[263] 郭忠："论法律秩序和道德秩序的相互转化——从道德的法律化到法律的道德化"，西南政法大学 2010 年博士学位论文。
[264] 许安平："现代税法的构造论"，西南政法大学 2010 年博士学位论文。
[265] 罗亚苍："税收构成要件论" 湖南大学 2016 年博士学位论文。
[266] 叶金育："税法解释中纳税人主义研究"，武汉大学 2015 年博士学位论文。
[267] 张钟月："'营改增' 背景下的增值税立法研究"，中央财经大学 2016 年博士学位论文。
[268] 张新语："论我国新型权利确立的司法路径"，山东大学 2019 年硕士学位论文。
[269] 王颖欣："我国纳税人退税权研究"，山西财经大学 2010 年硕士学位论文。
[270] 杨怡："我国增值税小规模纳税人征管政策调整分析"，厦门大学 2008 年硕士学位论文。
[271] 马恩双："纳税人退税权之研究"，华中师范大学 2013 年硕士学位论文。
[272] 刘冰莹："我国增值税进项税额抵扣制度研究——以抵扣权为核心"，厦门大学 2019 年硕士学位论文。
[273] 年国余："论自由作为权利的本质"，中国政法大学 2018 年硕士学位论文。
[274] 孙杰："我国纳税人权利意识研究"，中南大学 2014 年硕士学位论文。
[275] [德] 鲁道夫·冯·耶林："为权利而斗争"，载梁慧星主编：《为权利而斗争——梁慧星先生主编之现代世界法学名著集》，中国法制出版社 2000 年版。

(五) 英文论文

[1] Dominique Villemot, "Holding Companies and the Right to Deduct Input VAT", *Derivatives & Financial Instruments*, Vol. 10, 2 (2008).

[2] H. W. M. van Kesteren, "Directe en algemene kosten in de btw", *Weekblad Voor Fiscaal Recht*, Vol. 2008, 6757 (2008).

[3] Ignacio Arias and Antonio Barba, "The Impact of Subsidies on the Right to Deduct Input VAT: The Spanish Experience", *International VAT Monitor*, Vol. 15, 1 (2004).

[4] Joep P. S., "Transitional Restrictions on the Right to Deduct EU VAT", *International VAT Monitor*, 2009.

[5] Paul Lasok, "The Right To Deduct for Partially Exempt Bodies", *International VAT Monitor*, Vol. 22, 5 (2011).

[6] Ad van D. and G. J. van Norden, "The Right to Deduct under EU VAT", *International Vat Monitor*, Vol. 22, 5 (2011).

[7] Violeta R. Almendral, "Tax Avoidance and the European Court of Justice: What is at Stake for European General Anti-avoidance Rules?", *Intertax*, Vol. 33, 12 (2005).

[8] Adam H. Rosenzweig, " 'Thinking Outside the (Tax) Treaty' Revisited", *Brooklyn Journal of International Law*, Vol. 41, 3 (2016).

[9] Adrian Sawyer, "Developing an International (World) Tax Organisation for Administering Binding Rulings and APAs-The Way Forward", *Australian Tax Forum*, Vol. 21, 1 (2006).

[10] Alicja Brodzka & Sebastiano Garufi, "The Era of Exchange of Information and Fiscal Transparency: The Use of Soft Law Instruments and the Enhancement of Good Governance in Tax Matters", *European Taxation*, Vol. 52, 8 (2012).

[11] Allison Christians, "BEPS and the New International Tax Order", *Brigham Young University Law Review*, Vol. 2016, 6 (2016).

[12] Allison Christians, "Networks, Norms, and National Tax Policy", *Washington Global Studies Law Review*, Vol. 9, 1 (2010).

[13] Andrea Sangiovanni, "Global Justice, Reciprocity, and the State", *Philosophy & Public Affairs*, Vol. 35, 1 (2007).

（六）其他文献

[1] 尤陈俊："科学确立法学研究的问题意识"，载《人民日报》2019 年 7 月 15 日，第 9 版。

[2] 彭思胜、邹森元："放弃进项税抵扣权的特定情况"，载《中国税务报》2007 年 6 月 18 日，第 6 版。

[3] 吴金勇："不征税收入与免税收入是不同概念"，载《中国税务报》2012 年 1 月 16 日，第 6 版。

[4] 王志："警惕企业主动放弃抵扣权成为新的偷税方式"，载《中国改革报》2004 年 12 月 24 日，第 2 版。

[5] 李旭红："留抵退税如何实现减税"，载《第一财经日报》2019 年 5 月 21 日，第 A11 版。

[6] 梁发芾："留抵税额退税制度使增值税更为完善"，载《中国经营报》2019 年 4 月 1 日，第 E03 版。

[7] 梁发芾："留抵退税的条件应该再宽松一些"，载《中国经营报》2019 年 5 月 6 日，第 A01 版。

[8] 陈益刊："增值税改革难点：巨额留抵税款怎退"，载 https://www.yicai.com/news/5402214.html，最后访问日期：2021 年 2 月 26 日。

[9] 第三只眼："国家税务总局公告 2016 年第 47 号解读——红字增值税发票，远非想象的简单"，载 http://www.shui5.cn/article/98/105342.html，最后访问日期：2016 年 7 月 29 日。

[10] 易明："2018 年中国税务行政诉讼大数据报告"，载 https://mp.weixin.qq.com/s/bQKNKLBesnGAVouFLAXgxA，最后访问日期：2019 年 5 月 13 日。

[11] 王炯林："为普通纳税人叫板财政局喝彩"，载 http://zqb.cyol.com/content/2006-04/08/content_1353994.htm，最后访问日期：2006 年 4 月 8 日。

[12] 李锋："李克强：实施好普惠性和结构性减税降费"，载 https://finance.sina.com.cn/roll/2019-01-17/doc-ihqhqcis6839390.shtml，最后访问日期：2019 年 1 月 17 日。

[13] EU, "Green Paper On the Future of VAT: Towards a Simpler, More Robust

and Efficient VAT System", Brussels, 01 December 2010.

[14] OECD, "Consumption Tax Trends 2016", Paris, 2016.

[15] OECD, "Addressing the Tax Challenges of the Digital Economy, Action 1-2015 Final Report", OECD/G20 Base Erosion and Profit Shifting Project.

[16] "Stirling v. Commissioners of Customs and Excise", [1985] VATTR 232, [1986] 2 CMLR 117.

[17] OECD, "International VAT/GST Guielines", Paris, 2017.

后 记

本书是在我博士论文的基础之上进行修改出版的。本书的出版虽然距离博士论文成文已经过了三年，但在校对过程中，当年如何进行博士论文选题、如何建构和调适论文框架、如何一笔一笔着墨成文的“旅途风景”又重新浮现在我的脑海里。依稀记得，最初觉得增值税抵扣权是一个不错的博士论文选题时，多方请教师友，获得了许多有益反馈和建议。虽然持赞成态度的居多，但不乏有一些谨慎、保守的声音。其中，面临最大的问题就是：“抵扣作为一种机制还是一种权利究竟有什么区别？不是权利就没办法维持抵扣机制的运行吗?”我一直在思考这个问题，时至今日，或许我可以给出一个肯定的回应：“抵扣权与抵扣机制这两种称谓背后所蕴含的视角、理念或范式是截然不同的。将抵扣之自由视为纳税人的一种权利还是一种机制或制度，都能够维持抵扣链条的运转，只不过前者更具法学意味，能更好地呼吁对增值税纳税人权益的保护，更加契合当前增值税立法的需要。”

近年来，作为财税法学界的一员，我可以明显地感受到学界对“法味”的重视程度愈发提升。财税法关注财税问题，是从法的角度进行的，更加蕴含公平、正义、效率、秩序等法之价值，更多采用权利、义务、规范等工具手段。增值税抵扣权尽管是3年前的选题，时至今日依然具有鲜活的生命力。增值税立法进入到关键时刻，抵扣权的理论研究可以为免税规则、发票制度、反避税规则等优化提供一定的理论支撑。此外，我国持续推进“减税降费”，增值税留抵退税是其中的重要举措。围绕此项制度的构建与完善，本书的相关研究或许可以提供方向性指引。本书系我的第一本专著，也是对自己研习财税法10年来的一个阶段性小结。

感谢我的博士研究生导师廖益新教授和刘磊研究员。廖老师待人谦逊和善，学术上勤勉严谨，教学中循循善诱，生活上对学生关怀备至。我性格较为跳脱，做事时有粗心，也犯过不少错，幸得老师包容和点拨，在春风化雨之中教导我为人处世。也正因在老师身边待了4年，耳濡目染之中沉稳了不少。工作后虽不常伴老师左右，但每每遇到疑难之处，无论是生活、科研还是教学，老师总是耐心倾听，表达关心，用心提出建议。廖老师是我人生的引路人，无论何时，都希望继续聆听老师的教诲。刘老师更加关注税务实践。拜入刘老师门下时，老师在京任职。我从厦门大学毕业后来京，老师又被调往海南服务自贸港建设，再加上其他缘故，少能与刘老师见面。即便这样，刘老师也十分关心我这个“异地”弟子，每每看到我的新成果，都会联系我，向我表达祝贺。在京三年，受到老师诸多照顾。希望今后如老师期许那般，能够“深耕财税法学研究，为我国税收现代化建设贡献自己的力量”。

感谢我的硕士研究生导师熊伟老师。熊老师是我入门财税法的引荐人，在读书期间参与了一些老师主持的课题，尝试写一些小论文。毕业后熊老师又力荐我去厦门大学法学院攻读财税法学博士学位，连赴厦门的差旅费都是由老师负担的。正因为有熊老师的全力支持，方有我今日的学术之路。感谢早稻田大学法学部的渡边徹也教授。渡边老师是我在早稻田大学博士联合培养时的指导老师，在日本期间恰是我博士论文初稿完成的关键时期，感谢渡边老师的指导和包容，让我能够在异国他乡从容地完成论文初稿的写作。

感谢厦门大学法学院财税法教研室的各位老师，感谢厦门大学法学院的全体老师，感谢诸位同门，感谢您们对我的支持和鼓励。特别感谢朱炎生老师无微不至的关怀，感谢李刚老师全方位的帮助和指导，感谢邱冬梅老师的耐心和包容，感谢王宗涛老师的鼓励和点拨。感谢首都经济贸易大学法学院，为我教学和科研工作的开展提供了极为优良的条件。感谢学院各位领导和同事们对本书出版的关心和支持。感谢各位师友对本书出版提供的助力。特别感谢叶金育教授、苗壮副教授、聂淼老师、顾德瑞老师、张成松老师、冯铁拴老师、宫廷老师、李乔彧老师、余鹏峰老师、博士生芦泉宏、博士生赵福乾等提供的建议和帮助。感谢中国政法大学出版社编辑老师的辛勤工作。编辑老师郭立平在校对稿中留下的批注笔记让我印象深刻，是她的细心、耐心和责任心方有本书的面世。

感谢我的各位家人们的陪伴和支持，你们是我工作生活中最强大的后盾。最后，特别感谢我的爱人侯晓丽女士，无论是艰辛的博士论文写作时期，还是“北漂”三年，她都给予了我极大的支持。是她的陪伴让我的生活充满活力和动力，是她的包容让我可以全心全力投入到工作之中，是她的鼓励让我度过了一个又一个艰难时刻。谨以此书，献给我的爱人、我的家人们，愿岁月静好，平安喜乐。

褚睿刚

2023 年 4 月于北京家中